我が国運命学の始祖　安倍晴明

阿倍王子神社所蔵

安倍晴明（九二一〜一〇〇五）平安時代中期の陰陽家倉梯麻呂の後胤益材の子、安倍家中興の祖。賀茂忠行・保憲に師事して陰陽推算の術を修め、従四位上、大膳大夫、天文博士、播磨守等を歴任。占い奇中神の如しと称され、職神を自在に駆使した。著書「占事略決」

☼ 晴明ゆかりの地に東洋一の天文台

安倍晴明ゆかりの地、阿部山（岡山県浅口市）には記念碑があり、その連山の竹林寺山に国立天文台岡山天体物理観測所が設置されていることは奇しき因縁といえる。天体観測の拠点で一般公開もされている。

易訓

易経は世界最高の運命哲学であり、吉凶悔吝の明鏡にして、哲理の真髄、道徳の基本、処世の羅針、政治経済の、要締にして凡ゆるもの、根本原理であるが故に易理の運命学的応用は幸福と繁栄の要道である。

運命訓

幸運は萬人の願いであるのにこれが満適に恵まれないのは因縁因果の理法によるもので、人は天地の理法に悖らず人の道誠の道に順い努力精進して陰徳積善の人に陽報来るものなり。

開運宝鑑

令和癸卯五年

目次大要

神明館蔵版

❀速度を上げるばかりが人生ではない

運命開拓の道は暦書

日本運命学会　中村文聰

暦は国民生活の基本として世界各国で使われている貴重なもので、我が国においても貴重にして重要なものとなっている。暦は漸次時代と共に進歩発展し、人類の福祉に貢献し、運命の開拓に寄与すべく編纂されるに至った。しかし、人間の運命に関する重要なことでありながら、とかく浅薄独断をもってする一部の暦学家が、人の弱点につけ入り粗雑無責任なものを作成し、世を害し、人を迷わす結果を招き、心ある人々の非難を受けるに至っている。ここにおいて本書は我が国運命学界の最高権威者を結集し、その編纂にあたっては詳細精密に検討し、完璧な暦書としてここ数十年に及んで出版してきたが、幸いに世の認識を得て、神明館の暦書こそ開運の指南書であると共にこれを座右に置けば人生過失なしとの好評を博するに至った。本書の一家一冊の理想も、さして遠い将来でないとの確信を得たことも世に識者の多いことと編集に携わる者の深く感激するところである。この暦の記事は他暦と比較対照するまでもなく、毎年愛読する皆さんには、その真理の的確を信じて頂いているものと確信しているので、あえて多言を要さないし、他の運命記事も各々専門的に研究せられた現代の権威と定評ある講師の貴重なる発表であるから、この資料で開運しないことはない。ゆえに大方の御精読を得、そして広く流布して頂ければ幸運の方が多くなり功徳のことであると確信する次第である。

至誠通神　呑象

易道中興の祖高島呑象先生の筆

本書編集の要旨

一、暦は何故に貴重か

暦書は社会・政治・生活・処世に必須のもので、世界中で利用していない国はない。国によっては政府が各家庭に支給しているほど重要性を持ち、日々の行事・運命・方位・日柄と日々の吉凶の羅針盤とされている。

二、運命学の世界情勢と日本

物質文明と科学万能の時でも、神秘的な運命学の礼讃と研究とは各国でますます盛んで、日本の実践研究が科学のアメリカへ放送される時代となり、神秘と迷信・天才と馬鹿は紙一重を如実に示している。運命学を無視して幸運には恵まれない。

三、神明館暦書の特徴

人生に欠くことの出来ぬ暦書は一家に一冊の必需品だが、その内容については玉石混合で雑多のものが多い。そこで、真に運命を開く鍵とすべき信頼と鑽仰せられる書とすべく、我が国運命学最高権威三十一師と各国の先哲聖者の文献と口伝を集録して完成したもので、幸福と繁栄に恵まれて頂きたい。

幸福への道

日本運命学会神明館
館長　大元信宏

洋の東西を問わず科学も人智も日進月歩の時代ですが、不運を脱して幸福を求める万人の願いは、万遍なく恵まれていません。この願いを叶える研究は遅々なので、我が社が日本の運命学最高の師と、古今東西の聖者先哲の口伝・文献・秘法の神秘を調査集録して惜しみなく公開し、幸運への玉手箱として公刊したのが、本書であります。大いに実践し応用してください。幸福への秘伝書です。

この書が、日本国内はもとより海外まで愛読されるのは、皆が幸運を願う表れであります。

大方の読者は、この書により努力精進して頂ければ、持てる悩みを解消し幸運への彼岸へ到達できることと確信しております。

本書により、皆さんが益々幸福になって頂ければ、我が社の功徳として感激の極みであります。

礼勝てば則ち離る

令和五年の日本と世界

日本運命学会　大元信宏

日　本　本年は四緑木星中宮癸卯の年。四緑は易の「☴巽」を配し風の象で、春から夏に陽気調い風が万物を吹き揺さぶり生育させるとの意を有する。陰の気を吹き払い、太陽と大地の営みが活発となり完成の喜びを得ることから、伸展・調う・信用・友情・結婚・長い・遠方の星等とされる。ロシアによるウクライナへの軍事侵攻が日本の政治を変える転機となり、防衛力の強化は避けられなくなる。新型コロナウイルスの影響が長引く中、高齢者や女性・障がい者が働きやすい環境を整えるための取り組み等、遅れていた経済活性化への施策が求められる。更に、社会保障の見直し・エネルギー戦略への対応と、国民の負担増に繋がる難題からも目が離せない。

世　界　国際社会を一変させた感がある。貿易摩擦の激化が経済全体の混乱を招き、各国は自国優先を主張し、世界の分断やブロック化への懸念も払拭できない。日本は今年、G7議長国として主要先進国を取りまとめる立場であり、逆境から立ち上がり国際協調への新たな道筋を示せるかどうかその指導力が問われることになる。

ウクライナでの戦乱は、これまでも続いてきた世界秩序の亀裂を更に深め

令和五年の株式市場大観

東京運命学院研友会

一月（九紫火星）新甫は買い。中旬以降急落す。月末まで安し。
二月（八白土星）月初めから戻り売り。突っ込みは利食いして、小幅稼ぎのとき。
三月（七赤金星）戻りはただちに売り直せ。月末小高い。
四月（六白金星）悪目買い方針。銘柄を厳選せよ。前途大いに高し。
五月（五黄土星）押し目買いに徹すべし。前途に高値出現を期待せよ。
六月（四緑木星）上旬買い。中旬から買い警戒。夏至節を目途に売りに転ずべし。
七月（三碧木星）小幅に稼ぐとき。戻りを売って安値で利食いのこと。
八月（二黒土星）突っ込みを買って吹き値で利食いすること。
九月（一白水星）初旬買い方針、後半波乱相場あり。
十月（九紫火星）戻り売り一貫。新安値は買い。
十一月（八白土星）押し目買い人気と戻り売り人気の競合から下旬安。
十二月（七赤金星）上旬は戻り売り。中旬は押し目買い。下旬は戻り売り。

皇室

天皇陛下　お名前　**徳仁**（なるひと）
お続柄　上皇第一皇男子
お誕生日　昭和三十五年二月二十三日
ご称号　浩宮（ひろのみや）
立太子礼　平成三年二月二十三日
ご即位　令和元年五月一日

皇后陛下　お名前　**雅子**（まさこ）
お続柄　小和田恆氏第一女子
お誕生日　昭和三十八年十二月九日

第一皇女子　**愛子**（あいこ）**内親王殿下**
お誕生日　平成十三年十二月一日
ご称号　敬宮（としのみや）

上皇陛下　お名前　**明仁**（あきひと）
お続柄　昭和天皇第一皇男子
お誕生日　昭和八年十二月二十三日
ご称号　継宮（つぐのみや）
ご即位　昭和六十四年一月七日
ご退位　平成三十一年四月三十日

上皇后陛下　お名前　**美智子**（みちこ）
お続柄　故正田英三郎第一女子
お誕生日　昭和九年十月二十日

皇族

皇嗣文仁親王殿下　上皇第二皇男子
宮号　秋篠宮（あきしののみや）
お誕生日　昭和四十年十一月三十日
ご称号　礼宮（あやのみや）

皇嗣妃紀子殿下　故川嶋辰彦氏第一女子
お誕生日　昭和四十一年九月十一日

第二女子　**佳子**（かこ）**内親王殿下**
お誕生日　平成六年十二月二十九日

第一男子　**悠仁**（ひさひと）**親王殿下**
お誕生日　平成十八年九月六日

正仁親王殿下　昭和天皇第二皇男子
宮号　常陸宮（ひたちのみや）
お誕生日　昭和十年十一月二十八日
ご称号　義宮（よしのみや）

正仁親王妃華子殿下　故津軽義孝第四女子
お誕生日　昭和十五年七月十九日

崇仁親王妃百合子殿下　故高木正得第二女子
お誕生日　大正十二年六月四日

寛仁親王妃信子殿下　故麻生太賀吉第三女子
お誕生日　昭和三十年四月九日

第一女子　**彬子**（あきこ）**女王殿下**
お誕生日　昭和五十六年十二月二十日

第二女子　**瑶子**（ようこ）**女王殿下**
お誕生日　昭和五十八年十月二十五日

憲仁親王妃久子殿下　故鳥取滋治郎第一女子
お誕生日　昭和二十八年七月十日

第一女子　**承子**（つぐこ）**女王殿下**
お誕生日　昭和六十一年三月八日

＊皇嗣文仁親王殿下第一女子 眞子内親王殿下には、令和三年十月二十六日ご結婚により皇族の身分を離れました。

天皇・年代暦表

大和古墳時代（〜五九二）

即位順	天皇名	年号	干支	西暦
一	神武			
二	綏靖			
三	安寧			
四	懿徳			
五	孝昭			
六	孝安			
七	孝霊			
八	孝元			
九	開化			
一〇	崇神			
一一	垂仁			
一二	景行			
一三	成務			
一四	仲哀			
一五	応神			
一六	仁徳			
一七	履中			
一八	反正			
一九	允恭			
二〇	安康			
二一	雄略			
二二	清寧	｜	庚申	四八〇
二三	顕宗	｜	乙丑	四八五
二四	仁賢	｜	戊辰	四八八
二五	武烈	｜	戊寅	四九八
二六	継体	｜	丁亥	五〇七
二七	安閑	｜	辛亥	五三一
二八	宣化	｜	乙卯	五三五
二九	欽明	｜	己未	五三九
三〇	敏達	｜	壬辰	五七二
三一	用明	｜	乙巳	五八五

＊年号は歴代天皇在位中最初の称号で、在位中の改元は省略。干支・西暦については即位年。南北朝については南朝のみ記載。また五世紀後半までの干支は歴史的根拠なく、記載しない。

＊皇紀は西暦年に六六〇年を加えると求められ、令和五年は皇紀二六八三年となる。

代	天皇	元号	干支	西暦
三二	崇峻	—	丁未	五八七

大和飛鳥時代（五九三～七一〇）

代	天皇	元号	干支	西暦
三三	推古	—	壬子	五九二
三四	舒明	—	己丑	六二九
三五	皇極	—	壬寅	六四二
三六	孝徳	大化	乙巳	六四五
三七	斉明	—	乙卯	六五五
三八	天智	—	戊辰	六六八
三九	弘文	—	辛未	六七一
四〇	天武	—	癸酉	六七三
四一	持統	（朱鳥）	庚寅	六九〇
四二	文武	大宝	丁酉	六九七
四三	元明	和銅	丁未	七〇七

奈良時代（七一〇～七九四）

代	天皇	元号	干支	西暦
四四	元正	霊亀	乙卯	七一五
四五	聖武	神亀	甲子	七二四
四六	孝謙	天平勝宝	己丑	七四九
四七	淳仁	（天平宝字）	戊戌	七五八
四八	称徳	天平神護	甲辰	七六四
四九	光仁	宝亀	庚戌	七七〇
五〇	桓武	天応	辛酉	七八一

平安時代（七九四～一一九二）

代	天皇	元号	干支	西暦
五一	平城	大同	丙戌	八〇六
五二	嵯峨	弘仁	己丑	八〇九
五三	淳和	天長	癸卯	八二三
五四	仁明	承和	癸丑	八三三
五五	文徳	仁寿	庚午	八五〇
五六	清和	貞観	戊寅	八五八
五七	陽成	元慶	丙申	八七六
五八	光孝	仁和	甲辰	八八四
五九	宇多	寛平	丁未	八八七
六〇	醍醐	昌泰	丁巳	八九七
六一	朱雀	承平	庚寅	九三〇
六二	村上	天暦	丙午	九四六
六三	冷泉	安和	丁卯	九六七
六四	円融	天禄	己巳	九六九
六五	花山	寛和	甲申	九八四
六六	一条	永延	丙戌	九八六
六七	三条	長和	辛亥	一〇一一
六八	後一条	寛仁	丙辰	一〇一六
六九	後朱雀	長暦	丙子	一〇三六
七〇	後冷泉	永承	乙酉	一〇四五
七一	後三条	延久	戊申	一〇六八
七二	白河	承保	壬子	一〇七二
七三	堀河	寛治	丙寅	一〇八六
七四	鳥羽	天仁	丁亥	一一〇七
七五	崇徳	天治	癸卯	一一二三
七六	近衛	永治	辛酉	一一四一
七七	後白河	保元	乙亥	一一五五
七八	二条	平治	戊寅	一一五八
七九	六条	永万	乙酉	一一六五
八〇	高倉	嘉応	戊子	一一六八
八一	安徳	養和	庚子	一一八〇
八二	後鳥羽	元暦	癸卯	一一八三

鎌倉時代（一一九二～一三三三）

代	天皇	元号	干支	西暦
八三	土御門	正治	戊午	一一九八
八四	順徳	建暦	庚午	一二一〇
八五	仲恭	（承久）	辛巳	一二二一
八六	後堀河	貞応	辛巳	一二二一
八七	四条	貞永	壬辰	一二三二
八八	後嵯峨	寛元	壬寅	一二四二
八九	後深草	宝治	丙午	一二四六
九〇	亀山	正元	己未	一二五九
九一	後宇多	建治	甲戌	一二七四
九二	伏見	正応	丁亥	一二八七
九三	後伏見	正安	戊戌	一二九八
九四	後二条	乾元	辛丑	一三〇一
九五	花園	延慶	戊申	一三〇八
九六	後醍醐	元応	戊午	一三一八

南北朝・室町時代（一三三三～一五七三）

代	天皇	元号	干支	西暦
九七	後村上	興国	己卯	一三三九
九八	長慶	建徳	戊申	一三六八
九九	後亀山	元中	癸亥	一三八三
一〇〇	後小松	応永	壬申	一三九二
一〇一	称光	（応永）	壬辰	一四一二
一〇二	後花園	正長	戊申	一四二八
一〇三	後土御門	文正	甲申	一四六四
一〇四	後柏原	文亀	庚申	一五〇〇
一〇五	後奈良	享禄	丙戌	一五二六
一〇六	正親町	永禄	丁巳	一五五七

安土・桃山時代（一五七三～一六〇三）

代	天皇	元号	干支	西暦
一〇七	後陽成	文禄	丙戌	一五八六

江戸時代（一六〇三～一八六七）

代	天皇	元号	干支	西暦
一〇八	後水尾	元和	辛亥	一六一一
一〇九	明正	（寛永）	己巳	一六二九
一一〇	後光明	正保	癸未	一六四三
一一一	後西	明暦	甲午	一六五四
一一二	霊元	延宝	癸卯	一六六三
一一三	東山	元禄	丁卯	一六八七
一一四	中御門	正徳	己丑	一七〇九
一一五	桜町	元文	乙卯	一七三五
一一六	桃園	寛延	丁卯	一七四七
一一七	後桜町	明和	壬午	一七六二
一一八	後桃園	安永	庚寅	一七七〇
一一九	光格	天明	己亥	一七七九
一二〇	仁孝	文政	丁丑	一八一七
一二一	孝明	嘉永	丙午	一八四六

明治・大正・昭和時代（一八六七～一九八九）

代	天皇	元号	干支	西暦
一二二	明治	明治	丁卯	一八六七
一二三	大正	大正	壬子	一九一二
一二四	昭和	昭和	丙寅	一九二六

平成・令和（一九八九～　）

代	天皇	元号	干支	西暦
一二五	明仁上皇	平成	己巳	一九八九
一二六	今上	令和	己亥	二〇一九

宮中主要祭儀

皇室では伝統を重んじ、古式に則って祭祀が営まれます。宮中で現在行われている年中主要行事の一覧表。

祭儀	月日　内容
四方拝	一月一日　早朝に天皇陛下が神嘉殿南庭で伊勢の神宮、山陵および四方の神々をご遙拝になる年中最初の行事
歳旦祭	一月一日　早朝に三殿で行われる年始の祭典
元始祭	一月三日　年始に当たって皇位の大本と由来を祝し、国家国民の繁栄を三殿で祈られる祭典
奏事始	一月四日　掌典長が年始に当たって、伊勢の神宮および宮中の祭事のことを天皇陛下に申し上げる行事
昭和天皇祭	一月七日　昭和天皇の崩御相当日に皇霊殿で行われる祭典（陵所においても祭典がある。）夜は御神楽がある。
孝明天皇例祭	一月卅日　孝明天皇の崩御相当日に皇霊殿で行われる祭典（陵所においても祭典がある。）
祈年祭	二月十七日　三殿で行われる年穀豊穣祈願の祭典
天長祭	二月廿三日　天皇陛下のお誕生日を祝して三殿で行われる祭典
春季皇霊祭	春分の日　春分の日に皇霊殿で行われるご先祖祭
春季神殿祭	春分の日　春分の日に神殿で行われる神恩感謝の祭典
神武天皇祭	四月三日　神武天皇の崩御相当日に皇霊殿で行われる祭典（陵所においても祭典がある。）
皇霊殿御神楽	四月三日　神武天皇祭の夜、特に御神楽を奏して神霊をなごめる祭典
香淳皇后例祭	六月十六日　香淳皇后の崩御相当日に皇霊殿で行われる祭典（陵所においても祭典がある。）
節折	六月卅日　天皇陛下のために行われるお祓いの行事
大祓	六月卅日　神嘉殿の前で、皇族をはじめ国民のために行われるお祓いの行事
明治天皇例祭	七月卅日　明治天皇の崩御相当日に皇霊殿で行われる祭典（陵所においても祭典がある。）
秋季皇霊祭	秋分の日　秋分の日に皇霊殿で行われるご先祖祭
秋季神殿祭	秋分の日　秋分の日に神殿で行われる神恩感謝の祭典
神嘗祭	十月十七日　賢所に新穀をお供えになる神恩感謝の祭典。この朝天皇陛下は神嘉殿において伊勢の神宮をご遙拝になる。
新嘗祭	十一月廿三日　天皇陛下が、神嘉殿において新穀を皇祖はじめ神々にお供えになって、神恩を感謝された後、陛下自らもお召し上がりになる祭典。宮中恒例祭典の中の最も重要なもの。天皇陛下自らご栽培になった新穀もお供えになる。
賢所御神楽	十二月中旬　夕刻から賢所に御神楽を奏して神霊をなごめる祭典
大正天皇例祭	十二月廿五日　大正天皇の崩御相当日に皇霊殿で行われる祭典（陵所においても祭典がある。）
節折	十二月卅一日　天皇陛下のために行われるお祓いの行事
大祓	十二月卅一日　神嘉殿の前で、皇族をはじめ国民のために行われるお祓いの行事

〈出典・宮内庁ＨＰ〉

令和五年の国内動静

日本運命学会

本年は癸卯（みずのとう）年。癸は陰水性であり、雨や川に例えられる。卯は植物の芽が出て、若葉が茂ってきた状態を表す十二支であり、暖かくなって伸び始めた草には生き生きとした勢いがある。よって本年は若くて勢いのある人や、そういう人を育てたり助けたりするような現象にスポットが当たることが多くなりそうだが、一方で、変化を望まない人にとっては逆風を感じることが近年以上に増えそうである。前回の癸卯年である六十年前の一九六三年は、日本では「鉄腕アトム」の放送が開始された年であり、海外ではアメリカのケネディ大統領が暗殺された年であった。

安倍元首相殺害

昨年七月、首相退任後も存在感を発揮していた安倍元首相が選挙戦の演説中に元海上自衛隊員の男に殺害された。首相経験者の殺害は、太平洋戦争に向かうきっかけともなった戦前の「二・二六事件」以来であり、犯人が手製の銃で犯行に及んだことも含めて日本国内のみならず海外にも大きな衝撃を与えた。世界の首脳たちとも対等に渡り合える政治家を失ったことは、今後の外交に多大な影響を及ぼすことになると思われる。

こども家庭庁の設置

少子化問題や児童虐待問題等が深刻化する中、総理大臣直属の機関として「こども家庭庁」が設置される。これまで各省庁に分散していた子どもに対する行政業務や子ども政策に関する総合調整権限を集約し、司令塔としての役割を持たせることを目的としているが、「幼保一元化」等は見送られ、どこまで子どもの視点や子育て当事者の視点に立った政策実現ができるのかは不透明である。一方で、法律には五年をめどに組織や体制のあり方を見直す規定も盛り込まれている。

令和五年世界の情勢

昨年の二月二十四日、ロシアのプーチン大統領はウクライナでの特別軍事作戦を開始すると演説、直後に首都キーウを含むウクライナ各地に対しての砲撃や空襲が開始された。開戦当初はロシアの地上軍がキーウ近郊まで侵攻、親ロシア派の多い東部の各地を掌握し、欧州最大規模のザポリージャ原発も支配する等攻勢を強めたが、ウクライナ軍も士気の高さと欧米諸国からの武器供与を背景に抗戦、事態は長期化の様相を見せるようになる。今回の背景には旧ソ連崩壊以後のＮＡＴＯの東方拡大路線があり、二〇一四年にウクライナに親米政権が誕生した直後には、プーチン大統領はクリミアに軍の特殊部隊を派遣してこの地域を一方的に併合。その後も両国には緊張関係が続いていた。プーチン大統領はウクライナに対して「同じルーツを持つ国」という意識を強く持っているとされており、この争いは双方、矛を収めることが大変難しい状況に陥った。

ＳＮＳとドローンによる最新の戦争

ウクライナが善戦している理由の一つに最新技術の活用がある。ゼレンスキー大統領は開戦直後に政府の高官四人と一緒に首都キーウの中心部から自撮り動画を発信。国民の士気を高め、ツイッターでは、直接スペースＸ社のイーロン・マスク氏に通信衛星回線を要請して通信手段を確保。世界的な発信力においてロシアを悪役とすることに大きく成功した。また、軍事用ドローンの活用についてもＳＮＳ等で所有者や操縦者を募集、大きな戦果を上げている。

漁夫の利を狙う各国

ＥＵがロシア産の燃料からの脱却を図る一方、中国はロシアからの天然ガス輸入を進め、インドもロシアからの原油の輸入を拡大、トルコは北欧各国のＮＡＴＯ加盟の動きを利用して、国内のクルド人武装勢力を制圧しようと動く等、影響は拡がる。

洗練された眼差しは　細やかで鋭敏な感性に他ならない

令和五年金相場の動向

東京運命学院研友会

一　月（癸丑九紫火星）発会より中旬にかけて弱保合。それから下旬にかけて押し目買い。
二　月（甲寅八白土星）押し目買い方針のとき。中旬から下旬、小波乱あり。
三　月（乙卯七赤金星）初旬は保合、下旬より乱高下あり。下旬安い。
四　月（丙辰六白金星）月初めから戻り売り一貫のとき。下旬に入って急激な戻りを入れるが月末は安し。
五　月（丁巳五黄土星）初旬・中旬、乱高下あり。下旬は小高い。
六　月（戊午四緑木星）押し目買いのとき。高値は利食いして押し目で買い直すこと。
七　月（己未三碧木星）初め高い。中旬、後半より売りに変身。
八　月（庚申二黒土星）乱高下を繰り返し、下旬は安し。
九　月（辛酉一白水星）月初めより月末まで、なだらかな上昇歩調。
十　月（壬戌九紫火星）波乱ある月。月末は高し。
十一月（癸亥八白土星）初旬保合。中旬より押し目買い。月末新高値をつけることあり。

十二月（甲子七赤金星）月初め一押し入る。その後は堅調に推移し、年末高し。

令和五年ゴム相場の動向

一　月（癸丑九紫火星）発会より月末まで、押し目買い方針にて良い。
二　月（甲寅八白土星）往来相場。小幅で稼ぐとき。
三　月（乙卯七赤金星）戻り売り方針。安値は買い玉を仕込むとき。
四　月（丙辰六白金星）上旬は見送り。中旬以降、戻り売り方針。
五　月（丁巳五黄土星）戻り売り一貫。あくまでも戻り売り方針のとき。
六　月（戊午四緑木星）往来相場をみせる月。月末安ければ底をみせること多し。
七　月（己未三碧木星）波乱多し月。月末小高い。
八　月（庚申二黒土星）高値波乱より伸び悩み、中旬高く、月末急落することあり。
九　月（辛酉一白水星）この月は前半は安く、後半は高し。押し目買いに徹すべし。
十　月（壬戌九紫火星）押し目買い方針のとき。高値は利食いして押し目で買い直せ。
十一月（癸亥八白土星）上旬は保合。中旬より乱高下し、下旬は安い。
十二月（甲子七赤金星）戻り売り方針のとき。突っ込みは利食いのこと。

令和五年　経済界の予想診断

令和五年―癸卯四緑木星―は、新型コロナウイルス感染防止対策と経済活動の両立を果たせるかが鍵となるが、感染拡大が落ち着けば、個人消費も伸び景気の立ち直りは早まると考えられる。さらに個人所得や設備投資の増加も期待され、新たな政策や金融支援の仕組みが求められてくる。経済や社会のデジタル化への展開は加速し、働き方や企業戦略の変革をもたらす様々なビジネスモデルが見えてきそう。

世界経済は物価高で不透明感は漸増するものの、旺盛な消費意欲に支えられる輸出は、円安効果と相まって企業業績の伸びは続く。安全保障環境の悪化や経済の失速で将来不安が強まる中国では、現地の日本企業は海外移転や国内回帰といった拠点を見直す必要性もでてくる。

増加する需要に支えられ半導体は好況が続き、関連する電子部品の生産も高水準が見込まれる。自動車は円安が収益増に寄与し販売好調とはいえ、原材料高で業績の回復はもたつきそう。

DX（デジタルトランスフォーメーション）需要が上向く情報・通信・IT関連と、自動化・省力化に対応する投資に力を入れている産業機械・精密機器・ネットサービスは、競争激化が予想されるものの追い風が続く。原材料・エネルギーのコスト増大で不安定な状況が続く鉄鋼や非鉄は業績回復には時間を要するが、原燃料高を受けた価格転嫁が進む化学製品では上向きとなる。デパート・スーパー・コンビニは、消費の持ち直し傾向で堅調な販売増が見込まれるが、新規需要を取り込むためにさらなる集客努力が求められる。

生産コストの上昇が収益を圧迫する衣料品・食品、また人手不足が続く外食は、客離れが懸念材料となりそう。

ホテル・旅行関連では、コロナ禍で低迷していた国内旅行需要は改善に向かうが、訪日外国人の入国制限の緩和措置が進めば業績回復に弾みがつく。

経済循環図の解説

大元経済研究所

経済の動向を先見することは容易ではないが、この観測をもし誤れば事業不振となり損失を被る。経済界の趨勢はおおむね左図のように循環し、時に世界情勢や天変地異による若干の波乱はあっても一時的なことで大勢に変化はない。事業は積極的に進んで大利を得ることもあるが、消極的に基礎を固めて雄飛の機会を窺うことも大切なのは一般処世の道と同一である。

人の運の向上には人格を築くこと、そして肉体の健康と家内和合を図ることが基本であるが、経済の確立も重要条件となる。この経済界の推移を知るには、上の図表を研究資料として判断していただきたい。

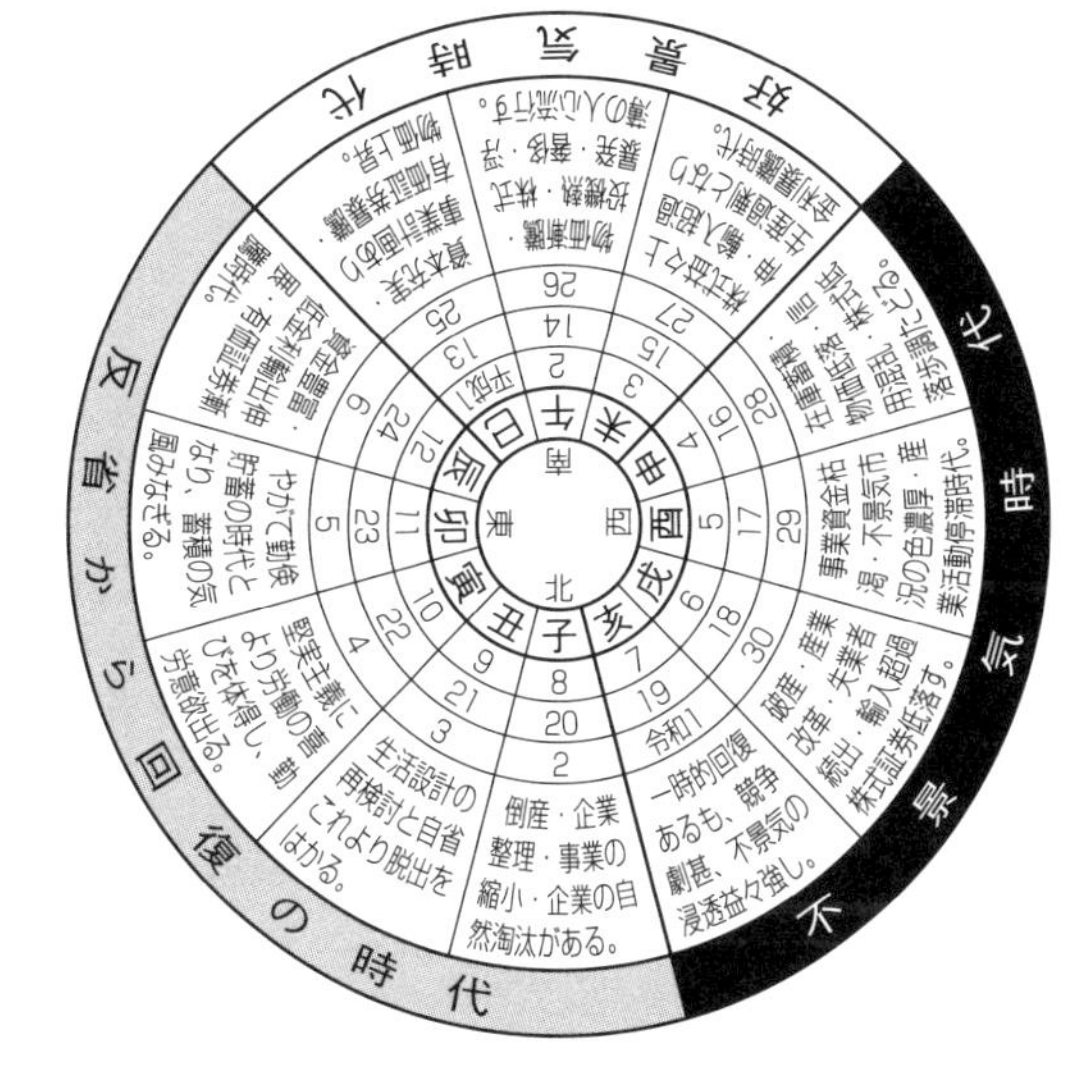

年次は以後循環

❀物食う時には物言わず

暦日と季節の知識

二十四節気（節気と中気）

太陽と地球の運行を基に一年を二十四節気に分け、季節の推移を知るための暦の基盤。春分点を基準にして黄道三六〇度を二十四等分したものだが、地球の公転軌道が楕円で速度も一様ではないため、時間的には一定していない。

立　春

旧正月節で春立ち始める季節。新暦二月四、五日頃。旧暦ではこの日を一年の基準とし、前日を節分と称する。

雨　水

旧正月中で新暦二月十九日頃。雨水ぬるみ木の芽が萌え始める。農耕の準備が始まる。

啓　蟄

旧二月節で新暦三月六日頃。冬ごもりしていた虫が穴を開け地上へ這いだしてくるといわれ、日の光に春を感じる。

春　分

旧二月中で新暦三月廿一日頃。太陽黄経〇度。春季の真ん中で日脚は昼夜等分。春の彼岸の中日に当り、国民の祝日。

清　明

旧三月節で新暦四月五日頃。桜花爛漫となり万物清新の気に満ちるとされ、春を謳歌する時。天気は変わりやすい。

穀　雨

旧三月中で新暦四月廿日頃。百穀を潤す春雨をいい、植物の生長を助け新芽が威勢よく伸びる時で、春の最後の節気。

立　夏

旧四月節で新暦五月六日頃。春色あせて夏の気色が立ち始める。風もさわやかに野山に新緑があふれ、夏の気配が感じられる。

小　満

旧四月中で新暦五月廿一、二日頃。万物次第に長じて天地に満ち始めるとの意で、陽気が盛んになり梅雨入り間近。

芒　種

旧五月節で新暦六月六日頃。芒種は禾（のぎ）のある穀物の意で、麦や稲をいう。麦刈り・田植えと農繁期の幕開け。

夏　至

旧五月中で新暦六月廿二日頃。夏季の真ん中で梅雨の盛り。一年中で最も日脚の長い日。

小　暑

旧六月節で新暦七月八日頃。日増しに暑さが加わり、本格的な夏が来る。蓮の花が咲き始め、鷹の子が巣立ちの準備。

大　暑

旧六月中で新暦七月廿三、四日頃。梅雨が明け暑さは絶頂期に入り、蒸し暑く酷暑の季節。夏の土用もこの頃。

立　秋

旧七月節で新暦八月八日頃。夏の土用は明けて秋風が立ち始める頃となり、暦では秋に入るが残暑は厳しい。

処　暑

旧七月中で新暦八月廿四日頃。暑さもようやくとどまり、涼風が吹く初秋の季節。実りは目前だが台風の襲来が心配。

白　露

旧八月節で新暦九月八日頃。秋気が本格的に加わり、草木は朝夕白露を結ぶ。つばめが南へ去っていく。

秋　分

旧八月中で新暦九月廿三日頃。秋季の真ん中で日脚は昼夜等分。秋の彼岸の中日で、先祖を敬い偲ぶ日。国民の祝日。

寒　露

旧九月節で新暦十月九日頃。露が冷気にあたって凍る手前をいい、秋の深まりを感じさせる。菊の花が咲き始める。

霜　降

旧九月中で新暦十月廿四日頃。秋も末で、霜が降りる頃という意味。行く秋を惜しみ、冬の近いことを知らせる季節。

立　冬

旧十月節で新暦十一月八日頃。陽の光も次第に弱くなり、冬の気立ち始めて朝晩の冷気が強くなる。北国で初雪の便り。

小　雪

旧十月中で新暦十一月廿二日頃。陰晴定まらず本格的な降雪はないものの、遠山には冠雪が眺められる。

大　雪

旧十一月節で新暦十二月八日頃。山は積雪に覆われ平地も北風が吹きすさび、冬将軍の訪れを感じる。

冬　至

旧十一月中で新暦十二月廿二、三日頃。冬季の真ん中で、一年中で日脚が最も短い日。冬至粥やかぼちゃを食べ、柚子湯に入る風習。

小寒

旧十二月節で新暦一月六日頃。寒風いよいよ激しく、降雪もしばしばある。暦では「寒の入り」ともいわれる。

大寒

旧十二月中で新暦一月廿日頃。冬の最後の季節で寒さの絶頂期。降雪も激しいが、寒気の中にも春の足音は近づく。

雑節・行事

二十四節気の他にも季節をみる暦日がある。これらを雑節といい、年中行事や民俗行事となっているものもある。

土用

土用は春夏秋冬の四季の終わりに配置され、季節の変わり目となる。土気の強く働く期間で、土を動かすのは控える。

節分

本来は季節の移り変わる節の前日をいう。現在では一般的に立春の前日をさし、冬の陰気が春の陽気に変わる日に邪気を払い豆をまく。占術上ではこの日をもって年を区切る。

初午

二月最初の午の日に稲荷を祭る行事。この日に家内安全・五穀豊穣・商売繁盛を祈願。

社日

春分と秋分に近い戊の日で、一年に二回ある。土地の神・五穀の神を祭り祝う日。

彼岸

春分・秋分の日の三日前を彼岸の入り、三日後を彼岸明けといい、計七日間を彼岸という。仏事や功徳慈悲供養の行事を行う大吉日。

花祭り

釈迦の降誕日の四月八日に寺院で行われる灌仏会。現世安楽と子孫繁栄を祈る。

八十八夜

立春から八十八日目で、春から夏に変わり地気盛ん。種まき・茶摘みの最適期。

入梅

陰陽変じて陰雨となり、雨湿盛んとなる。「つゆいり」ともいう。太陽黄経八〇度。

半夏生

梅雨が終わる頃で、太陽黄経一〇〇度に達する時。草木の毒気と難病を払う日。

三伏日

夏至以後第三の庚日を初伏、第四の庚日を中伏、立秋後の第一の庚日を末伏とし、この三つの総称。種まき・旅行・結婚等を慎むべき猛暑の日。

二百十日

立春から二百十日目をいい、九月一日頃。稲の開花期であるが、台風の被害が心配。

十三夜祭

毎月旧暦十三日の夜の月を拝祭すれば、財運に恵まれる。

二十三夜祭

日天を拝して寿運を授かるために、旧暦廿三日を「お日待ち」として祭る吉日。

甲子

甲子は干支の第一番目で、五行相生の吉日。この日は大黒天を祭り、福禄財宝を授かるように祈願する。

庚申

庚申は八専の第九番目にあたる日で、金気が重なり天地万物の気が変わるとされる。房事を慎み神仏に福運を祈る。

己巳

己巳の日に、福徳賦与の神弁財天を祭り、財運を願う。

天一天上

天一神の天上する癸巳の日から十六日間をいい、この期間は何事も障りない日。

十方暮

干支が相剋する日で、甲申の日から癸巳の日までの十日間。すべてに不和といわれ、結婚・旅行・移転・開業には凶。

八専

壬子の日から癸亥の日までの十二日間をいい、干支の気が偏在し釣り合いがとれず、物事が順調に進まない。

犯土(つち)

干支の土と土が重なる日で、庚午の日から七日間を大犯土、戊寅の日から七日間を小犯土。土掘り・建墓・種まきは凶。

三隣亡

棟上げ・土起こし等建築関係や移転に凶日。これに背けば近隣をも亡ぼすといわれる。

天赦日

天が万物を養って罪を許す日といわれ、天の恩恵により何の障害も起こらない吉日。

万倍日

一粒の種も、播けば万倍となって実るという意味で、一粒万倍日ともいう。よろず事を始めるに良く運気盛んな日。

暦日の吉凶総覧表

六曜星

六曜は六輝ともいい、中国から伝わったといわれるが、広く使われるようになったのは江戸末期頃から。六曜は旧暦を基に配当される。

先勝（さきかち） 諸事急ぎ事や願い事・交渉は午前が吉。午後は凶。

友引（ともびき） 朝夕吉事に用いて良いが、正午は凶。葬儀は忌む。

先負（さきまけ） 午前中は凶、午後は吉。万事急がず控え目が良い。

仏滅（ぶつめつ） 何事にも凶日で慎むべき日。病気は長引く恐れ。

大安（だいあん） 万事に障りなく大吉。祝い事に用いて特に良い。

赤口（じゃっこう） 正午のみ吉で朝夕は凶。祝い事や新規の事は慎む。

中段

十二直または十二客ともいわれる。中段は旧暦の節気にあたる日と干支を組み合わせて配当される。

たつ 万物を建て生ずる大吉日。外出や神仏の祭祀・棟上げ・開業・婚礼・移転などに吉。

のぞく 不浄を払い、百凶を除き去る日。医療始め・仕事始めなど大吉。旅行・移転・動土は凶。

みつ すべて満たされる良日で、祝い事や祭祀・婚礼・建築・開業・種まきに吉。但し、服薬始めは凶。

たいら 平安平等となるという意から、吉凶ともに平らかな日。旅行・祝い事・相談事に大吉。溝掘りは凶。

さだん 物事を定めるに適し、将来の基礎を固める吉日。建築・移転・婚礼などには吉。訴訟・旅行は凶。

とる 万物の活動成育をうながし、とり行うとされる。収穫・買入れなどに良く、婚礼・建築・祭祀も吉。

やぶる 相対し打ち破る意から戦えば傷つくとされる。約束・相談など取り決め事や祝い事はすべて凶。

あやぶ 危うき日であり何事も控え目が良い。新規に始めることは要注意。登山・旅行は特に凶日。

なる 物事が成就するとされ、新規に始めるのに良い日。建築・開業・披露などに吉。訴訟・談判は凶。

おさん 万事収め入れるのに良い日で、仕入れなどに用いて障りなし。商品購入・集金・建築・移転に吉。

ひらく 神使天険を開通させるとされ、運が開ける日。開業・入学・建築・移転・婚礼に吉。不浄事は凶。

とづ 諸事閉止するという意味があり、建墓・金銭の収納には良いが、事始め・開店・開業・移転は凶。

二十八宿

二十八宿は、古代中国で天体の位置や季節を知るために考えだされた星座で、年・月・日に配当し暦に使われるとともに、吉凶判断に利用される。

角（かく） 婚礼・建築・着初め他、進むことに吉。葬儀は凶。

亢（こう） 種まき・裁縫・結納は吉。建築・旅行・移転には凶。

氐（てい） 婚礼・開業・種まき・酒造りなどに吉。その他は凶。

房（ぼう） 婚礼・建築・旅行・移転・仏事や神事などに大吉。

心（しん） 神仏祭祀・旅行・移転に吉。建築・葬儀・造作凶。

尾（び） 婚礼・開業・造作・新規事などに吉。衣類裁断は凶。

箕（き） 動土・造作・集金・開業は吉。婚礼・葬儀は凶。

斗（と） 造作・動土・裁縫・新規事を開始するに吉。

牛（ぎゅう） 何事に用いても良い日で迅速に進めて吉を得る。

女（じょ） 学芸・稽古始めには良いが、他は諸事慎むこと。

虚（きょ） 入学は吉。他は労して功無く、骨折り損を招く。

危（き） 動土・建築には障りないが、婚礼には凶。

室(しつ)　神仏祭祀・造作・祝い事には吉を招く。葬儀は凶。

壁(へき)　婚礼・建築・新規事の始めなど大吉。南に行くは凶。

奎(けい)　棟上げ・婚礼・旅立ちなど万事に吉。葬儀は凶。

婁(ろう)　建築・動土・婚礼などに良く、衣類裁ちは大吉。

胃(い)　造作・婚礼・公事に関することは吉。私事には凶。

昴(ぼう)　神仏参詣・祝い事・新規事開始などに用いて大吉。

畢(ひつ)　神事・祭礼・造作・移転・不動産取得に吉日。

觜(し)　学芸のみ吉。他は凶で造作に用いれば家財を失う。

参(しん)　婚礼・就職・造作・仕入れ・集金・養子縁組など吉。

井(せい)　神仏参詣・動土・建築・造作・種まきに吉日。

鬼(き)　大吉の日にて婚礼以外の祝い事、その他すべて吉。

柳(りゅう)　新規事・造作・建築・婚礼は控える。葬儀は大凶。

星(せい)　神仏祭祀・療養始めに吉。婚礼・葬儀・種まきは凶。

張(ちょう)　神仏祭祀・就職・開業・婚礼など、何事にも吉。

翼(よく)　万事に用心が肝要の日。種まき・旅行は障りなし。

軫(しん)　神事・建築・不動産売買・婚礼吉。衣類裁断は火難。

下　段

暦の最下段に記載され、暦注下段といわれる。悪日をできるだけ避けたいという願いから生まれたとされる。現代人の感覚では理解しにくいところもあるが、昔から庶民の生活の知恵として今に伝わっているものが多い。

天恩(てんおん)　天恩のある日で吉事に用いて大吉。凶事には悪日。

大明(だいみょう)　陰陽和合の大吉日。造作・旅行・移転・婚礼に吉。

母倉(ぼそう)　天が万物を育成するとされ、万事にわたって吉。

月徳(つきとく)　種まき・動土・婚礼・家の増改築に用いて吉日。

神吉(かみよし)　神仏参拝など神事に関して吉日。不浄事は凶。

鬼宿(きしゅく)　祝い事や新規事を始めるに大吉。長寿名誉を得る。

○　大願成就日。神仏祈願・開業・建築など諸事大吉。

伐日(ばつにち)　下のものが上に勝つとされ、万事に用心が肝要。

地火(じか)　地気炎上の凶日で、建築や土に関することを忌む。

血忌(ちいみ)　殺生・鍼灸・手術他すべて血をみることを忌む日。

凶会(くえ)　悪いことが集まる日で吉事を行えば凶に転ずる。

復日(ふくび)　何事も重なる日で吉事は吉が重なり、凶も重なる。

天火(てんか)　天に火気甚だしく、棟上げ・屋根ふきなどは凶。

往亡(おうもう)　往って亡ぶ日で旅行・移転・婚礼など出行を忌む。

重日(じゅうび)　着初め・取引・入学には吉で、婚礼・葬儀は凶。

黒日(くろび)　何事も成就しがたい大凶日。葬儀は妨げなし。

帰忌(きこ)　星の精が家を塞ぐ日。移転・金銭融資など忌む。

十死(じゅうし)　黒日に次ぐ凶日とされる。殊に婚礼・葬儀を忌む。

五墓(ごむ)　動土・地固め・葬儀・種まきなどを忌む墓運の日。

大禍(たいか)　万事用いて凶で、特に家の修理・口舌を慎むこと。

滅門(めつもん)　物事を始めると一家を滅ぼすとされる凶日。

●　不成就日。物事が成就しがたく悪い結果を招く。

各人九星別毎日の吉凶表

九星別＼当日	一白	二黒	三碧	四緑	五黄	六白	七赤	八白	九紫
一白	吉	凶	吉	吉	凶	大吉	大吉	凶	凶
二黒	凶	吉	凶	凶	吉	吉	吉	吉	大吉
三碧	大吉	凶	吉	吉	凶	凶	凶	凶	吉
四緑	大吉	凶	吉	吉	凶	凶	凶	凶	吉
五黄	凶	吉	凶	凶	吉	吉	吉	吉	大吉
六白	吉	大吉	凶	凶	大吉	吉	吉	大吉	凶
七赤	吉	大吉	凶	凶	大吉	吉	吉	大吉	凶
八白	凶	吉	凶	凶	吉	吉	吉	吉	大吉
九紫	凶	吉	大吉	大吉	吉	凶	凶	吉	吉

❀ 世界には　君以外には誰も歩むことのできない唯一の道がある

干支・九星・暦年表

干支・九星及び祖先の回忌年・事業・家系・時代の経過年数を繰るのに便利な早見表。来年以降の暦年も参考のため表示してあります。年号のゴシック体は閏年。

年号	西暦	干支・九星	経過年数
享保　九	一七二四	甲辰・――	三〇〇
安永　三	一七七四	甲午・――	二五〇
文政　七	一八二四	甲申・――	二〇〇
明治　七	一八七四	甲戌・九紫	一五〇
明治二五	一八九二	壬辰・九紫	一三二
明治二六	一八九三	癸巳・八白	一三一
明治二七	一八九四	甲午・七赤	一三〇
明治二八	一八九五	乙未・六白	一二九
明治二九	一八九六	丙申・五黄	一二八
明治三〇	一八九七	丁酉・四緑	一二七
明治三一	一八九八	戊戌・三碧	一二六
明治三二	一八九九	己亥・二黒	一二五
明治三三	一九〇〇	庚子・一白	一二四
明治三四	一九〇一	辛丑・九紫	一二三
明治三五	一九〇二	壬寅・八白	一二二
明治三六	一九〇三	癸卯・七赤	一二一
明治三七	一九〇四	甲辰・六白	一二〇
明治三八	一九〇五	乙巳・五黄	一一九
明治三九	一九〇六	丙午・四緑	一一八
明治四〇	一九〇七	丁未・三碧	一一七
明治四一	一九〇八	戊申・二黒	一一六
明治四二	一九〇九	己酉・一白	一一五
明治四三	一九一〇	庚戌・九紫	一一四
明治四四	一九一一	辛亥・八白	一一三
明治四五大正元	一九一二	壬子・七赤	一一二
大正　二	一九一三	癸丑・六白	一一一
大正　三	一九一四	甲寅・五黄	一一〇
大正　四	一九一五	乙卯・四緑	一〇九
大正　五	一九一六	丙辰・三碧	一〇八
大正　六	一九一七	丁巳・二黒	一〇七
大正　七	一九一八	戊午・一白	一〇六
大正　八	一九一九	己未・九紫	一〇五
大正　九	一九二〇	庚申・八白	一〇四
大正一〇	一九二一	辛酉・七赤	一〇三
大正一一	一九二二	壬戌・六白	一〇二
大正一二	一九二三	癸亥・五黄	一〇一
大正一三	一九二四	甲子・四緑	一〇〇
大正一四	一九二五	乙丑・三碧	九九
大正一五昭和元	一九二六	丙寅・二黒	九八
昭和　二	一九二七	丁卯・一白	九七
昭和　三	一九二八	戊辰・九紫	九六
昭和　四	一九二九	己巳・八白	九五
昭和　五	一九三〇	庚午・七赤	九四
昭和　六	一九三一	辛未・六白	九三
昭和　七	一九三二	壬申・五黄	九二
昭和　八	一九三三	癸酉・四緑	九一
昭和　九	一九三四	甲戌・三碧	九〇
昭和一〇	一九三五	乙亥・二黒	八九
昭和一一	一九三六	丙子・一白	八八
昭和一二	一九三七	丁丑・九紫	八七
昭和一三	一九三八	戊寅・八白	八六
昭和一四	一九三九	己卯・七赤	八五
昭和一五	一九四〇	庚辰・六白	八四
昭和一六	一九四一	辛巳・五黄	八三
昭和一七	一九四二	壬午・四緑	八二
昭和一八	一九四三	癸未・三碧	八一
昭和一九	一九四四	甲申・二黒	八〇
昭和二〇	一九四五	乙酉・一白	七九
昭和二一	一九四六	丙戌・九紫	七八
昭和二二	一九四七	丁亥・八白	七七
昭和二三	一九四八	戊子・七赤	七六
昭和二四	一九四九	己丑・六白	七五
昭和二五	一九五〇	庚寅・五黄	七四
昭和二六	一九五一	辛卯・四緑	七三
昭和二七	一九五二	壬辰・三碧	七二
昭和二八	一九五三	癸巳・二黒	七一

年号	西暦	干支・九星	経過年数
昭和二九	一九五四	甲午・一白	七〇
昭和三〇	一九五五	乙未・九紫	六九
昭和三一	一九五六	丙申・八白	六八
昭和三二	一九五七	丁酉・七赤	六七
昭和三三	一九五八	戊戌・六白	六六
昭和三四	一九五九	己亥・五黄	六五
昭和三五	一九六〇	庚子・四緑	六四
昭和三六	一九六一	辛丑・三碧	六三
昭和三七	一九六二	壬寅・二黒	六二
昭和三八	一九六三	癸卯・一白	六一
昭和三九	一九六四	甲辰・九紫	六〇
昭和四〇	一九六五	乙巳・八白	五九
昭和四一	一九六六	丙午・七赤	五八
昭和四二	一九六七	丁未・六白	五七
昭和四三	一九六八	戊申・五黄	五六
昭和四四	一九六九	己酉・四緑	五五
昭和四五	一九七〇	庚戌・三碧	五四
昭和四六	一九七一	辛亥・二黒	五三
昭和四七	一九七二	壬子・一白	五二
昭和四八	一九七三	癸丑・九紫	五一
昭和四九	一九七四	甲寅・八白	五〇
昭和五〇	一九七五	乙卯・七赤	四九
昭和五一	一九七六	丙辰・六白	四八
昭和五二	一九七七	丁巳・五黄	四七
昭和五三	一九七八	戊午・四緑	四六

年号	西暦	干支・九星	経過年数
昭和五四	一九七九	己未・三碧	四五
昭和五五	一九八〇	庚申・二黒	四四
昭和五六	一九八一	辛酉・一白	四三
昭和五七	一九八二	壬戌・九紫	四二
昭和五八	一九八三	癸亥・八白	四一
昭和五九	一九八四	甲子・七赤	四〇
昭和六〇	一九八五	乙丑・六白	三九
昭和六一	一九八六	丙寅・五黄	三八
昭和六二	一九八七	丁卯・四緑	三七
昭和六三	一九八八	戊辰・三碧	三六
昭和六四平成元	一九八九	己巳・二黒	三五
平成二	一九九〇	庚午・一白	三四
平成三	一九九一	辛未・九紫	三三
平成四	一九九二	壬申・八白	三二
平成五	一九九三	癸酉・七赤	三一
平成六	一九九四	甲戌・六白	三〇
平成七	一九九五	乙亥・五黄	二九
平成八	一九九六	丙子・四緑	二八
平成九	一九九七	丁丑・三碧	二七
平成一〇	一九九八	戊寅・二黒	二六
平成一一	一九九九	己卯・一白	二五
平成一二	二〇〇〇	庚辰・九紫	二四
平成一三	二〇〇一	辛巳・八白	二三
平成一四	二〇〇二	壬午・七赤	二二
平成一五	二〇〇三	癸未・六白	二一

年号	西暦	干支・九星	経過年数
平成一六	二〇〇四	甲申・五黄	二〇
平成一七	二〇〇五	乙酉・四緑	一九
平成一八	二〇〇六	丙戌・三碧	一八
平成一九	二〇〇七	丁亥・二黒	一七
平成二〇	二〇〇八	戊子・一白	一六
平成二一	二〇〇九	己丑・九紫	一五
平成二二	二〇一〇	庚寅・八白	一四
平成二三	二〇一一	辛卯・七赤	一三
平成二四	二〇一二	壬辰・六白	一二
平成二五	二〇一三	癸巳・五黄	一一
平成二六	二〇一四	甲午・四緑	一〇
平成二七	二〇一五	乙未・三碧	九
平成二八	二〇一六	丙申・二黒	八
平成二九	二〇一七	丁酉・一白	七
平成三〇	二〇一八	戊戌・九紫	六
平成三一令和元	二〇一九	己亥・八白	五
令和二	二〇二〇	庚子・七赤	四
令和三	二〇二一	辛丑・六白	三
令和四	二〇二二	壬寅・五黄	二
令和五	二〇二三	癸卯・四緑	一
令和六	二〇二四	甲辰・三碧	
令和七	二〇二五	乙巳・二黒	
令和八	二〇二六	丙午・一白	
令和九	二〇二七	丁未・九紫	
令和一〇	二〇二八	戊申・八白	

成功するには　成功するまで決して諦めないこと

令和五年（2023年）癸卯歳方位

歳徳神（恵方）	丙の方（巳午の間）
歳徳合	癸の方
歳禄	子の方
歳枝徳	申の方
奏書	艮の方
博士	坤の方
歳馬	巳の方
天道	乾・巽の方
天徳	坤の方
月徳	甲の方
天徳合	なし
月徳合	丁の方
人道	坤・艮の方
生気	巳の方
太歳神	卯の方

大金神	子の方
姫金神	午の方
巡金神	子・丑・申・酉の方
大将軍	子の方
大陰神	丑の方
歳刑神	子の方
歳破神	酉の方
歳殺神	戌の方
黄幡神	未の方
豹尾神	丑の方
劫殺	申の方
災殺	酉の方
白虎	亥の方
死符	申の方
病符	寅の方
都天	午・未の方

本書「方位盤　吉凶の解説」を参照

天空は動いても次なる未来を教えはしない

令和五年(平年)癸卯(みずのとう)歳略暦総覧

＊祝日と休日は、法律の改定により変更される場合があります。

新暦 大	新暦 小
1 3 5 7 8 10 12	2 4 6 9 11

西暦 二〇二三年
皇紀 二六八三年

国民の祝日・休日

元日	一月一日(日)
成人の日	一月九日(月)
建国記念の日	二月十一日(土)
天皇誕生日	二月二十三日(木)
春分の日	三月二十一日(火)
昭和の日	四月二十九日(土)
憲法記念日	五月三日(水)
みどりの日	五月四日(木)
こどもの日	五月五日(金)
海の日	七月十七日(月)
山の日	八月十一日(金)
敬老の日	九月十八日(月)
秋分の日	九月二十三日(土)
スポーツの日	十月九日(月)
文化の日	十一月三日(金)
勤労感謝の日	十一月二十三日(木)

下元(かげん)四緑(しろく)木星(もくせい)
金箔金(きんぱくのかね)
癸卯(みずのとう)

旧暦 大	旧暦 小
12 2 3 5 7 8 10	正 閏2 4 6 9 11

雑節・行事

雑節・行事	日付
旧正月	一月二十二日
節分	二月三日
初午	二月五日
彼岸入	三月十八日
花まつり	四月八日
八十八夜	五月二日
母の日	五月十四日
入梅	六月十一日
父の日	六月十八日
半夏生	七月二日
お盆	七月十五日
土用丑日	七月三十日
月遅れお盆	八月十五日
旧盆	八月三十日
二百十日	九月一日
彼岸入	九月二十日
十五夜	九月二十九日
亥の子餅	十月八日
七五三祝	十一月十五日
クリスマス	十二月二十五日
年越行事	十二月三十一日

節・中

節・中		日付
小寒	旧十二月節	一月六日
大寒	旧十二月中	一月二十日
立春	旧正月節	二月四日
雨水	旧正月中	二月十九日
啓蟄	旧二月節	三月六日
春分	旧二月中	三月二十一日
清明	旧三月節	四月五日
穀雨	旧三月中	四月二十日
立夏	旧四月節	五月六日
小満	旧四月中	五月二十一日
芒種	旧五月節	六月六日
夏至	旧五月中	六月二十一日
小暑	旧六月節	七月七日
大暑	旧六月中	七月二十三日
立秋	旧七月節	八月八日
処暑	旧七月中	八月二十三日
白露	旧八月節	九月八日
秋分	旧八月中	九月二十三日
寒露	旧九月節	十月八日
霜降	旧九月中	十月二十四日
立冬	旧十月節	十一月八日
小雪	旧十月中	十一月二十二日
大雪	旧十一月節	十二月七日
冬至	旧十一月中	十二月二十二日

甲子 一月六日 三月七日 五月六日 七月五日 九月三日 十一月二日

庚申 一月二日 三月三日 五月二日 七月一日 八月三十日 十月二十九日 十二月二十八日

己巳 一月十一日 三月十二日 五月十一日 七月十日 九月八日 十一月七日

社日 三月二十一日 九月二十七日

土用入 一月十七日 四月十七日 七月二十日 十月二十一日

三伏日 初伏 七月十一日 中伏 七月二十一日 末伏 八月十日

天一天上 二月四日 四月五日 六月四日 八月三日 十月二日 十二月一日

十方ぐれ 一月二十六日 三月二十七日 五月二十六日 七月二十五日 九月二十三日 十一月二十二日

八せん 二月二十三日 四月二十四日 六月二十三日 八月二十二日 十月二十一日 十二月二十日

天赦日 一月六日 三月二十一日 六月五日 八月四日 八月十六日 十月十七日

陽遁 一月六日

陰遁 七月五日

日曜表

月					
一月	1	8	15	22	29
二月	5	12	19	26	
三月	5	12	19	26	
四月	2	9	16	23	30
五月	7	14	21	28	
六月	4	11	18	25	
七月	2	9	16	23	30
八月	6	13	20	27	
九月	3	10	17	24	
十月	1	8	15	22	29
十一月	5	12	19	26	
十二月	3	10	17	24	31

＊振替休日 一月二日

賀正

一月【睦(む)月(つき)】大三十一日【旧十二月大三十日】

天地正大・奮起一番

（毎月共通 ○大願成就日 ●不成就日）

明日ありと思う心の仇(あだ)桜

太陽暦	七曜	干支	九星	日柄と行事	太陰暦	六曜	中段	二十八宿	下段	日記・予定欄
一日	**日**	つちのと未	五黄	**元日**・初詣 宝塚清荒神新年祝祷大祭	旧十二月大 十日	先負	あやぶ	昴	大明	
二日	月	かのえ申	四緑	**振替休日**・庚申 初夢・初荷・書初 皇居一般参賀	十一日	仏滅	なる	畢	母倉	
三日	火	かのと酉	三碧	初酉 福岡筥崎宮玉取祭	十二日	大安	おさん	觜	神吉	
四日	水	みずのえ戌	二黒	官庁御用始 取引所大発会 ○	十三日	赤口	ひらく	参	伐日	
五日	木	みずのと亥	一白	初亥・万倍日 八せん終・初水天宮 ●	十四日	先勝	とづ	井	重日	
六日	金	きのえ子	一白	小寒・甲子・天しゃ・初子 陽遁始・東京消防出初式	十五日	友引	とづ	鬼	天恩	
小寒 旧十二月節 月命 癸丑 ○時○五分 九紫火星・暗剣殺南の方										上半予定
七日	土	きのと丑	二黒	満月・七日正月・七草 福岡太宰府天満宮うそ替 ○	十六日	先負	たつ	柳	帰忌	
八日	**日**	ひのえ寅	三碧	初寅・初薬師 奈良信貴山初寅詣	十七日	仏滅	のぞく	星	天恩	
九日	月	ひのと卯	四緑	**成人の日**・初卯・宵戎 京都西本願寺報恩講	十八日	大安	みつ	張	神吉	
十日	火	つちのえ辰	五黄	初辰・十日戎 初金毘羅・110番の日	十九日	赤口	たいら	翼	地火	
十一日	水	つちのと巳	六白	初巳・己巳 蔵開・鏡開	廿日	先勝	さだん	軫	母倉	
十二日	木	かのえ午	七赤	三りんぼう・大つち 東京青梅だるま市	廿一日	友引	とる	角	月徳	
十三日	金	かのと未	八白	●	廿二日	先負	やぶる	亢	大明	
十四日	土	みずのえ申	九紫	大学入学共通テスト 大阪四天王寺修正会結願	廿三日	仏滅	あやぶ	氐	神吉	

愚痴は去年に　笑顔は今年

十五日	日	みずのと酉	一白	下弦・小正月	廿四日	大安	なる	房	黒日
十六日	月	きのえ戌	二黒	万倍日・やぶいり 親鸞聖人忌（本願寺派）	廿五日	赤口	おさん	心	滅門
十七日	火	きのと亥	三碧	土用・秋田三吉神社梵天祭 防災とボランティアの日	廿六日	先勝	ひらく	尾	重日
十八日	水	ひのえ子	四緑	初観音 姫路円教寺修正会	廿七日	友引	とづ	箕	帰忌
十九日	木	ひのと丑	五黄	○	廿八日	先負	たつ	斗	復日
廿日	金	つちのえ寅	六白	大寒・小つち 二十日正月	廿九日	仏滅	のぞく	牛	伐日
一大寒一旧十二月中　一七時三〇分					日出 六時四九分 日入 一六時五五分（東京）				下半予定
廿一日	土	つちのと卯	七赤	初大師 ●	卅日	大安	みつ	女	大明
廿二日	日	かのえ辰	八白	新月・旧元日 黙阿弥忌	旧正月小 朔日	先勝	たいら	虚	月徳
廿三日	月	かのと巳	九紫		二日	友引	さだん	危	天恩
廿四日	火	みずのえ午	一白	三りんぼう・初地蔵 東京巣鴨とげぬき地蔵祭 ●	三日	先負	とる	室	母倉
廿五日	水	みずのと未	二黒	初天神 法然上人忌	四日	仏滅	やぶる	壁	伐日
廿六日	木	きのえ申	三碧	十方ぐれ・文化財防火デー 天理教春季大祭	五日	大安	あやぶ	奎	大明
廿七日	金	きのと酉	四緑	国旗制定記念日 宝塚清荒神初荒神大祭	六日	赤口	なる	婁	黒日
廿八日	土	ひのえ戌	五黄	旧七草・万倍日 初不動・奈良若草山山焼	七日	先勝	おさん	胃	五墓
廿九日	日	ひのと亥	六白	上弦	八日	友引	ひらく	昴	重日
卅日	月	つちのえ子	七赤		九日	先負	とづ	畢	帰忌
卅一日	火	つちのと丑	八白	○	十日	仏滅	たつ	觜	十死

✿人間いたるところ青山(せいざん)あり

二月【如月(きさらぎ)】小二十八日【旧正月小二十九日】

✿敬天愛人・報恩感謝

太陽暦	七曜	干支	九星	日柄と行事	太陰暦	六曜	中段	二十八宿	下段	日記・予定欄
一日	水	かのえ寅	九紫	北海道狩猟禁止 ●	旧正月小 十一日	大安	のぞく	参	月徳	
二日	木	かのと卯	一白	蔵王樹氷まつり 尾鷲尾鷲神社祭	十二日	赤口	みつ	井	神吉	
三日	金	みずのえ辰	二黒	節分・宝塚清荒神星祭 愛知国府宮はだか祭 奈良春日大社万灯籠	十三日	先勝	たいら	鬼	五墓	
四日	土	みずのと巳	三碧	立春・天一天上	十四日	友引	たいら	柳	重日	
立春 旧正月節				月命甲寅 一一時四三分	八白土星・暗剣殺北東の方					上半予定
五日	日	きのえ午	四緑	旧小正月・初午	十五日	先負	さだん	星	神吉	
六日	月	きのと未	五黄	満月・札幌雪まつり 新宮神倉山御燈祭	十六日	仏滅	とる	張	大明	
七日	火	ひのえ申	六白	北方領土の日	十七日	大安	やぶる	翼	月徳	
八日	水	ひのと酉	七赤	万倍日 こと始・針供養	十八日	赤口	あやぶ	軫	十死	
九日	木	つちのえ戌	八白	●	十九日	先勝	なる	角	黒日	
十日	金	つちのと亥	九紫	旧二十日正月 三りんぼう	廿日	友引	おさん	亢	母倉 神吉	
十一日	土	かのえ子	一白	建国記念の日 奈良橿原神宮祭	廿一日	先負	ひらく	氐	天火	
十二日	日	かのと丑	二黒	北海道オホーツク流氷祭	廿二日	仏滅	とづ	房	血忌	
十三日	月	みずのえ寅	三碧	奈良信貴山三寅詣 倉敷五流尊瀧院お日待祭 ○	廿三日	大安	たつ	心	大明	
十四日	火	みずのと卯	四緑	下弦 聖バレンタインデー	廿四日	赤口	のぞく	尾	神吉	

十五日	水	きのえ辰	五黄	ねはん会 横手かまくら	廿五日	先勝	みつ	箕	復日
十六日	木	きのと巳	六白	本州四国九州狩猟禁止 日蓮聖人誕生会	廿六日	友引	たいら	斗	地火
十七日	金	ひのえ午	七赤	二の午・八戸えんぶり 伊勢伊勢神宮祈年祭 ●	廿七日	先負	さだん	牛	月徳
十八日	土	ひのと未	八白	岡山西大寺会陽	廿八日	仏滅	とる	女	大明
十九日	日	つちのえ申	九紫	雨水・山口秋吉台山焼 万国郵便連合加盟記念日	廿九日	大安	やぶる	虚	神吉

━雨水━ 旧正月中 七時三四分

日出 六時二四分
日入 一七時二六分 (東京)

下半予定

廿日	月	つちのと酉	一白	新月・アレルギーの日 万倍日・水戸梅祭	朔日 旧二月大	友引	あやぶ	危	十死
廿一日	火	かのえ戌	二黒	二日灸 ●	二日	先負	なる	室	黒日
廿二日	水	かのと亥	三碧	三りんぼう 世界友情の日	三日	仏滅	おさん	壁	天恩
廿三日	木	みずのえ子	四緑	⊡天皇誕生日・八せん始 京都醍醐寺仁王会	四日	大安	ひらく	奎	母倉
廿四日	金	みずのと丑	五黄		五日	赤口	とづ	婁	帰忌
廿五日	土	きのえ寅	六白	京都北野天満宮梅花祭 ○	六日	先勝	たつ	胃	復日
廿六日	日	きのと卯	七赤	福井勝山左義長祭	七日	友引	のぞく	昴	神吉
廿七日	月	ひのえ辰	八白	上弦 旧こと始・旧針供養	八日	先負	みつ	畢	大明
廿八日	火	ひのと巳	九紫	宝塚清荒神月例祭	九日	仏滅	たいら	觜	滅門

*毎月の各地行事は、名称や開催日が変更される場合があります。一定期間続く行事は、紙面の都合上一日だけ記載。

淀む水には芥（ごみ）たまる

三月【弥生（やよい）】 大三十一日

【旧二月大三十日】【旧閏二月小二十九日】

※福因福果・因果応報

太陽暦	七曜	干支	九星	日柄と行事	太陰暦	六曜	中段	二十八宿	下段	日記・予定欄
一日	水	つちのえ午	一白	旧初午 全国火災予防運動 ●	旧二月大 十日	大安	さだん	参	神吉	
二日	木	つちのと未	二黒		十一日	赤口	とる	井	復日	
三日	金	かのえ申	三碧	庚申・耳の日・ひな祭 調布深大寺だるま市	十二日	先勝	やぶる	鬼	神吉	
四日	土	かのと酉	四緑	万倍日	十三日	友引	あやぶ	柳	十死	
五日	**日**	みずのえ戌	五黄		十四日	先負	なる	星	黒日	
六日	月	みずのと亥	六白	啓蟄・八せん終 旧ねはん会	十五日	仏滅	なる	張	天火	
▭啓蟄▭旧二月節 月命乙卯 五時三六分 七赤金星・暗剣殺西の方										上半予定
七日	火	きのえ子	七赤	満月・甲子 消防記念日	十六日	大安	おさん	翼	月徳	
八日	水	きのと丑	八白	国際女性デー	十七日	赤口	ひらく	軫	天恩	
九日	木	ひのえ寅	九紫	三りんぼう 鹿嶋鹿島神宮祭 ●	十八日	先勝	とづ	角	帰忌	
十日	金	ひのと卯	一白	塩釜塩竈神社帆手祭	十九日	友引	たつ	亢	神吉	
十一日	土	つちのえ辰	二黒	東日本大震災の日 近江八幡左義長祭	廿日	先負	のぞく	氐	黒日	
十二日	**日**	つちのと巳	三碧	己巳・東京高尾山火渡祭 奈良二月堂お水取り ○	廿一日	仏滅	みつ	房	十死	
十三日	月	かのえ午	四緑	旧二の午・大つち 奈良春日大社祭	廿二日	大安	たいら	心	母倉	
十四日	火	かのと未	五黄	ホワイトデー	廿三日	赤口	さだん	尾	大明	

好く道より破る

日	曜	干支	九星	行事	旧暦	六曜	中段	宿	選日
十五日	水	みずのえ申	六白	下弦・万倍日 所得税確定申告締切	廿四日	先勝	とる	箕	神吉
十六日	木	みずのと酉	七赤	西宮広田神社祭	廿五日	友引	やぶる	斗	大明
十七日	金	きのえ戌	八白	●	廿六日	先負	あやぶ	牛	月徳
十八日	土	きのと亥	九紫	彼岸入	廿七日	仏滅	なる	女	重日
十九日	日	ひのえ子	一白		廿八日	大安	おさん	虚	母倉
廿日	月	ひのと丑	二黒	上野動物園開園記念日	廿九日	赤口	ひらく	危	神吉
廿一日	火	つちのえ寅	三碧	春分の日・社日・天しゃ 小つち・三りんぼう 弘法大師忌	卅日	先勝	とづ	室	伐日

春分 旧二月中 六時二四分

日出 五時四四分 日入 一七時五三分 (東京)

下半予定

日	曜	干支	九星	行事	旧暦	六曜	中段	宿	選日
廿二日	水	つちのと卯	四緑	新月・奈良法隆寺会式 世界水の日・放送記念日	旧閏二月小 朔日	友引	たつ	壁	凶会
廿三日	木	かのえ辰	五黄	世界気象デー ●	二日	先負	のぞく	奎	黒日
廿四日	金	かのと巳	六白	彼岸明 世界結核デー ○	三日	仏滅	みつ	婁	十死
廿五日	土	みずのえ午	七赤	電気記念日	四日	大安	たいら	胃	大明
廿六日	日	みずのと未	八白		五日	赤口	さだん	昴	天恩
廿七日	月	きのえ申	九紫	万倍日・十方ぐれ さくらの日・利休忌（表千家）	六日	先勝	とる	畢	月徳
廿八日	火	きのと酉	一白	宝塚清荒神月例祭 利休忌（裏千家）	七日	友引	やぶる	觜	大明
廿九日	水	ひのえ戌	二黒	上弦	八日	先負	あやぶ	参	五墓
卅日	木	ひのと亥	三碧	奈良薬師寺花会式	九日	仏滅	なる	井	重日
卅一日	金	つちのえ子	四緑	●	十日	大安	おさん	鬼	母倉

櫓(ろ)櫂(かい)の立たぬ海もなし

四月【卯(う)月(づき)】小三十日　【旧三月大三十日】

※春風駘蕩・明鏡止水

太陽暦	七曜	干支	九星	日柄と行事	太陰暦	六曜	中段	二十八宿	下段	日記・予定欄
一日	土	つちのと丑	五黄	新財政年度・新学年 岐阜道三祭 エープリルフール	旧閏二月小 十一日	赤口	ひらく	柳	大明	
二日	日	かのえ寅	六白	三りんぼう 世界自閉症啓発デー	十二日	先勝	とづ	星	帰忌	
三日	月	かのと卯	七赤		十三日	友引	たつ	張	天火	
四日	火	みずのえ辰	八白	岡山金光教大祭	十四日	先負	のぞく	翼	黒日	
五日	水	みずのと巳	九紫	清明・天一天上	十五日	仏滅	のぞく	軫	母倉	
清明　旧三月節				月命 丙辰 一〇時一三分	六白金星・暗剣殺北西の方					上半予定
六日	木	きのえ午	一白	満月・三りんぼう 全国交通安全運動	十六日	大安	みつ	角	神吉	
七日	金	きのと未	二黒	万倍日・世界保健デー 法然上人誕生会 愛媛松山お城祭	十七日	赤口	たいら	亢	五墓	
八日	土	ひのえ申	三碧	花まつり・灌仏会 甲府信玄公祭 ●	十八日	先勝	さだん	氐	凶会	
九日	日	ひのと酉	四緑	キリスト教復活祭 多治見陶器祭 奈良西大寺大茶盛	十九日	友引	とる	房	神吉	
十日	月	つちのえ戌	五黄	香川金刀比羅宮桜花祭	廿日	先負	やぶる	心	復日	
十一日	火	つちのと亥	六白	メートル法公布記念日	廿一日	仏滅	あやぶ	尾	黒日	
十二日	水	かのえ子	七赤		廿二日	大安	なる	箕	神吉	
十三日	木	かのと丑	八白	下弦 京都嵯峨虚空蔵十三詣 大津日吉大社山王祭	廿三日	赤口	おさん	斗	十死	
十四日	金	みずのえ寅	九紫	切手趣味週間 岐阜高山祭	廿四日	先勝	ひらく	牛	月徳 大明	

実のなる木は花より知れる

日	曜	干支	九星	行事	旧暦	六曜	十二直	宿	選日
十五日	土	みずのと卯	一白		廿五日	友引	とづ	女	神吉
十六日	日	きのえ辰	二黒	●	廿六日	先負	たつ	虚	大明
十七日	月	きのと巳	三碧	土用 科学技術週間	廿七日	仏滅	のぞく	危	母倉
十八日	火	ひのえ午	四緑	三りんぼう・発明の日 天理教教祖誕生祭 京都知恩院法然上人御忌会	廿八日	大安	みつ	室	神吉
十九日	水	ひのと未	五黄	万倍日	廿九日	赤口	たいら	壁	復日
廿日	木	つちのえ申	六白	穀雨・金環皆既日食 新月・郵政記念日 ●	旧三月大 朔日	先負	さだん	奎	神吉

穀雨 旧三月中 一七時一四分

日出 五時〇三分
日入 一八時一八分 (東京)

下半予定

日	曜	干支	九星	行事	旧暦	六曜	十二直	宿	選日
廿一日	金	つちのと酉	七赤	京都壬生狂言	二日	仏滅	とる	婁	天恩
廿二日	土	かのえ戌	八白	旧ひな祭・アースデー 尾道みなと祭 東京靖国神社春祭	三日	大安	やぶる	胃	大明
廿三日	日	かのと亥	九紫	京都松尾大社神幸祭 世界本の日	四日	赤口	あやぶ	昴	黒日
廿四日	月	みずのえ子	一白	八せん始 宮津籠神社祭	五日	先勝	なる	畢	月徳
廿五日	火	みずのと丑	二黒		六日	友引	おさん	觜	往亡
廿六日	水	きのえ寅	三碧		七日	先負	ひらく	参	血忌
廿七日	木	きのと卯	四緑	和歌山道成寺鐘供養	八日	仏滅	とづ	井	神吉
廿八日	金	ひのえ辰	五黄	上弦 宝塚清荒神春季大祭 ●	九日	大安	たつ	鬼	大明
廿九日	土	ひのと巳	六白	昭和の日・有田陶器市 奥州日高火防祭 米沢上杉神社祭	十日	赤口	のぞく	柳	重日
卅日	日	つちのえ午	七赤	三りんぼう 図書館記念日	十一日	先勝	みつ	星	天火

仰いで天に愧じず

五月【皐月】大三十一日【旧四月小二十九日】

切磋琢磨・初志貫徹

太陽暦	七曜	干支	九星	日柄と行事	太陰暦	六曜	中段	二十八宿	下段	日記・予定欄
一日	月	つちのと未	八白	万倍日・京都鴨川をどり メーデー・平泉藤原祭	旧三月大 十二日	友引	たいら	張	復日	
二日	火	かのえ申	九紫	八十八夜・庚申 奈良東大寺聖武祭 下関赤間神宮先帝祭 ○	十三日	先負	さだん	翼	神吉	
三日	水	かのと酉	一白	憲法記念日 博多どんたく・横浜港祭 広島フラワーフェスティバル	十四日	仏滅	とる	軫	母倉	
四日	木	みずのえ戌	二黒	みどりの日 名古屋熱田神宮酔笑人神事	十五日	大安	やぶる	角	月徳	
五日	金	みずのと亥	三碧	こどもの日・端午の節句 八せん終 群馬水上寺春祭	十六日	赤口	あやぶ	亢	黒日	
六日	土	きのえ子	四緑	立夏・満月・甲子 ●	十七日	先勝	あやぶ	氐	天恩	
立夏 旧四月節				月命丁巳 三時一九分	五黄土星・暗剣殺なし					上半予定
七日	日	きのと丑	五黄		十八日	友引	なる	房	帰忌	
八日	月	ひのえ寅	六白	薬師開帳 世界赤十字デー	十九日	先負	おさん	心	母倉	
九日	火	ひのと卯	七赤		廿日	仏滅	ひらく	尾	神吉	
十日	水	つちのえ辰	八白	愛鳥週間	廿一日	大安	とづ	箕	天恩	
十一日	木	つちのと巳	九紫	己巳 長良川鵜飼開	廿二日	赤口	たつ	斗	黒日	
十二日	金	かのえ午	一白	下弦・万倍日・大つち 看護の日・海上保安の日	廿三日	先勝	のぞく	牛	大明 月徳	
十三日	土	かのと未	二黒	岐阜大垣祭 東京神田明神祭	廿四日	友引	みつ	女	凶会	
十四日	日	みずのえ申	三碧	母の日 島根出雲大社祭 ●	廿五日	先負	たいら	虚	神吉	

❀公は明を生じ　偏は暗を生ずる

日	曜	干支	九星	行事		旧暦	六曜	中段	宿	選日
十五日	月	みずのと酉	四緑	沖縄復帰記念日 京都葵祭		廿六日	仏滅	さだん	危	十死
十六日	火	きのえ戌	五黄			廿七日	大安	とる	室	復日
十七日	水	きのと亥	六白	三りんぼう	○	廿八日	赤口	やぶる	壁	重日
十八日	木	ひのえ子	七赤	国際親善デー 日光東照宮千人武者行列		廿九日	先勝	あやぶ	奎	伏日
十九日	金	ひのと丑	八白	G7サミット（広島） 奈良薪御能・東京浅草三社祭 奈良唐招提寺うちわまき		卅日	友引	なる	婁	帰忌
廿日	土	つちのえ寅	九紫	新月・小つち 下田黒船祭・神戸まつり 仙台青葉祭・福井三国祭		旧四月小 朔日	仏滅	おさん	胃	母倉
廿一日	日	つちのと卯	一白	小満 京都車折神社三船祭		二日	大安	ひらく	昴	大明
小満 旧四月中 一六時〇九分				日出 四時三二分 日入 一八時四三分（東京）						下半予定
廿二日	月	かのえ辰	二黒			三日	赤口	とづ	畢	月徳
廿三日	火	かのと巳	三碧		●	四日	先勝	たつ	觜	黒日
廿四日	水	みずのえ午	四緑	万倍日 東京巣鴨とげぬき地蔵祭		五日	友引	のぞく	参	天恩
廿五日	木	みずのと未	五黄	神戸湊川神社楠公祭		六日	先負	みつ	井	伐日
廿六日	金	きのえ申	六白	十方ぐれ		七日	仏滅	たいら	鬼	大禍
廿七日	土	きのと酉	七赤	旧灌仏会・宝塚清荒神月例祭 福岡筥崎宮さつき祭 小田原大雄山春季大祭		八日	大安	さだん	柳	地火
廿八日	日	ひのえ戌	八白	上弦・不動尊開帳 日本ダービー 倉敷五流尊瀧院地蔵祭		九日	赤口	とる	星	五墓
廿九日	月	ひのと亥	九紫	三りんぼう	○	十日	先勝	やぶる	張	重日
卅日	火	つちのえ子	一白	消費者の日		十一日	友引	あやぶ	翼	五墓
卅一日	水	つちのと丑	二黒	世界禁煙デー	●	十二日	先負	なる	軫	大明

明王 人を棄てず

六月【水無月(みなづき)】 小三十日 【旧五月大三十日】

創意工夫・努力開運

太陽暦	七曜	干支	九星	日柄と行事	太陰暦	六曜	中段	二十八宿	下段	日記・予定欄
一日	木	かのえ寅	三碧	衣替え・気象記念日 電波の日・写真の日	旧四月小 十三日	仏滅	おさん	角	母倉	
二日	金	かのと卯	四緑	横浜開港記念日 広島円隆寺稲荷祭	十四日	大安	ひらく	亢	神吉	
三日	土	みずのえ辰	五黄	金沢百万石祭	十五日	赤口	とづ	氐	五墓	
四日	日	みずのと巳	六白	満月・歯と口の健康週間 天一天上・鳥取大山山開 上高地ウエストン祭	十六日	先勝	たつ	房	黒日	
五日	月	きのえ午	七赤	万倍日・天しゃ 世界環境デー 名古屋熱田神宮祭	十七日	友引	のぞく	心	神吉	
六日	火	きのと未	八白	芒種	十八日	先負	のぞく	尾	大明	
〔芒種〕旧五月節				月命戊午 七時一八分 四緑木星・暗剣殺南東の方						上半予定
七日	水	ひのえ申	九紫		十九日	仏滅	みつ	箕	月徳	
八日	木	ひのと酉	一白	●	廿日	大安	たいら	斗	神吉	
九日	金	つちのえ戌	二黒		廿一日	赤口	さだん	牛	地火	
十日	土	つちのと亥	三碧	時の記念日	廿二日	先勝	とる	女	神吉	
十一日	日	かのえ子	四緑	入梅・下弦 東京浅草鳥越神社祭	廿三日	友引	やぶる	虚	黒日	
十二日	月	かのと丑	五黄		廿四日	先負	あやぶ	危	五墓	
十三日	火	みずのえ寅	六白	三りんぼう はやぶさの日	廿五日	仏滅	なる	室	母倉	
十四日	水	みずのと卯	七赤	大阪住吉大社田植祭 ○	廿六日	大安	おさん	壁	神吉	

学問に王道なし

日	曜	干支	九星	行事	旧暦	六曜	十二直	宿	選日
十五日	木	きのえ辰	八白	東京日枝神社山王祭 弘法大師誕生会	廿七日	赤口	ひらく	奎	大明
十六日	金	きのと巳	九紫	万倍日 ●	廿八日	先勝	とづ	婁	十死
十七日	土	ひのえ午	一白	伊勢伊勢神宮月次祭 北海道知床開き	廿九日	友引	たつ	胃	月徳
十八日	日	ひのと未	二黒	新月・父の日 海外移住の日	旧五月大 朔日	大安	のぞく	昴	神吉
十九日	月	つちのえ申	三碧		二日	赤口	みつ	畢	復日
廿日	火	つちのと酉	四緑	京都鞍馬寺竹伐	三日	先勝	たいら	觜	滅門
廿一日	水	かのえ戌	五黄	夏至 糸満ハーレー	四日	友引	さだん	参	天恩
夏至 旧五月中 二三時五八分				日出 四時二五分 日入 一九時〇〇分（東京）					下半予定
廿二日	木	かのと亥	六白	旧端午の節句 ●	五日	先負	とる	井	大明
廿三日	金	みずのえ子	七赤	八せん始・沖縄慰霊の日 男女共同参画週間 オリンピックデー	六日	仏滅	やぶる	鬼	黒日
廿四日	土	みずのと丑	八白	東京愛宕神社千日詣	七日	大安	あやぶ	柳	伐日
廿五日	日	きのえ寅	九紫	三りんぼう 倉敷五流尊瀧院親王祭	八日	赤口	なる	星	母倉
廿六日	月	きのと卯	一白	上弦 国連憲章調印記念日 国際薬物乱用撲滅デー ○	九日	先勝	おさん	張	大禍
廿七日	火	ひのえ辰	二黒	宝塚清荒神月例祭	十日	友引	ひらく	翼	月徳
廿八日	水	ひのと巳	三碧	万倍日 貿易記念日	十一日	先負	とづ	軫	十死
廿九日	木	つちのえ午	四緑		十二日	仏滅	たつ	角	神吉
卅日	金	つちのと未	五黄	大祓・夏越祭 ●	十三日	大安	のぞく	亢	大明

根のない嘘から芽が生える

七月【文月（ふみづき）】 大三十一日 【旧六月小二十九日】

相互扶助・平和推進

太陽暦	七曜	干支	九星	日柄と行事	太陰暦	六曜	中段	二十八宿	下段	日記・予定欄
一日	土	かのえ申	六白	庚申・富士山山開 国民安全の日	旧五月大 十四日	赤口	みつ	氐	神吉	
二日	日	かのと酉	七赤	半夏生・群馬谷川岳山開 ユネスコ加盟記念日	十五日	先勝	たいら	房	地火	
三日	月	みずのえ戌	八白	満月 奈良信貴山毘沙門天王出現祭	十六日	友引	さだん	心	伐日	
四日	火	みずのと亥	九紫	八せん終 アメリカ独立記念日	十七日	先負	とる	尾	重日	
五日	水	きのえ子	九紫	甲子・陰遁始 栄西禅師忌	十八日	仏滅	やぶる	箕	黒日	
六日	木	きのと丑	八白	東京入谷鬼子母神朝顔市	十九日	大安	あやぶ	斗	神吉	
七日	金	ひのえ寅	七赤	小暑・七夕	廿日	赤口	あやぶ	牛	天恩	
小暑 旧六月節		月命 己未		一七時三一分	三碧木星・暗剣殺東の方					上半予定
八日	土	ひのと卯	六白	成田成田山祇園会 ●	廿一日	先勝	なる	女	天火	
九日	日	つちのえ辰	五黄	万倍日 東京浅草観音ほおずき市	廿二日	友引	おさん	虚	滅門	
十日	月	つちのと巳	四緑	下弦・己巳 国土建設週間	廿三日	先負	ひらく	危	母倉	
十一日	火	かのえ午	三碧	大つち・三りんぼう 初伏・世界人口デー ○	廿四日	仏滅	とづ	室	黒日	
十二日	水	かのと未	二黒	草市	廿五日	大安	たつ	壁	大明	
十三日	木	みずのえ申	一白	盆むかえ火 日本標準時制定記念日	廿六日	赤口	のぞく	奎	神吉	
十四日	金	みずのと酉	九紫	熊野那智大社扇祭 東京靖国神社みたま祭	廿七日	先勝	みつ	婁	血忌	

日	曜	干支	九星	行事	旧暦	六曜	十二直	宿	選日
十五日	土	きのえ戌	八白	お盆・勤労青少年の日 大阪港開港記念日 博多祇園山笠	廿八日	友引	たいら	胃	月徳
十六日	日	きのと亥	七赤	盆おくり火・やぶいり 小倉祇園太鼓 京都松尾大社御田祭 ●	廿九日	先負	さだん	昴	重日
十七日	月	ひのえ子	六白	◉海の日・塩釜港祭 京都八坂神社祇園祭	卅日	仏滅	とる	畢	帰忌
十八日	火	ひのと丑	五黄	新月	旧六月小 朔日	赤口	やぶる	觜	十死
十九日	水	つちのえ寅	四緑	小つち 秩父川瀬祭	二日	先勝	あやぶ	参	伐日
廿日	木	つちのと卯	三碧	土用・青森恐山大祭 熊谷うちわ祭	三日	友引	なる	井	大明
廿一日	金	かのえ辰	二黒	万倍日・中伏	四日	先負	おさん	鬼	天恩
廿二日	土	かのと巳	一白	敦賀気比神宮総参祭	五日	仏滅	ひらく	柳	母倉
廿三日	日	みずのえ午	九紫	大暑・三りんぼう ●	六日	大安	とづ	星	黒日

大暑 旧六月中 一〇時五〇分

日出 四時四二分 日入 一八時五三分（東京）

下半予定

日	曜	干支	九星	行事	旧暦	六曜	十二直	宿	選日
廿四日	月	みずのと未	八白	地蔵盆	七日	赤口	たつ	張	天恩
廿五日	火	きのえ申	七赤	十方ぐれ 大阪天神祭・徳島天神祭	八日	先勝	のぞく	翼	伐日
廿六日	水	きのと酉	六白	上弦	九日	友引	みつ	軫	大明
廿七日	木	ひのえ戌	五黄	長野御嶽山大祭 能代日吉神社祭	十日	先負	たいら	角	地火
廿八日	金	ひのと亥	四緑	長崎ペーロン 宝塚清荒神月例祭	十一日	仏滅	さだん	亢	重日
廿九日	土	つちのえ子	三碧	相馬野馬追	十二日	大安	とる	氐	帰忌
卅日	日	つちのと丑	二黒	土用の丑	十三日	赤口	やぶる	房	往亡
卅一日	月	かのえ寅	一白	京都愛宕神社千日詣 ●	十四日	先勝	あやぶ	心	復日

❀愛し合って明るい家庭　許し合って平和な社会

鶏口となるも牛後となるなかれ

八月【葉月(はづき)】大三十一日【旧七月大三十日】

流汗鍛練・健康増進

太陽暦	七曜	干支	九星	日柄と行事	太陰暦	六曜	中段	二十八宿	下段	日記・予定欄
一日	火	かのと卯	九紫	八朔・水の日 八戸三社大祭	旧六月小 十五日	友引	なる	尾	天火	
二日	水	みずのえ辰	八白	満月・万倍日 青森ねぶた祭・鬼貫忌	十六日	先負	おさん	箕	大明	
三日	木	みずのと巳	七赤	天一天上・秋田竿灯 広島厳島神社管絃祭	十七日	仏滅	ひらく	斗	母倉	
四日	金	きのえ午	六白	三りんぼう・天しゃ 新潟新潟祭・釧路港祭 熊本火の国祭 ○	十八日	大安	とづ	牛	復日	
五日	土	きのと未	五黄	長野伊那祭 北九州夏祭・山形花笠祭 久留米水天宮夏祭	十九日	赤口	たつ	女	大明	
六日	日	ひのえ申	四緑	広島原爆の日	廿日	先勝	のぞく	虚	神吉	
七日	月	ひのと酉	三碧	鼻の日 仙台七夕	廿一日	友引	みつ	危	血忌	
八日	火	つちのえ戌	二黒	立秋・下弦 ●	廿二日	先負	みつ	室	母倉	
立秋 旧七月節				月命 庚申 三時二三分	二黒土星・暗剣殺南西の方					上半予定
九日	水	つちのと亥	一白	三りんぼう・長崎原爆の日 高知よさこい祭 宝塚中山寺星下り	廿三日	仏滅	たいら	壁	滅門	
十日	木	かのえ子	九紫	末伏・西鶴忌 館山安房神社祭	廿四日	大安	さだん	奎	神吉	
十一日	金	かのと丑	八白	🇯🇵山の日	廿五日	赤口	とる	婁	黒日	
十二日	土	みずのえ寅	七赤	国歌君が代制定日 徳島阿波踊・香川高松祭	廿六日	先勝	やぶる	胃	月徳	
十三日	日	みずのと卯	六白	万倍日・相馬盆踊 郡上八幡郡上踊	廿七日	友引	あやぶ	昴	神吉	
十四日	月	きのえ辰	五黄	高梁備中松山踊 奈良春日大社万灯籠 京都清水寺千日詣	廿八日	先負	なる	畢	大明	

日	曜	干支	九星	行事	旧暦	六曜	十二直	宿	選日
十五日	火	きのと巳	四緑	月遅れお盆・終戦記念日 鶴岡荘内神社祭	廿九日	仏滅	おさん	觜	重日
十六日	水	ひのえ午	三碧	新月・京都大文字 箱根大文字	旧七月大 朔日	先勝	ひらく	参	天火
十七日	木	ひのと未	二黒		二日	友引	とづ	井	母倉
十八日	金	つちのえ申	一白	天しゃ 平戸ジャンガラ 伝教大師誕生会 ●	三日	先負	たつ	鬼	神吉
十九日	土	つちのと酉	九紫	秋田花輪囃子 ○	四日	仏滅	のぞく	柳	十死
廿日	日	かのえ戌	八白	鎌倉鎌倉宮祭	五日	大安	みつ	星	天恩
廿一日	月	かのと亥	七赤	三りんぼう	六日	赤口	たいら	張	地火
廿二日	火	みずのえ子	六白	八せん始・旧七夕	七日	先勝	さだん	翼	月徳
廿三日	水	みずのと丑	五黄	処暑 一遍上人忌	八日	友引	とる	軫	黒日

■処暑■旧七月中　一八時〇一分

日出　五時〇六分
日入　一八時二二分
(東京)

下半予定

日	曜	干支	九星	行事	旧暦	六曜	十二直	宿	選日
廿四日	木	きのえ寅	四緑	上弦 京都地蔵盆	九日	先負	やぶる	角	復日
廿五日	金	きのと卯	三碧	万倍日 東京亀戸天神祭	十日	仏滅	あやぶ	亢	神吉
廿六日	土	ひのえ辰	二黒	上越謙信公祭 富士吉田火祭 愛知一色大提灯祭 ●	十一日	大安	なる	氐	母倉
廿七日	日	ひのと巳	一白	宝塚清荒神月例祭	十二日	赤口	おさん	房	重日
廿八日	月	つちのえ午	九紫		十三日	先勝	ひらく	心	天火
廿九日	火	つちのと未	八白	文化財保護法施行記念日	十四日	友引	とづ	尾	大明 母倉
卅日	水	かのえ申	七赤	庚申・旧盆	十五日	先負	たつ	箕	神吉
卅一日	木	かのと酉	六白	満月 ○	十六日	仏滅	のぞく	斗	十死

禍も幸いの端となる

物は心の持ち次第

九月【長月（ながつき）】小三十日【旧八月大三十日】

祖先崇拝・敬老奉仕

太陽暦	七曜	干支	九星	日柄と行事	太陰暦	六曜	中段	二十八宿	下段	日記・予定欄
一日	金	みずのえ戌	五黄	二百十日・防災の日 宝塚清荒神月旦祭	旧七月大 十七日	大安	みつ	牛	月徳	
二日	土	みずのと亥	四緑	八せん終・三りんぼう 沖縄エイサー祭 富山越中おわら風の盆	十八日	赤口	たいら	女	滅門	
三日	日	きのえ子	三碧	甲子 敦賀気比神宮祭 ●	十九日	先勝	さだん	虚	天恩	
四日	月	きのと丑	二黒		廿日	友引	とる	危	黒日	
五日	火	ひのえ寅	一白		廿一日	先負	やぶる	室	天恩	
六日	水	ひのと卯	九紫	万倍日	廿二日	仏滅	あやぶ	壁	神吉	
七日	木	つちのえ辰	八白	下弦 秋田飾山囃子	廿三日	大安	なる	奎	母倉	
八日	金	つちのと巳	七赤	白露・己巳 旧地蔵盆・岩手花巻祭	廿四日	赤口	なる	婁	十死	
白露 旧八月節		月命 辛酉 六時二七分		一白水星・暗剣殺北の方						上半予定
九日	土	かのえ午	六白	重陽の節句・救急の日 大つち・瀬戸せともの祭	廿五日	先勝	おさん	胃	月徳	
十日	日	かのと未	五黄	世界自殺予防デー	廿六日	友引	ひらく	昴	黒日	
十一日	月	みずのえ申	四緑	二百二十日 東京芝しょうが市 ●	廿七日	先負	とづ	畢	神吉	
十二日	火	みずのと酉	三碧	水路記念日 宇宙の日	廿八日	仏滅	たつ	觜	天火	
十三日	水	きのえ戌	二黒	世界の法の日	廿九日	大安	のぞく	参	母倉	
十四日	木	きのと亥	一白	盛岡盛岡八幡宮祭	卅日	赤口	みつ	井	復日	

理想を追う者は足下に気を付けよ

日	曜	干支	九星	行事	旧暦	六曜	十二直	宿	選日
十五日	金	ひのえ子	九紫	新月・旧八朔 岩手遠野祭 京都石清水八幡宮祭 ○	旧八月大 朔日	友引	たいら	鬼	大禍
十六日	土	ひのと丑	八白	二日灸 岸和田だんじり祭 鎌倉鶴岡八幡宮やぶさめ ●	二日	先負	さだん	柳	神吉
十七日	日	つちのえ寅	七赤	小つち・三りんぼう 万倍日	三日	仏滅	とる	星	伐日
十八日	月	つちのと卯	六白	敬老の日	四日	大安	やぶる	張	天恩
十九日	火	かのえ辰	五黄	子規忌	五日	赤口	あやぶ	翼	月徳
廿日	水	かのと巳	四緑	彼岸入・空の日 動物愛護週間	六日	先勝	なる	軫	十死
廿一日	木	みずのえ午	三碧	福岡太宰府天満宮祭 全国交通安全運動 国際平和デー	七日	友引	おさん	角	神吉
廿二日	金	みずのと未	二黒	会津若松会津祭	八日	先負	ひらく	亢	黒日
廿三日	土	きのえ申	一白	秋分の日 上弦・十方ぐれ 福井永平寺道元禅師御征忌	九日	仏滅	とづ	氐	母倉
秋分				旧八月中 一五時五〇分 日出 五時二九分 日入 一七時三八分（東京）					下半予定
廿四日	日	きのと酉	九紫	結核予防週間 東京巣鴨とげぬき地蔵祭 長野湯原神社式三番 ●	十日	大安	たつ	房	復日
廿五日	月	ひのえ戌	八白		十一日	赤口	のぞく	心	血忌
廿六日	火	ひのと亥	七赤	彼岸明 大阪安倍晴明神社例祭	十二日	先勝	みつ	尾	重日
廿七日	水	つちのえ子	六白	社日 宝塚清荒神月例祭 ○	十三日	友引	たいら	箕	母倉
廿八日	木	つちのと丑	五黄	小田原大雄山秋祭	十四日	先負	さだん	斗	地火
廿九日	金	かのえ寅	四緑	満月・十五夜（中秋の名月） 三りんぼう・万倍日 道元禅師忌	十五日	仏滅	とる	牛	月徳
卅日	土	かのと卯	三碧		十六日	大安	やぶる	女	神吉

青山を残してあれば　薪無きを怕(おそ)れず

十月【神無月(かんなづき)】大三十一日【旧九月小二十九日】

温厚篤実・温故知新

太陽暦	七曜	干支	九星	日柄と行事	太陰暦	六曜	中段	二十八宿	下段	日記・予定欄
一日	日	みずのえ辰	二黒	法の日・衣替え 共同募金・都民の日 北海道狩猟解禁	旧八月大 十七日	赤口	あやぶ	虚	母倉	
二日	月	みずのと巳	一白	天一天上 ●	十八日	先勝	なる	危	十死	
三日	火	きのえ午	九紫	奈良橿原神宮祭	十九日	友引	おさん	室	神吉	
四日	水	きのと未	八白	倉敷五流尊瀧院権現祭	廿日	先負	ひらく	壁	黒日	
五日	木	ひのえ申	七赤	達磨忌	廿一日	仏滅	とづ	奎	天火	
六日	金	ひのと酉	六白	下弦・国際協力の日 国際文通週間	廿二日	大安	たつ	婁	神吉	
七日	土	つちのえ戌	五黄	鹿児島国体開会 長崎諏訪神社くんち	廿三日	赤口	のぞく	胃	母倉	
八日	日	つちのと亥	四緑	**寒露**・国立公園制定日 亥の子餅・那覇大綱挽祭	廿四日	先勝	のぞく	昴	復日	
寒露 旧九月節				月命 壬戌 二二時一六分 九紫火星・暗剣殺南の方						上半予定
九日	月	かのえ子	三碧	🇯🇵スポーツの日 岐阜高山祭 久留米高良大社くんち	廿五日	友引	みつ	畢	帰忌	
十日	火	かのと丑	二黒	万倍日 目の愛護デー ●	廿六日	先負	たいら	觜	十死	
十一日	水	みずのえ寅	一白	山梨身延山御会式	廿七日	仏滅	さだん	参	黒日	
十二日	木	みずのと卯	九紫	東京池上本門寺御会式 芭蕉忌	廿八日	大安	とる	井	神吉	
十三日	金	きのえ辰	八白	日蓮聖人忌 ○	廿九日	赤口	やぶる	鬼	母倉	
十四日	土	きのと巳	七赤	鉄道の日	卅日	先勝	あやぶ	柳	神吉	

月にむら雲　花に風

日	曜	干支	九星	行事	旧暦	六曜	十二直	宿	選日
十五日	**日**	ひのえ午	六白	新月・新宮熊野速玉祭 三りんぼう・新聞週間 ●	旧九月小 朔日	先負	なる	星	月徳
十六日	月	ひのと未	五黄	世界食料デー 日光東照宮秋祭	二日	仏滅	おさん	張	大禍
十七日	火	つちのえ申	四緑	天しゃ・貯蓄の日 薬と健康の週間 伊勢伊勢神宮神嘗祭	三日	大安	ひらく	翼	神吉
十八日	水	つちのと酉	三碧	統計の日・長崎昊天宮祭 東京靖国神社秋祭	四日	赤口	とづ	軫	天恩
十九日	木	かのえ戌	二黒	東京日本橋べったら市	五日	先勝	たつ	角	凶会
廿日	金	かのと亥	一白	上皇后誕生日 えびす講・誓文払 釜石釜石祭	六日	友引	のぞく	亢	神吉
廿一日	土	みずのえ子	九紫	土用・八せん始 埼玉川越祭	七日	先負	みつ	氐	天恩
廿二日	**日**	みずのと丑	八白	上弦・京都平安神宮時代祭 万倍日・京都鞍馬の火祭	八日	仏滅	たいら	房	十死
廿三日	月	きのえ寅	七赤	旧重陽の節句 電信電話記念日 ●	九日	大安	さだん	心	黒日
廿四日	火	きのと卯	六白	**霜降** 国連デー・軍縮週間	十日	赤口	とる	尾	神吉

霜降 旧九月中　一時二二分

日出　五時五五分
日入　一六時五五分
（東京）

下半予定

日	曜	干支	九星	行事	旧暦	六曜	十二直	宿	選日
廿五日	水	ひのえ辰	五黄	○	十一日	先勝	やぶる	箕	月徳
廿六日	木	ひのと巳	四緑	原子力の日 天理教秋季大祭	十二日	友引	あやぶ	斗	母倉
廿七日	金	つちのえ午	三碧	十三夜・三りんぼう 読書週間 宝塚清荒神月例祭	十三日	先負	なる	牛	復日
廿八日	土	つちのと未	二黒	宮崎宮崎神宮祭 速記記念日	十四日	仏滅	おさん	女	大禍
廿九日	**日**	かのえ申	一白	満月・部分月食 庚申・福岡香椎宮祭	十五日	大安	ひらく	虚	神吉
卅日	月	かのと酉	九紫		十六日	赤口	とづ	危	五墓
卅一日	火	みずのえ戌	八白	ハロウィン 世界勤倹デー ●	十七日	先勝	たつ	室	伐日

二度目の見直し　三度目の正直

十一月【霜月（しもつき）】小三十日　【旧十月大三十日】

能率向上・勤労感謝

太陽暦	七曜	干支	九星	日柄と行事	太陰暦	六曜	中段	二十八宿	下段	日記・予定欄
一日	水	みずのと亥	七赤	八せん終・新米穀年度 計量記念日・灯台記念日 文化財保護強調週間	旧九月小 十八日	友引	のぞく	壁	重日	
二日	木	きのえ子	六白	甲子・唐津おくんち 鹿児島おはら祭 神戸有馬温泉茶会	十九日	先負	みつ	奎	天恩	
三日	金	きのと丑	五黄	文化の日・万倍日 箱根大名行列 奈良談山神社蹴鞠祭	廿日	仏滅	たいら	婁	十死	
四日	土	ひのえ寅	四緑	ユネスコ憲章記念日	廿一日	大安	さだん	胃	復日	
五日	日	ひのと卯	三碧	下弦 世界津波の日	廿二日	赤口	とる	昴	神吉	
六日	月	つちのえ辰	二黒	○	廿三日	先勝	やぶる	畢	天恩	
七日	火	つちのと巳	一白	己巳	廿四日	友引	あやぶ	觜	重日	
八日	水	かのえ午	九紫	立冬・大つち ●	廿五日	先負	あやぶ	参	伐日	
【立冬】旧十月節				月命 癸亥 一時三六分	八白土星・暗剣殺北東の方					上半予定
九日	木	かのと未	八白	太陽暦採用記念日 全国火災予防運動 ○	廿六日	仏滅	なる	井	大明	
十日	金	みずのえ申	七赤		廿七日	大安	おさん	鬼	帰忌	
十一日	土	みずのと酉	六白	一の酉 世界平和記念日	廿八日	赤口	ひらく	柳	重日	
十二日	日	きのえ戌	五黄	京都嵐山紅葉祭 萩時代祭	廿九日	先勝	とづ	星	月徳	
十三日	月	きのと亥	四緑	新月・三りんぼう 旧亥の子餅・炉開・空也忌	旧十月大 朔日	仏滅	たつ	張	血忌	
十四日	火	ひのえ子	三碧	万倍日 世界糖尿病デー	二日	大安	のぞく	翼	復日	

日	曜	干支	九星	行事	旧暦	六曜	十二直	宿	選日
十五日	水	ひのと丑	二黒	七五三 本州四国九州狩猟解禁	三日	赤口	みつ	軫	大明
十六日	木	つちのえ寅	一白	小つち ボジョレヌーボー解禁 ●	四日	先勝	たいら	角	地火
十七日	金	つちのと卯	九紫		五日	友引	さだん	亢	伐日
十八日	土	かのえ辰	八白		六日	先負	とる	氐	天恩
十九日	日	かのと巳	七赤	農協記念日 一茶忌	七日	仏滅	やぶる	房	重日
廿日	月	みずのえ午	六白	上弦	八日	大安	あやぶ	心	復日
廿一日	火	みずのと未	五黄	京都東本願寺報恩講 ○	九日	赤口	なる	尾	天恩
廿二日	水	きのえ申	四緑	小雪・十方ぐれ・とおかんや 奈良信貴山玉蔵院浴油講 宮崎高千穂夜神楽	十日	先勝	おさん	箕	黒日

小雪　旧十月中　二三時〇三分　日出 六時二三分　日入 一六時三一分（東京）　下半予定

日	曜	干支	九星	行事	旧暦	六曜	十二直	宿	選日
廿三日	木	きのと酉	三碧	勤労感謝の日 二の酉・八代妙見祭 島根出雲大社神在祭	十一日	友引	ひらく	斗	十死
廿四日	金	ひのえ戌	二黒	●	十二日	先負	とづ	牛	五墓
廿五日	土	ひのと亥	一白	三りんぼう 防府裸坊祭	十三日	仏滅	たつ	女	血忌
廿六日	日	つちのえ子	九紫	万倍日	十四日	大安	のぞく	虚	神吉
廿七日	月	つちのと丑	八白	満月・宝塚清荒神月例祭 小田原大雄山鎮火祭	十五日	赤口	みつ	危	凶会
廿八日	火	かのえ寅	七赤	税関記念日 親鸞聖人忌（大谷派）	十六日	先勝	たいら	室	地火
廿九日	水	かのと卯	六白		十七日	友引	さだん	壁	神吉
卅日	木	みずのえ辰	五黄	岡山最上稲荷火焚祭	十八日	先負	とる	奎	大明

平和は守らねばならぬが　攻められても防げる用意は常に必要

❀ 心配すれば物事は崩れる　心配で成り立つことはない

十二月【師走（しわす）】大三十一日　【旧十一月小二十九日】

※責任完遂・静思反省

太陽暦	七曜	干支	九星	日柄と行事	太陰暦	六曜	中段	二十八宿	下段	日記・予定欄
一日	金	みずのと巳	四緑	天一天上・映画の日 歳末助け合い運動 世界エイズデー	旧十月大 十九日	仏滅	やぶる	婁	重日	
二日	土	きのえ午	三碧	旧えびす講・旧誓文払 秩父秩父神社夜祭 ●	廿日	大安	あやぶ	胃	月徳	
三日	日	きのと未	二黒	障害者週間 ○	廿一日	赤口	なる	昴	大明	
四日	月	ひのえ申	一白	人権週間	廿二日	先勝	おさん	畢	黒日	
五日	火	ひのと酉	九紫	下弦・納の水天宮 国際ボランティアデー	廿三日	友引	ひらく	觜	十死	
六日	水	つちのえ戌	八白		廿四日	先負	とづ	参	凶会	
七日	木	つちのと亥	七赤	大雪・万倍日	廿五日	仏滅	とづ	井	神吉	
大雪 旧十一月節　月命甲子　一八時三三分　七赤金星・暗剣殺西の方										上半予定
八日	金	かのえ子	六白	こと納・針供養 納の薬師	廿六日	大安	たつ	鬼	重日	
九日	土	かのと丑	五黄	皇后誕生日 京都鳴滝了徳寺大根焚	廿七日	赤口	のぞく	柳	五墓	
十日	日	みずのえ寅	四緑	三りんぼう・人権デー 納の金毘羅 さいたま氷川神社大湯祭 ●	廿八日	先勝	みつ	星	月徳	
十一日	月	みずのと卯	三碧		廿九日	友引	たいら	張	黒日	
十二日	火	きのえ辰	二黒		卅日	先負	さだん	翼	大明	
十三日	水	きのと巳	一白	新月・正月事始	旧十一月小 朔日	大安	とる	軫	復日	
十四日	木	ひのえ午	九紫	赤穂義士祭 東京高輪泉岳寺義士祭	二日	赤口	やぶる	角	天火	

十五日	金	ひのと未	八白	年賀郵便扱始	三日	先勝	あやぶ	亢	神吉
十六日	土	つちのえ申	七赤		四日	友引	なる	氐	母倉 神吉
十七日	日	つちのと酉	六白	東京浅草観音歳の市 伊勢伊勢神宮月次祭 ●	五日	先負	おさん	房	天恩
十八日	月	かのえ戌	五黄	納の観音 ○	六日	仏滅	ひらく	心	大明
十九日	火	かのと亥	四緑	万倍日	七日	大安	とづ	尾	神吉
廿日	水	みずのえ子	三碧	上弦・八せん始	八日	赤口	たつ	箕	凶会
廿一日	木	みずのと丑	二黒	納の大師	九日	先勝	のぞく	斗	復日
廿二日	金	きのえ寅	一白	冬至・三りんぼう	十日	友引	みつ	牛	帰忌
冬至 旧十一月中 二二時二七分					日出 六時四七分 日入 一六時三二分 (東京)				下半予定
廿三日	土	きのと卯	九紫	上皇誕生日	十一日	先負	たいら	女	黒日
廿四日	日	ひのえ辰	八白	納の地蔵	十二日	仏滅	さだん	虚	大明
廿五日	月	ひのと巳	七赤	クリスマス 終い天神・蕪村忌 ●	十三日	大安	とる	危	天火
廿六日	火	つちのえ午	六白		十四日	赤口	やぶる	室	神吉
廿七日	水	つちのと未	五黄	満月 宝塚清荒神納荒神大祭	十五日	先勝	あやぶ	壁	大明
廿八日	木	かのえ申	四緑	庚申 官庁御用納・納の不動	十六日	友引	なる	奎	母倉
廿九日	金	かのと酉	三碧	取引所大納会	十七日	先負	おさん	婁	大禍
卅日	土	みずのえ戌	二黒	○	十八日	仏滅	ひらく	胃	月徳
卅一日	日	みずのと亥	一白	八せん終・万倍日・大祓 除夜の鐘・年越・秋田なまはげ	十九日	大安	とづ	昴	復日

急行に善歩なし

慈悲の家には上(かみ)下(しも)厭わず

2024 令和六年一月

【睦(む)月(つき)】大三十一日【旧十二月大三十日】

太陽暦	七曜	干支	九星	日柄と行事	太陰暦	六曜	中段	二十八宿	下段	日記・予定欄
一日	月	きのえ子	一白	[旗] 元日・陽遁始・甲子 天しゃ・初子・初詣 宝塚清荒神新年祝祷大祭	旧十一月小 廿日	赤口	たつ	畢	天恩	
二日	火	きのと丑	二黒	初夢・初荷・書初 皇居一般参賀 ●	廿一日	先勝	のぞく	觜	神吉	
三日	水	ひのえ寅	三碧	三りんぼう・初寅 奈良信貴山初寅詣 福岡筥崎宮玉取祭	廿二日	友引	みつ	参	帰忌	
四日	木	ひのと卯	四緑	下弦・初卯・官庁御用始 取引所大発会	廿三日	先負	たいら	井	黒日	
五日	金	つちのえ辰	五黄	初辰・初水天宮	廿四日	仏滅	さだん	鬼	天恩	
六日	土	つちのと巳	六白	小寒・己巳・初巳 東京消防出初式	廿五日	大安	さだん	柳	母倉	
小寒 旧十二月節 月命乙丑 五時四九分 六白金星・暗剣殺北西の方										上半予定
七日	日	かのえ午	七赤	大つち・三りんぼう 七日正月・七草 福岡太宰府天満宮うそ替	廿六日	赤口	とる	星	伐日	
八日	月	かのと未	八白	[旗] 成人の日 初薬師	廿七日	先勝	やぶる	張	大明	
九日	火	みずのえ申	九紫	宵戎 京都西本願寺報恩講	廿八日	友引	あやぶ	翼	神吉	
十日	水	みずのと酉	一白	初酉・十日戎 初金毘羅・110番の日 ●	廿九日	先負	なる	軫	黒日	
十一日	木	きのえ戌	二黒	新月・万倍日 蔵開・鏡開	旧十二月大 朔日	赤口	おさん	角	滅門	
十二日	金	きのと亥	三碧	初亥 東京青梅だるま市	二日	先勝	ひらく	亢	重日	
十三日	土	ひのえ子	四緑	大学入学共通テスト	三日	友引	とづ	氐	帰忌	
十四日	日	ひのと丑	五黄	大阪四天王寺修正会結願 ○	四日	先負	たつ	房	十死	

用心は勇気の大半なり

日	曜	干支	九星	行事	旧暦	六曜	十二直	宿	吉凶
十五日	月	つちのえ寅	六白	小つち・小正月	五日	仏滅	のぞく	心	復日
十六日	火	つちのと卯	七赤	やぶいり 親鸞聖人忌(本願寺派) ●	六日	大安	みつ	尾	天恩
十七日	水	かのえ辰	八白	秋田三吉神社梵天祭 防災とボランティアの日	七日	赤口	たいら	箕	月徳
十八日	木	かのと巳	九紫	土用・上弦・初観音 旧こと納・旧針供養 姫路円教寺修正会	八日	先勝	さだん	斗	母倉
十九日	金	みずのえ午	一白	三りんぼう	九日	友引	とる	牛	神吉
廿日	土	みずのと未	二黒	大寒・二十日正月	十日	先負	やぶる	女	天恩
大寒 旧十二月中 二三時〇七分					日出 六時四九分 日入 一六時五五分 (東京)				
廿一日	日	きのえ申	三碧	十方ぐれ 初大師	十一日	仏滅	あやぶ	虚	大明
廿二日	月	きのと酉	四緑	黙阿弥忌	十二日	大安	なる	危	黒日
廿三日	火	ひのえ戌	五黄	万倍日	十三日	赤口	おさん	室	五墓
廿四日	水	ひのと亥	六白	初地蔵 東京巣鴨とげぬき地蔵祭 ●	十四日	先勝	ひらく	壁	重日
廿五日	木	つちのえ子	七赤	初天神 法然上人忌	十五日	友引	とづ	奎	帰忌
廿六日	金	つちのと丑	八白	満月・文化財防火デー 天理教春季大祭 ○	十六日	先負	たつ	婁	十死
廿七日	土	かのえ寅	九紫	国旗制定記念日 奈良若草山山焼 宝塚清荒神初荒神大祭	十七日	仏滅	のぞく	胃	月徳
廿八日	日	かのと卯	一白	初不動	十八日	大安	みつ	昴	神吉
廿九日	月	みずのえ辰	二黒		十九日	赤口	たいら	畢	大明
卅日	火	みずのと巳	三碧	天一天上	廿日	先勝	さだん	觜	重日
卅一日	水	きのえ午	四緑	三りんぼう	廿一日	友引	とる	参	母倉

下半予定

※学びて思わざれば即ち罔(くら)し

2024 令和六年二月

【如月(きさらぎ)】 閏二十九日 【旧正月小二十九日】

太陽暦	七曜	干支	九星	日柄と行事	太陰暦	六曜	中段	二十八宿	下段	日記・予定欄
一日	木	きのと未	五黄	北海道狩猟禁止 ●	旧十二月大 廿二日	先負	やぶる	井	五墓	
二日	金	ひのえ申	六白	蔵王樹氷まつり 尾鷲尾鷲神社祭	廿三日	仏滅	あやぶ	鬼	神吉	
三日	土	ひのと酉	七赤	節分・下弦 奈良春日大社万灯籠 宝塚清荒神星祭	廿四日	大安	なる	柳	復日	
四日	**日**	つちのえ戌	八白	立春	廿五日	赤口	なる	星	黒日	
■立春■ 旧正月節 月命丙寅 一七時二七分 五黄土星・暗剣殺なし										上半予定
五日	月	つちのと亥	九紫	三りんぼう 札幌雪まつり	廿六日	先勝	おさん	張	母倉	
六日	火	かのえ子	一白	新宮神倉山御燈祭	廿七日	友引	ひらく	翼	神吉	
七日	水	かのと丑	二黒	北方領土の日	廿八日	先負	とづ	軫	血忌	
八日	木	みずのえ寅	三碧	こと始・針供養 奈良信貴山三寅詣 ○	廿九日	仏滅	たつ	角	大明	
九日	金	みずのと卯	四緑	●	卅日	大安	のぞく	亢	神吉	
十日	土	きのえ辰	五黄	新月・旧元日 北海道オホーツク流氷祭	旧正月小 朔日	先勝	みつ	氐	復日	
十一日	**日**	きのと巳	六白	建国記念の日 奈良橿原神宮祭	二日	友引	たいら	房	大明	
十二日	月	ひのえ午	七赤	振替休日 初午 ●	三日	先負	さだん	心	月徳	
十三日	火	ひのと未	八白		四日	仏滅	とる	尾	大明	
十四日	水	つちのえ申	九紫	聖バレンタインデー	五日	大安	やぶる	箕	神吉	

日	曜	干支	九星	行事	旧暦	六曜	十二直	宿	選日
十五日	木	つちのと酉	一白	万倍日・ねはん会 横手かまくら	六日	赤口	あやぶ	斗	十死
十六日	金	かのえ戌	二黒	旧七草・日蓮聖人誕生会 本州四国九州狩猟禁止	七日	先勝	なる	牛	黒日
十七日	土	かのと亥	三碧	上弦・岡山西大寺会陽 三りんぼう・八戸えんぶり 伊勢伊勢神宮祈年祭	八日	友引	おさん	女	大禍
十八日	日	みずのえ子	四緑	八せん始 山口秋吉台山焼	九日	先負	ひらく	虚	天恩
十九日	月	みずのと丑	五黄	雨水 万国郵便連合加盟記念日	十日	仏滅	とづ	危	帰忌

雨水 旧正月中 一三時一三分

日出 六時二四分 日入 一七時二六分 (東京)

下半予定

日	曜	干支	九星	行事	旧暦	六曜	十二直	宿	選日
廿日	火	きのえ寅	六白	アレルギーの日 水戸梅祭・鳴雪忌 ●	十一日	大安	たつ	室	復日
廿一日	水	きのと卯	七赤		十二日	赤口	のぞく	壁	神吉
廿二日	木	ひのえ辰	八白	世界友情の日 愛知国府宮はだか祭	十三日	先勝	みつ	奎	月徳
廿三日	金	ひのと巳	九紫	天皇誕生日 京都醍醐寺仁王会	十四日	友引	たいら	婁	地火
廿四日	土	つちのえ午	一白	満月・二の午・旧小正月 福井勝山左義長祭	十五日	先負	さだん	胃	神吉
廿五日	日	つちのと未	二黒	京都北野天満宮梅花祭	十六日	仏滅	とる	昴	復日
廿六日	月	かのえ申	三碧	庚申	十七日	大安	やぶる	畢	神吉
廿七日	火	かのと酉	四緑	万倍日 宝塚清荒神月例祭	十八日	赤口	あやぶ	觜	十死
廿八日	水	みずのえ戌	五黄	●	十九日	先勝	なる	参	黒日
廿九日	木	みずのと亥	六白	八せん終・三りんぼう 旧二十日正月	廿日	友引	おさん	井	母倉

＊立春から甲辰・三碧木星年。令和六年一月～三月の節入時刻・中入時刻は計算値。

ある時の倹約　ない時の辛抱

※知識は力なり

2024 令和六年三月

【弥生(やよい)】 大三十一日 【旧二月大三十日】

太陽暦	七曜	干支	九星	日柄と行事	太陰暦	六曜	中段	二十八宿	下段	日記・予定欄
一日	金	きのえ子	七赤	甲子 全国火災予防運動	旧正月小 廿一日	先負	ひらく	鬼	天恩	
二日	土	きのと丑	八白		廿二日	仏滅	とづ	柳	帰忌	
三日	日	ひのえ寅	九紫	ひな祭・耳の日 調布深大寺だるま市 倉敷五流尊瀧院お日待祭 ○	廿三日	大安	たつ	星	月徳	
四日	月	ひのと卯	一白	下弦	廿四日	赤口	のぞく	張	母倉	
五日	火	つちのえ辰	二黒	啓蟄	廿五日	先勝	のぞく	翼	黒日	
〓啓蟄〓旧二月節 月命丁卯 一一時二三分 四緑木星・暗剣殺南東の方										上半予定
六日	水	つちのと巳	三碧	己巳 ○	廿六日	友引	みつ	軫	十死	
七日	木	かのえ午	四緑	大つち 消防記念日 ●	廿七日	先負	たいら	角	母倉	
八日	金	かのと未	五黄	国際女性デー	廿八日	仏滅	さだん	亢	大明	
九日	土	みずのえ申	六白	万倍日 鹿嶋鹿島神宮祭	廿九日	大安	とる	氐	神吉	
十日	日	みずのと酉	七赤	新月・東京高尾山火渡祭 塩釜塩竈神社帆手祭	旧二月大 朔日	友引	やぶる	房	大明	
十一日	月	きのえ戌	八白	東日本大震災の日 二日灸 ●	二日	先負	あやぶ	心	月徳	
十二日	火	きのと亥	九紫	奈良二月堂お水取り	三日	仏滅	なる	尾	重日	
十三日	水	ひのえ子	一白	奈良春日大社祭	四日	大安	おさん	箕	母倉	
十四日	木	ひのと丑	二黒	ホワイトデー	五日	赤口	ひらく	斗	神吉	

日	曜	干支	九星	行事	旧暦	六曜	中段	宿	選日
十五日	金	つちのえ寅	三碧	小つち・天しゃ 三りんぼう 所得税確定申告締切	六日	先勝	とづ	牛	帰忌
十六日	土	つちのと卯	四緑	近江八幡左義長祭 西宮広田神社祭	七日	友引	たつ	女	天恩
十七日	日	かのえ辰	五黄	上弦・彼岸入 旧こと始・旧針供養	八日	先負	のぞく	虚	黒日
十八日	月	かのと巳	六白	○	九日	仏滅	みつ	危	往亡
十九日	火	みずのえ午	七赤	旧初午 ●	十日	大安	たいら	室	大明
廿日	水	みずのと未	八白	春分の日 上野動物園開園記念日	十一日	赤口	さだん	壁	天恩
春分 旧二月中 一二時〇六分 日出 五時四五分 日入 一七時五三分（東京） 下半予定									
廿一日	木	きのえ申	九紫	十方ぐれ・万倍日 弘法大師忌	十二日	先勝	とる	奎	月徳
廿二日	金	きのと酉	一白	世界水の日・放送記念日 奈良法隆寺会式	十三日	友引	やぶる	婁	伐日
廿三日	土	ひのえ戌	二黒	彼岸明 世界気象デー	十四日	先負	あやぶ	胃	五墓
廿四日	日	ひのと亥	三碧	世界結核デー 旧ねはん会	十五日	仏滅	なる	昴	重日
廿五日	月	つちのえ子	四緑	満月・社日 電気記念日	十六日	大安	おさん	畢	母倉
廿六日	火	つちのと丑	五黄		十七日	赤口	ひらく	觜	大明
廿七日	水	かのえ寅	六白	三りんぼう・さくらの日 利休忌（表千家） ●	十八日	先勝	とづ	参	帰忌
廿八日	木	かのと卯	七赤	宝塚清荒神月例祭 利休忌（裏千家）	十九日	友引	たつ	井	天火
廿九日	金	みずのえ辰	八白		廿日	先負	のぞく	鬼	黒日
卅日	土	みずのと巳	九紫	天一天上 奈良薬師寺花会式 ○	廿一日	仏滅	みつ	柳	十死
卅一日	日	きのえ午	一白	旧二の午 キリスト教復活祭	廿二日	大安	たいら	星	月徳

名人は人をそしらず

一月の諸暦

暦題　第一章

新年はだれもが新しい出発点に立てるめでたい月。華々しいスタートもあるが、マイペースの着実な一歩こそ遠くまで行けるものである。新たな決意と明日への希望を失わぬ者に運命の女神はほほ笑むであろう。

塗椀の家に久しき雑煮かな　子規

〔スポーツ〕大相撲初場所

家庭暦

◆家庭行事の年間計画を立てる　◆年始の挨拶回り　◆正月に用いた晴着や食器類の片付け　◆三学期の準備　◆年賀状の整理

旬の食べもの

〔魚・貝〕ぶり　ひらめ　たい　かれい　たら　ぼら　ししゃも　わかさぎ　あまだい　いせえび　ずわいがに　はまぐり　かき

〔野菜・果物〕ほうれん草　大根　小松菜　からし菜　みかん　りんご

【料理】おせち　雑煮　七草粥　小豆粥　鴨鍋　ちり鍋　湯豆腐　ふろふき大根　かにすき　ぶりの照焼き　おしるこ

釣り魚

〔海〕あまだい　ひらめ　ぶり　かれい　めじな　あいなめ　ぶだい　すみいか

〔川・湖〕たなご　わかさぎ　はや　へらぶな

家庭の園芸と菜園

〔園芸〕◆今年一年の園芸計画を立てる　◆道具の手入れ　◆地植えの庭木類に寒肥を施し、病害虫の防除を行う　◆梅の枝切り　◆休養花壇は土を掘り起こし、腐葉土・堆肥・油カス・化学肥料などをすき込む

花ごよみ　スノードロップ　シクラメン　プリムラ　シネラリア　洋ラン

〔菜園〕◆一年の菜園計画を立て、春まき野菜の種と土の準備をする　◆冬越し野菜に濃いめの液肥を施す　◆石灰・草木灰をまいて土を掘り起こし菜園の準備をする

収穫　秋まき小松菜　ほうれん草　室内づくりのパセリ・かいわれ大根

健康管理

◆風邪やインフルエンザに感染しないよう過労を避け体を冷やさない　◆暖房の使用時は、こまめな換気と適度な湿度を保ち、子供の火傷にも注意

〔火傷の手当て〕◆軽度の場合は冷たい水で20分程冷やし、清潔なガーゼなどをあてる（冷やし過ぎによる低体温症に注意）◆水ぶくれは破らず、ガーゼをあてて病院へ　◆衣類が皮膚にくっついた場合は無理にはがさず、十分に冷やしてからハサミで衣服を切り開き、患部を損傷しないようにする　◆手足の関節に近い部位や顔の火傷、子供の体表の1％（手のひら大）以上に及ぶ場合は早急に受診を

農事暦

〔作業〕◆休閑地の諸手入れ　◆田畑に土壌改良剤を施す　◆農道・水路・ため池などの改修・草焼　◆堆肥づくり　◆水田土壌に苦土・石灰・珪酸・燐酸・有機物施用、遊離酸化鉄など不足している場合は稲わら・珪カル・熔燐・含鉄資材が必要　◆麦・菜種の水はけ・除草　◆ハッカの種まき

〔野菜〕◆年を越した野菜の追肥　◆半促成栽培いちごにビニールフィルムを被覆　◆まくわうり・すいかの肥土づくり　◆なす・ピーマン・かぼちゃ・すいか・きゅうり・ねぎ・小かぶ・にんじんの種まき

〔果樹〕◆桃・梨・柿・ぶどうなど落葉果樹の整枝・剪定　◆防寒と雪害防止、特にビニールハウスは雪害に注意　◆深耕を行って有機物や肥料を施用　◆病害虫の防除、特に、コルク層で越冬している害虫の駆除

〔草花〕◆温室・温床の管理　◆盆栽の手入れ　◆培養土づくり・元肥の施用　◆暖地の庭園樹や花木の剪定・刈込み　◆カイガラ虫の防除　◆電照アスター苗定植　◆かえでのつぎ木　◆夏菊・秋菊（促成）の定植　◆ゴムのさし芽　◆松クイ虫の防除　◆鉢物用培養土の調整　◆すかしゆりの植付け　◆レックスベゴニアの葉ざし　◆春出し花壇用草花に施肥　◆カーネーションの採穂冷蔵

二月の諸暦

暦題　第二章

庭の梅のつぼみもほころび始め、風のそよぎにもほのかに春の薫りがただよう立春。如月の空っ風は身に冷たく、北国の春はまだまだ遠いが、深い雪に覆われた大地の下では少しずつ春の準備が始まっている。

梅一輪一輪ほどの暖かさ　嵐雪

〔スポーツ〕別大マラソン　東京マラソン　プロ野球オープン戦　国体冬季大会

家庭暦

◇衣類や家具の整理　◇バレンタインデー・豆まき　◇ひな祭りの準備

旬の食べもの

〔魚・貝〕まぐろ　さわら　あまだい　たら　ぼら　ぶり　さば　むつのこ　かながしら　やりいか　しらうお　かき　なまこ

〔野菜・果物〕ほうれん草　小松菜　大根　三つ葉　京菜　しいたけ　ふきのとう　カリフラワー　くわい　みかん　りんご

【料理】かきの土手鍋　たらちり　はまぐりのよせ鍋　かきフライ　ほうれん草の白あえ　たらの竜田揚げ　恵方巻き

釣り魚

〔海〕あまだい　かれい　ぶり　めじな　あいなめ　ぶだい　すみいか　たなご　きんめだい　さば　ぼら　むつ　やりいか

〔川・湖〕たなご　わかさぎ　はや　まぶな　しらうお

家庭の園芸と菜園

〔園芸〕◇落葉樹類の移植・植付け・さし木　◇ばらの剪定・元肥・つるの誘引、鉢植ばらの植替え　◇クレマチス・のうぜんかずらのさし木　◇日本さくら草・福寿草の芽分け・株分け　◇下旬に鉢植樹木の植替え

花ごよみ　スノードロップ　日本水仙　福寿草　雪割草　さざん花　シネラリア　プリムラ　アザレア　洋ラン

〔菜園〕◇ビニールフィルム被覆の菜園は時ならぬ大雪に注意　◇かいわれ大根・三つ葉・せりの簡易室内栽培、三つ葉・せりは根付きを求め、上の部分を食べ、根の部分をいちごのパック等に脱脂綿を敷き育成

収穫　小松菜　ほうれん草　春菊

健康管理

◇高齢者や高血圧症・狭心症の人は、風呂やトイレを暖かくしてから使用する　◇生活習慣病の予防と早期発見に健康診断・保健指導を受ける　◇花粉症等への対策は、日頃からバランスのよい食事と規則正しい生活を心がけること　◇運動不足になりがちな季節、脂肪指数（ＢＭＩ）を算出し、数値が25を超えている人は極力減量に努めよう

ＢＭＩ計算式

$$\text{BMI} = \frac{\text{体重(kg)}}{\text{身長(m)} \times \text{身長(m)}}$$

農事暦

〔作業〕◇あぜ・水路・ため池の改修　◇田植機用床土準備　◇温暖地は苗代予定田の耕うん　◇麦・菜種畑に追肥　◇タバコの苗床に種まき　◇早採り枝豆の種まき　◇土地の改良剤施用　◇苗代資材の準備

〔野菜〕◇西洋にんじん・チシャ・小かぶ・三つ葉・ほうれん草・時なし大根の種まき　◇トマト・ピーマン・なすの種まき　◇花野菜・五月から六月に収穫するレタスの種まき　◇春まきごぼうの種まき　◇トンネル栽培きゅうりの種まき　◇関東では春まき白菜の種まき　◇じゃが芋の定植

〔果樹〕◇雪の多い地方では苗木に支柱をするなど雪害対策を施す　◇果樹棚の補修　◇みかん・びわの植付けの準備　◇みかんの枝の剪定　◇園地や農道の整備　◇春肥の施用　◇りんご・梨・栗の枝の剪定　◇くわカイガラ虫の防除　◇ぶどう無加温ハウスの被覆　◇落葉樹のつぎ穂採取と貯蔵　◇深耕し有機物・肥料を施用　◇灌水に注意

〔草花〕◇アスターの種まき　◇ばらのつぎ木　◇ばら大苗の植込み及び移植　◇カーネーションのさし芽　◇露地カーネーションの砂上げ仮植え　◇促成菊の加温　◇寒肥施用　◇病害虫の防除に薬剤散布

遠くの親類より近くの他人

三月の諸暦

暦題　第三章

〝桃の節句〟とはいかにも女の子の成長を喜び願う祭りの呼び名にふさわしい。弥生三月は、また別れの季節でもある。慣れ親しんだ環境に別れを告げ、新たな世界へと巣立って行く若者達に幸多かれ。

竹の芽も茜さしたる彼岸かな　龍之介

〔スポーツ〕大相撲春場所(大阪)　びわ湖マラソン　選抜高校野球大会　日本プロサッカーリーグ（Jリーグ）

家庭暦

◈入学試験・学年末試験　◈お彼岸・墓参り　◈仏壇の清掃　◈春着の準備・冬着の整理　◈入学・新学期の準備

旬の食べもの

〔魚・貝〕しらうお　さより　こち　かれい　さわら　めばる　あまだい　あいなめ　まぐろ　さざえ　はまぐり　貝類全般

〔野菜・果物〕わけぎ　あさつき　春キャベツ　にら　ふき　うど　たけのこ　菜の花　よもぎ　つくし　柑橘類

【料理】たけのこご飯　ふきご飯　さざえつぼ焼　かれい煮つけ・唐揚げ　草餅　おはぎ

釣り魚

〔海〕あまだい　かれい　めじな　あいなめ　たなご　めばる　さより　ふっこ　きんめだい　〔川・湖〕はや(やまべ)　まぶな　やまめ　にじます

家庭の園芸と菜園

〔園芸〕◈春花壇の地ごしらえ　◈秋まき一年草の苗を定植　◈落葉樹のさし木　◈梅・桃・桜・かいどうの植替え　◈ばら・ぼたん・ライラックの芽かき　◈洋ラン・宿根草の株分け・植替えを下旬に行う　◈チューリップ・ばらなどの病害虫防除

❦花ごよみ　クロッカス　パンジー　デージー　雪割草　こぶし　梅　ぼけ　椿　まんさく　シクラメン　プリムラ　洋ラン

〔菜園〕◈中旬以降キャベツ・レタス・小松菜・西洋ほうれん草など葉菜類とかぶ・時なし大根・二十日大根の種まき　◈パセリ・にら・いちごの苗を定植（いちごは来年の親株用）　◈暖地ではじゃが芋の植付け　◈にらの株分け・施肥

❀収穫　秋まきのほうれん草・小松菜・春菊

健康管理

◈目やのどの不調に早めの予防と対策　◈年度末で心労の多い時期、軽い運動や家族のだんらんを心がける　◈暖地ではゴキブリなどが繁殖し始める頃、事前の駆除を

〔三月三日・耳の日にちなんで〕◈補聴器を買う時は必ず耳鼻科の医師に相談すること　◈補聴器の点検・修理

農事暦

〔作業〕◈貯蔵穀物の害虫駆除　◈稲わらと土質改良剤を施用　◈暖地は早期稲の苗代・直まき田の除草　◈寒地は苗代の雪とかし　◈麦・菜種畑の水はけと追肥　◈種もみの準備　◈小豆・除虫菊・夏型大豆・タバコの種まき　◈い草・こうぞ・みつまたの定植　◈さつま芋の伏込み　◈茶畑の中耕、芽出し肥料の施用　◈田植機用苗の床土づくり　◈あぜ・水路の草焼き

〔野菜〕◈露地抑制トマトの温床種まき　◈トンネル栽培用すいかの種まき　◈関西ではハウスのなす・きゅうり・ピーマンの定植。同じく葉ねぎ・春菊・三つ葉・ほうれん草・いんげん・ごぼう・枝豆の種まき　◈東北・北陸の冷涼地では早熟きゅうり・トマト・レタスの種まき　◈すいか・まくわのつぎ木　◈暖地はハウストマトの定植

〔果樹〕◈みかん類の整枝剪定と苗の定植　◈ぶどう芽袋かけ誘引　◈びわの摘房摘果・袋かけ　◈梨の誘引結束　◈桃の摘蕾摘花　◈桃・梨のつぎ木　◈ぶどうのさし木・つぎ木　◈りんごの剪定元肥　◈落葉果樹の晩霜対策と病害虫防除　◈みかん春肥施用

〔草花〕◈宿根草類に除草剤散布　◈夏出しアスター種まき　◈コリウス・フレンチマリーゴールド・サルビア・ペチュニアの種まき　◈切花用ダリア定植　◈大輪ガーベラの種まき

四月の諸暦

暦題　第四章

桜の花で卯月はあけ、お釈迦様の降誕を祝う花祭りがひかえている。百花繚乱、野も山も春の息吹に満ちあふれ、わが世の春を謳歌している。時には見知らぬ山野に足をのばし、自然の奏でる交響曲の中に身を置いてみるのもいいものである。

菜の花や月は東に日は西に　蕪村

〔スポーツ〕プロ野球公式戦　中央競馬桜花賞・天皇賞

家庭暦

◈お花見　◈新学期　◈潮干狩　◈暖房器具の掃除と整理　◈冬ぶとんの始末　◈春の大掃除　◈生垣の手入れ　◈畳干し

旬の食べもの

〔魚・貝〕たい　さわら　おにおこぜ　きす　あいなめ　とびうお　にしん　はまぐり　あさり　帆立貝　さざえ　とこぶし

〔野菜・果物〕たけのこ　せり　うど　みょうが　わらび　ぜんまい　グリンピース　高菜　新ごぼう　いちご　夏みかん

【料理】たいの刺身　たいの潮汁　山菜の炊き込みご飯　若竹煮　にしんと大根の炊き合せ　花見弁当　花見だんご

釣り魚

〔海〕あいなめ　めばる　さより　きす　ふっこ　たい　〔川・湖〕まぶな　やまめ　いわな　おいかわ　うぐい

家庭の園芸と菜園

〔園芸〕◈春まき草花の種まき　◈球根の植付け　◈ゴムの木のさし木　◈花が終った球根類の花摘み・施肥　◈常緑樹の植付け・移植　◈松・カエデの芽かき　◈ぼたんの支柱　◈ざくろ・さるすべり・シュロ・ヤシは中旬までに移植　◈遅霜警戒

花ごよみ　チューリップ　水仙　ヒヤシンス　アネモネ　矢車菊　きんせん花　桜草　おだまき　すずらん　桜　かいどう　やまぶき　ライラック　アザレア　ベゴニア

〔菜園〕◈三月に引き続き葉菜類・大根・かぶの種まき、発芽後間引いて草木灰・化学肥料を施し、土寄せする　◈じゃが芋植付けの適期　◈害虫類は捕殺し、ひどい時だけマラソン剤などを用いる　◈病気には早目にダイセン、ベントレートなどを散布

収穫　パセリ　にら　サラダ菜　せり　秋まきさやえんどう　そら豆

健康管理

◈寒暖の差が激しく天候が不順なため、持病のある人は要注意　◈花粉症や植物によるかぶれ、湿疹・にきび・水虫など皮膚のトラブルに注意、肌を清潔に保つ　◈帽子や日傘を上手に活用し、強い紫外線を避ける　◈精神的に不安定になりがちな時期でストレスを溜めないようにし、不安を感じたら早めに家族や友人、または必要に応じて医師に相談する

農事暦

〔作業〕◈暖地は苗代の苗床準備　◈寒地は苗代の雑草防除　◈田の耕起・整地　◈直まき田の耕起・除草　◈麦の病害虫防除　◈種もみの芽出し　◈あま・てんさい・夏大豆・夏そば・とうもろこしの種まき　◈除虫菊・こんにゃく・タバコの定植

〔野菜〕◈暖地ではきゅうり・なす・ピーマン・かぼちゃの定植　◈寒地ではトマト・かぼちゃ・ピーマン・きゅうり・なすのトンネル栽培の定植　◈早掘りさつま芋・里芋の植付け　◈直まきすいか・まくわうり・しろうり・抑制ピーマンの種まき　◈冷涼地では八・九月採りキャベツの種まき　◈いちごの生育障害に注意

〔果樹〕◈栗・柿・みかんのつぎ木　◈みかんに春肥の追肥施用　◈桃・梨・すももの人工授粉　◈積雪地ではりんご・桃・ぶどう・栗の定植　◈びわの摘果・袋かけ　◈ハウスぶどうのジベレリン処理と温度・湿度の管理　◈緑肥作物の種まき

〔草花〕◈アカシア・きんぽうじゅ・ユーカリの種まき　◈温室ばらの植付け　◈暖地性花木の植付け　◈冷涼地カーネーションの植付け　◈ダリアの催芽・分球・定植

人には添ってみよ　馬には乗ってみよ

五月の諸暦

暦題　第五章

三日は憲法記念日、四日はみどりの日、五日はこどもの日、そして母の日と行事が続き、家族揃っての行楽にも最適のシーズン。楽しい行楽から帰ったら、その日の意義に目を向けることも忘れずに。

目には青葉山郭公初松魚（あおば　やまほととぎす　はつがつお）　素堂

〔スポーツ〕大相撲夏場所（東京）　中央競馬皐月賞・オークス　日本プロゴルフ選手権

家庭暦

◆端午の節句、五月人形を飾る　◆屋根・雨どい・外壁の点検修理　◆冬ぶとんの乾燥収納　◆梅雨に備え洗濯物の整理　◆畳の雑巾がけ、からぶき　◆夏衣料の用意

旬の食べもの

〔魚・貝〕かつお　あじ　さより　まぐろ　とびうお　きす　しまあじ　あわび　うに　こい　どじょう　やまめ

〔野菜・果物〕新じゃが　新たまねぎ　新キャベツ　さやえんどう　たけのこ　グリーンアスパラガス　そら豆　夏みかん　いちご　プリンスメロン　さくらんぼ　新茶

【料理】かつおのたたき　かつおのしょうが煮　鯉のあらい　鯉こく　じゃが芋のうま煮　そら豆ご飯　ちまき　柏餅　矢ばす

釣り魚

〔海〕たい　黒だい　あじ　かわはぎ　ふっこ　白ぎす　さより　〔川・湖〕へらぶな　おいかわ　うぐい　ブラックバス

家庭の園芸と菜園

〔園芸〕◆春まき草花の種まき　◆球根の掘りあげ　◆芝生の刈込み　◆菊・りんどう・ベゴニア・ゼラニウム・マーガレットのさし芽　◆つつじ・ばら・春咲き草花の手入れ　◆夏花壇用の苗が市販され始める。買う場合は、茎が太く、葉の元気そうなものを求める　◆病害虫の防除　◆春咲き草花の種採り

✿花ごよみ　シラー　カラー　かすみ草　ひなげし　ルピナス　スイートピー　デイジー　あやめ　ぼたん　藤　ばら　つつじ

〔菜園〕◆トマト・なす・きゅうり・ピーマンなどの苗の植付け　◆地這いきゅうり・おくら・しそ・サラダ菜の種まき　◆中旬までに里芋、下旬からさつま芋の植付け　◆根づいた苗に液肥　◆病害虫防除

✿収穫　レタス　にら　さやえんどう　そら豆　二十日大根　つまみ菜

健康管理

◆学生・新入社員などは環境の変化から気持ちが張り詰めることが多く、スポーツをしたり野外に出かけるなどしてリフレッシュを心がける　◆結核検診（肺がんの発見にも役立つので、平素健康診断を受けていない人は積極的に受ける）　◆予防接種　◆幼児に適度な外気浴　◆不正大麻・けし撲滅運動（5／1〜6／30）

農事暦

〔作業〕◆稲の直まき・除草　◆暖地は苗代づくり　◆寒冷地は田植え・除草　◆こんにゃく・さとうきび・タバコの定植　◆小豆・大豆・夏そば・みつまた・棉・あわ・きび・ひえ・とうもろこしの種まき　◆麦の病害虫防除　◆菜種・緑肥の収穫　◆一番茶の摘み採り

〔野菜〕◆いんげん・枝豆の種まき　◆里芋・山の芋・しょうが・さつま芋の植付け　◆かぼちゃ・すいか・まくわうり・しろうりの人工授粉・整枝　◆露地果菜類の定植　◆露地抑制きゅうり・みの早生大根・春菊・ほうれん草の種まき　◆高冷地ではセロリー・レタス・九月採りキャベツの種まき

〔果樹〕◆梨・桃の摘果と袋かけ　◆柿の摘蕾と人工授粉　◆りんごの人工授粉・摘果　◆ぶどうのジベレリン処理　◆みかんの根つぎ　◆晩生柑橘類・びわの収穫

〔草花〕◆カーネーション苗摘芯　◆夏菊のさし芽　◆八月咲き菊の定植　◆電照菊母株・促成夏菊母株の定植　◆温室ばらのウドンコ病予防　◆チューリップのボトリチス病予防、晩生種摘花、球根腐敗株抜取り　◆病害虫防除

六月の諸暦

暦題　第六章

六月一日は衣替え、初夏の日ざしに通学途上の白いカッターシャツがまぶしい。主婦にとっては洗濯物に頭を悩ます梅雨の幕開けである。雨の合間に青空がのぞいたら、家の中だけでなく心の中にも風を入れよう。

すゞかけも空もすがしき更衣　波郷

〔スポーツ〕全日本大学野球選手権大会

家庭暦

◈衣替え・春着の始末　◈晴れた日には押入れの戸を開け家の中に風を通す　◈乾いた雑巾で時々家具をふく　◈台所の清掃、特に食器類を清潔に　◈梅干の漬込み

旬の食べもの

〔魚・貝〕あじ　いさき　あなご　たちうお　かんぱち　はも　ちだい　黒だい　きす　しまあじ　おひょう　車えび　あゆ

〔野菜・果物〕たまねぎ　じゃが芋　なす　さやえんどう　いんげん　青じそ　らっきょう　梅　びわ　露地いちご

【料理】あじマリネ　あじ南蛮漬け　あゆ塩焼き　あゆ寿司　焼きなす　揚げなす

釣り魚

〔海〕きす　すずき　黒だい　かわはぎ　あじ　あなご　〔川・湖〕へらぶな　うなぎ　おいかわ　にじます　ブラックバス　あゆ　いわな　てながえび

家庭の園芸と菜園

〔園芸〕◈あじさい・椿・くちなし・常緑つつじ・松柏類のさし木　◈害虫にはカルホスなどの殺虫剤を、病気にはダイセン、ベントレートを散布する　◈芝生にはダイセンを散布　◈つつじ・しゃくやく・つるばらの実摘みと施肥　◈ベゴニア類・ゼラニウムなどのさし芽　◈夏花壇の準備　◈梅雨前に花壇の排水を点検

花ごよみ　グラジオラス　カンナ　きんせん花　花しょうぶ　かきつばた　あじさい　はまなす　くちなし　しゃくなげ

〔菜園〕◈芽キャベツ・ブロッコリー・カリフラワーの種まき　◈トマト・きゅうり・なす・かぼちゃの整枝　◈夏採り果菜に追肥・土寄せ　◈病害虫の防除　◈鉢植え・プランター植えには10日毎に液肥を施す　◈とうが立ったパセリの茎を刈取る

収穫　じゃが芋　キャベツ　にんじん　ラディッシュ　しそ　おくら　三つ葉

健康管理

◈あせも・とびひ・水虫の時期、顔や手足を清潔に　◈食品・食器類・調理器具の衛生管理を心がける　◈農薬危害防止運動

〔歯と口の健康週間〕◈歯周病や虫歯など口の中の状態は、全身の健康に関連している　歯が生え揃う前の乳幼児から口の中をケアする習慣をつけ、高齢者は歯の寿命を延ばすことが大切

農事暦

〔作業〕◈田植え準備と田植え　◈直まき田・本田の雑草防除　◈乾田直まき田に入水　◈追肥の施用　◈麦類・菜種・枝豆・ハッカ・除虫菊の収穫　◈あわ・ひえ・きび・ごま・とうもろこしの種まき　◈寒地稲の病害虫防除

〔野菜〕◈さつま芋の植付け　◈里芋の土寄せ　◈じゃが芋・たまねぎの収穫　◈セロリー・早採りにんじん・秋採りキャベツ・十月および十一月採り花野菜・ブロッコリー・抑制いんげん・抑制きゅうりの種まき　◈収穫が終ったいちごの親床づくり

〔果樹〕◈びわ・早生桃・梅の収穫　◈ぶどうのジベレリン処理　◈ぶどうのハウス除去　◈摘房・摘果と新梢の誘引・夏肥・追肥の施用　◈みかんの薬剤による省力摘果　◈みかん成木の移植　◈夏みかん減酸処理　◈梅雨期の果樹病害虫防除

〔草花〕◈秋菊の定植　◈温室ばらの剪定　◈温室カーネーション定植　◈シクラメン山上げ　◈しんてっぽうゆりはがれ病防除　◈アイリス・チューリップ・ヒヤシンスの掘上げ　◈洋ラン類を戸外へ搬出　◈花木類緑枝さし　◈花しょうぶの株分け　◈植木類刈込み

人に貴賤はない　心に上下あるのみ

七月の諸暦

暦題　第七章

全国各地で海開き・山開きが行われる。いよいよ待ちに待った夏のレジャーシーズンの到来である。休日は都会を逃れた人々で海も山も大混雑。それでも日々の生活では得られぬ喜びを求めて大移動する。

石も木も眼に光る暑さかな　去来

〔スポーツ〕大相撲名古屋場所　プロ野球オールスター戦

家庭暦

◇七夕祭り　◇盆の用意　◇土用の虫干し　◇梅雨あけの建具の点検補修　◇暑中見舞い　◇中元の贈答

旬の食べもの

〔魚・貝〕すずき　いさき　あじ　こち　きす　まながつお　きはだまぐろ　たかべ　はも　あなご　車えび　しゃこ　あわび　うなぎ　どじょう　沢がに

〔野菜・果物〕なす　トマト　きゅうり　とうがん　かぼちゃ　おくら　しろうり　ピーマン　ししとうがらし　枝豆　さやいんげん　新さつま芋　すいか　プリンスメロン　ぶどう　水蜜桃　青りんご

【料理】そうめん　すずきの洗い　はものフライ　うなぎ料理　穴子の天ぷら　穴子の蒲焼　はすめし　しそ料理

釣り魚

〔海〕きす　すずき　ふっこ　黒だい　あじ　いさき　あなご　たちうお　小だい　いしもち　〔川・湖〕あゆ　うなぎ

家庭の園芸と菜園

〔園芸〕◇水やりは早朝欠かさず行う　◇葉ぼたん地植えのものに敷わらを敷く　◇シネラリア・プリムラ・マリーゴールド・サルビアの種まき　◇熱帯観葉植物のさし芽　◇ゴムの木・コルディリネ・ドラセナのとり木　◇落葉樹・常緑樹のとり木、もくれん科は不可

花ごよみ　はまゆう　おにゆり　山ゆり　朝顔類　ほうせん花　ひまわり　ぎぼうし　ねむの木　さるすべり　むくげ

〔菜園〕◇地這いきゅうり・夏まきキャベツ・芽キャベツ・セロリー・ブロッコリー・カリフラワーの種まき　◇なす・トマト・カリフラワーの追肥、里芋・さつま芋・とうもろこしの追肥と土寄せ　◇いちごの小苗を苗床へ移植　◇葉ダニ発生に薬剤散布

収穫　なす　トマト　きゅうり　ピーマン　ししとう　さやいんげん　枝豆

健康管理

◇寝冷え・冷房病・胃腸障害・熱中症に注意　◇アウトドアレジャーには使い慣れた常備薬と応急手当の備えを忘れずに　◇食品は十分加熱し、食中毒を防ぐ　◇輸血用血液の不足しがちな月、愛の血液助け合い運動に協力しよう

農事暦

〔作業〕◇稲作の追肥・除草　◇水田の水管理　◇寒地では冷害対策　◇陸稲の追肥・灌水・除草　◇麦・菜種の乾燥、害虫駆除　◇い草・夏そば・タバコの収穫　◇秋そばの種まき　◇枝豆の収穫　◇晩期稲の苗づくり・田植え・除草

〔野菜〕◇暖地ではハウス抑制トマト・抑制いんげん・花野菜・夏まきキャベツ・子持ちキャベツ・みの早生大根・冬採りセロリーの種まき　◇冷涼地ではレタス・白菜の種まき　◇夏まきキャベツの移植と定植　◇すいかの玉直し　◇うりの整枝・追肥　◇なすの切返し剪定　◇梅雨あけ後の野菜の干ばつ対策と害虫防除

〔果樹〕◇びわの剪定　◇みかん・柿の摘果　◇早生りんごの収穫　◇すもも・桃・ハウスぶどうの収穫　◇果樹の支柱立てと徒長枝切り　◇梅雨後には土壌管理と干害防止　◇病害虫が発生しやすいので樹木に害を与えない程度に薬剤を使用する

〔草花〕◇花木類の緑枝さし　◇露地寒菊さし芽・定植　◇促成夏菊母株刈取り　◇金魚草・分枝系ストックの種まき　◇プリムラ・サイネリア種まき　◇暮出しチューリップ冷蔵開始

八月の諸暦

暦題 第八章

また原爆の日がやってくる。長い年月の間に少しずつ薄れかけた人類の痛みを決して忘れてはならない。花火大会・盆踊りと夏休み中の子供達には楽しいことばかり〝よく遊び、よく学べ〟と見守ってやろう。

宵々の花火になれて音をのみ　虚子

〔スポーツ〕全国高校野球選手権大会

家庭暦

◇蚊・はえ・ゴキブリの駆除 ◇冬用寝具の虫干し ◇秋衣料の準備 ◇台風に備え瓦・雨戸・雨どい・外壁などの点検 ◇非常時や災害時の持ち出し品チェックと、家族で避難場所と避難ルートを決めておく

旬の食べもの

〔魚・貝〕すずき　黒だい　いしだい　めじな　あじ　いわし　こち　おこぜ　ぼら　あなご　たこ　小芝えび　あかえい　うに　あわび　うなぎ　しじみ

〔野菜・果物〕とうがん　きゅうり　おくら　枝豆　新ごぼう　里芋　とうもろこし　新しょうが　すいか　桃　ぶどう

【料理】あわび水貝　いわし赤煮　いわし酢漬け　とうがんカレー汁　精進料理

釣り魚

〔海〕すずき　黒だい　あじ　さば　いさき　あなご　いしだい　たちうお　小だい　かます　はぜ　いしもち　こち　〔川・湖〕へらぶな（山上湖）　あゆ　うなぎ

家庭の園芸と菜園

〔園芸〕◇マリーゴールド・サルビア・コスモスの花摘みと追肥 ◇ダリアの切戻し ◇ばらの適度の剪定 ◇パンジー・ルピナス・なでしこなど春咲き草花の種まき ◇金魚草・マリーゴールドは今秋用に種まき ◇夏植球根の植付け ◇今春植えたあじさい・くちなし・椿の株元へ敷わらを敷く、直射日光は避ける ◇葉のほこりを洗う

花ごよみ　たますだれ　おにゆり　けいとう　おじぎ草　おいらん草　アメリカふよう　がまずみ　ハイビスカス　そてつ

〔菜園〕◇にんじん・大根・白菜・かぶなどの種を中旬からまく ◇鉢・プランターづくりには敷わらを敷く ◇六月にまいたカリフラワー・ブロッコリーの定植、芽キャベツは大鉢に ◇なすの切戻し ◇らっきょうは収穫と同時に、施肥して大粒のものを植える ◇かぼちゃの人工交配

収穫　なす　きゅうり　トマト　さやいんげん　おくら　ししとう　夏採り野菜

健康管理

◇炎天下での長時間の活動は控え、過労を避ける ◇暑いからと冷たい飲物だけに頼らず、栄養のバランスのとれた食事で夏バテを防ぐ ◇十分な睡眠と早起きを心がけ、家族の健康づくりをする ◇食品衛生月間

農事暦

〔作業〕◇稲作田に実り肥の施用・病害虫防除・水加減・あぜ草刈り ◇暖地では早期稲の種採り・収穫 ◇寒地では種採り、田の混ざり穂抜き、れんげの種まき ◇大豆の干害対策、病害虫防除 ◇秋そばの種まき ◇夏大豆・小豆・夏そば・とうもろこし・ごま・ホップ・茶・へちまの収穫 ◇稲田の台風対策

〔野菜〕◇暖地では抑制メロン・抑制きゅうり・抑制トマト・早出し白菜・夏まきほうれん草・レタスの種まき ◇関西では夏まきキャベツ・レタスの移植 ◇東北・北陸では大根・白菜・ほうれん草・にんじん・かぶの種まき ◇いちごの子苗移植 ◇早掘りのさつま芋・里芋の収穫

〔果樹〕◇みかん類の摘果・芽つぎ ◇桃・梨・りんごの芽つぎ ◇桃・早生ぶどうの施肥 ◇桃・梨・ぶどうの収穫 ◇干害・台風対策 ◇果樹類への鳥・ヤガ害の防止

〔草花〕◇花木類の摘葉 ◇暮出し電照菊定植・摘芯 ◇温室カーネーションの最終摘芯 ◇暮出しのフリージア・アイリス・水仙の冷蔵開始 ◇ゆり類鱗片さし ◇サイネリア・葉ぼたん・早出し根掘用パンジーの種まき ◇葉ダニ類防除

誰よりも三倍、四倍、五倍勉強する者　それが天才だ

九月の諸暦

暦題　第九章

躍動感溢れる八月とは打って変わり、秋は心静かに月を愛で、野山に花を求むといった趣がある。また、実りの秋は食欲の秋でもある。さんま・さばなどの大衆魚に脂が乗り、安価で最もおいしい季節となる。

名月の花かと見えて棉畠　芭蕉

〔スポーツ〕大相撲秋場所（東京）　国体夏季大会

家庭暦

◆重陽の節句　◆二学期始業　◆夏衣料の片付け　◆夏器具の清掃整理　◆月見・遠足・ハイキング　◆神棚仏壇の手入れ

旬の食べもの

〔魚・貝〕さんま　さば　かわはぎ　かます　はた　黒だい　ちだい

〔野菜・果物〕きゅうり　トマト　なす　里芋　さつま芋　八つ頭　かぶ　みょうがの子　穂じそ　しょうが　しいたけ　しめじ　まつたけ　梨　栗　ぶどう　くるみ

【料理】枝豆　さんまの塩焼き　さんまのしょうが煮　さば寿司　さばの船場汁　里芋の煮っころがし　筑前煮　むかごめし　月見だんご　そば餅

釣り魚

〔海〕かわはぎ　あじ　さば　いしだい　たちうお　小だい　かます　はぜ　いしもち　〔川・湖〕へらぶな（山上湖）　おいかわ　こい　なまず　はぜ（河口）

家庭の園芸と菜園

〔園芸〕◆秋まき草花の種まき　◆菊の芽かき　◆サボテンなど多肉植物の植付け・植替え・さし芽　◆月末には春咲き宿根草やぼたんの株分け・植付け　◆宿根なでしこ類・ゼラニウムのさし芽　◆ぼたんのつぎ木　◆ぼけのさし木　◆台風に備え支柱立て・枝の間引き・排水溝の整備・生け垣の刈込みをする　◆病害虫の防除

花ごよみ　彼岸花　ジンジャー　マリーゴールド　サルビア　コスモス　りんどう　ききょう　ガーベラ　はぎ　ふよう

〔菜園〕◆上旬までに大根・かぶ・にんじんの種まき　◆春菊・小松菜・ほうれん草・サラダ菜・キャベツ・ねぎ・たまねぎの種まき　にんじん・かぶの間引きと追肥　◆なすの追肥　◆八月にまいた大根・白菜・にんじん・かぶに追肥と土寄せ　◆にらの株分け　◆夏採り野菜の終った菜園はよく耕し、整地する　◆台風後の病気に注意

収穫　なす　地這いきゅうり　さつま芋　里芋　ピーマン　穂じそ　実じそ

健康管理

◆夏の疲れから体力・免疫力が低下し胃腸を壊しやすく、暴飲暴食を避ける　食品衛生にも留意　◆昼夜の温度差が開いてくるので、寝具を気候に合わせる　◆がん征圧月間　◆老人週間　◆結核予防週間

農事暦

〔作業〕◆稲作田の水加減・病害虫防除　◆早植え稲・短期稲の混ざり穂抜き・刈取り・乾燥・脱穀　◆寒地は稲作田の落水　◆寒地は青刈りライ麦の種まき　◆除虫菊・菜種・おうれん・みぶよもぎの種まき　◆とうもろこし・夏そば・あわ・きび・棉・ごま・はとむぎ・おうれんの収穫　◆茶の深耕・秋肥の施用

〔野菜〕◆秋まきキャベツ・たまねぎなど秋野菜の種まき　◆暖地はハウスのピーマン・トマト・きゅうりの種まき　◆花野菜・レタス・わけぎ・夏まきキャベツの定植　◆秋じゃが芋・株冷蔵抑制いちごの定植

〔果樹〕◆桃・みかんの芽つぎ　◆びわの剪定　◆晩生みかん・梨・びわの秋肥施用　◆りんごの除袋と着色管理　◆ぶどう・栗・りんご・梨の収穫　◆台風対策・病害虫防除

〔草花〕◆ゆうぎり草・リシアンサス・シクラメン・秋まきアスター・根掘り用草花類の種まき　◆秋菊の摘蕾　◆暮出してっぽうゆりの定植　◆きんせん花・矢車草・金魚草の定植　◆花木類の秋さし　◆温室カーネーションの追肥施用

十月の諸暦

暦題　第十章

運動会・秋祭りと行事の多い月である。稲穂もこうべを垂れて色づき始め、深まる秋は村里の木々にも現れてくる。スポーツの後のほてった体に秋風は心地よい。〝光陰矢の如し〟秋の夜長を実り多き時間とせよ。

荒磯や初雁渡るしほけぶり　楞良

家庭暦

〔スポーツ〕プロ野球日本シリーズ　国体秋季大会　日本オープン選手権（ゴルフ）

◈衣替え　◈運動会　◈観菊・観月　◈氏神祭礼　◈大掃除　◈襖・障子の張替え　◈衣類・蔵書の虫干し・整理　◈夏ぶとんの乾燥と片付け　◈押入れの整理

旬の食べもの

〔魚・貝〕さば　さんま　いわし　あじ　かます　たちうお　するめいか　車えび

〔野菜・果物〕白菜　ほうれん草　なす　かぶら　さつま芋　蓮根　山芋　菊　ゆず　すだち　ぎんなん　まつたけ　しめじ　なめこ　栗　柿　りんご　みかん　いちじく

【料理】まつたけご飯　土びん蒸し　焼なす　小いわししょうが煮　しめさば　さばみそ煮　菊花ごま酢あえ　いとこ煮

釣り魚

〔海〕あじ　さば　いしだい　たちうお　小だい　かます　はぜ　ぼら　いいだこ　いしもち　いわし　〔川・湖〕わかさぎ　へらぶな　おいかわ　こい　ぼら（河口）

家庭の園芸と菜園

〔園芸〕◈秋植え球根の植付け　◈秋まき宿根草の芽分け・株分けと定植　◈アスター・ちどり草・ルピナスなどの種を直まきする　◈ゼラニウム・マーガレットなどのさし芽　◈ダリアの芽かき　◈マリーゴールド・サルビアの間引き・切り戻し　◈落葉樹の植替え・植付け　◈ばらの水やり

花ごよみ　ダリア　サフラン　マリーゴールド　菊　ほととぎす　もくせい　クレマチス　ゼラニウム　四季咲きベゴニア

〔菜園〕◈中旬までに小松菜・ほうれん草・春菊の種まき　◈さやえんどう・そら豆の直まき　◈冬採り小松菜の間引き・追肥　◈元肥を施しいちごの定植　◈冬採り野菜の追肥・土寄せ・青虫駆除　◈京菜・キャベツの定植　◈里芋・さつま芋の保存

収穫　さつま芋　里芋　大根　にんじん　かぶ　とうがらし

健康管理

◈十月十日、目の愛護デー　◈果物の豊富な季節、果糖のとり過ぎに注意　◈季節の変わり目、ストレスの発散に心がける　◈麻薬・覚せい剤乱用防止運動

〔薬と健康の週間〕―市販薬の正しい用い方―

◈説明書を読む　◈医師の指示で薬を用いている時は勝手に他の薬を用いない　◈他の容器に入れ替えない　◈湿気・日光・高温を避け、子供の手の届かない所に保管

農事暦

〔作業〕◈稲作の熟期の判定・種もみ採り・診断株の抜取り、混ざり穂抜き、水はけ、刈取り・乾燥・脱穀、病害虫防除　◈除虫菊・サフランの定植　◈菜種・麦・れんげの種まき　◈暖地ではとうもろこし・あわ・きび・秋型大豆・秋型小豆の収穫　◈寒地ではオリーブ・はと麦・へちま・こんにゃくの収穫

〔野菜〕◈秋野菜の追肥と病害虫防除　◈早生たまねぎ・ハウスいちごの定植　◈キャベツ・ほうれん草・低段摘芯密植栽培トマト・そら豆・えんどう・春菊・漬菜類・三つ葉の種まき　◈さつま芋・里芋の収穫

〔果樹〕◈柿・栗の秋肥施用　◈びわの摘房　◈りんごの除袋と葉摘み　◈みかんの夏秋梢の処理　◈栗・ぶどう・梨・りんご・柿の収穫　◈病害虫防除

〔草花〕◈球根養成チューリップ・水仙・ヒヤシンスの植付け　◈グラジオラス掘上げ　◈宿根草株分け・定植　◈暮出し温室ばら剪定　◈暮出しチューリップ・アイリス・水仙の定植　◈実生すかしゆり球根掘上げ　◈シクラメン山おろし

逆運に勇ましき胸を向けよ

十一月の諸暦

暦題　第十一章

菊花の美しく香る霜月、文化の日・勤労感謝の日と意義深い祝日が控えている。勤労と教育は今日の豊かな生活をもたらしたが、心の豊かさを置き忘れてきた感がある。文化は心の豊かさの表れ、良書は心の糧だ。

焚くほどは風がくれたる落葉かな　一茶

〔スポーツ〕大相撲九州場所　東京国際女子マラソン　中央競馬天皇賞・菊花賞

家庭暦

◈七五三の祝い　◈暖房器具の点検・準備　◈火災予防の徹底と消火器の点検　◈畳替え　◈年賀はがきの購入

旬の食べもの

〔魚・貝〕さば　まぐろ　かれい　さわら　さんま　いわし　したびらめ　ふぐ　はたはた　はぜ　かき　赤貝　鳥貝　ふな

〔野菜・果物〕白菜　かぶ　大根　ほうれん草　ゆり根　ブロッコリー　カリフラワー　芽キャベツ　長芋　くわい　里芋　なめこ　柿　みかん　りんご

【料理】ふぐ料理　したびらめのムニエル　茶碗蒸し　かぶら蒸し　おでん　なめこ汁　しょっつる鍋　栗ご飯　茶めし

釣り魚

〔海〕かれい　めじな　あいなめ　ぶだい　ふっこ　さば　小だい　はぜ　ぼら　ふぐ　やりいか　いいだこ　〔川・湖〕たなご　わかさぎ　へらぶな　おいかわ　ぼら

家庭の園芸と菜園

〔園芸〕◈ばら大苗の定植　◈落葉樹の植付け・植替え　◈菊の芽分け　◈ヒヤシンス・クロッカスの水栽培　◈秋植え球根の遅植え　◈秋まき草花の苗に霜除け　◈春植え球根の掘上げ　◈宿根草は枯れた部分を刈取り、もみがら・落葉・堆肥を株間に敷きつめる　◈冬花壇の準備　◈葉ぼたんの定植　◈正月用鉢植えの準備

❀花ごよみ　秋咲きクロッカス　トレニア　ブルーデージー　つわぶき　さざん花　シャコバサボテン　シクラメン　ベゴニア

〔菜園〕◈さやえんどう・そら豆の種まき　◈冬採り野菜の霜除け、地方によってはポリエチレン又はビニールのトンネル栽培　◈白菜は外葉で中を包み、さらにそれを新聞紙でくるみ紐で結んでおく　◈大根・にんじんは土寄せをこまめにする　◈越冬野菜には追肥・中耕・土寄せをする

❁収穫　大根　にんじん　さつま芋　里芋

健康管理

◈赤ちゃんに適度な外気浴

〔風邪の予防〕◈うがい・手洗いの励行　◈汗をかいた下着は早目に着替え、風呂あがりに体を冷やさない

〔糖尿病週間〕糖尿病は脳卒中・心筋梗塞・白内障などの合併症を引き起こす恐れがある　35歳を過ぎたら定期的に検診を受ける　過食を慎み、バランスのとれた食事を規則正しくとり、適度の運動を心がける

農事暦

〔作業〕◈稲のもみすり、袋詰め、出荷　◈冬季休閑田の無草化を図る場合は薬剤散布　◈秋～春までに野ねずみ駆除　◈堆肥づくり　◈菜種の定植　◈暖地では茶・麦の種まき　◈秋そば・あわ・きび・秋型大豆・秋型小豆・てんさい・こんにゃく・とうごま・オリーブ・はと麦の収穫

〔野菜〕◈水稲後作のいちご・キャベツ・たまねぎの定植　◈関西ではハウス栽培の三つ葉・サラダ菜の種まき　◈関東ではにんじん・小かぶ・春菊の種まき　◈ハウス栽培のきゅうり・ピーマン・トマト・なすの種まき　◈白菜・ほうれん草・キャベツ・かぶ・ねぎの収穫

〔果樹〕◈普通温州の秋肥施用　◈びわの晩秋肥施用　◈落葉果樹の植付け　◈晩生柿・晩生りんご・普通温州の収穫　◈病害虫防除　◈貯蔵用みかんの採収

〔草花〕◈ダリア球根掘上げ・貯蔵　◈促成秋菊高冷地育苗　◈年末出しアマリリス伏込み　◈年末出しゆきやなぎ搬入　◈花壇用草花の防寒

十二月の諸暦

暦題　第十二章

師走、北国では冬将軍の尖兵が野山を一面銀世界に変えて行き、やがて各地からスキー場開きの報がもたらされる。すす払い・歳の市と正月を迎える準備も忙しいが、過ぎ去ろうとするこの一年の総決算を。

積雪に月さしわたる年の夜　蛇笏

〔スポーツ〕ゴルフ日本シリーズ　中央競馬有馬記念　福岡国際マラソン

家庭暦

◇クリスマス　◇正月用品の準備　◇晴れ着の陰干しと試着　◇貸借の清算　◇歳暮品の贈答　◇一年間の家計の整理　◇ガス器具・ゴム管の点検　◇水道管の凍結防止策　◇すす払い・大掃除・屋内外の片付け

旬の食べもの

〔魚・貝〕まぐろ　ぶり　さけ　ひらめ　たら　あんこう　はぜ　たい　むつ　こはだ　なまこ　毛がに　越前がに　いせえび　はまぐり　赤貝　みる貝　鳥貝　新のり

〔野菜・果物〕大根　ほうれん草　菊菜　にんじん　ごぼう　白菜　芽キャベツ　はす　かぶ　いも類　みかん　りんご

【料理】わかさぎの天ぷら　三平汁　かぶの吹き寄せ　すき焼き　白菜巻き　かぼちゃ料理　ゆず釜　年越しそば

釣り魚

〔海〕あまだい　ひらめ　ぶり　めじな　あいなめ　ぶだい　すずき　はぜ　〔川・湖〕たなご　わかさぎ　まぶな　おいかわ

家庭の園芸と菜園

〔園芸〕◇温室の暖房、フレームの防寒　◇きんせん花・ルピナスは霜除けを厳重に　◇庭木の枝の切戻し・間引き　◇つるばらの枝の整理　◇松のもみあげ　◇害虫の捕殺、殺虫剤の散布　◇パンジー・デージーなどに草木灰を施用

花ごよみ　日本水仙　オギザリス　パンジー　ストック　ガーベラ　寒菊　シクラメン　シャコバサボテン　洋ラン

〔菜園〕◇冬採り野菜・遅植えのさやえんどう・そら豆の株元にわら・もみがらを敷く　◇キャベツ・ねぎなどには中耕・土寄せをする　◇キャベツの害虫に注意　◇来シーズン用の草木灰と堆肥づくり

収穫　ほうれん草　小松菜　レタス

健康管理

◇高血圧の人・循環器に病気のある人は急激な温度変化を避ける　◇クリームなどで肌を保湿し、しもやけ・ひび・あかぎれを防ぐ　◇暴飲暴食をやめ胃腸をいたわる　◇喫煙者に肺がんが多いのはよく知られているが、喫煙は心臓・血管他全身に悪影響を与えている　特に妊婦の喫煙は、飲酒と同様新生児の障害の原因ともなるので絶対に控えること　また、同室の者や家族などの健康をも脅かしていることを留意し、本数を少しでも減らし、禁煙する努力を

農事暦

〔作業〕◇もみすり作業　◇変質が起こらぬよう米の貯蔵に注意　◇麦・菜種畑の排水・寒害対策　◇暖地ではハッカ・い草の定植　◇おうれん・茶の種まき　◇稲わらの施用　◇田植機苗の床土準備　◇こうぞ・みつまた・オリーブの収穫　◇耕起により多年生雑草の防除　◇農業機械の点検

〔野菜〕◇冬の貯蔵野菜（白菜・ねぎ・にんじん・大根など）は寒さが厳しくなる前に収穫し貯蔵する　◇低段摘芯密植トマトの定植　◇レタスのトンネルかけ　◇ハウス栽培のの種まき（きゅうり・なす・トマトなど）

〔果樹〕◇落葉果樹の剪定・整枝　◇落葉果樹の元肥施用　◇コモによりみかんの防寒を図る　◇みかんの採収・貯蔵　◇りんごの貯蔵庫の管理　◇病害虫の防除

〔草花〕◇年末出し枝物の花梅・椿の入室　◇促成アゼリア・促成紅霧島つつじの入室　◇シクラメン・チューリップ・アイリス・電照菊・ばら・カーネーションなどを年末需要期に合わせて出荷　◇花木類の防寒　◇無加温ハウス栽培の低温障害に注意

倹約の仕方は不自由を忍ぶにあり

令和五年 潮汐

下の表には上から、日と曜日、次に潮の大小のグラフ、満潮・干潮時刻、そして最後に月相を示してある。

潮の満干の時刻は東京湾におけるもので中央標準時である。潮の満干は地域により時間的ずれが生じるため、各地の時差を次ページより上段に記載。（＋は東京時刻より遅れ、－は早まる。また、近接地域でも地形その他で多少のずれが生じる。）

潮の大小のグラフおよび月相は左記を参照。

大潮　中潮　小潮　長潮

◐上弦　●朔　◑下弦　○望

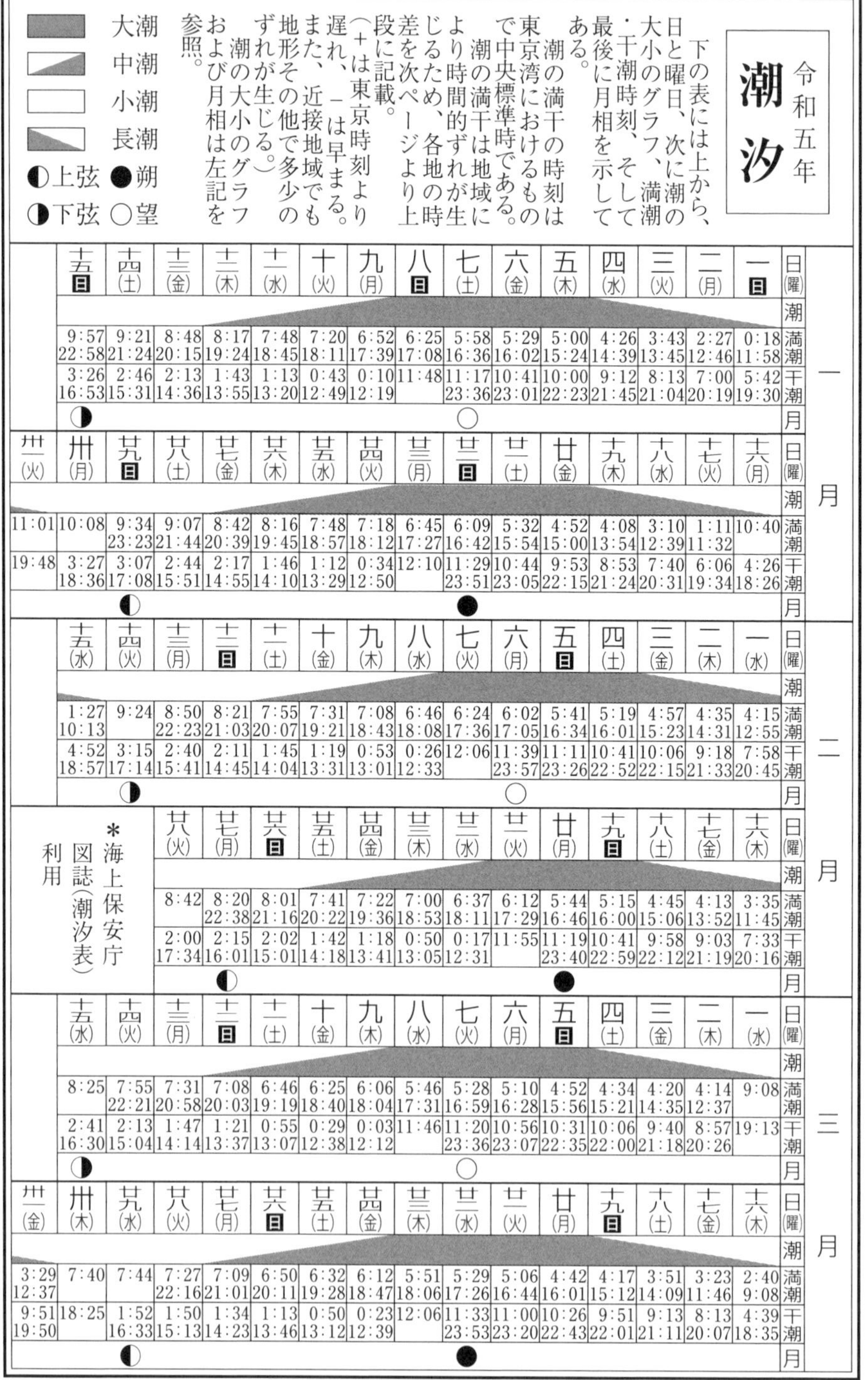

一月

日	曜	満潮	干潮	月
一	日	0:18 11:58	5:42 19:30	
二	月	2:27 12:46	7:00 20:19	
三	火	3:43 13:45	8:13 21:04	
四	水	4:26 14:39	9:12 21:45	
五	木	5:00 15:24	10:00 22:23	
六	金	5:29 16:02	10:41 23:01	
七	土	5:58 16:36	11:17 23:36	○
八	日	6:25 17:08	11:48	
九	月	6:52 17:39	0:10 12:19	
十	火	7:20 18:11	0:43 12:49	
十一	水	7:48 18:45	1:13 13:20	
十二	木	8:17 19:24	1:43 13:55	
十三	金	8:48 20:15	2:13 14:36	
十四	土	9:21 21:24	2:46 15:31	
十五	日	9:57 22:58	3:26 16:53	◑
十六	月	10:40	4:26 18:26	
十七	火	1:11 11:32	6:06 19:34	
十八	水	3:10 12:39	7:40 20:31	
十九	木	4:08 13:54	8:53 21:24	
廿	金	4:52 15:00	9:53 22:15	
廿一	土	5:32 15:54	10:44 23:05	
廿二	日	6:09 16:42	11:29 23:51	●
廿三	月	6:45 17:27	12:10	
廿四	火	7:18 18:12	0:34 12:50	
廿五	水	7:48 18:57	1:12 13:29	
廿六	木	8:16 19:45	1:46 14:10	
廿七	金	8:42 20:39	2:17 14:55	
廿八	土	9:07 21:44	2:44 15:51	
廿九	日	9:34 23:23	3:07 17:08	◐
卅	月	10:08	3:27 18:36	
卅一	火	11:01	19:48	

二月

日	曜	満潮	干潮	月
一	水	4:15 12:55	7:58 20:45	
二	木	4:35 14:31	9:18 21:33	
三	金	4:57 15:23	10:06 22:15	
四	土	5:19 16:01	10:41 22:52	
五	日	5:41 16:34	11:11 23:26	
六	月	6:02 17:05	11:39 23:57	○
七	火	6:24 17:36	12:06	
八	水	6:46 18:08	0:26 12:33	
九	木	7:08 18:43	0:53 13:01	
十	金	7:31 19:21	1:19 13:31	
十一	土	7:55 20:07	1:45 14:04	
十二	日	8:21 21:03	2:11 14:45	
十三	月	8:50 22:23	2:40 15:41	
十四	火	9:24	3:15 17:14	◑
十五	水	1:27 10:13	4:52 18:57	
十六	木	3:35 11:45	7:33 20:16	
十七	金	4:13 13:52	9:03 21:19	
十八	土	4:45 15:06	9:58 22:12	
十九	日	5:15 16:00	10:41 22:59	
廿	月	5:44 16:46	11:19 23:40	●
廿一	火	6:12 17:29	11:55	
廿二	水	6:37 18:11	0:17 12:31	
廿三	木	7:00 18:53	0:50 13:05	
廿四	金	7:22 19:36	1:18 13:41	
廿五	土	7:41 20:22	1:42 14:18	
廿六	日	8:01 21:16	2:02 15:01	
廿七	月	8:20 22:38	2:15 16:01	◐
廿八	火	8:42	2:00 17:34	

＊海上保安庁図誌（潮汐表）利用

三月

日	曜	満潮	干潮	月
一	水	9:08	19:13	
二	木	4:14 12:37	8:57 20:26	
三	金	4:20 14:35	9:40 21:18	
四	土	4:34 15:21	10:06 22:00	
五	日	4:52 15:56	10:31 22:35	
六	月	5:10 16:28	10:56 23:07	
七	火	5:28 16:59	11:20 23:36	○
八	水	5:46 17:31	11:46	
九	木	6:06 18:04	0:03 12:12	
十	金	6:25 18:40	0:29 12:38	
十一	土	6:46 19:19	0:55 13:07	
十二	日	7:08 20:03	1:21 13:37	
十三	月	7:31 20:58	1:47 14:14	
十四	火	7:55 22:21	2:13 15:04	
十五	水	8:25	2:41 16:30	◑
十六	木	2:40 9:08	4:39 18:35	
十七	金	3:23 11:46	8:13 20:07	
十八	土	3:51 14:09	9:13 21:11	
十九	日	4:17 15:12	9:51 22:01	
廿	月	4:42 16:01	10:26 22:43	
廿一	火	5:06 16:44	11:00 23:20	
廿二	水	5:29 17:26	11:33 23:53	●
廿三	木	5:51 18:06	12:06	
廿四	金	6:12 18:47	0:23 12:39	
廿五	土	6:32 19:28	0:50 13:12	
廿六	日	6:50 20:11	1:13 13:46	
廿七	月	7:09 21:01	1:34 14:23	
廿八	火	7:27 22:16	1:50 15:13	
廿九	水	7:44	1:52 16:33	◐
卅	木	7:40	18:25	
卅一	金	3:29 12:37	9:51 19:50	

❀ 驕る者は他人の美点に気付かず　己の欠点も悟れない

神　戸	名古屋	清　水	銚子(漁港)	石　巻	八　戸	函　館
+2時間20分	+1時間	+25分	-1時間5分	-1時間25分	-1時間50分	-1時間30分

四月

十五 (土)	十四 (金)	十三 (木)	十二 (水)	十一 (火)	十 (月)	九 日	八 (土)	七 (金)	六 (木)	五 (水)	四 (火)	三 (月)	二 日	一 (土)	日 (曜)
															潮
2:31 12:30	1:30 8:55	7:50	7:19 22:52	6:52 21:11	6:27 20:09	6:04 19:21	5:42 18:39	5:21 18:00	5:02 17:24	4:43 16:50	4:26 16:16	4:09 15:42	3:52 15:06	3:37 14:20	満潮
8:10 19:47	5:55 18:18	2:59 16:18	2:06 14:52	1:33 13:58	1:03 13:18	0:34 12:45	0:05 12:15	11:46	11:20 23:36	10:54 23:07	10:29 22:37	10:06 22:05	9:43 21:29	9:26 20:47	干潮
		◑							○						月

卅 日	廿九 (土)	廿八 (金)	廿七 (木)	廿六 (水)	廿五 (火)	廿四 (月)	廿三 日	廿二 (土)	廿一 (金)	廿 (木)	十九 (水)	十八 (火)	十七 (月)	十六 日	日 (曜)
															潮
2:20 13:37	1:38 11:29	7:46	7:22 23:46	6:58 21:58	6:34 20:53	6:12 20:05	5:50 19:23	5:28 18:42	5:06 18:02	4:43 17:21	4:20 16:40	3:56 15:56	3:31 15:08	3:04 14:09	満潮
8:37 19:53	8:13 18:48	4:06 17:19	2:23 15:48	1:47 14:44	1:19 13:58	0:52 13:21	0:25 12:46	12:13	11:40 23:56	11:07 23:25	10:34 22:52	10:00 22:15	9:27 21:35	8:52 20:47	干潮
		◐								●					月

五月

十五 (月)	十四 日	十三 (土)	十二 (金)	十一 (木)	十 (水)	九 (火)	八 (月)	七 日	六 (土)	五 (金)	四 (木)	三 (水)	二 (火)	一 (月)	日 (曜)
															潮
1:57 13:54	1:15 12:24	0:15 10:02	8:06	7:10 22:53	6:32 21:30	6:00 20:24	5:31 19:30	5:03 18:42	4:37 17:59	4:13 17:18	3:50 16:39	3:28 16:00	3:07 15:20	2:46 14:35	満潮
8:12 20:07	7:20 19:05	5:44 17:45	3:35 16:13	2:20 14:56	1:32 13:58	0:53 13:11	0:17 12:30	11:54	11:21 23:42	10:50 23:08	10:21 22:34	9:53 21:59	9:27 21:22	9:02 20:41	干潮
			◑						○						月

卅一 (水)	卅 (火)	廿九 (月)	廿八 日	廿七 (土)	廿六 (金)	廿五 (木)	廿四 (水)	廿三 (火)	廿二 (月)	廿一 日	廿 (土)	十九 (金)	十八 (木)	十七 (水)	十六 (火)	日 (曜)
																潮
1:43 14:53	1:04 13:51	0:18 12:26	10:24	8:28 23:22	7:29 22:23	6:51 21:27	6:19 20:39	5:49 19:57	5:21 19:18	4:53 18:40	4:25 18:01	3:57 17:20	3:29 16:37	3:01 15:50	2:31 14:58	満潮
8:39 20:31	8:04 19:39	7:19 18:38	5:51 17:26	3:42 16:13	2:32 15:13	1:48 14:24	1:12 13:42	0:40 13:04	0:07 12:27	11:52	11:17 23:34	10:42 22:59	10:06 22:21	9:30 21:41	8:53 20:58	干潮
			◐								●					月

六月

十五 (木)	十四 (水)	十三 (火)	十二 (月)	十一 日	十 (土)	九 (金)	八 (木)	七 (水)	六 (火)	五 (月)	四 日	三 (土)	二 (金)	一 (木)	日 (曜)
															潮
1:58 15:55	1:15 14:53	0:32 13:32	11:55	10:12 23:49	8:37 23:03	7:28 22:13	6:36 21:21	5:52 20:28	5:12 19:37	4:34 18:48	3:59 18:02	3:24 17:16	2:50 16:31	2:17 15:45	満潮
8:59 21:07	8:15 20:14	7:25 19:13	6:20 18:05	4:56 16:54	3:33 15:50	2:29 14:53	1:37 14:01	0:50 13:12	0:07 12:25	11:41	10:59 23:25	10:21 22:43	9:45 22:01	9:11 21:17	干潮
				◑							○				月

卅 (金)	廿九 (木)	廿八 (水)	廿七 (火)	廿六 (月)	廿五 日	廿四 (土)	廿三 (金)	廿二 (木)	廿一 (水)	廿 (火)	十九 (月)	十八 日	十七 (土)	十六 (金)	日 (曜)
															潮
0:58 15:39	0:08 14:30	12:55	11:14 23:22	9:43 22:40	8:28 22:01	7:34 21:23	6:52 20:47	6:16 20:12	5:42 19:39	5:08 19:06	4:34 18:34	3:58 18:00	3:20 17:23	2:40 16:43	満潮
8:29 20:39	7:43 19:38	6:50 18:27	5:36 17:10	4:09 16:07	3:04 15:19	2:17 14:39	1:39 14:03	1:04 13:27	0:31 12:52	12:15	11:37 23:57	10:59 23:20	10:20 22:40	9:40 21:56	干潮
				◐								●			月

七月

十五 (土)	十四 (金)	十三 (木)	十二 (水)	十一 (火)	十 (月)	九 日	八 (土)	七 (金)	六 (木)	五 (水)	四 (火)	三 (月)	二 日	一 (土)	日 (曜)
															潮
2:02 16:50	0:49 16:13	15:15	13:19 23:47	11:22 23:02	9:54 22:25	8:41 21:52	7:39 21:19	6:45 20:44	5:56 20:07	5:09 19:27	4:23 18:45	3:35 18:02	2:44 17:18	1:51 16:32	満潮
9:21 21:47	8:33 20:47	7:39 19:32	6:35 18:05	5:21 16:49	4:08 15:56	3:08 15:14	2:17 14:34	1:32 13:53	0:47 13:10	0:03 12:24	11:36	10:47 23:16	9:59 22:27	9:13 21:35	干潮
					◑							○			月

長崎	鹿児島	大分	高知	高松	広島
+3時間15分	+2時間20分	+3時間35分	+1時間45分	+6時間20分	+4時間45分

卅一(月)	卅(日)	廿九(土)	廿八(金)	廿七(木)	廿六(水)	廿五(火)	廿四(月)	廿三(日)	廿二(土)	廿一(金)	廿(木)	十九(水)	十八(火)	十七(月)	十六(日)	日(曜)	七月
																潮	
2:27 17:14	1:05 16:35	15:49	14:33 23:44	12:07 22:46	10:25 22:03	9:12 21:28	8:14 20:57	7:27 20:28	6:47 20:01	6:12 19:35	5:38 19:09	5:05 18:43	4:30 18:17	3:51 17:50	3:04 17:21	満潮	
9:49 22:24	8:53 21:28	7:54 20:19	6:48 18:52	5:29 17:07	4:09 15:51	3:11 15:07	2:27 14:34	1:51 14:05	1:19 13:36	0:49 13:07	0:19 12:37	12:03	11:27 23:48	10:48 23:14	10:06 22:35	干潮	
					◐								●			月	

	十五(火)	十四(月)	十三(日)	十二(土)	十一(金)	十(木)	九(水)	八(火)	七(月)	六(日)	五(土)	四(金)	三(木)	二(水)	一(火)	日(曜)	八月
																潮	
	3:51 17:27	3:07 17:05	2:01 16:43	16:20	15:55 23:40	22:17	10:52 21:37	9:31 21:09	8:30 20:44	7:36 20:20	6:46 19:55	5:59 19:27	5:12 18:57	4:24 18:25	3:31 17:50	満潮	
	10:37 23:05	9:56 22:34	9:09 21:57	8:14 21:02	7:07 19:18	5:46	4:26 15:27	3:24 15:00	2:36 14:33	1:53 14:04	1:14 13:31	0:34 12:55	12:15	11:31 23:54	10:42 23:12	干潮	
								◑						○		月	

卅一(木)	卅(水)	廿九(火)	廿八(月)	廿七(日)	廿六(土)	廿五(金)	廿四(木)	廿三(水)	廿二(火)	廿一(月)	廿(日)	十九(土)	十八(金)	十七(木)	十六(水)	日(曜)	
																潮	
4:25 17:50	3:35 17:22	2:35 16:53	0:59 16:23	15:51	15:08 22:45	11:54 21:36	9:57 20:56	8:50 20:26	7:59 19:59	7:16 19:35	6:38 19:13	6:04 18:51	5:31 18:30	4:59 18:10	4:26 17:49	満潮	
11:18 23:36	10:34 22:59	9:44 22:20	8:45 21:35	7:35 20:32	6:06 18:39	4:25 15:50	3:14 14:55	2:28 14:25	1:53 13:58	1:22 13:33	0:54 13:07	0:27 12:42	0:00 12:15	11:45	11:13 23:33	干潮	
○							◐								●	月	

	十五(金)	十四(木)	十三(水)	十二(火)	十一(月)	十(日)	九(土)	八(金)	七(木)	六(水)	五(火)	四(月)	三(日)	二(土)	一(金)	日(曜)	九月
																潮	
	4:49 17:28	4:17 17:10	3:44 16:51	3:06 16:33	2:13 16:15	15:58	15:49	20:48	10:32 20:24	9:12 20:03	8:16 19:43	7:27 19:23	6:41 19:02	5:56 18:40	5:11 18:16	満潮	
	11:19 23:34	10:50 23:09	10:17 22:44	9:39 22:19	8:54 21:53	7:56 21:27	6:37	5:00	3:39 14:21	2:45 14:14	2:03 13:55	1:25 13:31	0:48 13:03	0:13 12:32	11:57	干潮	
	●								◑							月	

	卅(土)	廿九(金)	廿八(木)	廿七(水)	廿六(火)	廿五(月)	廿四(日)	廿三(土)	廿二(金)	廿一(木)	廿(水)	十九(火)	十八(月)	十七(日)	十六(土)	日(曜)	
																潮	
	5:06 17:29	4:22 17:06	3:35 16:42	2:42 16:17	1:25 15:51	15:25	14:55 22:24	12:56 20:38	9:52 20:00	8:40 19:33	7:49 19:09	7:07 18:47	6:29 18:26	5:54 18:06	5:21 17:46	満潮	
	11:31 23:47	10:55 23:12	10:15 22:37	9:30 22:03	8:36 21:27	7:26 20:47	5:44 19:27	3:49 15:22	2:39 14:23	1:55 13:55	1:22 13:29	0:53 13:04	0:26 12:39	0:00 12:13	11:47	干潮	
		○						◐								月	

	十五(日)	十四(土)	十三(金)	十二(木)	十一(水)	十(火)	九(月)	八(日)	七(土)	六(金)	五(木)	四(水)	三(火)	二(月)	一(日)	日(曜)	十月
																潮	
	5:12 17:01	4:37 16:41	4:03 16:23	3:28 16:05	2:50 15:48	1:59 15:30	15:12	14:56 23:57	19:33	10:18 19:30	8:58 19:12	8:04 18:52	7:18 18:32	6:33 18:12	5:50 17:51	満潮	
	11:17 23:31	10:48 23:05	10:17 22:39	9:44 22:14	9:07 21:50	8:23 21:27	7:23 21:07	5:57 21:22	4:15	3:01 14:02	2:12 13:45	1:32 13:24	0:56 13:00	0:21 12:33	12:03	干潮	
	●									◑						月	

卅一(火)	卅(月)	廿九(日)	廿八(土)	廿七(金)	廿六(木)	廿五(水)	廿四(火)	廿三(月)	廿二(日)	廿一(土)	廿(金)	十九(木)	十八(水)	十七(火)	十六(月)	日(曜)	
																潮	
6:29 17:31	5:47 17:07	5:03 16:43	4:18 16:19	3:31 15:55	2:38 15:30	1:30 15:04	14:35	13:58 23:21	12:37 20:15	10:12 19:27	8:46 18:56	7:49 18:30	7:03 18:06	6:24 17:43	5:47 17:21	満潮	
12:07	11:36 23:56	11:03 23:21	10:27 22:46	9:48 22:11	9:04 21:36	8:13 21:02	7:06 20:26	5:28 19:37	3:37 16:31	2:25 14:27	1:36 13:43	0:59 13:11	0:27 12:42	12:13	11:45 23:58	干潮	
		○							◐							月	

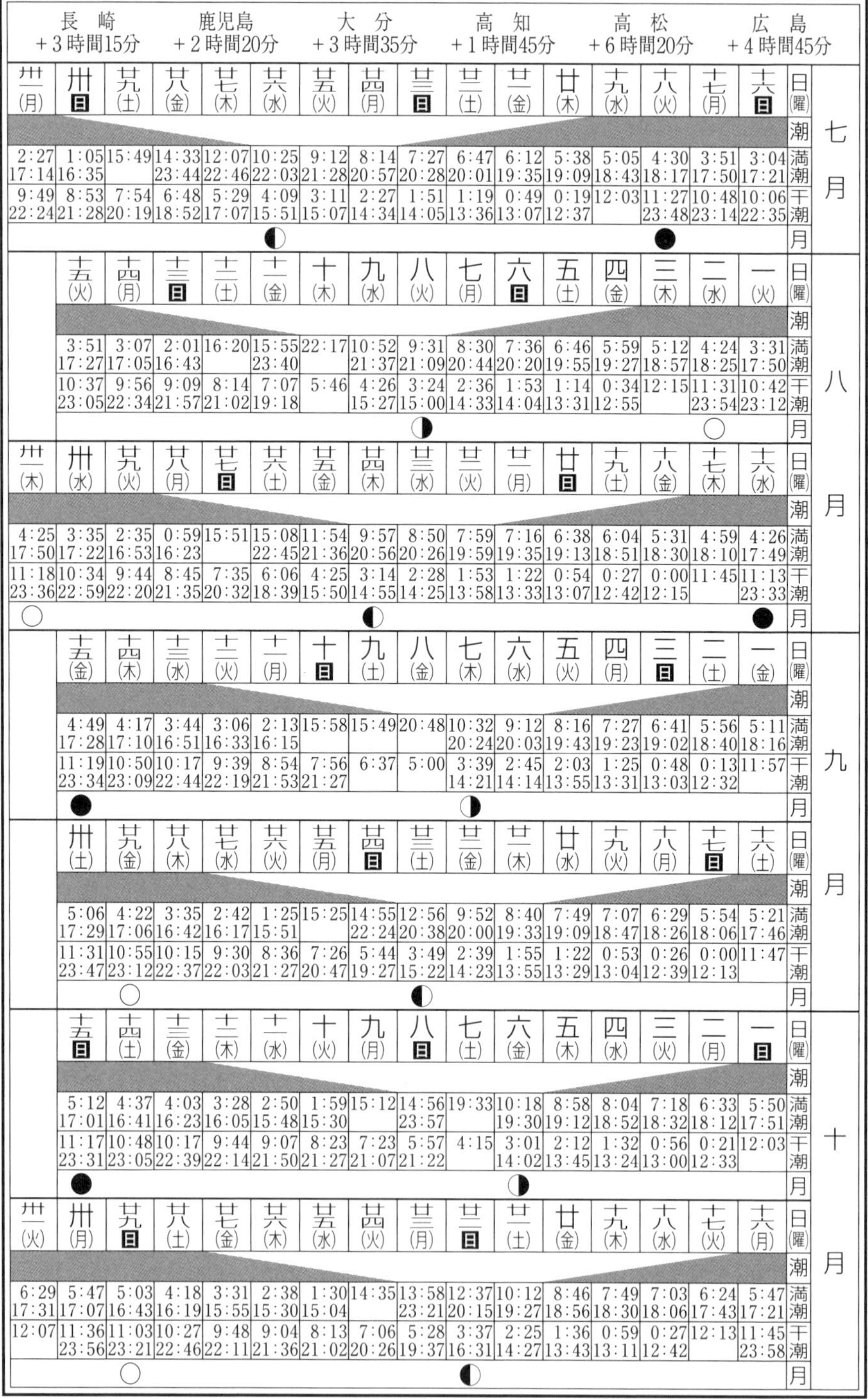

肉を斬らせて骨を斬る

多くの先の者は後になり　最後の者が先になる

十一月

日(曜)	満潮	干潮	月
一(水)	7:12 17:55	0:31 12:37	
二(木)	7:56 18:19	1:07 13:06	
三(金)	8:46 18:43	1:46 13:37	
四(土)	9:50 19:09	2:32 14:17	
五(日)	11:25 19:38	3:32 15:54	◑
六(月)	13:04 22:58	4:55 19:51	
七(火)	13:53	6:22 20:22	
八(水)	1:18 14:22	7:29 20:48	
九(木)	2:22 14:46	8:20 21:14	
十(金)	3:09 15:08	9:02 21:40	
十一(土)	3:49 15:30	9:39 22:06	
十二(日)	4:28 15:52	10:13 22:34	
十三(月)	5:05 16:17	10:47 23:04	●
十四(火)	5:44 16:42	11:20 23:35	
十五(水)	6:24 17:10	11:53	
十六(木)	7:08 17:39	0:10 12:28	
十七(金)	7:57 18:10	0:48 13:05	
十八(土)	8:57 18:45	1:32 13:49	
十九(日)	10:11 19:32	2:24 14:51	
廿(月)	11:32 21:00	3:30 16:41	◐
廿一(火)	12:38 23:27	4:55 18:44	
廿二(水)	13:25	6:23 19:46	
廿三(木)	1:17 14:02	7:33 20:29	
廿四(金)	2:31 14:34	8:28 21:08	
廿五(土)	3:30 15:05	9:16 21:45	
廿六(日)	4:20 15:35	9:58 22:22	
廿七(月)	5:06 16:05	10:38 22:59	○
廿八(火)	5:48 16:35	11:15 23:36	
廿九(水)	6:27 17:05	11:50	
卅(木)	7:06 17:35	0:13 12:24	

十二月

日(曜)	満潮	干潮	月
一(金)	7:44 18:05	0:51 12:57	
二(土)	8:24 18:37	1:28 13:33	
三(日)	9:08 19:13	2:08 14:15	
四(月)	9:58 20:03	2:52 15:17	
五(火)	10:53 21:45	3:45 17:16	◑
六(水)	11:48	4:52 19:06	
七(木)	0:01 12:37	6:08 19:54	
八(金)	1:41 13:19	7:16 20:29	
九(土)	2:49 13:56	8:11 21:01	
十(日)	3:40 14:31	8:58 21:33	
十一(月)	4:24 15:06	9:41 22:07	
十二(火)	5:05 15:40	10:22 22:43	
十三(水)	5:46 16:16	11:02 23:22	●
十四(木)	6:27 16:52	11:42	
十五(金)	7:11 17:30	0:03 12:24	
十六(土)	7:57 18:11	0:47 13:07	
十七(日)	8:45 18:57	1:32 13:55	
十八(月)	9:35 19:55	2:19 14:51	
十九(火)	10:23 21:16	3:09 16:05	
廿(水)	11:10 23:02	4:06 17:38	◐
廿一(木)	11:56	5:16 18:57	
廿二(金)	0:56 12:43	6:35 19:54	
廿三(土)	2:35 13:31	7:46 20:41	
廿四(日)	3:44 14:19	8:46 21:25	
廿五(月)	4:34 15:04	9:38 22:06	
廿六(火)	5:14 15:45	10:24 22:46	
廿七(水)	5:49 16:22	11:05 23:25	○
廿八(木)	6:21 16:57	11:42	
廿九(金)	6:52 17:30	0:02 12:16	
卅(土)	7:22 18:03	0:38 12:48	
卅一(日)	7:52 18:36	1:12 13:20	

令和五年　日の出入（東京）

日の出入の時刻は東京より東では早まり西では遅くなる。（時刻は中央標準時）

月	日(曜)	出	入
一月	一(日)	6:50	16:38
	十一(水)	6:51	16:47
	廿一(土)	6:48	16:56
	卅一(火)	6:42	17:07
二月	十(金)	6:34	17:17
	廿(月)	6:23	17:27
三月	二(木)	6:11	17:37
	十二(日)	5:57	17:45
	廿二(水)	5:43	17:54
四月	一(土)	5:29	18:02
	十一(火)	5:15	18:10
	廿一(金)	5:02	18:19
五月	一(月)	4:50	18:27
	十一(木)	4:40	18:35
	廿一(日)	4:32	18:43
	卅一(水)	4:27	18:50
六月	十(土)	4:25	18:56
	廿(火)	4:25	19:00
	卅(金)	4:28	19:01
七月	十(月)	4:33	18:59
	廿(木)	4:40	18:55
	卅(日)	4:47	18:48
八月	九(水)	4:55	18:38
	十九(土)	5:02	18:27
	廿九(火)	5:10	18:14
九月	八(金)	5:18	18:00
	十八(月)	5:25	17:45
	廿八(木)	5:33	17:30
十月	八(日)	5:41	17:16
	十八(水)	5:49	17:03
	廿八(土)	5:58	16:51
十一月	七(火)	6:08	16:41
	十七(金)	6:18	16:33
	廿七(月)	6:28	16:29
十二月	七(木)	6:37	16:28
	十七(日)	6:44	16:30
	廿七(水)	6:49	16:35

今日は人の上　明日は我が身の上

令和五年（四緑木星中宮癸卯年）各月方位暦

一月の方位暦

一月六日小寒から
二月三日まで

吉方	
天道	酉
天徳	庚
月徳	庚
天徳合	乙
月徳合	乙
月空	甲
生気	卯

凶方	
暗剣殺	南
五黄殺	北
小月建	酉
月破	未
月殺	辰

二月の方位暦

二月四日立春から
三月五日まで

吉方	
天道	午
天徳	丁
月徳	丙
天徳合	壬
月徳合	辛
月空	壬
生気	子

凶方	
暗剣殺	東北
五黄殺	西南
小月建	午
月破	申
月殺	丑

三月の方位暦

三月六日啓蟄から
四月四日まで

吉方	
天道	坤
天徳	坤
月徳	甲
天徳合	なし
月徳合	丙
月空	庚
生気	艮

凶方	
暗剣殺	西
五黄殺	東
小月建	子
月破	酉
月殺	戌

四月の方位暦

四月五日清明から
五月五日まで

吉方	
天道	子
天徳	壬
月徳	壬
天徳合	丁
月徳合	丁
月空	丙
生気	午

凶方	
暗剣殺	西北
五黄殺	東南
小月建	坤
月破	戌
月殺	未

五月の方位暦

五月六日立夏から
六月五日まで

吉方	
天道	酉
天徳	辛
月徳	庚
天徳合	丙
月徳合	乙
月空	甲
生気	卯

凶方	
暗剣殺	なし
五黄殺	なし
小月建	卯
月破	亥
月殺	辰

六月の方位暦

六月六日芒種から
七月六日まで

吉方	
天道	乾
天徳	乾
月徳	丙
天徳合	なし
月徳合	辛
月空	壬
生気	巽

凶方	
暗剣殺	東南
五黄殺	西北
小月建	巽
月破	子
月殺	丑

❀手本は説法に勝る

❖易なれば知り易く、簡なれば従い易く、知り易ければ親しみあり、従い易きは功あり、親しみあればよく久し。

❖窮すれば変じ、変ずれば通じ、通ずれば久し。

❄七月の方位暦

七月七日小暑から八月七日まで

吉方

天道	天徳	月徳	天徳合	月徳合	月空	生気
卯	甲	甲	丙	丙	庚	酉

凶方

暗剣殺	五黄殺	小月建	月破	月殺
東	西	中宮	丑	戌

❄八月の方位暦

八月八日立秋から九月七日まで

吉方

天道	天徳	月徳	天徳合	月徳合	月空	生気
子	癸	壬	丁	丁	丙	午

凶方

暗剣殺	五黄殺	小月建	月破	月殺
南西	北東	乾	寅	未

❄九月の方位暦

九月八日白露から十月七日まで

吉方

天道	天徳	月徳	天徳合	月徳合	月空	生気
艮	艮	庚	なし	乙	甲	坤

凶方

暗剣殺	五黄殺	小月建	月破	月殺
北	南	酉	卯	辰

❄十月の方位暦

十月八日寒露から十一月七日まで

吉方

天道	天徳	月徳	天徳合	月徳合	月空	生気
午	丙	丙	辛	辛	壬	子

凶方

暗剣殺	五黄殺	小月建	月破	月殺
南	北	艮	辰	丑

❄十一月の方位暦

十一月八日立冬から十二月六日まで

吉方

天道	天徳	月徳	天徳合	月徳合	月空	生気
卯	乙	甲	庚	丙	庚	酉

凶方

暗剣殺	五黄殺	小月建	月破	月殺
北東	南西	午	巳	戌

❄十二月の方位暦

十二月七日大雪から翌年一月五日まで

吉方

天道	天徳	月徳	天徳合	月徳合	月空	生気
巽	巽	壬	なし	丁	丙	乾

凶方

暗剣殺	五黄殺	小月建	月破	月殺
西	東	子	午	未

令和五年 開運吉方位

私達は生まれてから、日々活動の連続です。行動することでチャンスや出会いに恵まれる一方で、悩みや困難・障害に遭ったりもします。世界中を脅かす戦争や疫病、さらに異常気象による災害に、否応もなく巻き込まれるのが現代に生きる私達の生活と言えるでしょう。そのままではただ運命に流されていくのみですが、この現実社会を生きていくための指針となるのが、天・地・人の三才を基盤とした簡明な自然法則です。

人間は古くから天地自然の運行に順応して生活してきました。天地万物を陰陽に分け「木・火・土・金・水」の五気を、日や季節の移り変わり・方位に組み込みました。私達の暮らしに福を呼び込むには、動く方位（建築・動土・移転・旅行等）やその人の生まれ年（本命星）を、陰陽五行が整うように和合させることです。例えば十二支にも、結合すると力強い作用や和合をもたらしてくれる三合とか支合といった組み合わせがあります。また、左図のように生まれ年の九星（本命星）と良い組み合わせ（相生関係）の九星が廻っている方位を吉とみることができ、これらを併せみればより顕著な効果をもたらすでしょう。但し、その方位に凶神が廻っている場合は吉方位とはなりません。

本年は**癸卯四緑木星中宮**の年で、一年を通じての凶方は暗剣殺の南東・五黄殺の北西・歳破の西です。年支の卯と和合する月は、七月節（未）と十一月節（亥）です。

生まれ年	相生する九星
一白水星の人	六白・七赤・三碧・四緑
二黒土星の人	九紫・八白・六白・七赤
三碧木星の人	一白・四緑・九紫
四緑木星の人	一白・三碧・九紫
五黄土星の人	九紫・二黒・八白・六白・七赤
六白金星の人	二黒・八白・七赤・一白
七赤金星の人	二黒・八白・六白・一白
八白土星の人	九紫・二黒・六白・七赤
九紫火星の人	三碧・四緑・二黒・八白

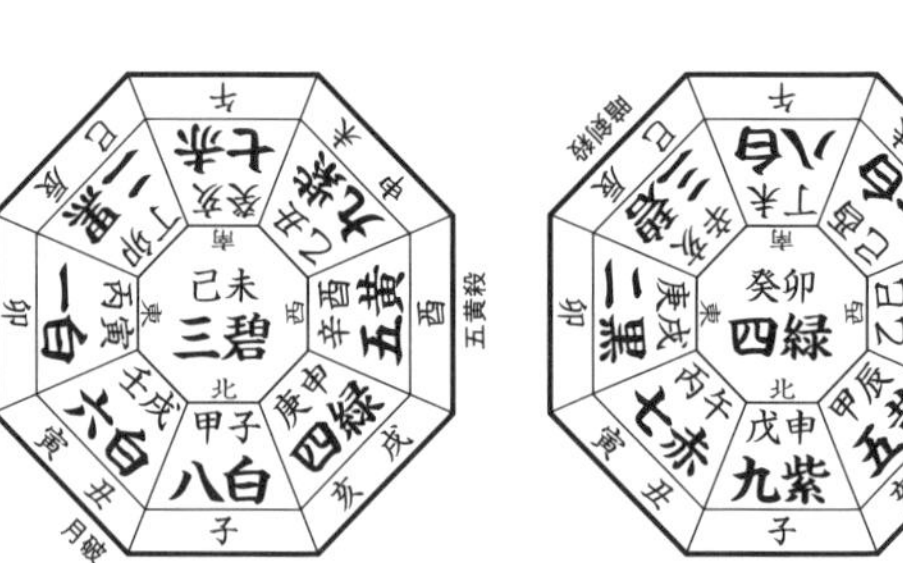

令和五年方位図　七月方位図　十一月方位図

七月節　**南西**は二黒・三碧・四緑・五黄・八白の人に吉方です。殊に、二黒・五黄・八白の人は西南西を、また午年の四緑と未年の三碧の人は南南西を活用し万事良好な結果を得ます。**南**は一白・二黒・五黄・六白生まれの人には昇格や成功・交際発展等に吉方です。**北**は二黒・五黄・六白・九紫の人には成績向上や陰の喜び事もある吉方です。尚、東・西・北東は全ての人に凶方です。

十一月節　**南・北**ともに本命星が一白・九紫の人には吉方です。続いて**東**は、吉祥をもたらす天道も入り、二黒・五黄・七赤・八白の人が用いれば物心両面の充実と繁栄が望める吉方となります。尚、南西・北東・南南東は全ての人に凶方です。

長い歴史を経て守り伝えられる開運法を、日常の生活の中に役立ててください。

本命的殺の早見表

自らの運命を切り開くには吉方を積極的に活用することが大切ですが、本命殺・的殺方位を知り凶方を避ける手立ても忘れてはなりません。自分の本命星の方位である本命殺を犯せば、本人に重大な災厄が降りかかると言われます。また、本命的殺（的殺ともいう）は本命殺の反対方位にあたり、この方位に向かっての建築・移転・開業は、精神的な苦労を生じて健康問題に凶事が現われるとされます。特に、艮・中央・坤に廻っている年は運命的に変化しやすく注意が必要です。左表は本命的殺の早見表です。年齢（一月立春から翌年立春の前日までに迎える満年齢）の方位がその年の的殺方位です。

周到な事前対策により、厄難の矛先をかわすことができるでしょう。

方位	年齢
南	五歳 一四歳 二三歳 三二歳 四一歳 五〇歳 五九歳 六八歳 七七歳 八六歳 九五歳
坤	三歳 一二歳 二一歳 三〇歳 三九歳 四八歳 五七歳 六六歳 七五歳 八四歳 九三歳
西	七歳 一六歳 二五歳 三四歳 四三歳 五二歳 六一歳 七〇歳 七九歳 八八歳 九七歳
乾	八歳 一七歳 二六歳 三五歳 四四歳 五三歳 六二歳 七一歳 八〇歳 八九歳 九八歳
北	四歳 一三歳 二二歳 三一歳 四〇歳 四九歳 五八歳 六七歳 七六歳 八五歳 九四歳
艮	六歳 一五歳 二四歳 三三歳 四二歳 五一歳 六〇歳 六九歳 七八歳 八七歳 九六歳
東	二歳 一一歳 二〇歳 二九歳 三八歳 四七歳 五六歳 六五歳 七四歳 八三歳 九二歳
巽	一歳 一〇歳 一九歳 二八歳 三七歳 四六歳 五五歳 六四歳 七三歳 八二歳 九一歳
中央	〇歳 九歳 一八歳 二七歳 三六歳 四五歳 五四歳 六三歳 七二歳 八一歳 九〇歳

令和五年九星別運勢

次頁の九星別による各人の運勢は、気学・九星学を主として各種運命学に基づき、年・月・日の吉凶運、吉凶方位を綿密に占断して記載してあります。

気学・九星学では、まず生まれ年により一白水星から九紫火星までの九星に分類しており、本書もこれに準じています。気学原理の詳細な解説は別の機会に譲るとして、注意したいのは、気学では一年を立春から翌年の立春の前日（節分）までと定めているということで、たとえば暦の一月生まれの人は前年の九星になるわけです。この表で同時に干支・納音（なっちん）もわかります。次に、該当する九星の運勢欄の第一頁目で、年間の基本的運勢の大略を、吉方・凶方の方位を参照しながらみていくことができます。一月から十二月の方位図も移転・旅行・縁談・交渉事等に活用して下さい。

各方位図の◎は大吉・○は吉・◐は中吉・●は凶方を表示しています。各吉方位・凶方位の詳しい解説は、上の「本命的殺の早見表」および「凶方を避ける知恵」「方位盤吉凶の解説」等を参照して下さい。満年齢欄の右にある九曜星（羅睺星・土曜星・水曜星・金曜星・日曜星・火曜星・計都星・月曜星・木曜星）は運勢の盛衰を表すもので、「運勢の盛衰と循環の理法」に解説してあります。長期にわたるライフプランを立てたい人には、「九星開運学」が参考となります。十年先までのあなたの未来運を知ることができ、開運に役立てることができるでしょう。

一月から十二月までの毎月の運勢は各人の生活指針として日々の処世に役立つことと確信しております。◎は大吉・○は吉・◐は中吉・●はミスや障害の生じやすい要注意日を表しています。

✿争論は一方の堪忍に終わる

なりたかった自分になるのに　遅すぎるということはない

一白水星の人
（いっぱくすいせい）

計都星
●滞運

満年齢

六歳平二九（丁酉）
一五歳平二〇（戊子）
二四歳平一一（己卯）
三三歳平　二（庚午）
四二歳昭五六（辛酉）
五一歳昭四七（壬子）
六〇歳昭三八（癸卯）
六九歳昭二九（甲午）
七八歳昭二〇（乙酉）
八七歳昭一一（丙子）
九六歳昭　二（丁卯）

一白の年盤方位・解説

（吉方）
なし
（凶方）
南東（暗剣殺）
北西（五黄殺）
西（歳破）
南西（本命殺）
北東（的殺）
東・南

山あり谷ありのこれまでの人生を振り返り、積極的に行動し態勢の立て直し気運が出てくる。今年の心構えと取り組みが飛躍への地固めとなり、やがて後厄を過ぎ次第に報われて信用に繋がり幸せへと導いてくれそう。先行きの不安や迷いも出てくるが、無理に伸びようとするとかえって失敗を招く恐れがあるだけに、一歩一歩堅実な努力の積み重ねが求められる。対人交流では和が好運をもたらし周囲のために尽くす心掛けが吉となり、愛情運でも福徳が得られそう。

子年生まれ　ただ突っ走るだけでは駄目。情勢を正確に把握し、一歩退いて臨機応変に考え直すことも必要。

卯年生まれ　人間関係を大切にし、どんな状況でも誠実さを失わないように。浪費傾向を反省し見直すこと。

午年生まれ　落ち着いた対応が功を奏し、それなりの収穫あり。大事なことは時間をかけて丁寧に。

酉年生まれ　新しさに引かれ目移りするが、表面だけで判断するのは危険。謙虚さを忘れないように。

一月の月盤

二月の月盤

三月の月盤

四月の月盤

五月の月盤

六月の月盤

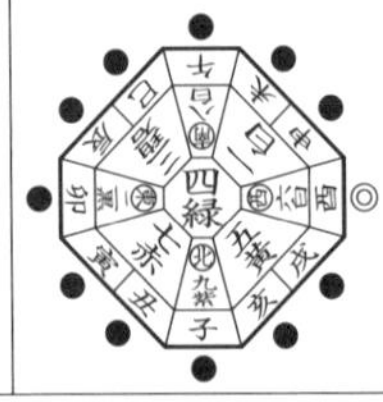

七月の月盤

八月の月盤

九月の月盤

十月の月盤

十一月の月盤

十二月の月盤

一白水星

一月の運勢

周囲から温かく見守られ、活力のある好調運。頭をフル回転させ、俊敏な行動が吉を呼ぶ。目標に向かって確実に進めていこう。目上を立てる心掛けで臨めばより効果的。

- ○一日 日 人情味にあふれ円満
- ◑二日 月 不摂生をしないこと
- ◎三日 火 家庭を大切にしよう
- ○四日 水 自惚れは失敗のもと
- ◑五日 木 ペースの配分考えて
- ●六日 金 世間知らずでは駄目
- ◑七日 土 取越し苦労やめよう
- ○八日 日 健康保持に万全なれ
- ●九日 月 徹底的に調べてみよ
- ◎十日 火 滑り出しは特に快調
- ◑十一日 水 ストレス解消しよう
- ○十二日 木 続けるうちに力つく
- ◑十三日 金 対人関係に気を配れ
- ●十四日 土 良い雰囲気を保とう
- ○十五日 日 仲間と楽しく過ごす
- ◑十六日 月 あれこれ心が揺らぐ
- ◑十七日 火 つまらぬ噂無視せよ
- ○十八日 水 控え目にして好調子
- ●十九日 木 焦るほど不利になる
- ◎廿日 金 良識ある振る舞いを
- ◎廿一日 土 有利な展開が望める
- ◑廿二日 日 周囲を考え自重せよ
- ◑廿三日 月 気を取り直し再出発
- ●廿四日 火 頑固では支持を失う
- ○廿五日 水 落ち着いて対処せよう
- ◑廿六日 木 派手に出費する傾向
- ○廿七日 金 軽易な方へ流れない
- ○廿八日 土 若い人の声も聞こう
- ◑廿九日 日 疲れが出やすいとき
- ●卅日 月 分別つかず迷いがち
- ○卅一日 火 客観的に物事見よう

二月の運勢

引き続き運気は順調。準備態勢を整え実行に移すチャンスで、粘り強さが求められる。結果を焦らないことが大事だが、甘え心が湧きやすいのは要注意。愛情面では福運豊か。

- ◑一日 水 余裕ある雅量示そう
- ○二日 木 共存への道を探ろう
- ◎三日 金 好感持たれ信用増大
- ◑四日 土 迷っても変更するな
- ○五日 日 親の苦労に感謝する
- ●六日 月 欲に走りほぞを噛む
- ◑七日 火 出たとこ勝負は不可
- ◑八日 水 相手に二心あるかも
- ○九日 木 劣等感に悩まされる
- ◎十日 金 努力家には幸運あり
- ●十一日 土 自己評価に甘さ禁物
- ○十二日 日 人に温かく接しよう
- ◎十三日 月 堅実に信用保持せよ
- ○十四日 火 課題は早目に熟そう
- ◑十五日 水 変化を見て順応せよ
- ●十六日 木 物事の本質見抜こう
- ○十七日 金 理想を堅持して平穏
- ●十八日 土 動けば泥沼にはまる
- ◑十九日 日 嫌な事でも辛抱第一
- ◑廿日 月 晴れるまで待つこと
- ◑廿一日 火 気分のむらなくそう
- ●廿二日 水 無理しても実現せず
- ◎廿三日 木 希望通りに運びそう
- ◑廿四日 金 陰気では好かれない
- ○廿五日 土 遊び心を抑えること
- ●廿六日 日 分かり合うまで対話
- ○廿七日 月 少しずつ実行しよう
- ◑廿八日 火 外見を気にせぬこと

三月の運勢

スムーズに運んでいたことが逆転したり、当てが外れたりと様相が変化しやすい月。気持ちを引き締め、途中での方向転換は慎重にし難を防ごう。儲け話には乗らないよう。

- ●一日 水 自惚れもほどほどに
- ◑二日 木 公私混同しないこと
- ◎三日 金 体調良く万事が順調
- ●四日 土 軽率な言動災い招く
- ○五日 日 向上心持ち続けよう
- ○六日 月 許容範囲内で動こう
- ●七日 火 慌てると事故の恐れ
- ◑八日 水 相手の状態把握せよ
- ◑九日 木 支援あれば持ち直す
- ○十日 金 地味だが実益は多い
- ◎十一日 土 前向き姿勢を崩すな
- ○十二日 日 互いの心が交流する
- ◑十三日 月 長上には逆らわない
- ○十四日 火 素直さが認められる
- ◎十五日 水 運気上々全力で邁進
- ●十六日 木 あれこれと手出すな
- ●十七日 金 決断力が必要なとき
- ◑十八日 土 原則を忘れないこと
- ○十九日 日 責任はきちんと取れ
- ◑廿日 月 優柔不断では破れる
- ○廿一日 火 己の役割を果たそう
- ◎廿二日 水 視野広く柔軟性養え
- ●廿三日 木 安易さが逆境を招く
- ◑廿四日 金 無駄はないか点検を
- ●廿五日 土 夜更しに利点は無し
- ○廿六日 日 共同歩調で効果実感
- ◑廿七日 月 ものには順序がある
- ●廿八日 火 資金不足で不安多し
- ○廿九日 水 遣り方次第で好調子
- ◑卅日 木 書類の管理は万全に
- ○卅一日 金 気迷うな道は開ける

❀ えくぼは七難隠す

一白水星

※沈丁花は枯れても芳し

四月の運勢

性急に過ぎると躓きやすいが、計画を練るには良い月。誠意ある言動が人を動かしその精励が将来に活かされてくる。人間関係の絆を大切にすれば、予想以上の好展開に。

○一日 土 味方作りに心砕こう
◑二日 日 日頃の疲れに要注意
○三日 月 何事も意欲的に対応
◑四日 火 羽目を外すと不利に
○五日 水 内容充実を目指そう
◎六日 木 判断力冴え難を回避
●七日 金 旧態打破を心掛けて
◑八日 土 まず体調を整えよう
○九日 日 心がやすらかで平穏
●十日 月 忘れ物落とし物用心
○十一日 火 何事も迅速にやろう
◑十二日 水 当てにせず待つこと
●十三日 木 物事後手に回りそう
○十四日 金 控え目が幸運を招く
◑十五日 土 愛情問題もつれがち
◎十六日 日 親族の事で良い便り
●十七日 月 慣れない事で疲れる
○十八日 火 他人の面倒見て来福
◑十九日 水 人をすぐ信用しない
◎廿日 木 準備万端ゆとりあり
●廿一日 金 健康面で赤信号点滅
◎廿二日 土 過去の苦労に花開く
◑廿三日 日 下手な買い物で後悔
○廿四日 月 本業を大切にしよう
●廿五日 火 大きな話に乗らない
○廿六日 水 悪いようで案外良好
◑廿七日 木 軽々しい発言するな
○廿八日 金 新規の事に障りなし
●廿九日 土 人との折り合い留意
◑卅日 日 家族旅行は親睦第一

五月の運勢

予想に反して捗らない停滞気運で、忙しい割に得ることは少なくストレスが募りそう。無理な背伸びはやめ、忍耐と根気で善処を。外出先でのトラブルや怪我に注意して。

○一日 月 思考力冴え良い着想
●二日 火 上下の変動が激しい
○三日 水 和解工作軌道に乗る
◑四日 木 自分本位はやめよう
◎五日 金 心の躍る便りが来る
◑六日 土 自然の空気に触れよ
●七日 日 過食や深酒は体壊す
◑八日 月 頭の痛い事多発する
◑九日 火 腰を落ち着かせよう
○十日 水 他人の世話で忙しい
●十一日 木 夢ばかりで実現不能
◎十二日 金 根気よければ好調運
◑十三日 土 考え方の相違を知れ
◑十四日 日 独り善がりなくそう
○十五日 月 素直さが評価される
○十六日 火 勇気を出して決断を
●十七日 水 悩みの種を抱え込む
◎十八日 木 希望を持ち続けよう
●十九日 金 衰運気味退いて守れ
◑廿日 土 高額を持ち歩かない
◎廿一日 日 穏当な手段が最善策
○廿二日 月 対人関係は順調発展
●廿三日 火 将来のため耐えよう
●廿四日 水 むやみに怒るのは損
○廿五日 木 怠りなく前進が良い
◑廿六日 金 気を抜くと乱れがち
○廿七日 土 流れに従い事を運べ
◑廿八日 日 内容をよく精査する
●廿九日 月 意見対立し進展なし
○卅日 火 理想的な締め括りを
◑卅一日 水 律義さを忘れぬこと

六月の運勢

思い遣りと優しい態度が吉運を招くが、上っ調子では見放される恐れ。忙しさにかまけて重要なことを見落としがちな点も心配。過労気味や、体調の変化に敏感に対処を。

●一日 木 あれこれと心揺らぐ
○二日 金 情報には迅速に対応
◑三日 土 意外と躓きが多い日
◑四日 日 不精にならないこと
○五日 月 人の評判気にするな
●六日 火 信念持ち困難に勝て
○七日 水 現状を少しずつ変革
◎八日 木 歩調が揃って楽しい
◑九日 金 遠くより足元に注意
◑十日 土 愛情面で悲喜交々が
●十一日 日 黙って意見を聞こう
○十二日 月 陽気に振舞えば有利
◑十三日 火 不満あっても怒るな
●十四日 水 一難去ってまた一難
◎十五日 木 優位な態勢整えよう
◑十六日 金 肝心な所で頭を使え
●十七日 土 交通災害の危惧あり
○十八日 日 考えるよりまず実行
◑十九日 月 人の欠点を探らない
○廿日 火 目立たぬ収入がある
●廿一日 水 起死回生策講じよう
○廿二日 木 七分通りで満足する
◑廿三日 金 昔の夢を追わぬこと
●廿四日 土 力を抜いては駄目だ
○廿五日 日 服装をきちんとする
◑廿六日 月 目標を明確にしよう
◎廿七日 火 不屈の闘志を燃やせ
◑廿八日 水 包容力がものをいう
●廿九日 木 人の心はすぐ変わる
○卅日 金 よく考えて事を運べ

一白水星

怒っていて笑える人に注意せよ

七月の運勢

勢いに乗じて行き過ぎの気配あり、急いてはことを仕損じる。軽々しい言動は非難を浴びるもとで、気持ちを引き締めていないと思わぬ不覚をとる。安易な貸し借り厳禁。

◐	一日	土	気力体力を温存せよ
●	二日	日	悩み過ぎず人に相談
◎	三日	月	手際のよい段取りを
○	四日	火	調子回復の兆しあり
◐	五日	水	対外面に力を注ごう
●	六日	木	事故怪我に用心せよ
○	七日	金	集中力で課題熟そう
◐	八日	土	正々堂々と行動せよ
◎	九日	日	心身爽快気持ち良し
●	十日	月	思考散漫で苦戦する
◐	十一日	火	不正な金に近づくな
○	十二日	水	先を読んで利益あり
●	十三日	木	物事が纏りにくい日
◎	十四日	金	敢闘精神を発揮せよ
◐	十五日	土	根回しは慎重にやれ
○	十六日	日	案ずるより展望良好
○	十七日	月	礼節あれば長く続く
●	十八日	火	沈滞傾向乗り越えよ
●	十九日	水	手を抜くのはやめよ
◐	廿日	木	方針改めると道開く
●	廿一日	金	実力不足の嘆きあり
◐	廿二日	土	古い事にこだわるなり
○	廿三日	日	家庭平穏で心が和む
◎	廿四日	月	活気に満ち万事伸展
●	廿五日	火	進退に迷いが出そう
○	廿六日	水	金の使い方に一工夫
●	廿七日	木	あまり出歩くと危険
◐	廿八日	金	飲食物に留意が肝要
◐	廿九日	土	交渉は慎重に進めよ
○	卅日	日	誠意ある言動しよう
◐	卅一日	月	世の中の動きを注視

八月の運勢

不安材料が多く、予期せぬ事態に遭遇するかも。諸事手違いが生じやすく、感情的になると信頼関係を損なうことも。むら気を起こすと益々運気は乱れる。持病悪化に用心。

●	一日	火	気力を失うと敗れる
◐	二日	水	要領良過ぎても駄目
◎	三日	木	熱意があれば上向く
◐	四日	金	身勝手は孤立に陥る
●	五日	土	決心をぐらつかすな
○	六日	日	友人との旅行に最適
◐	七日	月	現実的な方針が良い
○	八日	火	物事あまり進展なし
●	九日	水	口車に乗れば損招く
◐	十日	木	決断素早く実行第一
◐	十一日	金	急な変化に備えよう
◎	十二日	土	家族で楽しい食卓を
○	十三日	日	自然の偉大さに感動
◐	十四日	月	前途に明るい兆しが
●	十五日	火	性急に口火切らない
◐	十六日	水	緊張感を緩めず処遇
○	十七日	木	あくまで良心に従え
●	十八日	金	波乱あり思わぬ不振
◐	十九日	土	約束は必ず守ること
○	廿日	日	まとめ役で飛び回る
◎	廿一日	月	協調してうまくいく
◐	廿二日	火	思ったより楽でない
◐	廿三日	水	株式相場に利あらず
●	廿四日	木	力では押し切れない
◐	廿五日	金	未経験の事に出合う
○	廿六日	土	筋を通す強さが必要
◐	廿七日	日	内容をよく検討して
◎	廿八日	月	実力つき自信持てる
○	廿九日	火	結末まできっちりと
●	卅日	水	人に任せて損失あり
◎	卅一日	木	才能輝き世評集める

九月の運勢

状況一転光明が見えるが、まだ不安定感は否めない。一歩ずつ階段を上がるよう心するべきで、地道な努力でこの上昇運を確実なものにしよう。若い人の愛情結婚運も良好。

◐	一日	金	考えながら処理する
○	二日	土	明るい態度で好印象
◐	三日	日	一歩譲るゆとり持て
●	四日	月	口先では失敗を招く
○	五日	火	現状維持で安泰得る
◐	六日	水	共同行動乱すなかれ
○	七日	木	能力の限界を悟ろう
●	八日	金	多忙なれど利益なし
○	九日	土	常識的な線でいこう
◐	十日	日	耳寄りな話には用心
●	十一日	月	思わぬ事で悩み発生
○	十二日	火	助力を得て向上する
◐	十三日	水	実力が伴わないとき
◐	十四日	木	努力次第で成就する
●	十五日	金	逆らうと支障が多い
◐	十六日	土	内面の豊かさが大切
◎	十七日	日	公平に愛情を示そう
○	十八日	月	自己の長所を活かせ
◐	十九日	火	好みより実益が優先
◎	廿日	水	志大きく挑戦しよう
●	廿一日	木	立場不利でも頑張れ
◐	廿二日	金	全面対決は避けよう
●	廿三日	土	中途半端は不首尾に
○	廿四日	日	意外な人の助けあり
◎	廿五日	月	金運あり有効に活用
●	廿六日	火	色情問題で乱れがち
○	廿七日	水	着想良くて仕事前進
◐	廿八日	木	人情の機微に触れる
○	廿九日	金	地位向上の気運あり
◐	卅日	土	防火防災意識を高く

一白水星

恩の主より情けの主

十月の運勢

とっさの判断に迷いが生じたり、希望通りに進みにくい波乱月。依頼事や交渉等はもつれがちで、油断は禁物。お金に絡むことは注意が必要で、支出は収入に見合ったものに。

- ○一日 日 目下の者に寛大なれ
- ●二日 月 評判ほどの中身なし
- ◑三日 火 仲間の信頼に応えよ
- ○四日 水 物事は合理的に処理
- ●五日 木 人の事に干渉するな
- ◎六日 金 名より実をとるが得
- ◑七日 土 遊び心はほどほどに
- ○八日 日 耐える力が幸運導く
- ●九日 月 財産管理は万事慎重
- ◑十日 火 満足は自分の心次第
- ○十一日 水 初心を忘れないよう
- ●十二日 木 不用意な支出は自重
- ○十三日 金 迷うな平安無事祈れ
- ●十四日 土 精彩乏し元気出して
- ◑十五日 日 多くの人から学ぼう
- ○十六日 月 固い信念で着々進め
- ◑十七日 火 気力を一事に向けよ
- ◎十八日 水 世評良好で喜びあり
- ●十九日 木 依頼心を払拭しよう
- ○廿日 金 理性に基づく行動を
- ○廿一日 土 心身の充実を図ろう
- ●廿二日 日 友情で傷つく恐れが
- ○廿三日 月 時流の変化に適応を
- ◑廿四日 火 意見対立を解消せよ
- ◑廿五日 水 気移りせず一点集中
- ○廿六日 木 情勢早目に見極めて
- ●廿七日 金 秘密を暴露されそう
- ◑廿八日 土 考え方に甘さがある
- ●廿九日 日 当て外れになりがち
- ○卅日 月 全体の利益考えよう
- ◎卅一日 火 自己の実力自信持て

十一月の運勢

運気上昇、積極的に行動しやり甲斐を感じる好調運。対人関係に和やかな雰囲気が生まれ、信頼も深まり楽しい機会に恵まれそう。こういうときこそ将来への態勢を整える尽力を。

- ◑一日 水 身を入れて仕事せよ
- ○二日 木 人の世話で信用向上
- ◑三日 金 社交面の円滑を図れ
- ●四日 土 自重して徐々に進め
- ○五日 日 息抜きして疲労回復
- ◎六日 月 頭の働き良くて満足
- ●七日 火 交友面で不快感募る
- ●八日 水 負けん気で踏ん張れ
- ○九日 木 節約で余裕ができる
- ◑十日 金 酸いも甘いも心得て
- ◑十一日 土 他人の知恵借りよう
- ◎十二日 日 小さい夢は実現可能
- ●十三日 月 成立寸前で障害あり
- ◑十四日 火 打算的態度を改めよ
- ○十五日 水 気分転換して再出発
- ◑十六日 木 安心せず襟を正そう
- ●十七日 金 屈して伸びる意欲を
- ◑十八日 土 軽はずみは控えよう
- ○十九日 日 新しい人生が開ける
- ◑廿日 月 何事も長上に相談を
- ○廿一日 火 図に乗らず堅実第一
- ●廿二日 水 派手にやり後悔あり
- ●廿三日 木 試練あり全力を傾倒
- ◎廿四日 金 努力は必ず報われる
- ●廿五日 土 嫌な事でも耐えよう
- ○廿六日 日 家族の幸福に尽力を
- ◑廿七日 月 小事にも気配り必要
- ●廿八日 火 八方塞がりの傾向に
- ◎廿九日 水 人の情け心に刻もう
- ◑卅日 木 闘志ばかりで空回り

十二月の運勢

活気旺盛諸事伸展するが、運勢に変化はつきもの。勢い余って踏み外さないよう、物事の動向を見定めることが肝心。確実と思っても安全のため念を押そう。暴飲暴食要注意。

- ●一日 金 愚痴や不平を言うな
- ◑二日 土 早寝早起き良い習慣
- ○三日 日 両親に感謝をしよう
- ○四日 月 まめに仕事をこなせ
- ●五日 火 外出先では用心せよ
- ◑六日 水 運動不足になりがち
- ◎七日 木 冷静に対応すること
- ◑八日 金 心身に若さを保とう
- ●九日 土 片意地では損をする
- ○十日 日 好意は快く受けよう
- ●十一日 月 愛情面で摩擦生じる
- ○十二日 火 消極策で万事円滑に
- ◑十三日 水 問題を先送りするな
- ●十四日 木 人に利用される恐れ
- ○十五日 金 気を大きく持つこと
- ●十六日 土 並々ならぬ心配事が
- ○十七日 日 人にも花を持たせよ
- ●十八日 月 厚顔無恥は嫌われる
- ◎十九日 火 努力次第で良くなる
- ◑廿日 水 言葉遣いに気を配れ
- ◎廿一日 木 物質運うまく活かせ
- ●廿二日 金 自信過剰は失敗の因
- ○廿三日 土 手際よく片づけよう
- ◎廿四日 日 友人と愉快に過ごす
- ◑廿五日 月 体調維持し取り組め
- ◑廿六日 火 心の緊張を保つこと
- ○廿七日 水 分を知れば不満なし
- ●廿八日 木 無理は身体にひびく
- ◑廿九日 金 融通性に欠けぬよう
- ○卅日 土 案ずるより良好なり
- ◑卅一日 日 家族の結束を強固に

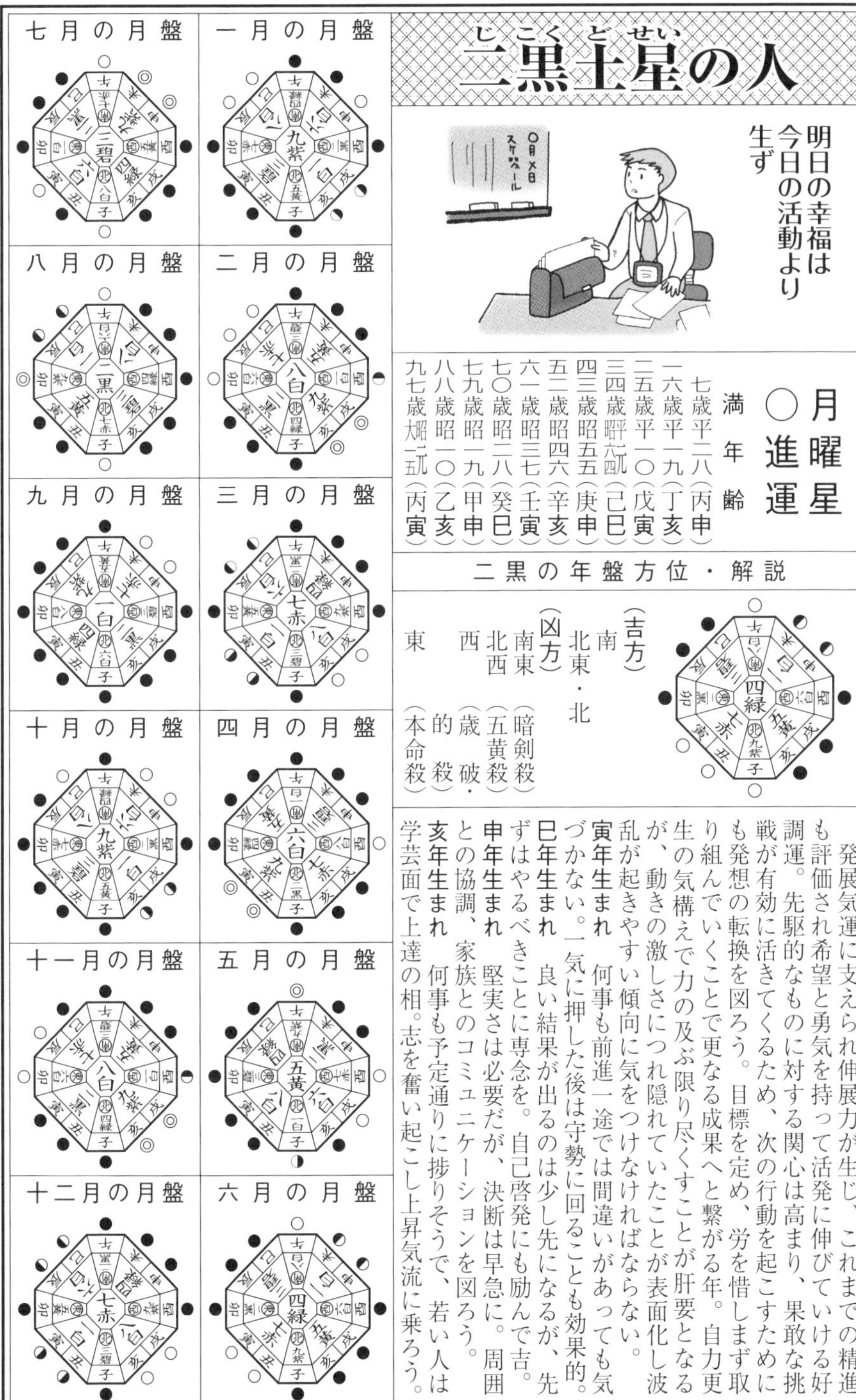

二黒土星の人

（じこくどせい）

明日の幸福は今日の活動より生ず

月曜星 ○進運

満年齢	
七歳	平二八（丙申）
一六歳	平一九（丁亥）
二五歳	平一〇（戊寅）
三四歳	平元 昭六四（己巳）
四三歳	昭五五（庚申）
五二歳	昭四六（辛亥）
六一歳	昭三七（壬寅）
七〇歳	昭二八（癸巳）
七九歳	昭一九（甲申）
八八歳	昭一〇（乙亥）
九七歳	大一五 昭元（丙寅）

二黒の年盤方位・解説

（吉方）
南
北東・北

（凶方）
南東（暗剣殺）
北西（五黄殺）
西（歳破・的殺）
東（本命殺）

発展気運に支えられ伸展力が生じ、これまでの精進も評価され希望と勇気を持って活発に伸びていける好調運。先駆的なものに対する関心は高まり、果敢な挑戦が有効に活きてくるため、次の行動を起こすためにも発想の転換を図ろう。目標を定め、労を惜しまず取り組んでいくことで更なる成果へと繋がる年。自力更生の気構えで力の及ぶ限り尽くすことが肝要となるが、動きの激しさにつれ隠れていたことが表面化し波乱が起きやすい傾向に気をつけなければならない。

寅年生まれ　何事も前進一途では間違いがあっても気づかない。一気に押した後は守勢に回ることも効果的。

巳年生まれ　良い結果が出るのは少し先になるが、先ずはやるべきことに専念を。自己啓発にも励んで吉。

申年生まれ　堅実さは必要だが、決断は早急に。周囲との協調、家族とのコミュニケーションを図ろう。

亥年生まれ　何事も予定通りに捗りそうで、若い人は学芸面で上達の相。志を奮い起こし上昇気流に乗ろう。

一月の月盤

二月の月盤

三月の月盤

四月の月盤

五月の月盤

六月の月盤

七月の月盤

八月の月盤

九月の月盤

十月の月盤

十一月の月盤

十二月の月盤

二黒土星

✿何を一番愛しているかは　失ったときにわかる

一月の運勢

誠意が伝わり心が通い合う嬉しい月。明るい雰囲気作りが功を奏し、策を弄するよりあるがままの姿で正攻法に出るのが勝利へのこつ。金運もまずまず、家庭愛情運吉。

○	一日	日	自分の持ち味出そう
◑	二日	月	一本調子では息切れ
○	三日	火	気軽に動いて喜びが
●	四日	水	危ない綱渡りするな
◎	五日	木	晴れ晴れと破顔一笑
○	六日	金	小康状態で満足せよ
◑	七日	土	柔軟な姿勢で当たれ
○	八日	日	甘えを捨てて独力で
●	九日	月	目上に心配かけない
◑	十日	火	公平無私で進むこと
○	十一日	水	一歩一歩着実に歩め
●	十二日	木	手続きを面倒がるな
○	十三日	金	上に立つ責任感持て
◑	十四日	土	毅然たる態度貫こう
●	十五日	日	友人に迷惑かけるな
◑	十六日	月	重荷に負けぬ活動を
◎	十七日	火	迷わずに一本の道を
●	十八日	水	金の交渉決着つかず
○	十九日	木	心を引き締めてやれ
◑	廿日	金	自分の役割果たそう
◑	廿一日	土	精神面の充実を期せ
○	廿二日	日	礼儀正しく応対せよ
◑	廿三日	月	過ち反省し運開こう
●	廿四日	火	意外な人と対立あり
○	廿五日	水	余計な事を考えるな
◑	廿六日	木	中途で怠けると転落
◎	廿七日	金	周り見て再思三考を
◑	廿八日	土	利己主義は通らない
○	廿九日	日	持てる力を出し切れ
●	卅日	月	要領がよ過ぎて失敗
○	卅一日	火	人の為に奉仕しよう

二月の運勢

意気込みは評価できるが、不安と迷いで判断力は鈍りがち。一つ一つ手順を踏んで時間をかけて積み重ねていくことが第一義。今は派手に動くのは不利だが家庭円満が難を防ぐ。

◑	一日	水	守りを固める心構え
●	二日	木	伸び悩みの傾向あり
◑	三日	金	思ったほど不安なし
◎	四日	土	精一杯の愛情示そう
○	五日	日	何度でも挑戦できる
◑	六日	月	約束は必ず果たそう
●	七日	火	運気下降気味自重を
○	八日	水	何事にも出過ぎない
●	九日	木	暗い顔せず朗らかに
◑	十日	金	不利な立場でも奮励
○	十一日	土	相手の弱点をつくな
●	十二日	日	感情に走っては不利
◑	十三日	月	成り行きに任せよう
●	十四日	火	情報を活かせず敗退
○	十五日	水	調子に乗らず地道に
◑	十六日	木	冷静に判断し対応を
○	十七日	金	仕事に気合を入れよ
○	十八日	土	折衷案で取り組もう
◑	十九日	日	持久力が成否分ける
◎	廿日	月	しっかり現状を守れ
●	廿一日	火	陰口耳にしても辛抱
◑	廿二日	水	人との折り合い留意
●	廿三日	木	事後承諾では反発が
○	廿四日	金	足元から築き上げて
◎	廿五日	土	頑張った甲斐がある
◑	廿六日	日	先々の心配をするな
◑	廿七日	月	相談事は延期が良い
○	廿八日	火	貸し借りは避けよう

三月の運勢

気苦労が重なり油断すると足をすくわれそう。軌道修正に心が逸るものの、大事には準備不足の感があり好機を待ってからに。問題がこじれると、解決には時間がかかりそう。

○	一日	水	忠告は素直に聞こう
◑	二日	木	念入りに本務を遂行
◎	三日	金	才能を発揮する好機
●	四日	土	秘密を持つと悪結果
◎	五日	日	内輪に慶び事起きる
○	六日	月	積極に出て利益あり
◑	七日	火	物事の本質の究明を
○	八日	水	飽くまで足を運ぼう
●	九日	木	危うい事に手出すな
○	十日	金	機会を逃さず掴もう
◑	十一日	土	甘言に誘惑されるな
○	十二日	日	根気よく粘れば勝つ
●	十三日	月	何かと矛盾が目立つ
◑	十四日	火	包容力がまだ小さい
○	十五日	水	名より実をとる施策
◑	十六日	木	時の流れに任せよう
●	十七日	金	クレームで苦悩する
◎	十八日	土	良い習慣が役に立つ
○	十九日	日	力を合わせ喜びあり
◎	廿日	月	地味だが好調を維持
○	廿一日	火	理性で事に向き合え
◑	廿二日	水	相手をよく見て取引
◑	廿三日	木	消極戦法で対処せよ
●	廿四日	金	霧が晴れるのを待て
○	廿五日	土	自分の思いが通じる
◑	廿六日	日	小利口に動かぬこと
◎	廿七日	月	正攻法が最良の方針
●	廿八日	火	財布の紐は堅くせよ
○	廿九日	水	再出発に希望持てる
●	卅日	木	空騒ぎで内容少ない
○	卅一日	金	初心忘れるべからず

二黒土星

船は船頭に任せよ

四月の運勢

強気一辺倒では、順調そうに見えて魔が入り込む恐れ。先のことを考えた対応が求められ、焦らず堅実な方法をとることに専念を。陰で支えてくれている人への感謝も忘れずに。

○一日 土 新風を採り入れよう
◑二日 日 言行一致を貫くこと
●三日 月 意地を張り通さない
●四日 火 口論しても利益なし
◎五日 水 思い通りに運び満足
◑六日 木 悪趣味では嫌われる
○七日 金 嬉しい知らせが届く
◑八日 土 交遊上の浪費惜しめ
◑九日 日 食べ物に注意払おう
○十日 月 友の助言が力になる
○十一日 火 一致団結し困難突破
◑十二日 水 下準備に念を入れよ
●十三日 木 やぶ蛇となりやすい
○十四日 金 努力の成果が表れる
◎十五日 土 社交関係良好にいく
◑十六日 日 持病の再発を防ごう
●十七日 月 うっかり手出し禁物
○十八日 火 人を疑ってかかるな
●十九日 水 悩みが深刻化し悶々
◎廿日 木 協力し合い成績向上
○廿一日 金 公平な配分心掛けよ
◑廿二日 土 寄り道せず家路急げ
◑廿三日 日 偽情報に警戒しよう
○廿四日 月 本職を留守にするな
●廿五日 火 万事不振気が揉める
◑廿六日 水 悲観することはない
●廿七日 木 嘘をつけば後悔の因
◎廿八日 金 相手の真意見抜こう
●廿九日 土 悪い事は早く忘れよ
○卅日 日 遊び心で更に楽しく

五月の運勢

次第に明るさが増し行動意欲も高まり、発展への道を踏み出すとき。人間関係は良好、実力もつき信用度も向上しそう。ただあれこれ手を出すと中途半端に終わる可能性もあり。

○一日 月 向上心を持ち続けよ
●二日 火 他人の批評も傾聴を
○三日 水 心に余裕あれば有利
◑四日 木 人を見る目を養おう
◎五日 金 親子の愛情通い合う
○六日 土 生活のリズム正そう
◑七日 日 いらぬ世話控えよう
◎八日 月 つき合い上手福招く
●九日 火 迂闊な言動は自戒を
○十日 水 他人に尽くして平穏
●十一日 木 杜撰な計画だと無理
◑十二日 金 勧誘あるもよく調査
●十三日 土 過去の清算で一苦労
○十四日 日 弱者の悩みに理解を
●十五日 月 気迷い多く停滞気味
◎十六日 火 持てる才知を活かせ
○十七日 水 できる範囲でやろう
◑十八日 木 軌道外れ行き詰まる
◑十九日 金 混迷するが初志貫徹
●廿日 土 投げ遣りな気分一掃
◎廿一日 日 意外に事が進展する
○廿二日 月 心の変化見届けよう
●廿三日 火 何かと躓き繰り返す
◑廿四日 水 現状を守るのが得策
○廿五日 木 多忙でも笑顔で応対
○廿六日 金 損得抜きで考えよう
◎廿七日 土 この上ない喜びあり
◑廿八日 日 良識ある見方が大切
○廿九日 月 投げずに耐え抜こう
●卅日 火 乱れあり思わぬ不振
○卅一日 水 謙虚な姿勢で好評価

六月の運勢

素直さと勤勉さが認められ、思いがけない幸運に恵まれそう。周りから支持され社会的地位が上がったりと喜び溢れる月。反面、親しい人との別れ・離反の悲哀を味わう懸念も。

◑一日 木 早とちりしないこと
○二日 金 決めた事はやり通せ
○三日 土 目下の者に心を広く
◑四日 日 人づき合いを上手に
◎五日 月 着想良く羽翼伸ばす
●六日 火 情報不足で力及ばず
◑七日 水 甘い判断では下り坂
●八日 木 周りへの迷惑考えよ
◎九日 金 的確処理で停滞なし
◑十日 土 考え方が噛み合わぬ
◎十一日 日 笑顔の家に福来たる
◑十二日 月 実力過信は危険多し
●十三日 火 雑音には耳を貸すな
◑十四日 水 気紛れでは信用失う
○十五日 木 すべて調子良く進む
◑十六日 金 他人の悪口はよそう
●十七日 土 甘さを見せると不利
○十八日 日 人に親切を尽くそう
●十九日 月 不調の色が濃くなる
○廿日 火 約束守り関係改善を
○廿一日 水 仕事を早く仕上げよ
●廿二日 木 嫌な事でも辛抱第一
◑廿三日 金 物事根気よくやろう
○廿四日 土 自分の持ち味活かせ
◑廿五日 日 勘違いであわてそう
●廿六日 月 時間にけじめつけよ
◎廿七日 火 案外簡単に事が済む
●廿八日 水 小事を軽視し低評価
○廿九日 木 ほどほどが一番良い
◑卅日 金 依存心を断ち切ろう

二黒土星

※ 遠きに行くに必ず邇(ちか)きよりす

七月の運勢

気の緩みが大きな波紋を呼ぶことになったり、邪魔が入ったりともたつく気配が。重要な決定は急いではいけない。冷静さが災いを避ける手掛かりに。交渉・縁談は難航しそう。

- ○ 一日 土 持てる力を発揮せよ
- ◑ 二日 日 和を破らぬよう注意
- ● 三日 月 無理はせず慎重なれ
- ◎ 四日 火 合理的な方法考えよ
- ● 五日 水 成績不振でも焦るな
- ○ 六日 木 秩序保って事を運ぶ
- ◑ 七日 金 周囲の雑音など一蹴
- ○ 八日 土 決断力が要求される
- ● 九日 日 無茶な考えはやめよ
- ○ 十日 月 立てた方針の堅持を
- ◑ 十一日 火 多少の失敗恐れるな
- ● 十二日 水 引っ込み思案直そう
- ◑ 十三日 木 物事の変化に戸惑う
- ○ 十四日 金 自己主張は控え目に
- ◎ 十五日 土 人情の美しさに感動
- ◑ 十六日 日 遊びにも知恵が必要
- ◑ 十七日 月 支出は将来を考えて
- ◎ 十八日 火 見通しが見事に的中
- ○ 十九日 水 何事もない平穏な日
- ● 廿日 木 移り気多く纏まらぬ
- ◑ 廿一日 金 現実踏まえた発言を
- ◎ 廿二日 土 無理せず手堅く対応
- ◑ 廿三日 日 孤独でも自信持とう
- ◑ 廿四日 月 健康保持に万全なれ
- ○ 廿五日 火 技術面にも気を配れ
- ● 廿六日 水 弁解は役に立たない
- ◑ 廿七日 木 予想以上に相手強し
- ○ 廿八日 金 慣れない事やらない
- ● 廿九日 土 小利口に動けば不調
- ◎ 卅日 日 友人と心が通い合う
- ◑ 卅一日 月 受け身の姿勢が得策

八月の運勢

運気上昇、自信を持って事に当たれば、意外な幸運を掴む。誠実に事に当たる姿勢が評価されたり、良い縁に恵まれたりする盛運月。金運も上々だが、長期的視野で臨もう。

- ● 一日 火 小事たりとも侮るな
- ○ 二日 水 良い話持ち込まれる
- ◑ 三日 木 自己の立場自覚せよ
- ◎ 四日 金 真心で接するように
- ◑ 五日 土 融通性が必要不可欠
- ○ 六日 日 休養をとり体力維持
- ◑ 七日 月 能力を十分発揮せよ
- ○ 八日 火 和を求めて突っ走れ
- ● 九日 水 定石通りにいかない
- ◑ 十日 木 万事熟考の上で行動
- ◎ 十一日 金 暮しに余裕ができる
- ◑ 十二日 土 身体を労わる時間を
- ● 十三日 日 身近な事で悩みあり
- ● 十四日 月 運気全般が下降気味
- ○ 十五日 火 家族間の信頼を築け
- ● 十六日 水 争って残るは不信感
- ◎ 十七日 木 明るい態度で対応を
- ◑ 十八日 金 試練に耐える心養え
- ○ 十九日 土 相手と喜び共にせよ
- ◑ 廿日 日 家族の健康に要注意
- ◑ 廿一日 月 無理な方法やめよう
- ● 廿二日 火 昔の秘密で苦労する
- ○ 廿三日 水 周りの提案よく吟味
- ◑ 廿四日 木 気迷いやめ一路邁進
- ● 廿五日 金 閉鎖的な性格改めよ
- ○ 廿六日 土 持ち味活かして好調
- ◑ 廿七日 日 低姿勢で事を運ぼう
- ● 廿八日 月 人頼みは当て外れに
- ◎ 廿九日 火 有利な条件利用せよ
- ● 卅日 水 評判ほどの中身なし
- ◑ 卅一日 木 不平抑え時機を待て

九月の運勢

全般的に沈みがちで、焦っても成果は期待できない。甘い話に飛びついたり高望みしたりと、我欲が強過ぎると波乱に巻き込まれるだけ。意志を強く雰囲気に流されないように。

- ○ 一日 金 案ずるには及ばない
- ◑ 二日 土 忘れ物に用心しよう
- ● 三日 日 自己本位で考えるな
- ◑ 四日 月 急げば必ず後悔する
- ○ 五日 火 力の限りを尽くそう
- ● 六日 水 処世上の苦労絶えぬ
- ◑ 七日 木 仕事に手抜きは禁物
- ○ 八日 金 危ない橋渡らぬこと
- ◑ 九日 土 飲食に節度弁えよう
- ◎ 十日 日 心身快調で進展する
- ● 十一日 月 諸事不調に陥る傾向
- ○ 十二日 火 事態が予想外に進展
- ◑ 十三日 水 軽率な言動を控えよ
- ● 十四日 木 未経験の事で苦しむ
- ◎ 十五日 金 実意のある行動とれ
- ◑ 十六日 土 無駄を省いて簡潔に
- ○ 十七日 日 順調気運に気分爽快
- ◑ 十八日 月 表面的な判断は危険
- ● 十九日 火 交渉事は不利になる
- ○ 廿日 水 思いがけぬ喜びあり
- ◑ 廿一日 木 相手を見て物を言え
- ● 廿二日 金 基本を忘れ失敗招く
- ◎ 廿三日 土 先取り精神で頑張れ
- ○ 廿四日 日 大過なきを感謝せよ
- ○ 廿五日 月 発想の転換図ること
- ● 廿六日 火 多忙の割に実益なし
- ◑ 廿七日 水 借金を作らないこと
- ○ 廿八日 木 充実した時間大切に
- ● 廿九日 金 多少の抵抗負けるな
- ◑ 卅日 土 身近な人を信用せよ

二黒土星

欲深き人の心と降る雪は積るにつけて道を忘るる

十月の運勢

身辺の動きが活発化、活気も出て諸事前向きに立ち向かう気持ちに駆られそう。行動を起こす前には熟慮し話し合いが肝要。財運も順調だが、使うより貯めることを考えて。

◎一日 日 明るい態度愛される
○二日 月 素早い対応で好結果
●三日 火 飾り過ぎは見苦しい
◑四日 水 安全第一を心掛けて
○五日 木 骨折った甲斐がある
◑六日 金 近隣とは仲良くせよ
●七日 土 あくまで支出を削る
○八日 日 夫婦は労わり合おう
◑九日 月 無理な日程立てない
◎十日 火 順風に乗り好調持続
●十一日 水 短気では勝ち目ない
○十二日 木 手際よく片づけよう
◎十三日 金 親切を尽くし満足感
●十四日 土 忘れ物をしやすい日
◑十五日 日 人の心を察すること
○十六日 月 少しずつ積み重ねを
●十七日 火 視野の狭さ反省せよ
○十八日 水 気分次第で浮き沈み
●十九日 木 何かと躓き多くなる
◑廿日 金 一歩譲る余裕持とう
○廿一日 土 老後の事も考えよう
◑廿二日 日 飲食物に留意すべし
◎廿三日 月 趣味に喜び見い出す
◑廿四日 火 接客には心を込めて
●廿五日 水 掛け声だけで終わる
◑廿六日 木 組織固めに努力せよ
○廿七日 金 決めた事は必ず守れ
●廿八日 土 頭打ちの状態再考を
○廿九日 日 自分の土俵で戦おう
●卅日 月 沈滞ムードが高まる
◑卅一日 火 まずは目的を決めて

十一月の運勢

何かと不調が続き、心労の度重なる要注意月。徐々に運気の低下が感じられ、甘く見ていると意外な方向に展開しそう。無理せず地道な取り組みが、吉へ転換させる鍵に。

○一日 水 流れにうまく乗ろう
◑二日 木 注視一身に浴びそう
◎三日 金 父母に感謝し親孝行
○四日 土 抜かりなく実力養成
●五日 日 頭を下げるのが得策
○六日 月 黙って聞くのが大切
●七日 火 甘言に落とし穴あり
◑八日 水 独立心を失うなかれ
○九日 木 公平に評価すること
◑十日 金 対話は和やかさ重視
●十一日 土 危ない所に近寄るな
◑十二日 日 じっくり形勢を観察
○十三日 月 用心深さが身を守る
◑十四日 火 不首尾の公算大きい
○十五日 水 視点を変えてみよう
●十六日 木 良くない出来事あり
○十七日 金 時には妥協も必要に
◑十八日 土 貸し借りで問題生ず
●十九日 日 過労気味休養とろう
◎廿日 月 工夫して局面打開を
◑廿一日 火 戸締り用心火災注意
●廿二日 水 妨害にも挫けぬよう
○廿三日 木 気さくな話題で進展
◎廿四日 金 特色を更に伸ばそう
●廿五日 土 欲が絡むと敗退する
○廿六日 日 向上心を持ち続けよ
◑廿七日 月 地味でも結果は良い
◎廿八日 火 生活にゆとりできる
○廿九日 水 新規まき直しのとき
●卅日 木 口うるさくて不人気

十二月の運勢

気運は高まっているが、猪突猛進はいただけない。軽率に動くと損害を被る恐れもあり、一歩下がる謙虚さを持ち、周囲に合わせることを疎かにしないように。不摂生に注意。

◑一日 金 能力活かし真価示せ
●二日 土 病気予防に心砕こう
◑三日 日 言葉より実行で示せ
◎四日 月 経験踏まえて精進を
◑五日 火 勇み足となりやすい
●六日 水 物を粗末にして後悔
○七日 木 小口を細目に稼ごう
◑八日 金 依頼心強くては駄目
○九日 土 共存策で前途を開け
◑十日 日 心の緊張を弛めない
○十一日 月 程よい自信が必要に
●十二日 火 不安多し交渉控えよ
●十三日 水 投げ出した方が負け
○十四日 木 行動力が重要になる
◑十五日 金 実力が伴わないとき
○十六日 土 分を知れば不満なし
●十七日 日 後手に回る可能性が
○十八日 月 一貫した方策が大事
◑十九日 火 他人に甘えないこと
◎廿日 水 見通しが明るくなる
○廿一日 木 自己の長所自覚せよ
●廿二日 金 無気力でやる気減退
◑廿三日 土 落ち着いて事を運べ
◎廿四日 日 温かい心で接しよう
○廿五日 月 よく考えてから実行
●廿六日 火 腐らずに耐えること
○廿七日 水 身軽になって一安心
●廿八日 木 立場不利になる恐れ
◑廿九日 金 夜遊びはほどほどに
◑卅日 土 誰に対しても公平に
○卅一日 日 華美に流れないこと

家を破る鼠は家から出る

三碧木星の人

（さんぺきもくせい）

陰徳は最高の尊敬に値す

木曜星 ○吉運

満年齢

八歳平二七（乙未）
一七歳平一八（丙戌）
二六歳平　九（丁丑）
三五歳昭六三（戊辰）
四四歳昭五四（己未）
五三歳昭四五（庚戌）
六二歳昭三六（辛丑）
七一歳昭二七（壬辰）
八〇歳昭一八（癸未）
八九歳昭　九（甲戌）
九八歳大一四（乙丑）

三碧の年盤方位・解説

（吉方）
南西

（凶方）
南東（暗剣殺・本命殺）
北西（五黄殺・的殺）
西（歳破）
北東

福分に恵まれ本領が発揮でき知識や経験が好作用し、安定・充実した吉運年。常に前向きの姿勢をとることで開運を心掛けよう。多忙なだけに深く考え真面目に行動するのが成功への道筋となり、良い人間関係を築き、情報収集により力を入れると有利。しかし、順調さに一息ついたり憩いや楽しみに心を寄せるきらいもあり、その反動が出てきそう。更に今年は暗剣殺の影響で煩わしい問題や支障が生じやすい暗示に感応し、盛運期に伸びきれない気配も感じられる。

丑年生まれ　急ぐばかりが方法ではない。目先に囚われず、将来の目標を立てることが大切で、争い事不利。

辰年生まれ　弁えた言動が信頼を深める。仕事は合理化を進める方針で、早目早目の対応が効果的。

未年生まれ　誠意が伝わり快調運。最後までやり抜けば実りも多くなりそう。家族の愛情に癒される。

戌年生まれ　良き人生を送るために教養を高める好機。蓄えたこと、身につけたことは後で役立ちそう。

一月の月盤

二月の月盤

三月の月盤

四月の月盤

五月の月盤

六月の月盤

七月の月盤

八月の月盤

九月の月盤

十月の月盤

十一月の月盤

十二月の月盤

三碧木星

一月の運勢

順調とはいえないが、細かなことにも手を抜かない地道な取り組みが大切。新しい年を迎え、真面目に働くというもっともな姿勢が今後に大きく影響しそう。家族団結が活力源。

○一日 日 平和な家庭で新年会
●二日 月 疲れが出やすいとき
○三日 火 思わぬ幸運笑顔から
◑四日 水 何事も粗末にしない
○五日 木 地味でも結果は良い
◑六日 金 急激な変化は避けよ
○七日 土 自説上手に主張せよ
●八日 日 暴飲暴食摂生すべし
◑九日 月 大所高所から判断を
◎十日 火 親切と温和でいこう
○十一日 水 雑念を去って事なく
◑十二日 木 心にない意地張るな
◑十三日 金 攻めるだけでは駄目
●十四日 土 自己過信しないこと
◎十五日 日 掴んだ幸福を守ろう
◑十六日 月 多忙でも無理は禁物
○十七日 火 活動では余力保って
●十八日 水 人の感情刺激するな
◑十九日 木 表面に立たないこと
○廿日 金 引立て役を務めよう
●廿一日 土 精神面に動揺が走る
○廿二日 日 相手の話に耳を傾ける
◑廿三日 月 分相応に行動しよう
●廿四日 火 心の悩みに打ち勝て
◑廿五日 水 先に怒った方が負け
●廿六日 木 絶望するは早過ぎる
○廿七日 金 偏見を捨て挑もう
◎廿八日 土 人の和に重点を置け
◑廿九日 日 つまらぬ浪費を自戒
○卅日 月 堅い信念で困難排除
○卅一日 火 伸展の可能性は十分

二月の運勢

運気上昇、自分のために動けば向こうから運がやって来る。諸事全力を出し切ることが肝心で、福徳を受ける嬉しい月。骨身を惜しまず当たれば、周囲の協力も得られそう。

◑一日 水 浮ついた心引き締め
○二日 木 自他の力を結集せよ
●三日 金 我慢して時機を待て
◑四日 土 人の悪口言わぬこと
○五日 日 受け身では効果なし
◑六日 月 利益のみを考えるな
●七日 火 火災予防に尽くそう
◑八日 水 仕事の経過気を配れ
◎九日 木 力を出し切って進め
◑十日 金 努力は長続きが肝心
○十一日 土 気の合う人に出会う
○十二日 日 広範囲に目を向けよ
◑十三日 月 責任転嫁は見苦しい
●十四日 火 期待外れとなりがち
◑十五日 水 不安定な気分に勝て
◑十六日 木 やる事に矛盾が多い
◎十七日 金 縁の下の力持ちたれ
●十八日 土 心の休まる暇がない
◑十九日 日 交際面でのもつれが
○廿日 月 真面目にやれば完遂
◑廿一日 火 過去の事がぶり返す
○廿二日 水 自分の物に愛着持て
●廿三日 木 頑固は味方を減らす
◎廿四日 金 内面の充実を図ろう
○廿五日 土 順調だが口論は不利
◑廿六日 日 持病の再発予防せよ
●廿七日 月 小波乱で気苦労多し
◑廿八日 火 外見にはこだわるな

三月の運勢

上面は良くても、内容が伴わない場合が多く衰退気味。仕事でも生半可な対応では、後に取り返しのつかない事態を招く可能性が。体力の低下に気をつけ、無理をしないよう。

●一日 水 口先だけでは不成功
◑二日 木 現状維持に苦労ある
○三日 金 隠れた才能を伸ばせ
●四日 土 仲間外れの懸念あり
○五日 日 感謝の心で生活充実
◎六日 月 良好な気運芽生える
◑七日 火 金運吉だが支出増加
○八日 水 多忙でも余裕を持て
●九日 木 何事も後れ気味なり
○十日 金 気取らない話し方で
○十一日 土 納得するまで説明を
●十二日 日 退いて身の安全守れ
○十三日 月 信用厚く意外な収益
◑十四日 火 前後不覚に陥らない
●十五日 水 成績伸び悩みの傾向
◎十六日 木 活気を持って臨もう
◑十七日 金 対人関係変化の兆し
○十八日 土 好調とて気を許すな
◑十九日 日 体力増強を目指そう
◎廿日 月 利潤増加見込まれる
◑廿一日 火 事前の調査念入りに
○廿二日 水 敗者にも気を配ろう
○廿三日 木 敏速に決断すること
●廿四日 金 時間と金銭節約せよ
◑廿五日 土 生活態度明朗であれ
◎廿六日 日 会話多く交流が進む
○廿七日 月 後継者運に恵まれる
○廿八日 火 気を緩めず実力養成
●廿九日 水 筋道が狂う恐れあり
◑卅日 木 退いて守るのが良い
●卅一日 金 時流の変化に適応を

口に才ある者は　多く事に拙なり

三碧木星

❀ 大疑は大悟の基(もとい)

四月の運勢

少しずつ良くなる傾向が見えるが、節度を守ることが課題となる。本分を忘れず確り計画を立てて進めば、視野が開けよう。知識や教養を高めるために励めば効果が期待できる。

◑	一日	土	交通事故に注意せよ
◎	二日	日	自分の真心を示そう
●	三日	月	欲張って逆に損する
◑	四日	火	小細工はやめること
○	五日	水	約束した事実行せよ
●	六日	木	力の限界悟ることに
○	七日	金	波風ない話し合いを
◑	八日	土	無為無策を改めよう
○	九日	日	他人のために尽くせ
○	十日	月	独創的計画が活きる
●	十一日	火	不祥事発生を防ごう
○	十二日	水	協議することが大切
●	十三日	木	骨惜しみすると後退
◑	十四日	金	物事あまり進展ない
◑	十五日	土	実際に足を運ぶこと
○	十六日	日	嬉しい知らせが届く
○	十七日	月	連絡を密にすること
●	十八日	火	独断専行しても無駄
◑	十九日	水	安全第一に徹しよう
◎	廿日	木	次第に開運招来する
○	廿一日	金	何かにつけて有利に
○	廿二日	土	積極活動で自信満々
◑	廿三日	日	依頼心はほどほどに
◎	廿四日	月	先を読んで利益あり
◑	廿五日	火	粘り強さを忘れるな
●	廿六日	水	無意味な堂々巡りに
●	廿七日	木	怠け癖出さないこと
◑	廿八日	金	岐路に立ち迷いそう
○	廿九日	土	剛健な精神を培おう
●	卅日	日	相手の誘惑に乗るな

五月の運勢

運気が味方をしてくれる好調月で、気持ちにも余裕が出てきて意欲が増しそう。その気構えが良いご縁を呼び寄せたり、仕事面では活気が出てくる。着実さを旨として進もう。

○	一日	月	協力を得て運気好調
●	二日	火	中途半端で失敗する
◑	三日	水	主体性を保つように
○	四日	木	努力が成功の基なり
○	五日	金	未経験でも敢闘せよ
◑	六日	土	人生には苦楽が伴う
●	七日	日	大禍無きよう願おう
◎	八日	月	同志の働きに感謝を
●	九日	火	基本忘れて苦労多し
○	十日	水	外交手腕発揮できる
●	十一日	木	腰が重いと損失招く
◎	十二日	金	労力の結果が表れる
◑	十三日	土	自分が率先してやれ
○	十四日	日	自己の本領示せそう
◑	十五日	月	若者に丁寧な助言を
●	十六日	火	手抜かりないか自省
○	十七日	水	万事思い通りに運ぶ
●	十八日	木	不必要な口出し禁物
○	十九日	金	足固めは確実にする
●	廿日	土	赤字の穴埋めに苦心
○	廿一日	日	温かい気持ちに共感
◑	廿二日	月	外見を飾らず率直に
●	廿三日	火	八方塞がりの傾向が
◑	廿四日	水	諦めずに粘り抜こう
◎	廿五日	木	有利な条件利用せよ
●	廿六日	金	交渉面では停滞気味
○	廿七日	土	従順なれば平穏無事
○	廿八日	日	嬉しい便り届きそう
●	廿九日	月	意見対立で分裂行動
○	卅日	火	辛苦に耐え成功あり
◑	卅一日	水	多少の抵抗かわそう

六月の運勢

雰囲気に呑まれやすく、勘も鈍りがち。表面は取り繕えても精神的には落ち着かず、収穫も思ったほどではない。身辺の問題で悩まされる兆しがあり、堅実な暮らしぶりが安全。

○	一日	木	物事は一貫性が大事
●	二日	金	態度が悪く痛手被る
○	三日	土	心温まる事が起きる
●	四日	日	勝負事に深入り危険
◎	五日	月	調子回復の兆しあり
◑	六日	火	取り越し苦労は無用
◑	七日	水	あれこれ選択に迷う
●	八日	木	支障あるも挫折なし
○	九日	金	頭低ければ滑らかに
●	十日	土	誤解が多く交渉頓挫
○	十一日	日	控え目なら失敗なし
◑	十二日	月	苦肉の策打ち出そう
●	十三日	火	全般的に不振の恐れ
○	十四日	水	人を見る目を養おう
●	十五日	木	わだかまりを捨てよ
●	十六日	金	弱気では成就しない
◑	十七日	土	一言一句に迷わない
○	十八日	日	問題片づき安心する
◑	十九日	月	不時の災害に備えよ
○	廿日	火	小さい夢は叶うとき
●	廿一日	水	発展性なく停滞気味
◎	廿二日	木	人との和を最優先に
◑	廿三日	金	課題を先送りするな
○	廿四日	土	健康管理に万全なれ
●	廿五日	日	迂闊に手出しするな
◎	廿六日	月	社会的信用が高まる
◑	廿七日	火	落ち着いた応対とれ
○	廿八日	水	友人の考え尊重せよ
◑	廿九日	木	将来について熟考を
○	卅日	金	理性的に動けば良好

三碧木星

自分を救う者は自分である

七月の運勢

結束が進展に繋がり明るさが増し、誠実さが好運気に拍車をかける。働けば働くほど喜びを味わえ、金運もまずまず。しかし欲に絡んだ強引な独断に走ると痛い目に遭う恐れ。

運勢	日	曜	内容
○	一日	土	手際よく立ち回ろう
◑	二日	日	自分の行いに厳しく
○	三日	月	如才なく乗り切ろう
●	四日	火	偽物に用心すること
◑	五日	水	仕事に気合入れよう
○	六日	木	粘れば先見えてくる
●	七日	金	冷静に状況を読もう
◑	八日	土	光明見えるが今一歩
◑	九日	日	健康面に心用いよう
◎	十日	月	持てる才知を活かせ
○	十一日	火	予想以上の成果あり
●	十二日	水	心配しても無意味に
◑	十三日	木	進むより状況把握を
◑	十四日	金	相手ばかり責めるな
◎	十五日	土	交友円満に進展する
●	十六日	日	短気では結果出ない
○	十七日	月	気力で切り抜けよう
○	十八日	火	信用保持に専念せよ
●	十九日	水	人に利用される恐れ
◑	廿日	木	投げ遣りにならない
◑	廿一日	金	緩い判断では下り坂
○	廿二日	土	隅々まで心を配ろう
◑	廿三日	日	労力は惜しまぬこと
○	廿四日	月	先手を打って上向く
●	廿五日	火	出たとこ勝負は不可
◑	廿六日	水	計画的な支出図ろう
◎	廿七日	木	自分の力を出し切れ
◑	廿八日	金	世の覚えがめでたい
○	廿九日	土	明るい雰囲気が好評
●	卅日	日	甘い言葉には毒あり
○	卅一日	月	綿密にやれば効果的

八月の運勢

いつものペースが保てず、周りと対立しやすい波乱含みの月。やる気があっても状況を読み誤りたりしがち。短気を起こし失態を演じるより、実力を養って好機を待つこと。

運勢	日	曜	内容
◑	一日	火	憶測でものを言うな
○	二日	水	身体を労わり休養を
●	三日	木	事情急変に慌てるな
○	四日	金	将来性に自負心持て
◑	五日	土	相手の長所を見よう
◑	六日	日	心の疲労回復を図れ
○	七日	月	用心して事に当たれ
●	八日	火	余計な一言で対立が
◑	九日	水	世間の目を考えよう
○	十日	木	一事に集中すること
●	十一日	金	徒労に終わる傾向に
○	十二日	土	柔らかい心遣い大切
◑	十三日	日	耳寄りな話には警戒
○	十四日	月	善悪見分ける眼識を
◎	十五日	火	先祖の徳に感謝せよ
○	十六日	水	問題解決に近づける
◑	十七日	木	強気も場所柄による
●	十八日	金	手強い抵抗を受ける
◑	十九日	土	外出先での飲食注意
○	廿日	日	家族と共に過ごそう
◑	廿一日	月	気分転換に時間割け
◎	廿二日	火	能力更に引き出そう
●	廿三日	水	一日調子上がらない
○	廿四日	木	冷静な判断が奏功す
◑	廿五日	金	手順守れば伸展ある
○	廿六日	土	子供とよく話し合う
○	廿七日	日	穏やかな物腰で対応
●	廿八日	月	失敗は最小限にせよ
◑	廿九日	火	律義さを失念するな
○	卅日	水	きっちり締め括ろう
●	卅一日	木	情報不足で力足らず

九月の運勢

活動的な上昇運に恵まれ、何事につけチャンスが多く積極的に行動して損はない。良い環境作りへの歩みを続けよう。人間関係は良好、愛情運も吉だが、浪費を削減しよう。

運勢	日	曜	内容
●	一日	金	浮いた気持ち抑えよ
◑	二日	土	とことん粘り抜こう
○	三日	日	常に若さを保持せよ
●	四日	月	失費なくす工夫必要
●	五日	火	無理が通るは一時的
○	六日	水	要所要所で頭使おう
◑	七日	木	腹の虫が収まらない
◑	八日	金	専門外にも目を配れ
◎	九日	土	将来の見通し明るい
○	十日	日	来る客は丁重に接待
◎	十一日	月	勤勉さが認められる
○	十二日	火	節約して元手を作れ
●	十三日	水	皮肉は嫌われる因に
○	十四日	木	決断力を発揮しよう
○	十五日	金	尽力すれば名声向上
●	十六日	土	私生活に干渉するな
◑	十七日	日	計画的に買い物せよ
○	十八日	月	実力を示すチャンス
○	十九日	火	思ったより利得多し
◑	廿日	水	契約事項をよく見よ
◑	廿一日	木	根気よく事に当たれ
◎	廿二日	金	対人関係は順調なり
●	廿三日	土	体の変調には要注意
○	廿四日	日	えこひいきやめよう
◑	廿五日	月	遊び心はほどほどに
○	廿六日	火	自己主張は後回しに
●	廿七日	水	我慢に我慢重ねよう
◎	廿八日	木	笑顔で仕事をしよう
●	廿九日	金	手抜かりないか反省
◑	卅日	土	勇気を奮い起こそう

三碧木星

❀大道廃（すた）れて仁義あり

十月の運勢

家庭の和が支えとなり心弾む出来事も期待できる月。しかし、身内から厄介な問題を突きつけられたり頼られ気苦労も増えそう。公正な判断と譲り合いの精神が安定をもたらす。

◐	一日	日	見掛けで判断するな
○	二日	月	交友関係維持しよう
○	三日	火	新規の事に障りなし
●	四日	水	陰険な行動は控えよ
◎	五日	木	歩調が揃って楽しい
●	六日	金	強敵出現で苦悩する
◐	七日	土	言葉に気をつけよう
○	八日	日	身近に喜び事が届く
●	九日	月	人の妬みに警戒せよ
○	十日	火	飛躍の可能性大きい
◐	十一日	水	交渉は慎重にやろう
●	十二日	木	平静破れ信用が低下
○	十三日	金	集団の秩序に従おう
◐	十四日	土	口論は避けるが賢明
◎	十五日	日	有利に進展するとき
◐	十六日	月	本職を留守にするな
○	十七日	火	能力を出し切ること
◐	十八日	水	自分の短所を知ろう
●	十九日	木	八方美人は嫌われる
○	廿日	金	社会的評価高めよう
●	廿一日	土	少しの油断でも怖い
◐	廿二日	日	郷に入れば郷に従え
○	廿三日	月	好条件の話舞い込む
●	廿四日	火	器用貧乏で損をする
○	廿五日	水	問題処理は早目有利
●	廿六日	木	小さな障害に怯むな
◎	廿七日	金	和やかでゆとりあり
◐	廿八日	土	水を差す人が現れる
◐	廿九日	日	雑音多し静観のこと
○	卅日	月	妙に気が合って快調
●	卅一日	火	やり過ぎて後悔する

十一月の運勢

不都合が生じたり思いもかけないことが続発し、失望感を味わうかも。強気一点張りでは、百害あって一利なし。今後に悔いを残さない用心深さが身を守る術だが、健康に注意を。

●	一日	水	打算的では嫌われる
◎	二日	木	掴んだ幸運逃さない
◐	三日	金	派手な動きはやめよ
○	四日	土	まとめ役で飛び回る
◐	五日	日	自分の物大切にせよ
○	六日	月	体調良く仕事に成果
○	七日	火	友人の協力得られる
●	八日	水	欠点をあげつらうな
◐	九日	木	情勢変化に敏感なれ
◎	十日	金	多忙なれど一日充実
○	十一日	土	自立の意志を持とう
●	十二日	日	悪い仲間に警戒せよ
◐	十三日	月	晴れるまで辛抱要る
◐	十四日	火	卑屈な態度改めよう
○	十五日	水	後から行くのが有利
●	十六日	木	口から災いが起こる
◐	十七日	金	気迷うな道は開ける
◎	十八日	土	生活向上の実感あり
○	十九日	日	十分に趣味楽しもう
●	廿日	月	中傷されて不快なり
◐	廿一日	火	包容力がまだ足りぬ
●	廿二日	水	罠にはまる恐れあり
○	廿三日	木	経験を有効に使おう
●	廿四日	金	精神的悩みが生じる
◎	廿五日	土	一家円満に過ごせる
○	廿六日	日	受けた恩は忘れない
○	廿七日	月	前途に希望が持てる
◐	廿八日	火	軽々しい発言するな
●	廿九日	水	多事多難だが頑張れ
○	卅日	木	几帳面に手早く処理

十二月の運勢

希望に満ちて奮起し殻を破りたいところだが、油断すると悪い方向へ流れがち。地味でも手堅く進めていけば、相応の利得も見込めそう。協力と連携がより良い結果を招く。

○	一日	金	自説上手に主張せよ
●	二日	土	消化不良の傾向あり
○	三日	日	家庭円満なれば充実
◐	四日	月	移り気起こさず一筋
○	五日	火	公明正大に行動せよ
○	六日	水	終始一貫した態度を
◐	七日	木	根気よく相手を説得
◎	八日	金	信用は何よりも大切
●	九日	土	冷遇されても耐えよ
●	十日	日	人の忠告素直に聞け
◐	十一日	月	調子に乗り過ぎるな
○	十二日	火	冷静な決断が有利に
◐	十三日	水	深追いは避けること
●	十四日	木	強情では損失を招く
○	十五日	金	周囲と歩調合わせよ
●	十六日	土	物事意外に手間取る
◐	十七日	日	変化を見て順応せよ
○	十八日	月	地道に責任果たそう
●	十九日	火	相手が悪くて不本意
◎	廿日	水	信用あり仕事運上々
◐	廿一日	木	集中力の持続を図れ
○	廿二日	金	友と語れば心軽やか
●	廿三日	土	安易な冒険心は危険
○	廿四日	日	幸運は分かち合おう
●	廿五日	月	くよくよしないこと
◐	廿六日	火	外出先では用心せよ
○	廿七日	水	理性的に応対しよう
○	廿八日	木	他人の人格尊重せよ
●	廿九日	金	良いと思って逆効果
○	卅日	土	健康を考えた食事を
◐	卅一日	日	誰にでも愛情注ごう

✿蟹は甲羅に似せて穴を掘る

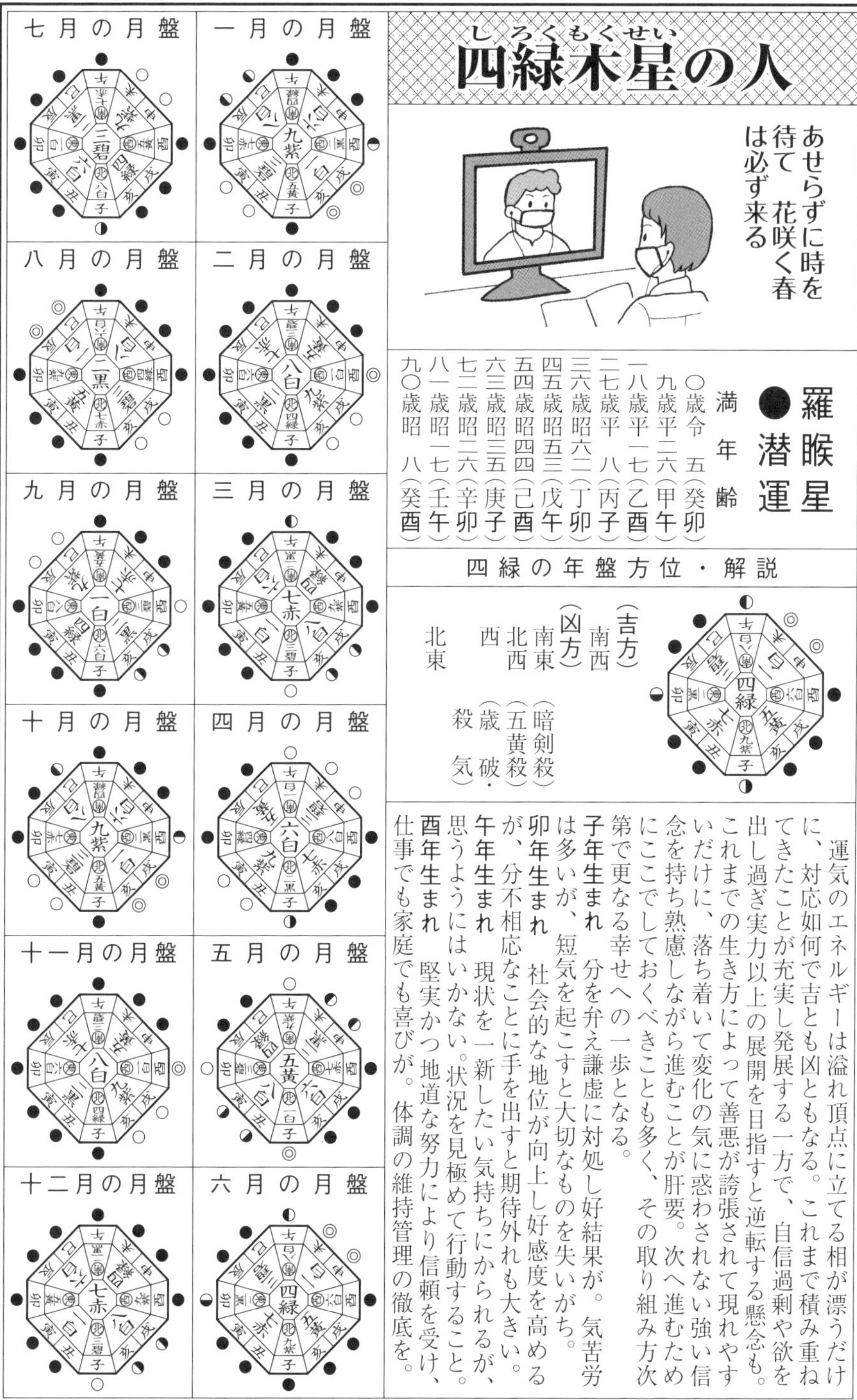

四緑木星の人

（しろくもくせい）

あせらずに時を待て　花咲く春は必ず来る

●羅睺星　潜運

満年齢

〇歳 令　五（癸卯）
九歳 平二六（甲午）
一八歳 平一七（乙酉）
二七歳 平　八（丙子）
三六歳 昭六二（丁卯）
四五歳 昭五三（戊午）
五四歳 昭四四（己酉）
六三歳 昭三五（庚子）
七二歳 昭二六（辛卯）
八一歳 昭一七（壬午）
九〇歳 昭　八（癸酉）

四緑の年盤方位・解説

（吉方）南西

（凶方）南東（暗剣殺）
北西（五黄殺）
西
北東（歳破・殺気）

運気のエネルギーは溢れ頂点に立てる相が漂うだけに、対応如何で吉とも凶ともなる。これまで積み重ねてきたことが充実し発展する一方で、自信過剰や欲を出し過ぎ実力以上の展開を目指すと逆転する懸念も。これまでの生き方によって善悪が誇張されて現れやすいだけに、落ち着いて変化の気に惑わされない強い信念を持ち熟慮しながら進むことが肝要。次へ進むためにここでしておくべきことも多く、その取り組み方次第で更なる幸せへの一歩となる。

子年生まれ　分を弁え謙虚に対処し好結果が。気苦労は多いが、短気を起こすと大切なものを失いがち。

卯年生まれ　社会的な地位が向上し好感度を高めるが、分不相応なことに手を出すと期待外れも大きい。

午年生まれ　現状を一新したい気持ちにかられるが、思うようにはいかない。状況を見極めて行動すること。

酉年生まれ　堅実かつ地道な努力により信頼を受け、仕事でも家庭でも喜びが。体調の維持管理の徹底を。

一月の月盤

二月の月盤

三月の月盤

四月の月盤

五月の月盤

六月の月盤

七月の月盤

八月の月盤

九月の月盤

十月の月盤

十一月の月盤

十二月の月盤

四緑木星

※人の背中は見えても我が背中は見えず

一月の運勢

新年から暗雲立ち込める相があり、分不相応な利欲に走って後で泣く羽目になったり、過去の煩わしい問題が再燃し苦慮する恐れも。手堅く仲間と助け合えば難問も解決しそう。

○	一日	日	家族団欒楽しめそう
◑	二日	月	時間にけじめつけよ
◎	三日	火	内も外も和で結ぼう
○	四日	水	良運だが無茶しない
●	五日	木	過去の教訓活かそう
◑	六日	金	内容をよく確認せよ
●	七日	土	不満あるとも怒るな
○	八日	日	愛情を注ぎ喜び多し
◑	九日	月	あまり目立たぬこと
◑	十日	火	じっくり相手を説得
◎	十一日	水	気持ちを若く持とう
●	十二日	木	今少しの我慢が必要
○	十三日	金	援助あり一息つける
◑	十四日	土	自惚れは失敗のもと
◑	十五日	日	しっかり形勢を見よ
○	十六日	月	公私共に順調にいく
◑	十七日	火	余り動かぬ方が良い
●	十八日	水	弱音を吐いても駄目
○	十九日	木	手抜きせず全力投球
◑	廿日	金	自己評価は謙虚なれ
●	廿一日	土	己の品位を落とすな
◑	廿二日	日	素直に自分を表そう
○	廿三日	月	調子が上向いてくる
●	廿四日	火	迂闊に手を出さない
◎	廿五日	水	持てる知識の活用を
◑	廿六日	木	人間関係うまく保て
○	廿七日	金	自分の立場を明確に
◑	廿八日	土	不平は言わず黙々と
●	廿九日	日	無分別な行動は危険
○	卅日	月	初心忘れずに奮闘を
◑	卅一日	火	申し入れは早くせよ

二月の運勢

自然と波に乗れそうな気運だが、気を抜くと予想に反することが起きやすい。情勢の変化に確りと向き合い、目的を定めて構想を十分練ることが大事。金銭の貸借はしないこと。

○	一日	水	分を知って不満なし
◑	二日	木	あくまで足で稼ごう
●	三日	金	浮沈あり臨機応変に
○	四日	土	初心忘れず進むこと
◑	五日	日	対人関係に波乱多し
◑	六日	月	肝心な所を押さえよ
○	七日	火	案ずるより良好なり
◑	八日	水	順序立てて処理せよ
●	九日	木	中途半端になりがち
◎	十日	金	目に見えぬ進歩あり
○	十一日	土	和やかさを保つこと
●	十二日	日	八方美人は信頼失う
◑	十三日	月	交通事故を警戒せよ
●	十四日	火	自分勝手では不人気
◎	十五日	水	約束守り互いに納得
◑	十六日	木	持病の根治目指そう
●	十七日	金	努力の割りに空回り
○	十八日	土	中身で勝負すること
◑	十九日	日	明日に疲れを残すな
◎	廿日	月	地道にやり進歩あり
◑	廿一日	火	骨惜しみは損の因に
●	廿二日	水	良くない出来事あり
○	廿三日	木	変化に後れぬ算段を
●	廿四日	金	能力の限界痛感する
◑	廿五日	土	安物買いで失敗する
○	廿六日	日	親しき仲に礼儀あり
●	廿七日	月	困難多し忍耐力発揮
○	廿八日	火	人の和を大切にせよ

三月の運勢

生気溢れる活発な運気に恵まれ、心も通い合う招福月。猛進を慎めば、諸事好転し発展に向かうとき。愛情運も良好で縁談は進めて吉だが、意思の疎通を欠かさないよう配慮を。

◑	一日	水	前後を考え行動せよ
○	二日	木	やる事多くまごつく
●	三日	金	色情問題で波乱あり
◑	四日	土	気を散らさずに集中
○	五日	日	幸運だが健康に留意
◑	六日	月	盛者必衰は世の習い
○	七日	火	反省しつつ善処せよ
●	八日	水	計画倒れの恐れあり
◑	九日	木	変わり身を早くせよ
○	十日	金	時運に乗り上昇辿る
●	十一日	土	気力足らず渋滞傾向
◑	十二日	日	仲間外れを警戒せよ
◎	十三日	月	何もかも調子が良い
◑	十四日	火	詐欺にかからぬ用心
◎	十五日	水	築いた信用が活きる
○	十六日	木	良い習慣を続けよう
●	十七日	金	油断すれば損失多し
○	十八日	土	常識あれば安泰な日
◑	十九日	日	偽れば心の負担倍増
○	廿日	月	本業専念で成果あり
◑	廿一日	火	従来のやり方が無難
○	廿二日	水	悪いようで案外良い
◑	廿三日	木	失費減らす工夫せよ
●	廿四日	金	済んだ事は忘れよう
◑	廿五日	土	まだ自己反省が不足
○	廿六日	日	新鮮な感覚で動こう
◑	廿七日	月	理詰めの議論が重要
●	廿八日	火	不屈の精神で遂行を
◎	廿九日	水	機敏なれば実力発揮
◑	卅日	木	意見対立を避けよう
○	卅一日	金	将来を睨んだ布石を

四緑木星

年寄の物忘れ　若者の無分別

四月の運勢

日々の生活様式や価値観の一新を求める気持ちがプラス効果となり、希望の持てる吉運月。懸案事項解決へのきっかけが掴めたり、友人・知人の紹介で新しい出会いも。

○ 一日 土 規律の遵守が最優先
● 二日 日 準備不足で停滞する
◎ 三日 月 持てる力を出し切れ
◑ 四日 火 頭の痛い事が多い日
○ 五日 水 外出先で歓待される
● 六日 木 胸算用が外れる恐れ
○ 七日 金 意のままに事が運ぶ
◑ 八日 土 利益を独占せぬこと
◑ 九日 日 捲土重来を期したい
○ 十日 月 他人の面倒見て吉運
○ 十一日 火 雄弁の素質活用せよ
◑ 十二日 水 相手を見て慎重対応
◑ 十三日 木 辛抱すれば好転する
◎ 十四日 金 脇見せず全力尽くせ
● 十五日 土 打算に走れば後退す
○ 十六日 日 明るい雰囲気が良い
◑ 十七日 月 よく考えてから着手
● 十八日 火 病気は心の迷いから
○ 十九日 水 良い友達大事にせよ
● 廿日 木 能力なく苦労が多い
◑ 廿一日 金 金銭面に問題生じる
● 廿二日 土 人をなめてかかるな
◑ 廿三日 日 自分を素直に示そう
◎ 廿四日 月 献身的に尽くし成果
● 廿五日 火 我を通すと凶運招く
○ 廿六日 水 目立たぬが進展あり
○ 廿七日 木 活動に余裕を持って
◑ 廿八日 金 調子に乗ると危うい
○ 廿九日 土 対策は素早く立てよ
◑ 卅日 日 身体が資本まず健康

五月の運勢

油断のならない不安定月で、好調だからと後先考えずに進むのは拙策。危機管理能力を高め、踏ん張りどころを推察し、本分を守りながら遂行を。家族との絆を大切に。

○ 一日 月 愛情持って不和解消
◑ 二日 火 永続的な努力が肝要
◎ 三日 水 評判得て引立てあり
◑ 四日 木 事故怪我に用心せよ
● 五日 金 律義さを忘れぬこと
◑ 六日 土 交際円滑だが出費大
● 七日 日 寝不足に気をつけよ
○ 八日 月 余計な口出ししない
● 九日 火 一時の迷いが生じる
◎ 十日 水 外交手腕認められる
● 十一日 木 嫌な事に手を出すな
◑ 十二日 金 全般に自重すること
○ 十三日 土 根回しはうまくして
◑ 十四日 日 疲れ出やすい要注意
○ 十五日 月 改革はあまり急ぐな
◑ 十六日 火 一人で悩むと深刻化
● 十七日 水 逃げ腰では発展なし
◎ 十八日 木 積極的な策でいこう
● 十九日 金 慣れない事に疲れる
◑ 廿日 土 情報足りず判定不能
◑ 廿一日 日 甘い判断では下り坂
● 廿二日 月 心にわだかまり残る
○ 廿三日 火 収益あるも現状維持
◎ 廿四日 水 自己の長所を活かせ
◑ 廿五日 木 奮闘なくば光明なし
◎ 廿六日 金 視野を広げて見よう
● 廿七日 土 突飛な行動で不首尾
○ 廿八日 日 家庭を大切にし安泰
◑ 廿九日 月 同僚との協調を図れ
● 卅日 火 少々脱線の恐れあり
○ 卅一日 水 気分一新を心掛けよ

六月の運勢

激動の渦に翻弄され、住居・仕事・地位が一変する等、暮らしへの影響が生じてきそう。不用意な言行は事態を悪化させるリスクがあり、これまでの実績を維持する努力が肝要。

○ 一日 木 真面目に取り組もう
● 二日 金 絵に描いた餅になる
◑ 三日 土 慎重さで被害避けよ
○ 四日 日 品行方正に振る舞え
◑ 五日 月 多少は切ない事あり
● 六日 火 決断力弱く好機逃す
◎ 七日 水 過去の経験が物言う
◑ 八日 木 終わりは丁寧にせよ
○ 九日 金 何事も迅速にやろう
● 十日 土 甘い話に真実はなし
◑ 十一日 日 飲食物に気をつけて
○ 十二日 月 先見の明で事に対処
● 十三日 火 トラブルに遭う恐れ
● 十四日 水 責任の重さに苦しむ
◎ 十五日 木 遣り方に自信持とう
◑ 十六日 金 無理すれば災い招く
○ 十七日 土 汗の結晶が光るとき
● 十八日 日 筋道が狂う危険あり
◑ 十九日 月 辛抱して方針堅持を
○ 廿日 火 義侠心を持って活動
◑ 廿一日 水 臨機応変に処理せよ
◎ 廿二日 木 滑り出しから絶好調
● 廿三日 金 無謀な考えはやめよ
◎ 廿四日 土 仲間と喜び共にせよ
◑ 廿五日 日 いらぬ心配をするな
● 廿六日 月 少しずつ実行に移せ
○ 廿七日 火 世評気にし過ぎるな
● 廿八日 水 進むより退くが勝ち
○ 廿九日 木 円満第一を旨として
◑ 卅日 金 余裕ある態度が有利

四緑木星

❀急病に悪日無し

七月の運勢

意欲も体力も低下気味だけに、穏便な言動で対処しないとトラブル続出の懸念が。強気に出るとハプニングに見舞われたり、目上との衝突・友人と不仲になりやすく自戒を。

● 一日 土 手抜かりないか点検
◑ 二日 日 体力作り心掛けよう
◎ 三日 月 新風とり入れ効果的
● 四日 火 独り相撲で実効なし
○ 五日 水 弱音は禁物前向きに
◑ 六日 木 人の世話で心労多い
○ 七日 金 目標一本に絞ること
○ 八日 土 能率よく知恵を使え
● 九日 日 軽々しい手出し無用
◑ 十日 月 信用面の調査が必要
◑ 十一日 火 折衝は自分の力次第
◎ 十二日 水 常に笑顔で能率向上
● 十三日 木 自負心を誇示するな
● 十四日 金 運気悪く自重が肝要
◎ 十五日 土 愛情関係は進展する
◑ 十六日 日 偽物には用心しよう
○ 十七日 月 上よりも足元をみる
● 十八日 火 良い条件には裏あり
○ 十九日 水 もっと内容の充実を
◑ 廿日 木 相手をよく見て応対
○ 廿一日 金 出過ぎず中道を歩め
◑ 廿二日 土 卑下するのも限度が
● 廿三日 日 自分の欠点を知ろう
○ 廿四日 月 若い世代の声も聞け
○ 廿五日 火 熱意あれば形勢逆転
● 廿六日 水 もつれ事が発生する
◎ 廿七日 木 作業は順序を守ろう
◑ 廿八日 金 過大な期待をするな
◑ 廿九日 土 控え目なれば大丈夫
○ 卅日 日 趣味が身を助ける日
● 卅一日 月 細かい所にも配慮を

八月の運勢

ひと筋の光が差し込む月で、万事早目の対応が効果を上げる。それだけに自信過剰の傾向が出てくると、考えと行動がちぐはぐになりがち。手間を惜しまず綿密さを心掛けて。

◑ 一日 火 緊急な事を先にやれ
● 二日 水 自画自賛は鼻につく
◑ 三日 木 気持ちを大きく持て
○ 四日 金 企画が予定通り捗る
◑ 五日 土 交友関係に自重必要
○ 六日 日 暗い顔やめ活発なれ
○ 七日 月 素直な心に衆望担う
◑ 八日 火 人任せでは不安多い
● 九日 水 雲行きが怪しくなる
◎ 十日 木 実力を証明できそう
○ 十一日 金 時機を見計らい着手
● 十二日 土 酒食には注意が肝要
◑ 十三日 日 健康保持に留意せよ
○ 十四日 月 他人を頼らず自力で
● 十五日 火 無分別に動くと失敗
○ 十六日 水 考えながら実施せよ
◎ 十七日 木 情熱を注いで好結果
◑ 十八日 金 病気快復は遅れがち
○ 十九日 土 明るさを失わぬよう
● 廿日 日 欲の出し過ぎに用心
○ 廿一日 月 分配は公平にしよう
◑ 廿二日 火 よく自省してかかれ
○ 廿三日 水 時の流れを十分把握
● 廿四日 木 気紛れは信頼を損う
◎ 廿五日 金 信念あれば展開良し
● 廿六日 土 他人の迷惑を考えよ
◑ 廿七日 日 異性の誘惑に乗るな
◑ 廿八日 月 資金不足で苦労する
● 廿九日 火 安心は禁物常に自戒
○ 卅日 水 人の長所を見習おう
◑ 卅一日 木 中途で怠けると後退

九月の運勢

快い運気に恵まれ、気力充実し決断と実行は敏速にして吉。社会運は好調、思わぬ援助者や有利な話が舞い込む可能性もある。持てる力を最大限に引き出して取り組もう。

○ 一日 金 平凡の中に幸福あり
◑ 二日 土 財布の紐を緩めるな
○ 三日 日 信義を固く守ること
○ 四日 月 迅速な対応が最善策
● 五日 火 深刻にならないよう
◑ 六日 水 冒険する度胸つけよ
○ 七日 木 手順よく任務熟そう
◎ 八日 金 思いがけぬ喜びあり
● 九日 土 迷うだけで実効なし
○ 十日 日 共に笑い合えるとき
◑ 十一日 月 何事も念入りにして
○ 十二日 火 仕事は予定通り順調
● 十三日 水 応援あっても厳しい
◑ 十四日 木 盗難に警戒を怠るな
○ 十五日 金 買い物は少し節減を
○ 十六日 土 思わぬ人の訪問あり
● 十七日 日 甘い考えは通用せず
◎ 十八日 月 人気集まり信用増大
● 十九日 火 感情に走らず冷静に
○ 廿日 水 引立てあり努力継続
● 廿一日 木 意見対立し停滞気味
○ 廿二日 金 意外な進展が望める
● 廿三日 土 不平不満を解消せよ
○ 廿四日 日 公平なれば信頼生む
◑ 廿五日 月 中途半端だと敗退す
○ 廿六日 火 交渉は粛々と進めよ
◑ 廿七日 水 人の古傷に触れるな
◎ 廿八日 木 過去の過ちを教訓に
● 廿九日 金 定石通りに進捗せず
○ 卅日 土 活動に余力を保とう

四緑木星

一度で成功しなかったら　もう一度だけやり直せ

十月の運勢

吉凶入り乱れる中にも将来性のある月。落ち着いてじっくりと見つめ直すのが良策で、我を通すと成功はおぼつかない。第三者のアドバイスは貴重で、実力不足を補えそう。

◑ 一日 日 人受けのよい表情を
○ 二日 月 勘が鋭く頭が冴える
● 三日 火 図に乗らず低姿勢で
◑ 四日 水 雑音多くても静観を
● 五日 木 やる事に矛盾が多い
◎ 六日 金 何事も有利に好展開
◑ 七日 土 交通事故に十分警戒
○ 八日 日 愛される人間になれ
◑ 九日 月 性急に過ぎると失敗
○ 十日 火 奮闘の効果出始める

◑ 十一日 水 温厚な人格の形成を
○ 十二日 木 最初の一歩が肝心だ
◑ 十三日 金 必要な金を惜しむな
○ 十四日 土 良い話持ち込まれる
● 十五日 日 地味でも不平言うな
○ 十六日 月 脇見せず一事に集中
◑ 十七日 火 長続きする方法探れ
● 十八日 水 目上との論争避けよ
◑ 十九日 木 自己満足で終わるな
◎ 廿日 金 実力を発揮するとき

○ 廿一日 土 理屈だけでは通じぬ
◑ 廿二日 日 噂話は聞き流すこと
● 廿三日 月 出歩くと出費が嵩む
○ 廿四日 火 創意工夫し早く実施
◎ 廿五日 水 過去の苦労が花開く
◑ 廿六日 木 自重に自重を重ねよ
○ 廿七日 金 才知を全力で活かせ
◑ 廿八日 土 約束の履行厳守せよ
◑ 廿九日 日 健康面に気を配ろう
● 卅日 月 成立寸前で障壁あり
○ 卅一日 火 進取の気象を持とう

十一月の運勢

一見隆盛と見えても油断大敵、大きな路線変更・イメージチェンジ等は十分な検討を要す。欲にかられ性急に事を進めれば、不満足な結果に終わったり人の恨みを買う暗示も。

● 一日 水 相手ばかり責めるな
◎ 二日 木 明日の発展に備えよ
◑ 三日 金 単細胞的思考消却を
◑ 四日 土 叱るより褒めること
○ 五日 日 細かい気配りが必要
● 六日 月 運気は今一歩伸びず
○ 七日 火 基盤の強化が最優先
◑ 八日 水 不満あっても怒るな
◑ 九日 木 陣頭指揮の気迫持て
○ 十日 金 思ったより利得多し

○ 十一日 土 良い習慣身につけよ
● 十二日 日 あれこれ考えに迷う
◑ 十三日 月 野心を表面に出すな
○ 十四日 火 自分が率先してやれ
◑ 十五日 水 周囲の雑音無視せよ
◎ 十六日 木 前途に明るい兆しが
● 十七日 金 立場の変動警戒せよ
◑ 十八日 土 技巧なく一本調子に
◑ 十九日 日 甘い言葉に用心せよ
○ 廿日 月 協同して栄達を図れ

● 廿一日 火 軌道に乗れず歯痒い
○ 廿二日 水 困難克服勇気が出る
◎ 廿三日 木 努力の花が咲きそう
◑ 廿四日 金 小事で腹立ちは禁物
● 廿五日 土 油断からミス生じる
○ 廿六日 日 身内の世話で忙しい
◑ 廿七日 月 急ぐな漸次良くなる
○ 廿八日 火 思わぬ幸運が訪れる
◑ 廿九日 水 気の休まる暇がない
● 卅日 木 目一杯は無理がある

十二月の運勢

運気好転し、来る年の幸せを期待し心が躍る月。色々な計画が生まれあれもこれもと手を広げたくなるが、できるだけ焦点を絞り方針を定めるのが賢明。人間関係も大事に。

○ 一日 金 気分一新迷いを去れ
◑ 二日 土 出過ぎた事はするな
● 三日 日 芽の出るまで辛抱を
○ 四日 月 筋を通す強さ養おう
◑ 五日 火 根気よく事に当たれ
○ 六日 水 視野の拡大を図ろう
○ 七日 木 思い切りの良さ肝心
● 八日 金 問題生じて苦労する
◑ 九日 土 火災予防を忘れるな
◎ 十日 日 話は和やかにしよう

● 十一日 月 無理な依頼は断ろう
◑ 十二日 火 良識ある言動が大切
◎ 十三日 水 周囲の支持が集まる
◑ 十四日 木 何かにつけて対立が
● 十五日 金 肩書の過信は危ない
○ 十六日 土 秩序を尊重して良好
◑ 十七日 日 他人の意見も参考に
○ 十八日 月 現実的な方法が有効
● 十九日 火 危険な所に近づくな
○ 廿日 水 控え目にすれば安泰

◑ 廿一日 木 利己主義は通らない
◎ 廿二日 金 清い心がツキを呼ぶ
◑ 廿三日 土 目先の利益に迷うな
○ 廿四日 日 あっさりと事が運ぶ
● 廿五日 月 移り気多く効果なし
○ 廿六日 火 安全第一を心掛けよ
● 廿七日 水 信頼し過ぎると退転
◑ 廿八日 木 案ずるほど悪くない
○ 廿九日 金 目下の心情汲みとれ
◑ 卅日 土 万事に準備を怠るな
○ 卅一日 日 親切にして気分良し

五黄土星の人

（ごおうどせい）

失敗を弁解する前に原因を探せ

◑土曜星 開運星

満年齢		
一歳	令 四	（壬寅）
一〇歳	平二五	（癸巳）
一九歳	平一六	（甲申）
二八歳	平 七	（乙亥）
三七歳	昭六一	（丙寅）
四六歳	昭五二	（丁巳）
五五歳	昭四三	（戊申）
六四歳	昭三四	（己亥）
七三歳	昭二五	（庚寅）
八二歳	昭一六	（辛巳）
九一歳	昭 七	（壬申）

五黄の年盤方位・解説

（吉方）
東・南
北・北東

（凶方）
南東（暗剣殺・的殺）
北西（五黄殺・本命殺）
西（歳破）

運気は好調、諸事着実に発展する相があり期待に胸が膨らむ福運年。これまで土台を築き培ってきた実力を発揮するチャンスで、長年の計画を実行したり改革・転換等飛躍への行動で忙しくなりそう。マンネリ打破の好機だが、それだけにタイミングも重要で、的確な判断と機敏な対応が要求される。強運に支えられ調子に乗ってとかく独走しがちで、過信したり勇み足となりやすくそれが逆効果となることも。人の和を大切に、有益な助言は素直に受け入れよう。

寅年生まれ 堅実な方針のもとに、真摯に努力を重ねて手応えあり。すぐに結果が出なくても今後に期する。

巳年生まれ 功を焦り過ぎてもう少しというところで破れる恐れあり。落ち着いて最後の詰めを確実に。

申年生まれ 不満があっても人との対立は極力避けて安泰。健康面での好不調が今年の運勢を左右しそう。

亥年生まれ 働いた分以上の成果が得られる吉祥あり。但し、自信過剰に陥らぬよう自戒しよう。

一月の月盤

二月の月盤

三月の月盤

四月の月盤

五月の月盤

六月の月盤

七月の月盤

八月の月盤

九月の月盤

十月の月盤

十一月の月盤

十二月の月盤

五黄土星

瑠璃も玻璃も照らせば光る

一月の運勢

停滞していたことがスムーズに運ぶようになり、皆と一緒に楽しむことができ明日への活力も養えそう。一方、自分を磨く意気も必要で、腰を据えて将来を考えるとき。

○ 一日 日 問題もなく平穏無事
● 二日 月 快楽追い落とし穴に
○ 三日 火 心のこもった接客を
◑ 四日 水 酒は限度を心得よう
◎ 五日 木 話し合えば和解する
● 六日 金 何事にも出過ぎない
◑ 七日 土 家族の健康に要注意
○ 八日 日 気分転換を効果的に
◑ 九日 月 上よりも足元を見よ
○ 十日 火 精神安定し調子良し
◑ 十一日 水 根気よく事に当たれ
○ 十二日 木 専門家の意見も尊重
● 十三日 金 気移りし集中できぬ
○ 十四日 土 人の和を大切にせよ
● 十五日 日 雰囲気に呑まれるな
◑ 十六日 月 曲折ある難題が発生
◎ 十七日 火 気力充実を心掛けよ
◑ 十八日 水 辛抱すれば好転する
● 十九日 木 人任せは危険過ぎる
◑ 廿日 金 自力で発展を期そう
◑ 廿一日 土 異性に関し用心せよ
○ 廿二日 日 周到に準備して安泰
● 廿三日 月 物の整理も時に必要
◎ 廿四日 火 相手の長所を認める
◑ 廿五日 水 粘り強い根性が鍵に
○ 廿六日 木 思う存分力量を発揮
● 廿七日 金 やる事に矛盾が多い
○ 廿八日 土 他人の心を洞察せよ
◑ 廿九日 日 思わぬ来客ありそう
◎ 卅日 月 自己の才能を信じよ
◑ 卅一日 火 組織作りに腐心せよ

二月の運勢

希望通りにいかず空回りが続く試練の月。決着のつかなかった過去を引きずったり、身内とのトラブル等とマイナスのエネルギーが作用しがち。忍耐と誠意が対処法に。

◑ 一日 水 無理せず自然に習え
● 二日 木 物事停滞の傾向あり
◎ 三日 金 新鮮な気持ちで出発
◑ 四日 土 味方作りを考えよう
○ 五日 日 身近に喜び事が届く
◑ 六日 月 先手必勝の作戦とれ
○ 七日 火 積善の人に喜びあり
◑ 八日 水 耐久力を養うが肝心
○ 九日 木 慎重に考えて決断を
● 十日 金 失言して絡まれそう
● 十一日 土 危ない所に近寄るな
◑ 十二日 日 外見を飾らず率直に
◑ 十三日 月 ひがみ心を捨てよう
○ 十四日 火 建設的な立案を選択
● 十五日 水 言行不一致になるな
○ 十六日 木 協調性を忘れぬこと
● 十七日 金 良さそうで内実困難
◑ 十八日 土 無駄遣いの多さ自省
◎ 十九日 日 良い習慣を培う好機
○ 廿日 月 万事が都合よくいく
◎ 廿一日 火 自己の本領発揮する
● 廿二日 水 甘く見ると躓きそう
○ 廿三日 木 変わり身は早くせよ
◑ 廿四日 金 他人の口車に乗るな
● 廿五日 土 辛くて逃げたら負け
◑ 廿六日 日 自分の特色を考えよ
○ 廿七日 月 自制して事態が好転
◑ 廿八日 火 困った顔を見せるな

三月の運勢

落ち着いて利害得失のバランスをはかれば好運を呼び込める。誠実で真面目な言動が信用に繋がり、流れに順応して機敏に立ち回れば手応えが。家庭的な問題で思わぬ苦労も。

◑ 一日 水 情勢見極めて実行を
◑ 二日 木 色々な条件見比べよ
◎ 三日 金 対人関係円満に進行
● 四日 土 姑息な手段とらない
● 五日 日 己の技量過信するな
○ 六日 月 交渉には誠意を持て
◑ 七日 火 遠方の情報に要注意
○ 八日 水 発展性あり積極的に
● 九日 木 義理人情で悩みあり
○ 十日 金 知的な閃きを育もう
◎ 十一日 土 徳を積めば支援多し
● 十二日 日 軽はずみな行動中止
◑ 十三日 月 最後の詰めが肝心だ
○ 十四日 火 当方の善意が通じる
◑ 十五日 水 公私を区別すること
◑ 十六日 木 余分な金は使わない
○ 十七日 金 脇役で辛抱すること
● 十八日 土 余計な手出しするな
○ 十九日 日 早い善処で評判良し
● 廿日 月 ごまかしを見逃すな
◑ 廿一日 火 寝不足過労留意せよ
○ 廿二日 水 思い切りよくやろう
◎ 廿三日 木 本分に専念運気安泰
● 廿四日 金 甘い考えで出費嵩む
◑ 廿五日 土 自省すれば難関突破
◑ 廿六日 日 目下の者に心を砕け
○ 廿七日 月 社交面は好調にいく
○ 廿八日 火 受け身の姿勢が良策
● 廿九日 水 志あるも能力足りず
◑ 卅日 木 長続きする方法とれ
◑ 卅一日 金 物事の一本化を図れ

五黄土星

大人になるということは　曖昧さを受け入れる能力を持つということ

四月の運勢

予想に反する事態が起こりやすく、気に障ることがあっても辛抱を。首尾よく進んでいると見えて裏目に出たり、煩わしい案件が生じるかも。規則正しい生活で心身共に健全に。

◑	一日	土	如才なき行動が有利
●	二日	日	気を揉むより実行を
◎	三日	月	意外に事が進展する
●	四日	火	口先だけでは駄目だ
○	五日	水	明日の発展に備えよ
◑	六日	木	横道に逸れると失敗
○	七日	金	仕事のこつ会得する
◑	八日	土	感謝の心を忘れるな
◑	九日	日	精神的ゆとりが肝要
○	十日	月	新プランの知恵湧く
●	十一日	火	内面に気苦労が多い
◑	十二日	水	小事なりとも侮るな
●	十三日	木	とんだ見込み違いに
○	十四日	金	頑張った効果が出る
◑	十五日	土	軽い風邪でも要注意
●	十六日	日	持久力が成否分ける
◑	十七日	月	世話事に深入り禁物
◎	十八日	火	体調が良く自力更生
○	十九日	水	物質的な利益がある
●	廿日	木	愛情面で憂いに沈む
◎	廿一日	金	賞賛受けて一層精進
◑	廿二日	土	有頂天になりやすい
◑	廿三日	日	最後まで気を抜くな
●	廿四日	月	怒って得るものなし
○	廿五日	火	骨折った甲斐がある
●	廿六日	水	因習に囚われず決断
○	廿七日	木	無理は体調にひびく
●	廿八日	金	基本忘れたら不成就
○	廿九日	土	必要経費をけちるな
◑	卅日	日	対人関係に慎重期せ

五月の運勢

公私共に多忙な好調月で体面を保てるだけの力量も備わり本調子の展開へ。多少の抵抗はあっても前向きに身を入れれば福を得る。しかし、恵まれた環境も欲を出すと障害が。

○	一日	月	自分の足元を固めよ
◑	二日	火	不平言わずに黙々と
◎	三日	水	リラックスも必要に
◑	四日	木	秩序あれば発展する
●	五日	金	旧悪追及される恐れ
◑	六日	土	家族の健康に気配れ
○	七日	日	先覚の助言で好結果
◑	八日	月	外出先での事故注意
●	九日	火	停滞しても慌てるな
○	十日	水	出費を切り詰め安泰
●	十一日	木	不服申し立てに困惑
●	十二日	金	人の先に立つと不利
○	十三日	土	恐れず勇断して前進
○	十四日	日	財産保全に全力投球
◑	十五日	月	今一歩調子が出ない
○	十六日	火	心の平静を保つこと
●	十七日	水	乱調で纏らない傾向
○	十八日	木	適度の休養体力充実
◑	十九日	金	安易な手出しは無用
◎	廿日	土	人脈の拡大を図ろう
○	廿一日	日	人気上昇信用高まる
◑	廿二日	月	終始一貫した言動を
◑	廿三日	火	物事あまり伸展せず
◑	廿四日	水	変化に素早い反応を
○	廿五日	木	海老で鯛を釣れそう
◎	廿六日	金	幸運のリズムに乗る
●	廿七日	土	先方の二心に警戒を
◑	廿八日	日	焦らず達観した見方
○	廿九日	月	余裕ある計画立てよ
●	卅日	火	甘く見て意外な失敗
◑	卅一日	水	何事も念入りが良い

六月の運勢

運気上昇し盛運に向かうが、功を急いでピッチを上げるのは慎重に。焦らず根気よく尽力し続けることが良好を得る秘訣。対人交流では親交が広がり、信頼を得て絆も強まる。

●	一日	木	困った顔しないこと
◎	二日	金	明朗な態度信頼得る
●	三日	土	偏愛がエスカレート
◑	四日	日	食事の内容に一工夫
◑	五日	月	強行進出は自重せよ
●	六日	火	良さそうで内実混迷
○	七日	水	話し合いは順調なり
○	八日	木	思わぬ人の訪問あり
◑	九日	金	方針変更は凶となる
○	十日	土	面倒見が良くて好評
○	十一日	日	成り行きに委ねよう
◑	十二日	月	穏和な姿勢で応対を
●	十三日	火	意外な妨害に苦しむ
◑	十四日	水	服従するが賢明なり
○	十五日	木	思ったより実益多い
◎	十六日	金	約束には責任感持て
●	十七日	土	少しの無理が深手に
○	十八日	日	物事は合理的に処理
◑	十九日	月	舞台裏にも気を配れ
◑	廿日	火	全体の統一目指そう
○	廿一日	水	心引き締めてかかれ
◑	廿二日	木	才能に思い上がるな
●	廿三日	金	小利口に手堅く行動
●	廿四日	土	じっくり形勢を見よ
◑	廿五日	日	金銭の扱い慎重なれ
◎	廿六日	月	信用が厚く頼られる
◑	廿七日	火	無駄はないか点検を
○	廿八日	水	地味でも結果は良い
○	廿九日	木	信念を持ち実施せよ
●	卅日	金	及ばぬ事に手出すな

五黄土星

❀ 多能は君子の恥ずるところなり

七月の運勢

諸事積極的に対処すれば成果が上がりそう。財運も安定しており、新規事も身を入れて取り組める。チャンスを逃さず、時間の使い方も工夫を。縁を大事にして人間関係平穏。

運	日	曜	
●	一日	土	早とちりしたら敗退
○	二日	日	清い心がツキを呼ぶ
◐	三日	月	大事な物を忘れるな
○	四日	火	反対意見を尊重せよ
●	五日	水	今一つ調子が出ない
◐	六日	木	甘い考えを清算せよ
◎	七日	金	勇気あれば道開ける
◐	八日	土	なるべく自力でやれ
○	九日	日	頑固は味方を減らす
◐	十日	月	拡張より内容の充実
◐	十一日	火	無理をしないで自重
○	十二日	水	協同運営に利益あり
●	十三日	木	浮つくと反動受ける
◐	十四日	金	人の感情無視するな
○	十五日	土	若さを武器に奮励を
◐	十六日	日	仲間との絆を大切に
○	十七日	月	頼られる人格目指せ
◎	十八日	火	地道に手堅く進もう
●	十九日	水	先手をとられて苦戦
○	廿日	木	気持ちが盛り上がる
◎	廿一日	金	頭冴え先見の明あり
◐	廿二日	土	子供と交流を図ろう
○	廿三日	日	運気は上向いてくる
●	廿四日	月	優柔不断で進捗遅れ
○	廿五日	火	人の意見を傾聴せよ
◐	廿六日	水	疑心暗鬼はやめよう
●	廿七日	木	古い秘密表面に出る
◐	廿八日	金	順調なれど金運注意
◐	廿九日	土	遊びは適度を旨とす
○	卅日	日	明朗な態度信頼得る
●	卅一日	月	支出を締めてかかれ

八月の運勢

運気は低調、思わぬ妨害や困難への対応に苦慮しがちな月。壁にぶつかっても動じず、衆知を集めて方策を練れば円満解決も。知人との摩擦や健康管理にも注意を要する。

運	日	曜	
◐	一日	火	時間一杯まで粘ろう
◎	二日	水	親しき仲に礼儀あり
◐	三日	木	視野を広く持つこと
●	四日	金	マンネリ化で停滞中
◐	五日	土	躊躇せず踏み出そう
◐	六日	日	自尊心もほどほどに
○	七日	月	計算は確実にやろう
●	八日	火	高望みをやめ地道に
◐	九日	水	雰囲気に呑まれるな
○	十日	木	誠意が相手に通じる
●	十一日	金	己の品位を落とすな
◐	十二日	土	相手を見て慎重行動
●	十三日	日	娯楽も節度を守ろう
●	十四日	月	疲れてダウンしがち
○	十五日	火	丁重に頼めば好反応
◐	十六日	水	策が尽きても冷静に
◎	十七日	木	良い芽を大事に育成
◐	十八日	金	文書印鑑に注意せよ
○	十九日	土	受け身では効果なし
●	廿日	日	浪費で後始末に苦労
◐	廿一日	月	運は自分の力で開け
○	廿二日	火	新鮮な感覚忘れずに
◐	廿三日	水	筋を通す強さを持て
○	廿四日	木	充実した生活に感謝
◐	廿五日	金	何事にも真実がある
●	廿六日	土	家族の事で心労あり
●	廿七日	日	わだかまりを捨てよ
◎	廿八日	月	皆に好感を持たれる
○	廿九日	火	粉骨砕身努力しよう
●	卅日	水	雑念生じて迷い多し
○	卅一日	木	能力発揮のチャンス

九月の運勢

ひたむきな努力が報われ恩恵あり。ここぞと思うところに全力を投じれば実績を残せる。但し欲張って誘惑や甘言に乗り突っ走ると、落とし穴にはまる恐れ。家族の和が大事。

運	日	曜	
○	一日	金	平等な配分考えよう
●	二日	土	相手の反意に注意を
○	三日	日	平凡な中に幸福あり
◐	四日	月	忘れ物をしないよう
◎	五日	火	好材料はうまく活用
●	六日	水	先達からの圧迫感が
◐	七日	木	余裕を持って進めよ
○	八日	金	味方をより多く作れ
●	九日	土	難問生じても焦るな
◐	十日	日	無駄を省き堅実生活
◎	十一日	月	正直な姿勢好感得る
●	十二日	火	意見の対立悩み深い
●	十三日	水	新計画は練り直しを
○	十四日	木	こつこつと稼ぐこと
○	十五日	金	情勢分析に勘冴える
◐	十六日	土	身勝手は孤立を招く
●	十七日	日	外出先の行動心して
○	十八日	月	誠意示し信用守ろう
◐	十九日	火	何事もけじめが大事
◐	廿日	水	明日に備え実力蓄積
○	廿一日	木	忍耐して大利得よう
◐	廿二日	金	見通しをつけて動け
◎	廿三日	土	謙虚なら引立てある
○	廿四日	日	気分転換し元気出る
◐	廿五日	月	金銭の取扱い要注意
●	廿六日	火	悪友と交わるなかれ
◐	廿七日	水	ほどほどで丁度良し
○	廿八日	木	伸展の可能性は十分
○	廿九日	金	移り気なくし一本道
◐	卅日	土	分相応で小康保とう

五黄土星

※仕事は道具にあり

十月の運勢

社交面や健康面で節度に欠け波乱の気運。信頼を裏切る独断から反発を招いたり、怠惰な生活に心身のコンディションを崩しダウンすることも。煩悶の原因を自ら作らぬよう。

○一日 日 怒らず笑って済ませ
◐二日 月 小事でもきっちりと
●三日 火 内面に気苦労絶えぬ
○四日 水 下準備を十分にせよ
◐五日 木 嫉妬心を抑えること
◐六日 金 恥の上塗りはするな
●七日 土 抑揚がなくて息切れ
○八日 日 希望実現の兆しあり
●九日 月 諸事意の如くならず
◎十日 火 同じやるなら笑顔で
○十一日 水 合理的に考えること
◐十二日 木 性急に過ぎると失敗
◐十三日 金 新展開に不安が募る
○十四日 土 引きつける魅力持て
●十五日 日 根拠なき噂に迷うな
◎十六日 月 若さと積極さで前進
●十七日 火 変化を見極め動こう
◐十八日 水 少々脱線の恐れあり
●十九日 木 事故災難に警戒せよ
○廿日 金 争わず他人を立てよ
●廿一日 土 独断では失策の恐れ
○廿二日 日 周囲と共に楽しもう
●廿三日 月 迷路に踏み込みそう
◐廿四日 火 細部にも目を配ろう
◎廿五日 水 新事態に円滑に順応
◐廿六日 木 衝動買いは後悔の因
○廿七日 金 言葉遣いは丁寧なれ
●廿八日 土 知らぬふりで過ごせ
◐廿九日 日 内面の豊かさが大切
○卅日 月 勘良く成績は伸びる
◐卅一日 火 不快感を顔に出すな

十一月の運勢

徐々に運気は回復、適正な段取りと頑張りがその速度を早める。合理的に仕事をこなせば利運あり。アイデアも湧き、タイミングが合えば順風満帆に。食生活に気を使おう。

◐一日 水 俯瞰だけで考えない
●二日 木 口の利き方に要注意
◐三日 金 弱者の悩みに関心を
◎四日 土 目上の恩義に応えよ
◐五日 日 無理をしないで自重
●六日 月 実現不能の企画なり
○七日 火 相手の話はよく吟味
◐八日 水 野心を表面に出すな
●九日 木 問題起こり苦労する
◎十日 金 日頃の親切実を結ぶ
◐十一日 土 自己宣伝は逆効果に
●十二日 日 挫折感を取り除こう
○十三日 月 誰に対しても公平に
●十四日 火 信用を傷つける恐れ
●十五日 水 運気が低迷する傾向
◐十六日 木 才能を見抜く力養え
○十七日 金 小事ならば達成可能
◐十八日 土 器用貧乏で損をする
◐十九日 日 軽い風邪軽視するな
○廿日 月 段取りよく捗りそう
◎廿一日 火 経験が見事に活きる
◐廿二日 水 有頂天になると危険
●廿三日 木 引き受けた事で苦悩
◐廿四日 金 腰が重く動きが鈍い
◎廿五日 土 笑顔を絶やさぬこと
○廿六日 日 助け合い精神を発揮
●廿七日 月 立場忘れて迷いがち
◐廿八日 火 人にも花を持たせよ
○廿九日 水 分を知れば不満なし
●卅日 木 逃げ隠れしないこと

十二月の運勢

恵まれた月回りに一生懸命集中すれば吉事が期待できる。才能を発揮し人気も高まり、実利を得られる兆しあり。約束の履行を確実にするためには気配りを怠らぬこと。

◐一日 金 頭の回転が鈍くなる
○二日 土 飾らずありのままで
◐三日 日 遊び過ぎ疲れが残る
○四日 月 仕事に気合をかけよ
◎五日 火 堅実方針を変えるな
◐六日 水 自分自身を見つめよ
●七日 木 過去の事で後悔する
○八日 金 役割分担し不足なし
●九日 土 不安な顔を見せるな
◐十日 日 意志曲げず頑張ろう
○十一日 月 脇目も振らずに専念
●十二日 火 嫉妬は禁物控え目に
◐十三日 水 お世辞より実意示せ
○十四日 木 人との調和が最優先
●十五日 金 期待に反し波乱あり
●十六日 土 進んで困難に当たれ
○十七日 日 良い習慣身につけよ
◐十八日 月 無計画に事を運ぶな
◐十九日 火 心の持ち方を変えよ
◎廿日 水 皆と協力し万事快調
○廿一日 木 現実重視を貫くとき
●廿二日 金 強情では成功不可能
◐廿三日 土 味方は一人でも多く
○廿四日 日 知性を活かして有利
◐廿五日 月 臨機応変に対応せよ
○廿六日 火 身近な人に気配りを
●廿七日 水 根負けせず自己研鑽
◎廿八日 木 進んでやれば開ける
◐廿九日 金 頑固さが人を退ける
○卅日 土 お互いの意見を尊重
◐卅一日 日 ひとまず休養とろう

幸福な生活は聡明な妥協にある

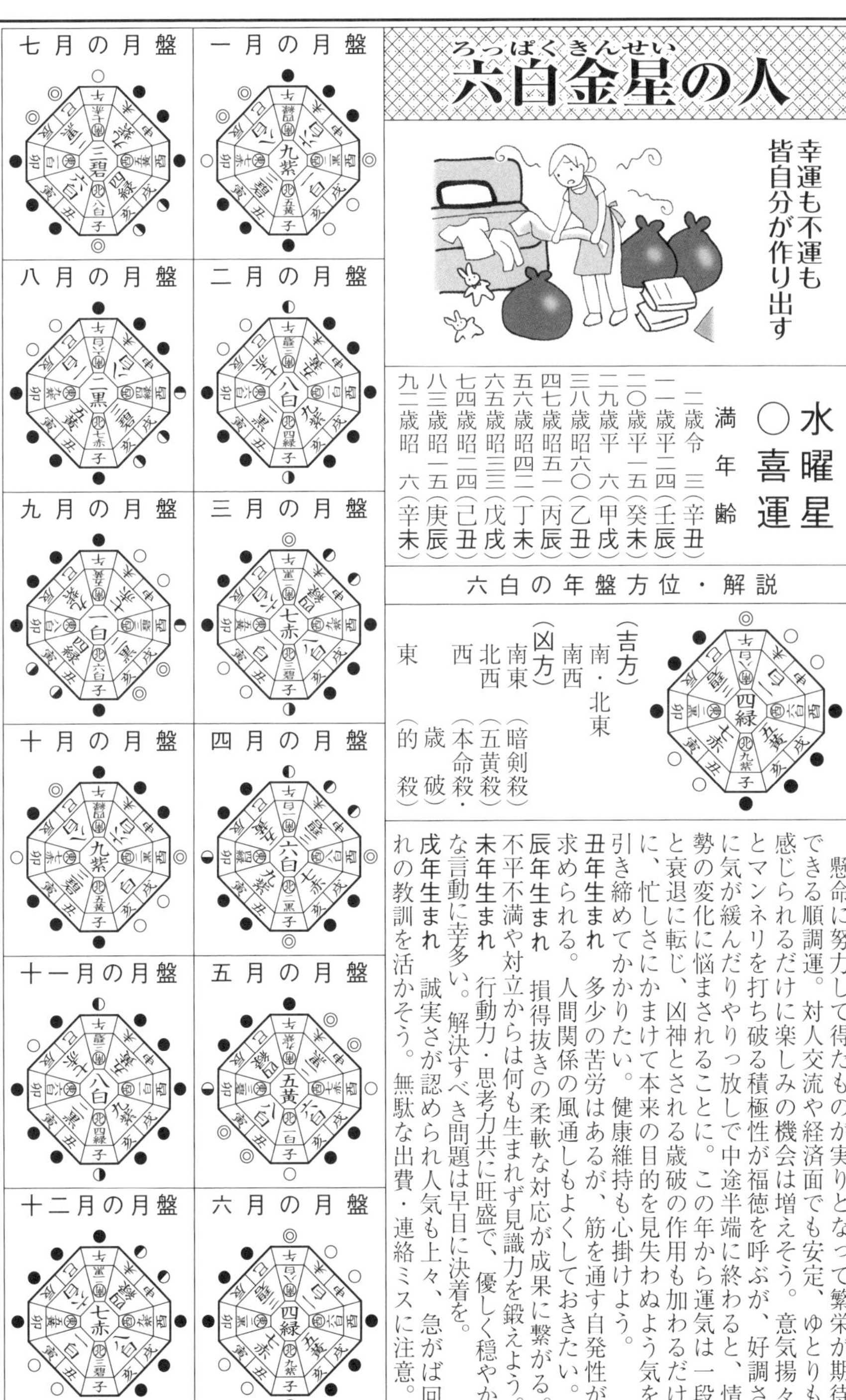

六白金星の人
（ろっぱくきんせい）

幸運も不運も皆自分が作り出す

水曜星
◯喜運

満年齢
二歳 令 三（辛丑）
一一歳 平二四（壬辰）
二〇歳 平一五（癸未）
二九歳 平 六（甲戌）
三八歳 昭六〇（乙丑）
四七歳 昭五一（丙辰）
五六歳 昭四二（丁未）
六五歳 昭三三（戊戌）
七四歳 昭二四（己丑）
八三歳 昭一五（庚辰）
九二歳 昭 六（辛未）

六白の年盤方位・解説

（吉方）
南・北東
南西

（凶方）
南東（暗剣殺）
北西（五黄殺）
西（本命殺・歳破）
東（的殺）

懸命に努力して得たものが実りとなって繁栄が期待できる順調運。対人交流や経済面でも安定、ゆとりも感じられるだけに楽しみの機会は増えそう。意気揚々とマンネリを打ち破る積極性が福徳を呼ぶが、好調さに気が緩んだりやりっ放しで中途半端に終わると、情勢の変化に悩まされることに。この年から運気は一段と衰退に転じ、凶神とされる歳破の作用も加わるだけに、忙しさにかまけて本来の目的を見失わぬよう気を引き締めてかかりたい。健康維持も心掛けよう。

丑年生まれ 多少の苦労はあるが、筋を通す自発性が求められる。人間関係の風通しもよくしておきたい。

辰年生まれ 損得抜きの柔軟な対応が成果に繋がる。不平不満や対立からは何も生まれず見識力を鍛えよう。

未年生まれ 行動力・思考力共に旺盛で、優しく穏やかな言動に幸多い。解決すべき問題は早目に決着を。

戌年生まれ 誠実さが認められ人気も上々、急がば回れの教訓を活かそう。無駄な出費・連絡ミスに注意。

七月の月盤

一月の月盤

八月の月盤

二月の月盤

九月の月盤

三月の月盤

十月の月盤

四月の月盤

十一月の月盤

五月の月盤

十二月の月盤

六月の月盤

六白金星

✿ 一事を終らざれば他事に移らず　一書を読了せざれば他書をとらず

一月の運勢

やや不調だが、同腹が心を通わせれば難は避けられる。魅力的な話を持ち込まれても、すぐに賛同するのは危険。迷ったら堅実な方を選択すれば安全だが、出費は計画的に。

◑	一日	日	努力なくば光明なし
◎	二日	月	話題多く雰囲気良好
◑	三日	火	健康に十分留意せよ
○	四日	水	誠意を形で表すこと
●	五日	木	気分転換うまくやれ
○	六日	金	正直にやるのが近道
○	七日	土	心穏やかに応対せよ
●	八日	日	欲張って逆に損する
◎	九日	月	円満第一で進めよう
◑	十日	火	予想外の援助がある
○	十一日	水	引立て得て調子良し
●	十二日	木	先に怒った方が負け
○	十三日	金	助言聞けば失敗なし
●	十四日	土	脇見すると敗退招く
◑	十五日	日	睡眠不足を警戒せよ
○	十六日	月	仕方次第で効果あり
●	十七日	火	脱線の危険避けよう
○	十八日	水	仕事に気合を入れよ
◎	十九日	木	焦らず一歩一歩前進
◑	廿日	金	時には過去の反省を
◑	廿一日	土	金銭問題には要注意
○	廿二日	日	自尊心を適度に持て
●	廿三日	月	停滞傾向で沈みがち
◎	廿四日	火	改善策は迅速に実施
◑	廿五日	水	節操を守れば上向き
○	廿六日	木	相手の気持ち察せよ
◑	廿七日	金	自分が手本となろう
◑	廿八日	土	他人に親切を尽くせ
○	廿九日	日	人生を明るく生きよ
●	卅日	月	頼られて迷惑を被る
○	卅一日	火	根気あり最後に成果

二月の運勢

活発な活動から、順調な進展をみるが、調子に乗っていると逆転も。着実に予定通りやり通すことで成果が期待できる。元気があり余っての暴飲暴食や不摂生に要注意。

○	一日	水	規則正しい生活せよ
◑	二日	木	気分のむらなくそう
◎	三日	金	備えあれば憂いなし
◑	四日	土	怠りなく念入りなれ
●	五日	日	体調の維持心掛けて
◑	六日	月	耳寄りな話には戒心
○	七日	火	何事もけじめが大切
◑	八日	水	高位の人の知遇得る
○	九日	木	小事でもきっちりと
●	十日	金	紋切型は馬鹿を見る
◑	十一日	土	短気では事が不成功
●	十二日	日	品位ある物腰とろう
◎	十三日	月	努めて沈着に実行を
◑	十四日	火	目に見えた成果なし
○	十五日	水	小異を捨てて大同に
○	十六日	木	寛大なれば友を得る
●	十七日	金	良くない出来事あり
◑	十八日	土	細かい事気にするな
○	十九日	日	外出しない方が良い
◑	廿日	月	不利な立場でも努力
◑	廿一日	火	野心あるも到達せず
○	廿二日	水	一寸の油断が命とり
○	廿三日	木	自制して原則を守れ
◑	廿四日	金	諦めずに粘り抜こう
●	廿五日	土	弱音吐くな勇気出せ
◎	廿六日	日	友人を大切にしよう
●	廿七日	月	弊害恐れず積極的に
◑	廿八日	火	時間を無駄にするな

三月の運勢

運気は低調で、積極的に動いても功をなさずストレスが蓄積。無理押しすれば、元も子も失うので、対立したら即身を引くことで災いを防ぐ。隠し事の露見や悪縁の復活に用心。

●	一日	水	人間関係で思い余る
○	二日	木	無理な方法をとるな
◑	三日	金	決断したら勇往邁進
◑	四日	土	物を粗末に扱わない
○	五日	日	身体を鍛え気分良好
○	六日	月	外見より内容を重視
●	七日	火	無分別な態度は自制
◎	八日	水	良い着想で進展あり
●	九日	木	軽率な言動を控えよ
○	十日	金	想像力豊かで夢多い
◎	十一日	土	急がず徐々に進もう
◑	十二日	日	約束には責任持って
●	十三日	月	頭の痛い事頻発する
◑	十四日	火	障害を乗り越えよう
○	十五日	水	誠実なれば好調維持
◑	十六日	木	同じ事ばかり言うな
●	十七日	金	小利に夢中になるな
○	十八日	土	隣近所と調和が大事
○	十九日	日	年長者に従って有利
◑	廿日	月	独走せず協力が肝要
●	廿一日	火	八方美人は不信招く
○	廿二日	水	目下に手柄を譲ろう
◑	廿三日	木	力の限界を見極めよ
◎	廿四日	金	粘り腰で本領発揮を
◑	廿五日	土	つまらぬ散財要注意
●	廿六日	日	安全への配慮が必須
○	廿七日	月	支出は計画性持って
◑	廿八日	火	発言するより行動で
○	廿九日	水	経験を無駄にするな
●	卅日	木	自賛すれば支持失う
◑	卅一日	金	法外な望みを持つな

六白金星

天に不測の風雲あり　人に旦夕の禍福あり

四月の運勢

力量が評価され、周りからの信頼も深まる月。急がず一つずつ進めていくことで安定気運を得られ、協力態勢を強固にすれば更に伸展が。愛情結婚運上昇中、嬉しい出会いも。

◑	一日	土	品行方正を旨とせよ
◎	二日	日	平凡な幸福味わえる
○	三日	月	遊びより仕事を優先
●	四日	火	神経質にならぬこと
○	五日	水	好意は素直に受けよ
◎	六日	木	家族の健康に着意を
●	七日	金	運営面に波乱の要素
●	八日	土	舞台裏にも目を配れ
◑	九日	日	気力体力を温存せよ
○	十日	月	実行前に入念な準備
◑	十一日	火	客観的に物事見よう
◎	十二日	水	心身充実活躍できる
◑	十三日	木	依存体質を改めよう
○	十四日	金	強気に出過ぎぬこと
◑	十五日	土	褒めて伸ばしてやれ
○	十六日	日	前向き姿勢なら順調
●	十七日	月	義侠心が裏目に出る
○	十八日	火	着実に歩みを進めよ
◑	十九日	水	大事な忘れ物に注意
●	廿日	木	昔の夢を追わぬこと
○	廿一日	金	人を見抜く目持とう
●	廿二日	土	気紛れで中途半端に
◑	廿三日	日	必要以上の物買うな
●	廿四日	月	迷い多くて停滞気味
○	廿五日	火	補佐役に徹すること
●	廿六日	水	功を急ぐと失敗する
◑	廿七日	木	お金が足りず苦労す
◎	廿八日	金	手順を守れば好結果
◑	廿九日	土	義理人情で悩みあり
○	卅日	日	交際範囲を広げよう

五月の運勢

大きな変化はないが、気が緩みがちな点が心配。平凡に甘んじた方が無難な月で、周囲と摩擦を起こさないこと。連絡はまめに、知己の連帯感が何かにつけて心の支えとなる。

○	一日	月	集中力が必要なとき
◑	二日	火	内面重視で失敗回避
○	三日	水	好調だが楽観は禁物
◑	四日	木	身内の和合心掛けよ
●	五日	金	調子出ず空回り多し
◑	六日	土	土地問題は慎重なれ
○	七日	日	軽挙妄動を戒めよう
◑	八日	月	性急過ぎると破れる
●	九日	火	現実的な方針が得策
◎	十日	水	意のままに事が運ぶ
●	十一日	木	ごまかしは利かない
◑	十二日	金	自我を抑えて平穏に
○	十三日	土	清い心がツキを招く
●	十四日	日	人真似では進歩なし
◎	十五日	月	前向き姿勢変えるな
○	十六日	火	目標一本に絞ること
●	十七日	水	思い通りにいかない
●	十八日	木	諦めず事に当たろう
○	十九日	金	精神修養に努めよう
○	廿日	土	周囲の支援を受ける
●	廿一日	日	宣伝に踊らされるな
◎	廿二日	月	合同で作業進めよう
◑	廿三日	火	向上心を失うなかれ
◑	廿四日	水	雰囲気を改善しよう
○	廿五日	木	言行一致で行動せよ
●	廿六日	金	手を広げ過ぎて後退
○	廿七日	土	サービス精神旺盛に
◑	廿八日	日	良い習慣受け継ごう
○	廿九日	月	善意を素直に受けよ
●	卅日	火	動けば動く程泥沼に
◑	卅一日	水	迂闊に判子を押すな

六月の運勢

明るく活気がある好運月で、自信があれば実行に移すのもよい。真面目に取り組む姿勢が認められ能率向上。ゆとりがあり、楽しい機会も増えそうだが、度を超さないように。

◑	一日	木	発想の転換を図ろう
○	二日	金	指導力発揮する好機
●	三日	土	羽目を外す恐れあり
◑	四日	日	素直な気持ちで実践
◎	五日	月	周囲と協調すること
●	六日	火	嫌な事でも辛抱第一
○	七日	水	初心を忘れないこと
●	八日	木	有頂天になると危険
◑	九日	金	目上から敬遠される
○	十日	土	希望実現の兆しあり
◑	十一日	日	他人を妬むより反省
○	十二日	月	苦労は買って出よう
●	十三日	火	横暴な手段で悪評が
●	十四日	水	現実逃避は見苦しい
◎	十五日	木	地道な努力で上昇運
◑	十六日	金	課題は早目にこなせ
◑	十七日	土	金だけでは成功せず
◎	十八日	日	いい知れぬ喜びあり
◑	十九日	月	下調べをしっかりと
○	廿日	火	伝統の重みを知ろう
◑	廿一日	水	えこひいきはやめよ
●	廿二日	木	物事停滞の傾向あり
○	廿三日	金	言った事は必ず実行
◑	廿四日	土	誘惑に負けぬ気構え
○	廿五日	日	健康意識した食事を
◑	廿六日	月	業務管理に専念せよ
○	廿七日	火	朗報がもたらされる
◎	廿八日	水	秩序あれば発展する
●	廿九日	木	支出増大し苦心惨憺
◑	卅日	金	怠惰に流れず堅実に

六白金星

※下手な言い訳は黙っているより悪い

七月の運勢

思いつきで行動して失敗したり、トラブルに巻き込まれやすい乱調気運。気力はあってもままならないことが多く、最終的な区切りを見据えて事を進める慎重さが必要。財運不調。

◑ 一日 土 順応性活かし生活を
○ 二日 日 衣食に不足なく安定
● 三日 月 捨て鉢素振りやめよ
◑ 四日 火 名誉に伴う実力なし
○ 五日 水 言動には責任持とう
● 六日 木 姑息な手段はとるな
○ 七日 金 能力次第で発展する
◑ 八日 土 交際相手に注意せよ
◎ 九日 日 家庭の平和に浸ろう
● 十日 月 不愉快な事が起きる
○ 十一日 火 小さい夢を掴み取れ
● 十二日 水 何かと躓きが多い日
○ 十三日 木 気取らず気楽にいけ
◑ 十四日 金 身辺の整理に大忙し
◎ 十五日 土 受けた恩を忘れるな
● 十六日 日 受動的では効果なし
○ 十七日 月 家族の絆が固くなる
◑ 十八日 火 財運の変化が激しい
○ 十九日 水 独立精神貫く覚悟を
◑ 廿日 木 七分通りで十分なり
○ 廿一日 金 何事も初めが肝心に
◎ 廿二日 土 生き甲斐感じ好調子
◑ 廿三日 日 偏った愛情では不安
● 廿四日 月 マンネリ打破しよう
◑ 廿五日 火 契約関係は慎重なれ
◑ 廿六日 水 焦るほど不振となる
○ 廿七日 木 協力関係うまくいく
● 廿八日 金 近親者に心配事あり
○ 廿九日 土 質素な暮らしで安寧
◑ 卅日 日 勝手気ままは通らぬ
● 卅一日 月 当て外れになりそう

八月の運勢

心機一転し、更なる飛躍が期待される上昇気運。全力を尽くせば良い結果も得られるが、他と共同戦線を張れば更に上首尾。家族との時間を大切にし、好運を呼び込もう。

◑ 一日 火 他人を当てにしない
◑ 二日 水 明日に疲れを残すな
○ 三日 木 指導力を活かせそう
● 四日 金 何となく気乗りせず
○ 五日 土 信頼できる友人持て
◑ 六日 日 連絡の行き違い注意
○ 七日 月 善行積んで内心満足
○ 八日 火 個性発揮し衆望担う
● 九日 水 不快感を顔に出すな
◎ 十日 木 交友に誠意を尽くせ
○ 十一日 金 決断力が要求される
● 十二日 土 思わぬ散財に冷や汗
◎ 十三日 日 心身に若さを保とう
○ 十四日 月 遠方より朗報が届く
● 十五日 火 出過ぎた事をするな
◑ 十六日 水 相手より一歩前進を
● 十七日 木 物事がこじれやすい
○ 十八日 金 基礎固めをするべき
○ 十九日 土 意外な所に味方あり
◑ 廿日 日 健康維持に時間割け
◑ 廿一日 月 常識的な考えが一番
● 廿二日 火 無駄な苦労が多い日
○ 廿三日 水 視野の拡大を図ろう
◎ 廿四日 木 頭を使い有利な展開
◑ 廿五日 金 分かるまで質問する
◑ 廿六日 土 良い芽大事に育てよ
○ 廿七日 日 愛情料理で元気倍増
◑ 廿八日 月 多数決に文句言うな
○ 廿九日 火 黙々と実行すること
● 卅日 水 雑事多く予定に狂い
○ 卅一日 木 熱意が何よりも大切

九月の運勢

調子が上がっているように見えても突発的に問題が生じやすくなる月。余計な事に手を出したり、性急に効果を求めると運気逆転も。脇見しないで本分を守って災厄を防ごう。

○ 一日 金 雰囲気に呑まれるな
◑ 二日 土 体力の増強を図ろう
◎ 三日 日 温和な態度好評招く
● 四日 月 利害不一致調整せよ
◑ 五日 火 人事交流に努めよう
◑ 六日 水 技術面で後れとるな
○ 七日 木 今の役割を果たそう
● 八日 金 見通しに誤算生じる
◑ 九日 土 身体を休めて養生を
○ 十日 日 前途に明るい光あり
● 十一日 月 弱音を吐かず頑張れ
◑ 十二日 火 邪魔が入る前に決行
○ 十三日 水 活気充実を心掛けよ
● 十四日 木 卑屈にならぬように
○ 十五日 金 内面の豊かさが大切
◑ 十六日 土 世の中は甘くはない
○ 十七日 日 親切を尽くし充実感
◎ 十八日 月 愛情持ち歓待しよう
◑ 十九日 火 宣伝方法を改善せよ
● 廿日 水 首尾一貫の姿勢とれ
◑ 廿一日 木 飲食物の節制が必要
○ 廿二日 金 前後を考え行動せよ
● 廿三日 土 目算を誤り落胆する
○ 廿四日 日 礼儀正しくして良好
◑ 廿五日 月 本職を留守にするな
◑ 廿六日 火 変化多く対応に苦慮
○ 廿七日 水 手早い処理で好成績
◑ 廿八日 木 支払い予想外に増加
● 廿九日 金 陰口自分自身に返る
◎ 卅日 土 平凡に甘んじて安泰

六白金星

物言わねば腹ふくる

十月の運勢

粘り強さと誠意が功を奏し、諸事望みの方向へ発展をみる。不安があっても努力を惜しまない責任感が成功に繋がる。対人交流面では、真摯な対応で人脈拡大のチャンスあり。

◑ 一日 日 明日の発展に備えよ
◎ 二日 月 情報をうまく使おう
○ 三日 火 他人の中傷無視せよ
● 四日 水 不勉強では成就不能
◑ 五日 木 巧言に毒ありと悟る
● 六日 金 契約に支障出る恐れ
◑ 七日 土 他人の口車に乗るな
○ 八日 日 運動不足解消に励め
◑ 九日 月 我を強く出さぬこと
◎ 十日 火 共存共栄を目指そう
◑ 十一日 水 勇み足には注意せよ
● 十二日 木 小波乱の兆しがある
○ 十三日 金 考えた後に実施せよ
◑ 十四日 土 迷わず正道を歩もう
● 十五日 日 急ぐと壁にぶつかる
◑ 十六日 月 多芸多才で貧乏くじ
● 十七日 火 大事は一切控えよう
○ 十八日 水 感情がもつれる傾向
● 十九日 木 財政面に不安感じる
○ 廿日 金 一つ一つ熟考しよう
◑ 廿一日 土 自尊心もほどほどに
◎ 廿二日 日 生活のリズムを順守
○ 廿三日 月 段取りをうまくやれ
● 廿四日 火 上に立てば反発あり
◑ 廿五日 水 見極めを的確にやれ
◑ 廿六日 木 去る者は追わぬこと
◎ 廿七日 金 万事手堅く進めよう
◑ 廿八日 土 若者の悩み理解せよ
○ 廿九日 日 自然の中で心が和む
● 卅日 月 良さそうで内実多難
◑ 卅一日 火 何事も根気が不可欠

十一月の運勢

心地よさに包まれて意欲が湧いてくる月。自信に満ち仕事も好調、成績向上をみる。現状に甘えず、新境地を開くための精進が好機を生み出すが、マナーとルールを厳守。

○ 一日 水 公平無私で支持多し
● 二日 木 攻撃されても耐えよ
◎ 三日 金 新鮮な感覚を大切に
◑ 四日 土 無分別に動くと後退
○ 五日 日 異性の助力感謝する
◑ 六日 月 気を張って仕事せよ
○ 七日 火 建設的な発想が有利
● 八日 水 不用意な言葉使うな
● 九日 木 口論後日に尾を引く
○ 十日 金 全てが調子良くいく
◑ 十一日 土 拙速は避けて丁寧に
○ 十二日 日 自分の思いが伝わる
◑ 十三日 月 自他の力を結集せよ
● 十四日 火 脇見すると収穫ゼロ
◑ 十五日 水 頼まれ事で四苦八苦
● 十六日 木 栄枯盛衰は世の習い
◎ 十七日 金 相手の長所を見よう
○ 十八日 土 渋滞してもくさるな
● 十九日 日 気紛れだと嫌われる
◑ 廿日 月 先頭に立っては損失
○ 廿一日 火 今一歩の押しが要る
● 廿二日 水 古い事で嫌な気持ち
◑ 廿三日 木 弱気では物にならぬ
○ 廿四日 金 一気呵成にかかろう
● 廿五日 土 見せかけで断じない
○ 廿六日 日 話が円満に解決する
● 廿七日 月 難しい方法をとるな
◎ 廿八日 火 思い切りよくやろう
◑ 廿九日 水 背伸びし過ぎて反転
○ 卅日 木 運気良くても自重を

十二月の運勢

華々しい存在になりたい願いに駆られるが、気を張っていないと前進は容易ではない。将来の夢や展望を描き、計画倒れにならぬよう落ち着いて検討を重ねていくこと。

○ 一日 金 念入りにやれば順調
◑ 二日 土 甘い言葉には警戒を
◑ 三日 日 常に家庭を忘れるな
○ 四日 月 体力増強万事に情熱
● 五日 火 気持ちの切り替えを
○ 六日 水 過去にはこだわるな
● 七日 木 人に騙される恐れが
◎ 八日 金 手際良く着実に前進
○ 九日 土 移り気抑えれば幸運
◑ 十日 日 軽い風邪でも用心を
● 十一日 月 粗雑にやり後で後悔
◑ 十二日 火 気を緩めると不成就
◑ 十三日 水 果報は寝ても来ない
◎ 十四日 木 実力が急速に伸びる
○ 十五日 金 順序を守って邁進を
● 十六日 土 単純過ぎると失策に
○ 十七日 日 人の意見を聞く雅量
○ 十八日 月 世評良し自信持とう
● 十九日 火 一事に集中すること
◑ 廿日 水 過労気味休息をとれ
◎ 廿一日 木 全力尽くして満足感
● 廿二日 金 入金より支出が多い
◑ 廿三日 土 励行なくば光明なし
◑ 廿四日 日 悪いようで案外良い
○ 廿五日 月 素志貫けば気分爽快
◎ 廿六日 火 心は大きく持つこと
◑ 廿七日 水 負けて勝つ手をとれ
○ 廿八日 木 何事も温厚に対処を
● 廿九日 金 憶測で物を言わない
◑ 卅日 土 柔軟な対応が最善策
○ 卅一日 日 余裕を持って過ごせ

愚かなる者は思うこと多し

七赤金星の人

（しちせききんせい）

恩恵も時を得ざれば無益となる

◐ 金曜星 平運

満年齢		
三歳	令 二	(庚子)
一二歳	平二三	(辛卯)
二一歳	平一四	(壬午)
三〇歳	平 五	(癸酉)
三九歳	昭五九	(甲子)
四八歳	昭五〇	(乙卯)
五七歳	昭四一	(丙午)
六六歳	昭三二	(丁酉)
七五歳	昭二三	(戊子)
八四歳	昭一四	(己卯)
九三歳	昭 五	(庚午)

七赤の年盤方位・解説

(吉方)
東・南

(凶方)
南東（暗剣殺）
北西（五黄殺）
西（歳破）
北東（本命殺）
南西（的殺）
北

気分を一新し改革・改善への期待が高まり、現状から脱皮したい気持ちが募ってくる年。進むべき道を見つけるために生活や心構えの切り替えが必要となり、身上に様々な形で変化変動の兆しが生じてくる。これまで不遇な状態であった人の辛抱努力が報われ良運を掴めそうな反面、順調であった人が一転して悪い方向へ流されたりと、吉凶現象が多種多様に出てきそう。冒険は避け慎重に段階を踏むことが大切で、その取り組みは将来の運勢にも影響してくる。

子年生まれ　苦手なことでも克服する我慢強さが必要。アドバイスは素直に聞いて手順よく進めよう。

卯年生まれ　諸事正攻法で地位や信用が上がる。独善的にならぬよう、周囲を立てる心が信頼を深める。

午年生まれ　前進するための見直しが求められる。高姿勢に出てとかく人と対立しやすいのは反省を。

酉年生まれ　平凡な生活に飽き足らないからと、安易に転換を図ると支障を来す。礼節を重んじた態度で。

七月の月盤 / 一月の月盤  / 八月の月盤 / 二月の月盤 / 九月の月盤 / 三月の月盤 / 十月の月盤 / 四月の月盤  / 十一月の月盤 / 五月の月盤 / 十二月の月盤 / 六月の月盤

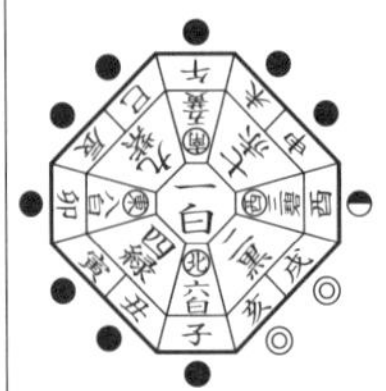

七赤金星

石の上にも三年

一月の運勢

才能を発揮できる自信もついて、尽力した分だけ評価が得られる吉運月。地道な行動と根気強さが成功への鍵。やや羽目を外す面もあるが、人望もあり対人交流の輪が広がりそう。

- ○ 一日 日 家庭円満で笑い多し
- ◎ 二日 月 のんびりと心の洗濯
- ◑ 三日 火 来る客は丁重に接待
- ◑ 四日 水 遊び心はほどほどに
- ○ 五日 木 自己の能力を活かせ
- ● 六日 金 言行不一致で失敗す
- ○ 七日 土 友と心が通い合える
- ◑ 八日 日 周囲との関係考えて
- ○ 九日 月 規則正しい生活せよ
- ● 十日 火 つまらない話は無視
- ○ 十一日 水 依頼心捨て自力更生
- ◑ 十二日 木 細事にも心を配ろう
- ○ 十三日 金 念入りにやれば成就
- ◑ 十四日 土 下手な妥協は逆効果
- ◎ 十五日 日 若い人に朗報が届く
- ○ 十六日 月 宿願達成の喜びあり
- ◑ 十七日 火 約束には責任持とう
- ● 十八日 水 安易な気持ちは駄目
- ● 十九日 木 宣伝に乗せられるな
- ◑ 廿日 金 自己過信し過ぎない
- ● 廿一日 土 陰口気にしないこと
- ○ 廿二日 日 愛情表現を考えよう
- ◑ 廿三日 月 旧状のまま手控えよ
- ○ 廿四日 火 人の和に重点を置け
- ● 廿五日 水 沈黙して時機を待て
- ○ 廿六日 木 実力養成がまず優先
- ● 廿七日 金 保証人になると剣呑
- ◑ 廿八日 土 予定変更となりがち
- ◎ 廿九日 日 親切に応対して良好
- ◑ 卅日 月 必要な金惜しまない
- ○ 卅一日 火 人つき合いを大切に

二月の運勢

突発的なことが起こりやすく、台本通りには運びにくい乱調傾向に。情に溺れず理性的に考え対応する姿勢が、難を最小限に防いでくれる。お金に絡む旨い話にはご用心を。

- ● 一日 水 内面に気苦労が多い
- ○ 二日 木 無駄を省いて好調子
- ◑ 三日 金 堅実に信用保持せよ
- ○ 四日 土 家庭に嬉しい出来事
- ◑ 五日 日 気分一新再スタート
- ◎ 六日 月 独自の才能を発揮す
- ● 七日 火 快楽追って借金残る
- ○ 八日 水 黙々と仕事一筋なれ
- ◑ 九日 木 資金問題は早期解決
- ○ 十日 金 発言したこと実行に
- ◑ 十一日 土 相手の弱点をつくな
- ● 十二日 日 几帳面な姿勢をとれ
- ○ 十三日 月 平凡な日手堅く進め
- ● 十四日 火 停滞傾向で慎重なれ
- ○ 十五日 水 真心が相手に通じる
- ◑ 十六日 木 情報源を明示しよう
- ○ 十七日 金 運気あるも自制せよ
- ◑ 十八日 土 つまらぬ浪費避ける
- ● 十九日 日 自重して徐々に進め
- ◎ 廿日 月 謙虚に頭を低くせよ
- ○ 廿一日 火 熱意に応え全力出せ
- ◑ 廿二日 水 悩み事忘れて冷静に
- ○ 廿三日 木 清潔ならば好感得る
- ● 廿四日 金 少しの油断破れ招く
- ○ 廿五日 土 無理しなければ安泰
- ◑ 廿六日 日 過去の経験から学べ
- ◎ 廿七日 月 実力を発揮する好機
- ● 廿八日 火 志あるも力が及ばず

三月の運勢

安定した平穏な情勢で方策を練るのには良いが、駆け引きには向かない月。地味で堅実な努力が認められ、身近な人の支えが得られそう。若い人との触れ合いが好感度アップに。

- ● 一日 水 誇大広告信用するな
- ◑ 二日 木 勇み足に気をつけよ
- ○ 三日 金 社交面の円滑を図れ
- ○ 四日 土 正直な言動が最良策
- ● 五日 日 競っても良い事なし
- ◎ 六日 月 十分に実力を示そう
- ○ 七日 火 秩序あれば発展する
- ◑ 八日 水 無理は健康にひびく
- ● 九日 木 注意力散漫失策多し
- ◎ 十日 金 正々堂々と勝負せよ
- ○ 十一日 土 あまり案ずる事なし
- ◑ 十二日 日 去る者は追わぬこと
- ● 十三日 月 物欲の争いは慎もう
- ○ 十四日 火 目立たない方が無難
- ◑ 十五日 水 決心ぐらつかせるな
- ● 十六日 木 手続きを面倒がるな
- ◑ 十七日 金 苦労してこそ楽あり
- ○ 十八日 土 功を急ぐと後退する
- ◑ 十九日 日 負けて勝つ手が良い
- ◎ 廿日 月 体調良く成果上がる
- ○ 廿一日 火 着実な道が一番早い
- ● 廿二日 水 背伸びは後悔の因に
- ◑ 廿三日 木 一寸した風邪も留意
- ◎ 廿四日 金 信義は固く守ること
- ● 廿五日 土 雑念生じて迷い多し
- ◑ 廿六日 日 自己の欠点見せるな
- ○ 廿七日 月 黙って作業をやろう
- ◑ 廿八日 火 前後を考え行動せよ
- ● 廿九日 水 立場不利粘り抜こう
- ○ 卅日 木 若さで困難打ち破れ
- ◑ 卅一日 金 切り上げ時は適切に

七赤金星

用ある時の地蔵顔　用なき時の閻魔顔

四月の運勢

注意力に欠け空転したり反発を買ったりと、一筋縄ではいかない複雑な雲行きに。勢い込んで調子に乗り独走したり、失言が思わぬ結末を生むことにも。気遣いと従順さが必須。

◑ 一日 土 体調を崩しやすい日
○ 二日 日 休日有意義に過ごせ
◎ 三日 月 生活にゆとりできる
● 四日 火 売名行為は控えよう
○ 五日 水 物事にけじめつけよ
◑ 六日 木 古い事を蒸し返すな
◑ 七日 金 吉凶の変化が目立つ
● 八日 土 悪態つかれても無視
○ 九日 日 人とのふれ合い大切
● 十日 月 気まま過ぎれば退転

◎ 十一日 火 全て調子良く進める
◑ 十二日 水 変化に後れないよう
● 十三日 木 中途半端になりがち
○ 十四日 金 移り気の傾向強まる
● 十五日 土 外見ほどに中身なし
○ 十六日 日 誠実本位で信頼得る
◑ 十七日 月 身分相応に活動せよ
○ 十八日 火 財産保全に努めよう
● 十九日 水 実力なく苦労が続く
◑ 廿日 木 合理的に片づけよう

◑ 廿一日 金 知識不足を埋めよう
○ 廿二日 土 交際を広げてみよう
◑ 廿三日 日 人気に陰り出てくる
◑ 廿四日 月 難解な問題に苦しむ
● 廿五日 火 実務に弱く失態招く
○ 廿六日 水 足元から築きあげよ
○ 廿七日 木 立場の判断を誤るな
◑ 廿八日 金 力抜かず厳しく点検
◎ 廿九日 土 前向きな姿勢が良い
◑ 卅日 日 小細工は裏目に出る

五月の運勢

向上心旺盛で、実力・運共に恵まれ大いに活躍。理想を掲げて謙虚な気持ちで取り組めば一段と進歩が望める。円満な人間関係を心掛け、仕事も趣味も好調。愛情運上昇中。

○ 一日 月 順調だが口論避けよ
● 二日 火 一本調子では息切れ
◑ 三日 水 不用意な発言控えよ
◑ 四日 木 無事が何よりの土産
◎ 五日 金 幸運の波に乗れそう
◑ 六日 土 家庭の平穏を乱すな
● 七日 日 自戒し安全策をとれ
◑ 八日 月 投げ遣りにならない
◑ 九日 火 病気の再発を防ごう
○ 十日 水 公徳心忘れないこと

○ 十一日 木 力の蓄積に励むとき
● 十二日 金 小波乱で気苦労多し
○ 十三日 土 気軽になって一安心
◑ 十四日 日 色々な条件見比べよ
◑ 十五日 月 目的を確立して進め
◎ 十六日 火 仲間と交流し満足感
● 十七日 水 意志薄弱だと損害大
◑ 十八日 木 軌道修正を図ること
○ 十九日 金 仕事に忠実なら良好
● 廿日 土 嘘をつけば信頼低下

○ 廿一日 日 誠意を持って対応を
◑ 廿二日 月 相手の弱点をつくな
● 廿三日 火 頑張っても成果出ず
○ 廿四日 水 望み通りになるとき
● 廿五日 木 挑戦しても空回りに
○ 廿六日 金 状況が少し好転する
◑ 廿七日 土 不時の災害に備えよ
○ 廿八日 日 意外な味方が現れる
◎ 廿九日 月 充実した一日になる
◑ 卅日 火 終始一貫した態度を
◑ 卅一日 水 秩序を守れば恙無い

六月の運勢

外見に惑わされ内部を見通す力が不足しがちで、出たとこ勝負は回避を。現実をよく把握することが必要で、順序よく予定を組んで進めること。金運は概ね良好、計画的支出を。

● 一日 木 相手を見て善処せよ
○ 二日 金 後れを取り戻すとき
● 三日 土 不首尾の公算大きい
○ 四日 日 義理人情も重要なり
◑ 五日 月 油断から挫折しがち
◎ 六日 火 落ち着いて頭使おう
● 七日 水 最後まで油断は禁物
○ 八日 木 自分の特技を磨こう
● 九日 金 巧言に毒ありと悟れ
◑ 十日 土 穏やかな物腰をとれ

○ 十一日 日 同じやるなら喜んで
● 十二日 月 焦ると前が見えない
○ 十三日 火 忍耐力が要求される
◑ 十四日 水 危ない所へ近寄るな
○ 十五日 木 如才なく行動し安泰
● 十六日 金 ためらって機会逃す
◑ 十七日 土 夜遊びはほどほどに
◎ 十八日 日 身内の世話で忙しい
◑ 十九日 月 借金は必要最小限に
◑ 廿日 火 趣味より実益を優先

● 廿一日 水 結果を急げば挫折す
○ 廿二日 木 質を優先して高評価
◑ 廿三日 金 感情的になると後退
○ 廿四日 土 人の見方は様々なり
● 廿五日 日 争って残るは不信感
◑ 廿六日 月 高姿勢では支援失う
○ 廿七日 火 知らぬふりで過ごせ
◑ 廿八日 水 和を破らぬよう配慮
○ 廿九日 木 何事にも根気が肝要
◎ 卅日 金 大過なきを感謝せよ

七赤金星

七月の運勢

予想が外れて窮地に陥ったり、慣れていることでも仕損じたりしそう。焦りを表面に出すと形勢不利になりがち。危険が潜んでいる衰運月で、思いやり不足から別れの懸念も。

- ◑ 一日 土 交通事故に用心せよ
- ○ 二日 日 助け合い精神育もう
- ◑ 三日 月 一事に集中すること
- ● 四日 火 物事の表面に立つな
- ○ 五日 水 諦めずに頑張ること
- ◑ 六日 木 独断専行は慎むこと
- ● 七日 金 中途半端でやめるな
- ○ 八日 土 下準備を十分に行え
- ◑ 九日 日 秘密は絶対守ること
- ◎ 十日 月 黙々と役割を果たせ
- ◑ 十一日 火 企画に創意工夫必要
- ◎ 十二日 水 秩序保ち周囲と和合
- ◑ 十三日 木 情勢判断に迷い多し
- ● 十四日 金 失費減らす法考えろ
- ○ 十五日 土 良識に基づき判断を
- ◑ 十六日 日 地味でも長続き得策
- ○ 十七日 月 根回しはうまくやれ
- ◑ 十八日 火 大事な物を忘れるな
- ○ 十九日 水 飾らず自分を出そう
- ● 廿日 木 粗雑なやり方で破綻
- ○ 廿一日 金 万事自力で解決せよ
- ● 廿二日 土 利に走り悔恨が残る
- ◑ 廿三日 日 少し脱線の傾向あり
- ◎ 廿四日 月 社交面で良運を招く
- ● 廿五日 火 期待外れが多くなる
- ◑ 廿六日 水 短所を反省改善せよ
- ○ 廿七日 木 義理で一肌脱ぐとき
- ● 廿八日 金 気力あるが実力不足
- ◑ 廿九日 土 強情な心を捨てよう
- ◑ 卅日 日 水難事故に注意せよ
- ○ 卅一日 月 七分通りで十分満足

八月の運勢

運勢的には安定しているが、無理は禁物。親切丁寧にを念頭に、何事も一呼吸おいて慌てないことが肝心。段取りをしっかりつけることで希望に繋がっていける。夏バテに用心。

- ◑ 一日 火 よく考えて事を運べ
- ◑ 二日 水 一貫して現実主義で
- ◎ 三日 木 相手と意気投合する
- ● 四日 金 大言壮語はやめよう
- ○ 五日 土 他人の為に奉仕せよ
- ◑ 六日 日 思ったほど不安なし
- ● 七日 月 嫉妬は醜い控え目に
- ○ 八日 火 友人の意見を参考に
- ○ 九日 水 根性で運勢を開こう
- ● 十日 木 多事多難だが励行を
- ● 十一日 金 小細工して損失招く
- ◑ 十二日 土 賢明な方策立てよう
- ○ 十三日 日 意外な人の訪問あり
- ○ 十四日 月 小事には好調を得る
- ◑ 十五日 火 飲食物に気をつけて
- ◎ 十六日 水 良い発想を活かそう
- ● 十七日 木 無茶な考えして頓挫
- ◑ 十八日 金 失望せず勇気を出せ
- ○ 十九日 土 頼みごとで良い返事
- ◑ 廿日 日 寝不足は万病の因に
- ● 廿一日 月 迷って物事空転する
- ◑ 廿二日 火 人脈の拡大を図ろう
- ○ 廿三日 水 創造力で良い計画を
- ◑ 廿四日 木 理想を追い活動せよ
- ○ 廿五日 金 急場に救いの手あり
- ● 廿六日 土 妨害あっても忍耐を
- ○ 廿七日 日 明日の勝利信じよう
- ◑ 廿八日 月 多忙で一日が暮れる
- ◎ 廿九日 火 最後までやる気維持
- ○ 卅日 水 初心を忘れないこと
- ◑ 卅一日 木 他人に甘えては駄目

九月の運勢

上昇気運に恵まれ、日常生活の中で喜びがもたらされる。諸事積極的に出て、成果が期待できそう。目上や先輩の引き立てを得て人気も集まる。家庭サービスも忘れずに。

- ○ 一日 金 視野を広く持つこと
- ◑ 二日 土 余裕あるも浪費自重
- ○ 三日 日 愛される人間になれ
- ● 四日 月 定石通りにはいかぬ
- ◎ 五日 火 地道にやり進歩する
- ◑ 六日 水 一歩ずつの積み重ね
- ◑ 七日 木 人を見て交わること
- ○ 八日 金 自分の力に自信持て
- ● 九日 土 自棄っぱちになるな
- ○ 十日 日 旧友と楽しい会話を
- ◎ 十一日 月 将来を期し堅実行動
- ○ 十二日 火 面倒な問題が解消す
- ● 十三日 水 人の失敗を責めるな
- ◑ 十四日 木 一進一退変化が多い
- ● 十五日 金 甘い気持ちで空回り
- ○ 十六日 土 同気と一体で喜ぼう
- ● 十七日 日 酒の上の失態避けよ
- ◑ 十八日 月 生活上に不安生じる
- ◑ 十九日 火 低姿勢から物言いを
- ○ 廿日 水 働き甲斐のあるとき
- ◑ 廿一日 木 身体に栄養をつけよ
- ● 廿二日 金 退いて時機を待とう
- ○ 廿三日 土 独立独歩の精神育め
- ◑ 廿四日 日 盗難防止に手を打て
- ○ 廿五日 月 先輩知人の応援あり
- ● 廿六日 火 わだかまりを捨てよ
- ○ 廿七日 水 体の調子が良くなる
- ◑ 廿八日 木 戸締りを厳重にせよ
- ◎ 廿九日 金 団結すれば成績向上
- ● 卅日 土 不平不満口に出すな

別れの痛みは　再会の喜びに比べれば何でもない

七赤金星

神秘と迷信は天才と馬鹿

十月の運勢

忙しい中でも手応えを感じる好調運。向上心に溢れ全力投球する奮闘が認められ実り多い月。準備してきた構想・目標にチャレンジして吉。財運も良好、将来に備えた投資を。

○一日 日 原点に返り努力せよ
◑二日 月 よく考えてから着手
●三日 火 無理強いは通らない
◑四日 水 進退に迷いが生じる
◑五日 木 疲れを早目にとろう
◎六日 金 好機到来だ邁進せよ
◑七日 土 多少の失敗恐れるな
○八日 日 折り合いをつけよう
●九日 月 油断は禁物一意専心
○十日 火 言葉より行動で示せ

○十一日 水 持久力を発揮しよう
●十二日 木 煮え切らぬ態度駄目
◑十三日 金 時の流れに逆らうな
◎十四日 土 人情の美しさに感動
○十五日 日 公平なれば信用生む
◑十六日 月 補佐役で我慢し安泰
●十七日 火 甘言に乗る恐れあり
○十八日 水 柔軟な心が勝機生む
◑十九日 木 自分自身を見つめよ
◎廿日 金 根気よければ順調運

◑廿一日 土 相談して事を運ぼう
○廿二日 日 ピンチをチャンスに
●廿三日 月 高望みは苦悩の種に
●廿四日 火 番狂わせ生じる恐れ
○廿五日 水 引立てあり好転する
◑廿六日 木 傲慢な姿勢では敗退
○廿七日 金 長期的な展望を持て
●廿八日 土 愚痴を口に出さない
○廿九日 日 家族間の信頼を築け
◑卅日 月 細心の心配りをせよ
○卅一日 火 対策は素早く実施を

十一月の運勢

欲張って結局何も得られず終わったり、新企画も机上の空論となりがち。ペースを守りながら状況判断し、手堅く対応を。自分の能力を超えることは厳禁で、体力減退にも注意。

●一日 水 人真似では進歩なし
◎二日 木 晴々した気分で爽快
●三日 金 出たとこ勝負は不可
○四日 土 陽気に振る舞うこと
◑五日 日 疲労回復まず考えよ
◑六日 月 偏愛強くて反抗招く
○七日 火 波風立てぬ心で静観
◎八日 水 笑顔を絶やさず応対
●九日 木 物事を粗雑に扱うな
◑十日 金 計画に沿った発言を

●十一日 土 姑息な手段をとるな
○十二日 日 温和なれば平穏無事
◑十三日 月 首尾一貫の姿勢とれ
●十四日 火 あれこれ迷い不成就
○十五日 水 本務に専念すること
◑十六日 木 方針練り直し再出発
●十七日 金 うまい話は断るべし
◑十八日 土 必要以上の物買うな
○十九日 日 信頼される行動とれ
◑廿日 月 実行力が要求される

●廿一日 火 不平言うも相手なし
◑廿二日 水 気分のむらをなくせ
◎廿三日 木 対人関係は順調なり
◑廿四日 金 小さな障害に怯むな
●廿五日 土 金銭面で悩みが多い
○廿六日 日 先祖の供養忘れるな
◎廿七日 月 相互繁栄を心掛けよ
●廿八日 火 事態収拾に手を焼く
○廿九日 水 向上心を失うなかれ
◑卅日 木 口論は後回しにせよ

十二月の運勢

やる気は出るものの苛立ちも募り、力不足を実感。運気は悪くないだけに、落ち着いて対処すれば波に乗れ、充実した月に。次を見据えた情報分析も大事。防寒対策周到に。

○一日 金 相手の真意汲みとれ
●二日 土 渋面つくって不成立
◑三日 日 中途半端になりがち
◑四日 月 投機的な事は見送れ
◎五日 火 つきの良さ活かそう
○六日 水 冷静に対処し克服を
●七日 木 打算的行為に走るな
○八日 金 調子に乗らず堅実に
●九日 土 迷い多く断を下せぬ
◑十日 日 安全運転をすること

◑十一日 月 粘り強く先方を説得
◎十二日 火 日頃の精進心掛けよ
●十三日 水 甘く見ると躓きそう
◑十四日 木 他人の心中を察せよ
○十五日 金 意外に情報が集まる
●十六日 土 表に出ない揉め事が
○十七日 日 心が休まる雰囲気に
○十八日 月 きたんなく話し合え
●十九日 火 陰気な顔は損をする
◑廿日 水 理想より現実を重視

◎廿一日 木 意のままに事が運ぶ
◑廿二日 金 腹を割って話し合え
○廿三日 土 焦ると逆に問題勃発
◑廿四日 日 石橋を叩いて渡ろう
○廿五日 月 健康保持に気を配れ
◑廿六日 火 寛大な心で臨むこと
●廿七日 水 低姿勢で辛抱が肝心
○廿八日 木 好調なれど油断禁物
◑廿九日 金 早呑み込みで赤面す
●卅日 土 安請け合いはやめよ
○卅一日 日 親族と楽しい会話を

天を楽しみ命を知る　故に憂えず

八白土星（はっぱくどせい）の人

日々反省
日々感謝
年々積徳

○日曜星　盛運

満年齢

四歳 平三一令元（己亥）
一三歳 平二二（庚寅）
二二歳 平一三（辛巳）
三一歳 平 四（壬申）
四〇歳 昭五八（癸亥）
四九歳 昭四九（甲寅）
五八歳 昭四〇（乙巳）
六七歳 昭三一（丙申）
七六歳 昭二二（丁亥）
八五歳 昭一三（戊寅）
九四歳 昭 四（己巳）

八白の年盤方位・解説

（吉方）
東
北東

（凶方）
南東（暗剣殺）
北西（五黄殺）
西（歳破）
南（本命殺）
北（的殺）

自信に溢れてきぱきと対応でき、好展開も期待される活躍年。運気のエネルギーは強く充実感もあるだけに、意欲的に取り組めば信頼を得て、地位や評判が上がり新しい世界が開けてくることも。しかし、これまでの努力を重ねてきたことで成否が判然としてきたり、自分の長所と短所が顕著に表れたりと、善きにつけ悪しきにつけ変化が生じやすくなりそうで留意しておきたい。更に後半から徐々に下降気味に向かう傾向もあり、油断せず諸事早目の処理を目指そう。

寅年生まれ　苦労が実り発展もするが、勇み足や欲を出すと反感を買いやすい。投資より貯蓄を心掛ける。

巳年生まれ　信用第一に行動すれば、多少のことがあっても成果を収められそう。家族の意見を尊重しよう。

申年生まれ　好感度アップし満足感を味わえるが、状況判断の甘さが心配。些細な事でも疎かにしない。

亥年生まれ　隠れた才能が認められたり、過去の言動で好評価を受けそう。理性と分別が良運を招くことに。

一月の月盤

二月の月盤

三月の月盤

四月の月盤

五月の月盤

六月の月盤

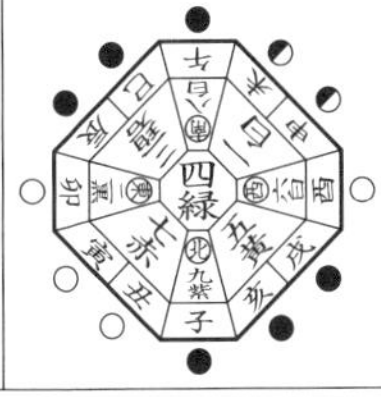

七月の月盤

八月の月盤

九月の月盤

十月の月盤

十一月の月盤

十二月の月盤

八白土星

己の欠点は他人の目によってのみ　よく知ることができるものだ

一月の運勢

団欒が活力となる安定・充実した幸運月。誠意が伝わり各方面から支持されたり、チャンスを掴んだりと良い方向に運気が流れる。先を見通した行動が善きご縁を運ぶ。

○一日 日 平凡でも夢を持とう
◑二日 月 言外の意を汲みとれ
◎三日 火 交友関係順調にいく
○四日 水 創造の意欲を燃やせ
◑五日 木 社交辞令は信じるな
●六日 金 感情の行き違い留意
◎七日 土 内も外も平穏で好調
◑八日 日 骨惜しみしないこと
○九日 月 見通しつけて動こう
●十日 火 金銭色情には要注意
◑十一日 水 目先の利益に迷うな
●十二日 木 重荷だが辛抱しよう
◎十三日 金 根気よく相手に対応
◑十四日 土 思わぬ散財に用心を
●十五日 日 短気を起こさぬこと
◑十六日 月 儲け話はよく調べよ
○十七日 火 物質運には恵まれる
◑十八日 水 執着心持たないこと
●十九日 木 意を説き相手を説得
○廿日 金 目立たない利得あり
◑廿一日 土 持久力が成否分ける
○廿二日 日 感情に溺れると不利
●廿三日 月 他人事に口出し厳禁
○廿四日 火 冒険心で困難を克服
●廿五日 水 肩書過信で失態招く
◎廿六日 木 努力続行が基底なり
○廿七日 金 初心忘れず奮闘せよ
◑廿八日 土 健康保持に関心持て
●廿九日 日 不満を顔に表さない
○卅日 月 人に頼らず自力遂行
◑卅一日 火 決めた事は必ず守れ

二月の運勢

才腕が認められ波に乗って利に利を重ねる上昇運。身近な人の助力があれば更にスキルアップも可能。万全の準備のもと目標の達成に乗り出そう。約束やマナーは守ること。

◑一日 水 親切を尽くして満足
●二日 木 外見ほどに実力なし
◎三日 金 真実一路の精神持て
●四日 土 悪友と交わるなかれ
○五日 日 分相応で小康を保つ
◑六日 月 誘惑の魔手に要注意
○七日 火 念入りにやれば安穏
◑八日 水 健康状態チェックを
○九日 木 今の苦労後に活きる
●十日 金 一抹の不安を感じる
◑十一日 土 見栄を張らないこと
○十二日 日 休日を有意義に使え
◑十三日 月 話し合いで解決せよ
●十四日 火 進行に妨げが生じる
●十五日 水 おだてに乗って大損
◎十六日 木 言行一致を守ること
◑十七日 金 戸締り盗難に警戒を
○十八日 土 長上の援助で道開く
◑十九日 日 体の調子整えること
●廿日 月 実力不足で効果なし
◑廿一日 火 独善的なら嫌われる
○廿二日 水 妥当な発言心掛けよ
◑廿三日 木 公私の別は厳正なれ
●廿四日 金 入金より支出が多い
◑廿五日 土 芽が出るまで待とう
○廿六日 日 欲望をコントロール
◎廿七日 月 汗の結晶が光るとき
○廿八日 火 何事にも謙虚が良い

三月の運勢

運気は低下するが、駆け引きは慎重に。和を第一に考えた雰囲気作りが好感を持たれる。力量以上の挑戦はトラブルを招きやすく、迷ったら一旦引くのも得策。風邪は万病の因。

●一日 水 表面的な判断は禁物
◑二日 木 頭を下げて損失なし
○三日 金 先輩の忠告で改善す
●四日 土 迂闊な一言で対立が
○五日 日 小細工は通用しない
◎六日 月 案外好調の運勢なり
●七日 火 世間知らず思い知る
○八日 水 偏愛やめて寛大な心
◑九日 木 直観力冴えないとき
○十日 金 資金問題の道開ける
◑十一日 土 運気の波を捉えよう
○十二日 日 品位ある所作をとれ
◑十三日 月 指導者に従順であれ
●十四日 火 進退に迷いが生じる
◎十五日 水 先祖の護りに感謝を
●十六日 木 軽はずみな言動制止
◑十七日 金 腰を据えて取り組め
○十八日 土 友達の意見を参考に
◑十九日 日 気の休まる暇がない
●廿日 月 法外な望みを持つな
○廿一日 火 遠方から嬉しい便り
◑廿二日 水 裸一貫の意気込みで
●廿三日 木 まず懸案事項を解決
◎廿四日 金 続けることこそ大切
◑廿五日 土 苛立ちに頭を抱える
◑廿六日 日 年齢を考え行動せよ
◎廿七日 月 地道な尽力で花開く
◑廿八日 火 好き嫌いで物言うな
○廿九日 水 工夫し長所を伸ばせ
◑卅日 木 臨機応変に対応せよ
○卅一日 金 話は落ち着いてやれ

八白土星

安に居て危を思う

四月の運勢

元気いっぱいの朗らかさが人望を集める月。独力で奮闘している人は実を結び相応の結果をもたらしそう。対人交流運や金運もまずまずだが、支出は生活に必要なものを優先。

◑ 一日 土 二人三脚で活動せよ
○ 二日 日 夢心地の出来事あり
◎ 三日 月 停滞なく順調にいく
● 四日 火 交渉に不行き届きが
◑ 五日 水 自己宣伝は見苦しい
◑ 六日 木 再度依頼すると良い
○ 七日 金 自分の能力活かそう
● 八日 土 有為転変は世の習い
○ 九日 日 相手の誠意を信じよ
● 十日 月 新取引に危難が伴う

○ 十一日 火 計算は正確に行おう
◑ 十二日 水 詐欺にかからぬ用心
○ 十三日 木 利口ぶらずに働こう
● 十四日 金 肩書に騙される恐れ
◎ 十五日 土 自分の真心を示そう
◑ 十六日 日 柔軟な態度で応対を
● 十七日 月 挑戦が不振に終わる
○ 十八日 火 実現可能な計画遂行
● 十九日 水 受難は心の油断から
◎ 廿日 木 地域社会に奉仕せよ

◑ 廿一日 金 秘密保持に気を配れ
◑ 廿二日 土 経済変動を見逃すな
○ 廿三日 日 家族と気持ちを結束
● 廿四日 月 外出先では低姿勢で
◎ 廿五日 火 平凡でも充足感あり
○ 廿六日 水 身近な目標掲げよう
◑ 廿七日 木 病気の快復遅くなる
● 廿八日 金 情報の読み浅く敗退
◑ 廿九日 土 中途半端でやめるな
● 卅日 日 あまり出歩かぬよう

五月の運勢

率先して励めば運気が味方し、軌道に乗れる。忙しさの中にも羽を伸ばす機会には恵まれるが、予算超過には注意を。活躍できるのは家族のおかげであることを実感。

◑ 一日 月 相手を見て物を言え
○ 二日 火 積極性が開運を招く
◎ 三日 水 人の和を大切にせよ
● 四日 木 依頼心強くては駄目
○ 五日 金 表立たない進歩あり
● 六日 土 愛情関係も波乱含み
◑ 七日 日 粘り強い精神保とう
○ 八日 月 難事が片づいて満足
● 九日 火 大言壮語を自戒せよ
○ 十日 水 地道にやり一歩前進

◑ 十一日 木 息切れ状態をなくせ
◑ 十二日 金 折れることで和解へ
● 十三日 土 身内に問題起きそう
○ 十四日 日 流れをうまく掴もう
◑ 十五日 月 弱気では万事が停滞
● 十六日 火 妨害受ける恐れあり
◑ 十七日 水 よく反省してかかれ
◎ 十八日 木 着実に成果上げよう
● 十九日 金 根のない噂で傷つく
◎ 廿日 土 知恵袋の役割を担う

○ 廿一日 日 後輩育成に努めよう
◑ 廿二日 月 安易な計画なら頓挫
○ 廿三日 火 人にも花を持たせよ
◑ 廿四日 水 副業に手出しするな
◎ 廿五日 木 信念を持って進もう
○ 廿六日 金 受けた恩は忘れるな
● 廿七日 土 寝不足過労に注意を
◎ 廿八日 日 友人と談笑心和らぐ
○ 廿九日 月 争わず他人を立てよ
● 卅日 火 煮え切らぬ態度改め
◑ 卅一日 水 気取らず気楽にいけ

六月の運勢

変化を求めたくなる月で、迷いや不満も高まりそう。我を通そうとすると失敗を招きやすく、自分の身の丈の範疇であれば難は防げる。不愉快なことも受け流す心の広さを。

○ 一日 木 確実な道が一番早い
◑ 二日 金 自制した振る舞いを
● 三日 土 人真似では信用なし
○ 四日 日 責任ある言動をとれ
◑ 五日 月 冷静に情勢の分析を
● 六日 火 諦めると損しかない
◑ 七日 水 先方の心中を見抜け
○ 八日 木 前途を鋭く見定めよ
● 九日 金 約束忘れて人望失う
◎ 十日 土 気分転換で意欲回復

● 十一日 日 筋書き通りにいかず
◑ 十二日 月 一時の迷いが生じる
● 十三日 火 衰運でも焦りは禁物
◎ 十四日 水 地味だが結果は良い
○ 十五日 木 知己を大事にしよう
◑ 十六日 金 周囲から誤解される
● 十七日 土 遊び過ぎて危険信号
○ 十八日 日 知的開発に関心持て
● 十九日 月 生意気では評判悪い
○ 廿日 火 若さで苦境切り抜け

◑ 廿一日 水 経験者の助言を尊重
● 廿二日 木 己の品位を落とすな
○ 廿三日 金 事の推移を把握せよ
◑ 廿四日 土 偽りの愛想をするな
◎ 廿五日 日 笑いが多く心身快調
◑ 廿六日 月 計画は現実的な案を
○ 廿七日 火 金運良いが浪費警戒
○ 廿八日 水 名より実をとること
● 廿九日 木 感情に走ると不利益
◑ 卅日 金 用心してやれば無難

八白土星

❀我を非としてむかう者は我が師なり

七月の運勢

手詰まりに陥って右往左往したり、もつれて食い違いが生じたりと、奮闘する割に実りが少ない。無理押しせず解決への足掛かりを作り、分別ある行動が好評価に繋がる。

◑	一日	土	うまく調和をとろう
●	二日	日	不安定な気分改めよ
○	三日	月	約束は確実に果たせ
◑	四日	火	根気よく粘れば勝ち
○	五日	水	変わり身の早さ重視
◑	六日	木	不平言う前に工夫を
●	七日	金	渋滞しても腐らない
○	八日	土	若さと馬力で邁進を
●	九日	日	気を許すと躓く恐れ
◎	十日	月	辛抱すれば道は開く
●	十一日	火	心にない意地張るな
○	十二日	水	同じやるなら喜んで
◎	十三日	木	ツキを上手に活かせ
●	十四日	金	独断では失敗の因に
○	十五日	土	思うほどは大事ない
◑	十六日	日	目先の欲に迷うと凶
●	十七日	月	過大な期待をするな
○	十八日	火	よく考えてから実施
◑	十九日	水	何かと矛盾が目立つ
◎	廿日	木	機転利いて好調辿る
○	廿一日	金	考え方の転換が必要
●	廿二日	土	誘惑あり散財に用心
◎	廿三日	日	家族は労わり合おう
◑	廿四日	月	一事に集中すること
◑	廿五日	火	相談事に深入り禁物
○	廿六日	水	手堅い方法選択せよ
●	廿七日	木	迂闊に手出しは無用
◑	廿八日	金	移り気に泣かされる
◑	廿九日	土	心の緊張を緩めない
○	卅日	日	周囲からの支持得る
◎	卅一日	月	海老で鯛を釣る幸運

八月の運勢

胸の内を理解してもらえなかったり、利害が相反したりで、諸事足踏み状態が続く。無用の衝突を避けるためにも、一呼吸おいて発言しよう。古い未解決問題の再燃に要注意。

◎	一日	火	経験活かし成果出る
◑	二日	水	目標一本に絞ること
●	三日	木	盲目的な信用は危険
◑	四日	金	時間の割り振り熟考
○	五日	土	好調でも無理は禁物
●	六日	日	家内安全に心を配れ
◑	七日	月	思わぬ出費ありがち
○	八日	火	自己中心を改善せよ
●	九日	水	物事が纏らない傾向
○	十日	木	好材料をうまく利用
◎	十一日	金	楽天的に人生を謳歌
●	十二日	土	放言すれば後悔残る
◑	十三日	日	外での所作を考えろ
○	十四日	月	親しき仲にも礼儀を
◑	十五日	火	欠点見ずに長所学べ
●	十六日	水	見かけよりも難しい
◎	十七日	木	異世代と協調しよう
◑	十八日	金	反抗的な態度は不利
●	十九日	土	不可測の事態が発生
○	廿日	日	善行積んで内心満足
◑	廿一日	月	持病の再発に留意を
○	廿二日	火	小利に夢中になるな
◑	廿三日	水	あまり馴れ合わない
●	廿四日	木	不調の色が濃いとき
●	廿五日	金	争わず他人を立てよ
○	廿六日	土	汗の結晶実現化する
◑	廿七日	日	怒りは明日に延ばせ
●	廿八日	月	分割払いで苦労する
○	廿九日	火	お客を大事にしよう
◑	卅日	水	筋を通して功名得る
◎	卅一日	木	明るい気持ちで伸展

九月の運勢

新境地を開こうとしても邪魔されるなど、現況把握が正確にできていないと安泰は望めない。運気に乗るまで多少時間がかかりそうだが、気配りと寛大な心を忘れぬよう。

○	一日	金	重大事態に発展する
●	二日	土	物騒な場所は避けよ
◑	三日	日	財布の紐を弛めるな
○	四日	月	ほどよい自信で対処
◑	五日	火	地道な努力こそ肝要
○	六日	水	補佐役に徹すること
●	七日	木	従来のやり方が無難
◎	八日	金	備えあれば憂いなし
●	九日	土	大きな話に中身なし
○	十日	日	理性を堅持して平穏
◎	十一日	月	活気に満ち溢れ発展
○	十二日	火	好調だが過信するな
◑	十三日	水	感情に走ると不成就
○	十四日	木	自負心もほどほどに
●	十五日	金	無為無策の状態脱出
◎	十六日	土	志は大きく高く持て
◑	十七日	日	起承転結を整えよう
○	十八日	月	良い話は素直に聞け
●	十九日	火	見栄張ると逆効果に
◑	廿日	水	意見を広く求めよう
◑	廿一日	木	乗り物の事故要注意
○	廿二日	金	あくまで足で稼ごう
◑	廿三日	土	不相応な生活やめよ
●	廿四日	日	飾り過ぎは見苦しい
◑	廿五日	月	損得勘定は度外視に
◎	廿六日	火	如才ない対策で有利
●	廿七日	水	甘言につられやすい
◑	廿八日	木	敵意捨て仲良くせよ
○	廿九日	金	勇気を出して邁進を
◑	卅日	土	節約する習慣つけよ

八白土星

※遠慮は腹にたまらぬ

十月の運勢

あれこれと手を広げ過ぎ注意力散漫となりがちな月。忙しさと情報不足から判断を誤りやすく、仕事上でも拡張や商魂たくましい営業は禁物で、重い約束はしない方が無難。

◑	一日	日	心の迷いを断ち切れ
●	二日	月	肝冷やす場面に遭遇
◎	三日	火	骨折った甲斐がある
○	四日	水	心配無用何とかなる
◑	五日	木	小事なりとも侮るな
●	六日	金	手を広げ過ぎて失敗
○	七日	土	人気あるも謙虚なれ
●	八日	日	古い事を蒸し返すな
◑	九日	月	浮き沈みが多いとき
○	十日	火	大きな望みは力不足
○	十一日	水	忠告は黙って聞こう
◑	十二日	木	他人の情報よく調査
●	十三日	金	心寂しく傷心のとき
◎	十四日	土	節度守れば好感呼ぶ
○	十五日	日	内輪に喜び事がある
◎	十六日	月	皆と協力して達成を
◑	十七日	火	自重して徐々に進め
●	十八日	水	浮き足立つ気配あり
◑	十九日	木	話は確実に把握せよ
○	廿日	金	洗練された態度とれ
●	廿一日	土	一歩退いて静観せよ
◎	廿二日	日	笑顔の対応忘れるな
◑	廿三日	月	自分の力を出し切れ
○	廿四日	火	交渉は慎重にしよう
◑	廿五日	水	不平不満を解消せよ
●	廿六日	木	泣き寝入りの公算大
◑	廿七日	金	後輩の意見も聞こう
○	廿八日	土	体力の増強に励もう
◑	廿九日	日	浮気の虫が出るかも
○	卅日	月	活気が蘇ってきそう
●	卅一日	火	大樹の陰は育たない

十一月の運勢

暗雲を潜り抜け、明るい運気に活動意欲も盛り上がる。一人ではできないことも、協力を得て実績に繋がりそう。今月は最良な人間関係をつくることを目標に。身内に慶び事の兆し。

○	一日	水	手堅い経営方針貫け
◑	二日	木	華美に流れないこと
○	三日	金	念入りにやれば有利
●	四日	土	近隣の反感を買うな
○	五日	日	独自の特色を出そう
◑	六日	月	時には道を譲るもの
○	七日	火	実利目指し勤しもう
◑	八日	水	言葉の行き違いあり
●	九日	木	不安定な気分に勝て
◎	十日	金	明るい姿勢に得あり
●	十一日	土	暗い影を追い払おう
○	十二日	日	期待に胸がふくらむ
◑	十三日	月	正面から対決しよう
●	十四日	火	余計な口出しは禁物
◎	十五日	水	調子が出て折衝順調
○	十六日	木	緊張しないで平常心
●	十七日	金	つまらぬ事で悪評判
●	十八日	土	無駄な事が多過ぎる
◎	十九日	日	自己の才能引き出せ
◑	廿日	月	争論しても冷静なれ
●	廿一日	火	快楽追って借金残る
◎	廿二日	水	交際上手人脈広がる
◑	廿三日	木	体がだるく不調気味
◑	廿四日	金	倒れても再び起きよ
◑	廿五日	土	積極的なら成功する
○	廿六日	日	能力相応の展開あり
●	廿七日	月	外出先では用心深く
○	廿八日	火	公明正大にすること
●	廿九日	水	人を羨むは悪手なり
○	卅日	木	手際よく着々と伸展

十二月の運勢

浮き沈み多く波乱の気運の中、表面上は平穏なため楽観視して休み過ぎる傾向に。足を地に着け几帳面に確認しながら、小事にも配慮を怠らず無事な年越しに感謝しよう。

◑	一日	金	信用を努力で繋ごう
●	二日	土	杜撰な計画は腰砕け
○	三日	日	門前払いに負けるな
◑	四日	月	他人の秘密を探るな
◎	五日	火	汗の結晶が光るとき
◑	六日	水	粘り強い気力が肝要
●	七日	木	波乱含み慎重に対処
●	八日	金	中途でやめて水の泡
○	九日	土	友人の応援得て安心
◑	十日	日	事を荒立てぬように
●	十一日	月	無理して疲労重なる
◑	十二日	火	集中力が成否分ける
◑	十三日	水	独り善がりをなくせ
◎	十四日	木	先手とり有利な態勢
○	十五日	金	目上の信頼に応えよ
●	十六日	土	万事が思うより不利
○	十七日	日	人の厚意無にしない
○	十八日	月	嬉しい知らせが届く
◑	十九日	火	強気も場所柄による
●	廿日	水	落ち着きあれば成功
◑	廿一日	木	頑固は味方を減らす
●	廿二日	金	過大な望みは水泡に
◑	廿三日	土	細事に心を配ること
○	廿四日	日	身近に喜び事起きる
○	廿五日	月	活動に余力を保とう
●	廿六日	火	迂闊に口を滑らすな
○	廿七日	水	忍耐すれば結果良好
●	廿八日	木	視野狭いと孤立する
◎	廿九日	金	感謝の心を忘れるな
○	卅日	土	家の繁栄は皆の幸福
◑	卅一日	日	無駄を省いた生活を

九紫火星の人

（きゅうしかせい）

良書は最善の友
常に本を読む時間をつくれ

火曜星
●休運

満年齢
五歳平三〇（戊戌）
一四歳平二一（己丑）
二三歳平一二（庚辰）
三二歳平　三（辛未）
四一歳昭五七（壬戌）
五〇歳昭四八（癸丑）
五九歳昭三九（甲辰）
六八歳昭三〇（乙未）
七七歳昭二一（丙戌）
八六歳昭一二（丁丑）
九五歳昭　三（戊辰）

九紫の年盤方位・解説

（吉方）東
（凶方）
南東（暗剣殺）
北西（五黄殺）
西（歳破）
北（本命殺）
南（的殺）
南西

運気は決して順調とは言えず、勢いの中にも不安定要素を抱える波乱含みの年。伸びようと努力しているつもりなのになかなか思い通りにならず、現実の厳しさを実感するのも厄年の特徴と心得よう。ストレスが溜まりやすく、健康面にも注意を要するが、自暴自棄になるとますます運を損なうだけに、強い意志と忍耐力で予見される難事を努めて回避し、耐えて乗り切る心構えが大切。諸事焦らず着々と実力養成に励めば、将来大きく開花できる期待が膨らんでくる。

丑年生まれ　苦労は自分のためと、最後まで投げ出さずに力を尽くそう。人間関係の円滑化が成功への鍵に。

辰年生まれ　短気や早合点は失敗を招く。時間はかかるが困難を乗り切る勇気と行動力が運気を左右する。

未年生まれ　意外な好結果にやり甲斐を感じる。目標を定め手順よく取り組み、後半の運気下降に留意を。

戌年生まれ　気が逸り無理をしがちだが、雑念を振り払いよく考えること。学芸研究は吉でも財運は期待薄。

一月の月盤

二月の月盤

三月の月盤

四月の月盤

五月の月盤

六月の月盤

七月の月盤

八月の月盤

九月の月盤

十月の月盤

十一月の月盤

十二月の月盤

尊い人生は朝の一瞬で決まる　早起きは生活の原動力である

九紫火星

広く好かれれば好かれるほど　深く好かれないものだ

一月の運勢

いくら力を尽くしても見返りがなかったり、投資に資本投下しても採算がとれない等、何かと乱調気味。一度原点に返り、やり方を再検討して後れをとり戻そう。風邪に注意。

運	日	曜	運勢
○	一日	日	新鮮な気持ちで生活
●	二日	月	情に溺れる危険あり
◑	三日	火	怒らず笑って済ませ
○	四日	水	人の長所を見習おう
◑	五日	木	思い遣り人を助ける
◎	六日	金	掴んだ幸福を守ろう
●	七日	土	変化が多く纏らない
○	八日	日	交際はうまくやろう
◑	九日	月	沈黙して機会を待て
○	十日	火	派手に動かず堅実に
◑	十一日	水	現状維持で進むこと
●	十二日	木	私利私欲を自戒せよ
◑	十三日	金	悔やんでも後の祭り
◑	十四日	土	急ぐな漸次よくなる
○	十五日	日	他人の話はよく聞け
●	十六日	月	今一つ調子が出ない
○	十七日	火	人の先に立たぬこと
◑	十八日	水	捨て身でいく覚悟を
●	十九日	木	多少の辛労耐えよう
◎	廿日	金	創造力で新分野開拓
◑	廿一日	土	味方は一人でも多く
○	廿二日	日	日頃の精励を続けよ
●	廿三日	月	力み過ぎて失敗する
○	廿四日	火	他人に依存はやめよ
●	廿五日	水	意外と躓き多いとき
◎	廿六日	木	信念を貫き通すこと
●	廿七日	金	周囲を騒がせ恥かく
○	廿八日	土	言葉の使い方に配慮
●	廿九日	日	気紛れは不運を招く
◑	卅日	月	遊び半分では不成功
○	卅一日	火	素直な心が一番大事

二月の運勢

地道な土台作りが成功体験に繋がる。己の本分を全うし、実直に生きようとする熱い思いが難を抑えることに。恋愛や結婚運では、心を込めて気持ちを打ち明ければ成就も。

運	日	曜	運勢
○	一日	水	前向き姿勢で勝算大
●	二日	木	我を通し行き詰まる
◎	三日	金	福分大いにあり順調
◑	四日	土	義理で一肌脱ぐとき
○	五日	日	家庭での会話が弾む
●	六日	月	不勉強で問題が発生
◎	七日	火	世渡り上手で好結果
●	八日	水	思わぬ災厄を防ごう
◑	九日	木	効果出るまで頑張れ
◎	十日	金	地位向上に全力投球
●	十一日	土	動けば動くほど泥沼
◑	十二日	日	小事でも侮るなかれ
○	十三日	月	何事にも忍耐が重要
◑	十四日	火	思うほどの実力なし
○	十五日	水	表面よりも内容充実
●	十六日	木	下調べを忘れぬこと
●	十七日	金	心の悩みを追い払え
○	十八日	土	年齢を考えて動こう
◑	十九日	日	邪心を捨てねば敗退
○	廿日	月	能力あるも謙虚なれ
◑	廿一日	火	私生活に干渉するな
○	廿二日	水	安定的な生活目指せ
●	廿三日	木	内密事が表面化する
◑	廿四日	金	まずは疲労回復から
◎	廿五日	土	具体的計画を立てよ
○	廿六日	日	互いの個性を活かせ
●	廿七日	月	つまらぬ誤解で窮地
◑	廿八日	火	本業一本で勤しもう

三月の運勢

期待外れが多く運気は順調とはいえず、不満や悩みに気も滅入りがち。注意力を失うと深みにはまる懸念もあり、努力精進を続けることで自信の回復に繋げよう。財運は不安定。

運	日	曜	運勢
●	一日	水	独断と偏見を改めよ
◎	二日	木	先手をとり効果あり
○	三日	金	前向きの姿勢が良い
◑	四日	土	利口ぶると失敗する
○	五日	日	あれこれ手を出すな
●	六日	月	元気を持て余し気味
○	七日	火	伸展の可能性は十分
●	八日	水	手荒な手段をとるな
◑	九日	木	感情に流されやすい
○	十日	金	原則を忘れずに奮闘
●	十一日	土	勝負事では勝算なし
○	十二日	日	好意は素直に受けよ
◑	十三日	月	盗難予防策の徹底を
○	十四日	火	経験を将来の学びに
◑	十五日	水	中途で怠けると転落
●	十六日	木	引っ込み思案で不利
○	十七日	金	好調でも図に乗るな
○	十八日	土	諸事真面目にやろう
●	十九日	日	迷って物事空転する
◎	廿日	月	働き甲斐のあるとき
●	廿一日	火	大きな話に中身なし
○	廿二日	水	妥協することも必要
●	廿三日	木	低迷しても気力保持
◎	廿四日	金	平凡だが利益がある
◑	廿五日	土	弁解は役に立たない
○	廿六日	日	明るい笑顔見せよう
◑	廿七日	月	軽々しい発言するな
●	廿八日	火	計算違いで波乱あり
○	廿九日	水	友人知己の助力得る
◑	卅日	木	僅かな油断も命取り
○	卅一日	金	自分の立場弁えよう

九紫火星

⌘リーダーとは「希望を配る人」のことだ

四月の運勢

目まぐるしい状況変化に吉凶錯綜しがち。忙しい割には能率は上がらず、短気を起こしてやみくもに動いても立て直しは難しい。勘に頼らず周りにアドバイスを求めよう。

運	日	曜	運勢
○	一日	土	品位ある行いが良策
◑	二日	日	軽い風邪でも用心を
○	三日	月	人の理解が得やすい
●	四日	火	脇見すると失態招く
◎	五日	水	段取りよく準備せよ
◑	六日	木	目上に心配させるな
◑	七日	金	実力不足を認識せよ
○	八日	土	公平な態度信頼増す
●	九日	日	安物買いに注意せよ
○	十日	月	単独より協調が有利
○	十一日	火	不透明やがて晴れる
◑	十二日	水	危ない所は敬遠せよ
●	十三日	木	無為無策はよくない
◎	十四日	金	華美に流れないこと
◑	十五日	土	不平言わず前向きに
◑	十六日	日	言葉遣い気をつけて
○	十七日	月	視野広く本務に専念
●	十八日	火	圧力あるが筋を通せ
◑	十九日	水	器用貧乏の恐れあり
○	廿日	木	新風入れて上昇気運
●	廿一日	金	移り気に翻弄される
◑	廿二日	土	律義さを旨にしよう
○	廿三日	日	愛情あれば一族繁栄
◑	廿四日	月	素直な心でぶつかれ
◎	廿五日	火	予想以上の収穫あり
◑	廿六日	水	事前の調査忘れるな
○	廿七日	木	思ったより成果出る
●	廿八日	金	家庭内に問題が発生
◑	廿九日	土	お世辞より実意示せ
◎	卅日	日	出先で愉快な雰囲気

五月の運勢

冷静な判断力が功を奏し運気回復の兆しあり。見通しは明るくなってくるが、諸事適正なペースを守らないと失敗して元の木阿弥に。過去の行状が発覚し、一喜一憂することも。

運	日	曜	運勢
◑	一日	月	直近の課題から処理
○	二日	火	百点満点は望み過ぎ
●	三日	水	欲望を制御すること
◎	四日	木	交友に誠意尽くそう
◑	五日	金	叱るより褒めてやれ
○	六日	土	向上心持ち続けよう
◑	七日	日	休養先では健康留意
●	八日	月	渋滞しても腐らない
◑	九日	火	最後の詰めを万全に
○	十日	水	確かな手応えがある
●	十一日	木	他人の失策に学ぼう
◎	十二日	金	信用は金よりも大切
●	十三日	土	安易に引き受けるな
◑	十四日	日	仲間同士思い遣ろう
○	十五日	月	金銭運は上昇を辿る
●	十六日	火	早呑み込み誤解多し
○	十七日	水	柔軟性ある対策とれ
◑	十八日	木	取り越し苦労やめよ
●	十九日	金	停滞打破の時機待て
○	廿日	土	相手との協調図ろう
○	廿一日	日	できる事から始めよ
●	廿二日	月	独断専行は通らない
◑	廿三日	火	横槍多く視界が不良
○	廿四日	水	他人と意気投合する
◑	廿五日	木	無気力で進行に後れ
●	廿六日	金	気力と粘り不足気味
○	廿七日	土	分配は公平にやろう
◑	廿八日	日	無理通せば後で後悔
◑	廿九日	月	ものには順番がある
◎	卅日	火	力出し切り結果良し
○	卅一日	水	爽やかな応対しよう

六月の運勢

意気軒昂だが、無理押しすると行く手を阻むことが起きそう。確信があっても油断せず、いつもより温和な対応で細やかな気遣いを。経験豊富な人の話が役に立ちそう。

運	日	曜	運勢
●	一日	木	自己本位だと敵多い
◑	二日	金	空論やめ実行に移せ
◑	三日	土	陰日向をなくすこと
○	四日	日	温和な態度を保とう
◎	五日	月	分を知れば不満なし
◑	六日	火	目先の小利に迷うな
●	七日	水	外出先では周り見よ
○	八日	木	思わぬ入金に上機嫌
◑	九日	金	不時の災厄に備えよ
●	十日	土	甘い考えは自滅招く
◑	十一日	日	愛情面に邪魔が入る
○	十二日	月	自らが率先してやれ
●	十三日	火	やり過ぎると険悪に
◑	十四日	水	出処進退を迫られる
◑	十五日	木	逃げ腰では発展なし
●	十六日	金	衰運気味退いて守れ
○	十七日	土	大らかに人と接する
◑	十八日	日	病気は気の緩みから
◑	十九日	月	相談事は先に延ばせ
◎	廿日	火	天運に恵まれるとき
○	廿一日	水	探求心を旺盛にせよ
●	廿二日	木	気持ちに余裕がない
◑	廿三日	金	申し出丁重に扱おう
○	廿四日	土	明朗快活で好感得る
◑	廿五日	日	身体の調整に努めよ
◑	廿六日	月	小額でも貯金に回せ
◎	廿七日	火	理性的な対応で好評
●	廿八日	水	泣き言より善後策を
○	廿九日	木	即断すれば結果良し
◑	卅日	金	硬くならずに平常心

九紫火星

笑顔の家に貨宝集まる

七月の運勢

順調そうにみえても内情は失速解消に四苦八苦する月。やる気に反して空回りしがちで、きちんと理解し、時に譲歩する見識が発展へといざなう。家族との時間をもっと大切に。

◑一日 土 急ぐな漸次良くなる
●二日 日 強情な心を捨てよう
◑三日 月 無駄はないか再確認
○四日 火 ほのかな愛着が湧く
●五日 水 力不足で骨が折れる
◎六日 木 良い種を多く蒔こう
◑七日 金 反対意見も尊重せよ
○八日 土 苦労あるも希望あり
●九日 日 頼られて迷惑を被る
◎十日 月 名誉と信用上昇気運
●十一日 火 横道に逸れると後退
◑十二日 水 弱気な言動をしそう
○十三日 木 人の振り見て自省を
◑十四日 金 実力以上の評価なし
●十五日 土 気どらない心が大事
○十六日 日 何よりも誠意が重要
◑十七日 月 謙虚なら発展がある
○十八日 火 気紛れにならぬよう
●十九日 水 運気なし静かに待て
◑廿日 木 飲食物に注意が要る
◑廿一日 金 中身をよく吟味せよ
◎廿二日 土 家族団欒で過ごせる
●廿三日 日 不必要な口出し無用
○廿四日 月 定見ある行動が良い
◑廿五日 火 無軌道では事破れる
◎廿六日 水 手際よく片づけよう
●廿七日 木 悪い噂を広められる
○廿八日 金 割り切ることを優先
◑廿九日 土 健康面に不安感じる
○卅日 日 品位あれば衆望得る
◑卅一日 月 時間を有効に使おう

八月の運勢

周囲と調和を保ち、万事円滑な伸びが期待できる月。尽力を惜しまない姿勢が共感を呼び、協力者も増え感謝や名誉を受けることも。金運は好調、使うも良し貯めるも良し。

◎一日 火 何事も真面目が一番
●二日 水 不運も世の常と知れ
○三日 木 平静を祈る心で動け
◑四日 金 流れを掴みきれない
○五日 土 気持ちを若く持とう
●六日 日 負けても弱気は禁物
◑七日 月 内容をよく熟考せよ
○八日 火 自尊心を適度に保て
●九日 水 下落傾向に歯止めを
○十日 木 熱意があれば上向く
○十一日 金 一歩譲るゆとり持て
●十二日 土 怒っても解決しない
◎十三日 日 幸運を皆と共に喜ぶ
◑十四日 月 古い事を蒸し返すな
○十五日 火 故郷の美しさに感激
◎十六日 水 体調良く能率が向上
◑十七日 木 筋を通すことが責務
●十八日 金 感情に走り躓き多い
◑十九日 土 人の話に耳を傾けよ
○廿日 日 人との触れ合い必要
●廿一日 月 危ない所は敬遠せよ
●廿二日 火 浮沈あり忍耐を重視
○廿三日 水 安全第一に考えよう
◑廿四日 木 支出は常に計画的に
●廿五日 金 胸算用は当てにせず
○廿六日 土 受けた恩を忘れるな
◑廿七日 日 不利な立場でも励行
◎廿八日 月 素早く対処し小康を
○廿九日 火 雑事多く本職が留守
●卅日 水 争い長引く恐れあり
○卅一日 木 順序守って進展図れ

九月の運勢

目先の利を追ったり、思いつきの行動はとかく支障を来しがちに。計画の変更も裏目に出ることが多く、気を抜かず確実に推進していこう。特に金銭面で躓くと危ない。

○一日 金 自信持って一意専心
◑二日 土 相手を立てるのが吉
○三日 日 寝不足解消し健康に
◑四日 月 先手必勝の心構えを
◎五日 火 周囲の尊敬を受ける
●六日 水 多忙な割りに不首尾
◑七日 木 嫌でも進んでやろう
●八日 金 仲間割れの危機あり
○九日 土 考え方の転換が必須
◑十日 日 つまらぬ話に乗るな
○十一日 月 期待通りに事が運ぶ
●十二日 火 色情の迷いが生じる
◑十三日 水 忠告をよく聞くこと
○十四日 木 清い心がツキを呼ぶ
◑十五日 金 交渉は慎重にやろう
●十六日 土 移り気で悩み無尽蔵
◑十七日 日 人の欠点のみ見るな
○十八日 月 落ち着いて処理せよ
◎十九日 火 他人に親切を尽くせ
●廿日 水 我慢して耐えしのぶ
●廿一日 木 家庭不和になりがち
◑廿二日 金 支出増加を警戒せよ
◑廿三日 土 責任をきちんととれ
○廿四日 日 心に保養を与えよう
●廿五日 月 障害あり難事が多い
◑廿六日 火 先に怒った方が負け
○廿七日 水 地位向上の気運あり
◑廿八日 木 文書印鑑に慎重なれ
○廿九日 金 正攻法で問題解決を
●卅日 土 冷静さを失えば退転

九紫火星

十月の運勢

普段から心掛けの良い人は平穏で、和やかな雰囲気の中で幸せを感じる月。労を惜しまぬ奉仕の精神は大事だが、他からの相談事には考えを巡らす慎重な読みが必要。過労注意。

◑	一日	日	片意地を張らぬこと
◎	二日	月	自然な応対で好印象
●	三日	火	思ったよりてこずる
○	四日	水	相互の合意を目指せ
○	五日	木	真剣ならば本業好調
◑	六日	金	悪い事は早く忘れよ
○	七日	土	旧状を守るのが上策
◑	八日	日	自己反省は向上の道
●	九日	月	楽観的に過ぎぬよう
◎	十日	火	正道を謙虚に進もう
○	十一日	水	目上の引立て受ける
◑	十二日	木	吉凶は心掛け次第で
●	十三日	金	過重な負担に苦しむ
◑	十四日	土	暴飲暴食を慎むこと
◑	十五日	日	神経図太く対応せよ
○	十六日	月	若者の心を掴むこと
●	十七日	火	能力以上の挑戦中止
○	十八日	水	強気も場所柄による
◑	十九日	木	見せかけに用心せよ
○	廿日	金	着手すれば伸展する
◎	廿一日	土	義理人情を重視して
◑	廿二日	日	口が災いの因になる
◑	廿三日	月	競争相手と実力伯仲
●	廿四日	火	赤っ恥かく恐れあり
○	廿五日	水	何事にも慎重であれ
◎	廿六日	木	交渉が進展快調なり
◑	廿七日	金	決めた目標変えるな
●	廿八日	土	論争が長くなりそう
○	廿九日	日	旅先で嬉しい出会い
●	卅日	月	若さの暴走で一悶着
○	卅一日	火	肩を組んで一路邁進

十一月の運勢

心機一転の気概に溢れ、希望も広がる月。斬新なプランや方針の転換に士気は上がるが、独走は危険。飛躍に備え情報を十分活用し、事前調査や準備も余念なく。縁談吉。

○	一日	水	公徳心を持って動け
●	二日	木	辛くても投げぬこと
○	三日	金	異性交際大いに進展
◑	四日	土	慌てると過失を犯す
○	五日	日	趣味は人生充実の源
●	六日	月	余計な口出しするな
◑	七日	火	健全生活を目指そう
○	八日	水	目的を定め一直線に
◑	九日	木	迅速に決断する胆力
◎	十日	金	真実一路で貫き通せ
●	十一日	土	気まま過ぎると危険
○	十二日	日	開放感を満喫しよう
◑	十三日	月	忠言には耳を傾けよ
●	十四日	火	難題生じて苦悩する
◑	十五日	水	最後まで希望を持て
○	十六日	木	粘り腰で交渉に臨む
●	十七日	金	仕事に熱が入らない
◎	十八日	土	気分一新新たな出発
●	十九日	日	甘い気持ちは大敵だ
◑	廿日	月	迷い多く決心つかず
●	廿一日	火	運気が乱れ能率低下
○	廿二日	水	正当な評価を下そう
○	廿三日	木	体力増強に時間使え
◑	廿四日	金	光明見えるが今一歩
◑	廿五日	土	消化不良の傾向あり
◎	廿六日	日	人生に楽しみが増す
◑	廿七日	月	儲け話に耳を貸すな
●	廿八日	火	不快感を感じるとき
◎	廿九日	水	生き甲斐を見つけよ
◑	卅日	木	下手に動くと不成就

十二月の運勢

変化が激しい月だけに、急がば回れの精神で根気よく当たろう。目先の利益で動くと悪い結果を招き、誘惑に負けると後悔することも。金銭面でのトラブルや目上の衝突は不利。

○	一日	金	柔軟性を身につけよ
◑	二日	土	リフレッシュしよう
●	三日	日	口うるさいと不人気
◑	四日	月	信用保持を図ること
○	五日	火	先を読んで利得あり
◎	六日	水	社交面で人望高まる
○	七日	木	手堅い方法で進もう
●	八日	金	何かと面倒なことが
○	九日	土	親族との交際も密に
◑	十日	日	将来への布石が肝心
○	十一日	月	周囲の気持ち考えよ
●	十二日	火	横暴な行為慎むこと
○	十三日	水	尻込みせずにやろう
◑	十四日	木	融通性に欠ける傾向
○	十五日	金	状況判断を見誤るな
●	十六日	土	心の悩みに負けそう
○	十七日	日	相手と意思疎通図れ
◑	十八日	月	他人の出世を羨むな
●	十九日	火	未経験の案件で難渋
◎	廿日	水	粘り腰で本領発揮を
○	廿一日	木	若い人への理解要る
●	廿二日	金	新計画は中止が無難
◑	廿三日	土	交通事故気をつけよ
◑	廿四日	日	焦らず徐々に歩もう
◎	廿五日	月	明るい態度支持多し
●	廿六日	火	心の緩みを自戒せよ
○	廿七日	水	親近者に喜び事あり
◑	廿八日	木	後輩の支援者になれ
○	廿九日	金	言行一致で行動せよ
◑	卅日	土	良い習慣を常に守れ
○	卅一日	日	家族と一緒に年越し

十干十二支のマニュアル

干支「えと」の核心を読む

毎年歳末になると来る年の「えと」の置物や絵馬が出回ります。この十二支絵馬の性質や相性は知られていても、十干・十二支を組み合わせた「えと」となると案外知られていないようです。

干支は暦の骨子で、日々変化循環する天地の原則を示したものです。生物はその気勢や状況を五感で察知し、精妙な自然の摂理に従います。運・不運はこの対応の優劣と性質に起因することが多いのです。意を快諾し、干で大勢を摑み支で出典を知り、出処進退・自己改造・社交に活かし、暦を読んでいただければ、内外共に成就するための身の処し方がわかるように解説しました。

干支の由来

紀元前十四・五世紀にさかのぼる中国の殷（いん）王朝時代から、春秋・戦国時代にかけて出来上がったのが干支暦といわれています。歴代皇帝は国民の統治に腐心したようで、「天を仰ぎ象を観、地に伏して法を観る」と古書にあります。世のすべての技（わざ）の源泉は天にあり、季節や大地の変化には一定の法則があることを知り、学者に観測をさせたことから始まって、天の現象を十進法で区分し当時の数詞で定めたのが十干です。また、大地の変化で年・月・日を示す必要から、季節の変化・時の流れを十二宮に分け十干・十二宮を組み合わせた象形文字の暦が完成し、国の統治や国民生活に重要な役割を果たしました。

十干

木の兄	火の兄	土の兄	金の兄	水の兄
○甲（きのえ）	○丙（ひのえ）	○戊（つちのえ）	○庚（かのえ）	○壬（みずのえ）
木の弟	火の弟	土の弟	金の弟	水の弟
●乙（きのと）	●丁（ひのと）	●己（つちのと）	●辛（かのと）	●癸（みずのと）

孔子の時代には、十二支に方位・時間を振り当て暦法を正しく編纂し国民に頒布できるようになりました。この時代には仏教の伝来もあって、宇宙・自然界の人知を超越した力の現象・陰陽五行が配当され、方位に守護神獣を位置づけました。後年、暦を未開地まで配布させるため十二宮の精霊を受けた身近な禽獣を選び、怨霊を鎮め災厄を除く動物の暦が発行されました。

こうした背景があって人間の神秘性についての研究が盛んとなり、宿曜占術・納音（なっちん）・四柱推命などの占学が生まれ、宗教的・哲学的要素も加わり複雑な体系となりました。日本では文化史によると、初期の暦は弥生時代に高句麗からもたらされ、絵馬は古墳文化時代で、奈良・平安時代から全盛になったといわれています。

十干とは

天の気で天干ともいわれ、発見された星を次のように分類し陰陽五行が配分されています。（暦の二十八宿参照）

東方の七つの星座（角→箕）を一括し、○甲（きのえ）陽性・●乙（きのと）陰性とし、清明新鮮な伸長エネルギーだが、時節により荒れるので五行は木気に配当し、青龍神の方位とする。

南方の七つの星座（井→軫）を一括し、○丙（ひのえ）陽性・●丁（ひのと）陰性とし、強烈・華麗なエネルギーだが、時節により多極化するので五行は火気に配当し、朱雀（すざく）神の方位とする。

西方の七つの星座（奎→参）を一括し、○庚（かのえ）陽性・●辛（かのと）陰性とし、優美な浄化エネルギーだが、時節により粛殺・凝縮を与えるので五行は金気に配当し、白虎（びゃっこ）神の方位とする。

北方の七つの星座（斗→壁）を一括し、○壬（みずのえ）陽性・●癸（みずのと）陰性とし、天地循環の冷厳なエネルギーだが、時節により冷酷をもたらすので五行は水気に配当し、玄武（げんぶ）神の方位とする。

創業は易く　守成は難し

中央は鎮星を中宮とし、○戊（つちのえ）陽性・●己（つちのと）陰性とし、生物育成の変化をもたらすエネルギーだが、時節により異変・鬼気と化するので五行は土気に配当し、黄竜神（勾陳・螣蛇神ともいう）とする。

陽の干は○兄（え）、陰の干を●弟（と）と呼ぶことから「えと」といわれるようになりました。

干の字義は、金文では武器で突き刺すという強烈な意味がありますが、十二支と照合すると幹（みき）本流と解すべきでしょう。大局を示します。

十二支とは

天の本流は、大地に吸収され鼓動し地の気となって昇華します。こうした中で森羅万象は、日・月・年の運行に伴って変化していきます。十二支は地の気とも水穀の気ともよばれ、天の気を吸収し生物が飲食を得て生きられる重要な要素で、すべて自然界の力です。干の本流に対し支は支線で地支ともいわれ、一年の循環変遷を十二分類して十二支といわれています。十二支にも陰陽五行が配当され、それぞれの方位を十二禽獣の精霊としています。

十干・十二支配当図

南：巳丙午丁未
西：申庚酉辛戌
北：亥壬子癸丑
東：寅甲卯乙辰
中央：戊己

五行	木	火	土	金	水
十干	○甲 ●乙	○丙 ●丁	○戊 ●己	○庚 ●辛	○壬 ●癸
十二支	○寅 ●卯	○午 ●巳	○辰戌 ●丑未	○申 ●酉	○子 ●亥
季節	春	夏	四季土用	秋	冬

五行	十二支	読み	月
水	○子	ね	十二月
土	●丑	うし	一月
木	○寅	とら	二月
木	●卯	う	三月
土	○辰	たつ	四月
火	●巳	み	五月
火	○午	うま	六月
土	●未	ひつじ	七月
金	○申	さる	八月
金	●酉	とり	九月
土	○戌	いぬ	十月
水	●亥	い	十一月

干支暦と占い

十二支は、年・月・日に配当され使われていますが、十干と組合せ紀年や紀日も示し、十干の陽（兄）と十二支の陽、十干の陰（弟）と十二支の陰を組合せると十と十二の最小公倍数の六十組が出来、六十日で一巡する紀日、六十年で一巡する紀年を示すのです。そして六十一年目は、年の干支が一巡して生まれ年の干支と巡り合えるので還暦といわれています。また、一日も十二支で動いています。時刻は子午線（北と南）を中心に、午後十一時～午前一時までを子の刻、午前十一時～午後一時までを午の刻といい、十二支順に二時間ずつ配当されています。デジタル時代で一億分の一秒が測れる現代とくらべると、古代ののどかな時代といえますが、そこには空気感・方向感などの感触があり美と神秘・生きる教訓が歴史を通して蘊蓄されていて、その中から導き出された妙理や哲理がやがて占いへと発展し現代まで続いています。

十二支の時刻表

六十干支表

1	7	13	19	25	31	37	43	49	55
甲子（きのえね）	庚午（かのえうま）	丙子（ひのえね）	壬午（みずのえうま）	戊子（つちのえね）	甲午（きのえうま）	庚子（かのえね）	丙午（ひのえうま）	壬子（みずのえね）	戊午（つちのえうま）
2	**8**	**14**	**20**	**26**	**32**	**38**	**44**	**50**	**56**
乙丑（きのとうし）	辛未（かのとひつじ）	丁丑（ひのとうし）	癸未（みずのとひつじ）	己丑（つちのとうし）	乙未（きのとひつじ）	辛丑（かのとうし）	丁未（ひのとひつじ）	癸丑（みずのとうし）	己未（つちのとひつじ）
3	**9**	**15**	**21**	**27**	**33**	**39**	**45**	**51**	**57**
丙寅（ひのえとら）	壬申（みずのえさる）	戊寅（つちのえとら）	甲申（きのえさる）	庚寅（かのえとら）	丙申（ひのえさる）	壬寅（みずのえとら）	戊申（つちのえさる）	甲寅（きのえとら）	庚申（かのえさる）
4	**10**	**16**	**22**	**28**	**34**	**40**	**46**	**52**	**58**
丁卯（ひのとう）	癸酉（みずのととり）	己卯（つちのとう）	乙酉（きのととり）	辛卯（かのとう）	丁酉（ひのととり）	癸卯（みずのとう）	己酉（つちのととり）	乙卯（きのとう）	辛酉（かのととり）
5	**11**	**17**	**23**	**29**	**35**	**41**	**47**	**53**	**59**
戊辰（つちのえたつ）	甲戌（きのえいぬ）	庚辰（かのえたつ）	丙戌（ひのえいぬ）	壬辰（みずのえたつ）	戊戌（つちのえいぬ）	甲辰（きのえたつ）	庚戌（かのえいぬ）	丙辰（ひのえたつ）	壬戌（みずのえいぬ）
6	**12**	**18**	**24**	**30**	**36**	**42**	**48**	**54**	**60**
己巳（つちのとみ）	乙亥（きのとい）	辛巳（かのとみ）	丁亥（ひのとい）	癸巳（みずのとみ）	己亥（つちのとい）	乙巳（きのとみ）	辛亥（かのとい）	丁巳（ひのとみ）	癸亥（みずのとい）

三次元を啓示した干支

○甲　きのえ

気運伸長に向かうが、癸の余波が残る。地下に陽気が潜むも、乾いた地表は剛直で硬い。冬芽や種子も堅く外殻で覆われ中の胚を守る。甲の字形は甲冑・甲羅と同様に内を固めて守り、これからの戦いに備える形である。閉塞感は残るが、希望を託して内容を充実させる時期。

●乙　きのと

気運は静穏と邪気、地はぬくもりの慈雨で潤う。種子は殻を破り幼根や芽を伸ばそうとするが、まだ屈曲していて力がない。字義は軋（きしる）意を持ち、乙女と同様に、迷い・不決断・内向的で魅力は仕込まれているが、外気や社会に怖さがあり頑健さがない。世に出るには幾多の屈折を経て確固となる。

○丙　ひのえ

気運は活性化し、地は水穀の気に満ち、生物は萌え躍動する。世の中も活気が出、人も活発に動く。このエネルギーが極限に達すると分散・多極化に向かう。字義は炳（あきらか・さかん）な意。軽率・虚栄・散漫を自重し、積極的に伸ばすこと。

●丁　ひのと

気運は陽気が陰気に奪われ、生物の壮健な発達も止まる。丁の字形は釘の形で停（とどまる）べき意を持つ。走る時は走り、止まる時は止まるべきで、暴走・妄動すると失敗する。気に従い温順・丁寧に豊かな感受性を持ち、余力で広く知と体力を培うこと。

○庚　かのえ

気運は暫時凝集・更新に向かう。庚の字義は更（あらたまる）の意。天の気は風露宿り、大地は白秋に向かいやがて草木は色変わり結実する。一方、魚類は回遊を始め、鳥は渡る。敏感に決行して成果を得る時期。人脈作りや企画開発・販売・取引・サービス・イベント等で商機を摑むこと。

●辛　かのと

気運は粛殺・凋落に向かい、大地は風化を受ける。辛の字形は、鋭い刃物の形で実が熟成する形とされる。自然界のエネルギーはこうして中庸を保ち平にし、そこから新が生じる。倒産・失業・新生の波・技術革新・改革でより良いものを生み出す独自の能力が新たな成長となる。

○壬　みずのえ

天に一陽がさす。壬の字義は妊（にん）任（たえる）の意。一陽を孕（はら）んだが、大地は冷気を含みやがて冬至となる。種子は胚乳・子葉に栄養を孕み、枝芽は内毛を発生し鱗（うろこ）のように包まれる。目的・居所を定め耐え潜在能力を高める時期。冬眠に入る動物もいて、それぞれの環境に適応を図る。職場・住居・結婚・学芸・運動等・居所を定め集大成を目指す。

❀ 人を批判していると　人を愛する時間がなくなります

●癸　みずのと

極陰の気となる。大地は玄冬で万物忍耐し時を計り、地中の種子も一陽来復の到来に発芽時を計っている。癸の字義は揆（はかる）狙（ねらう）の意。情報・調査・進路・研究等で価値や効果を計り、仕掛けの時期を窺い時を狙う。

○戊　つちのえ

陽性の混沌とした土気を循環させ、四季の変わり目の土用を起こし輪廻転生の作用で生物にも変化を与える。字義は戈（ほこ）で万物を刈り取り、変化して成る意。己と同様に強い変妖現象があるといわれ、警戒し、保守・保全に徹すること。

●己　つちのと

地の気を天に還元させる吸引力を持つ。字義は忌（とどめる）巳（うずまき）起（おきる・立つ）等の意で、生物が温存と異変により淘汰される。動揺・変化があるから逆風に注意し、健康はもとより情報・知識を得て競争社会に対応する。危機管理や商機を見据え、小欲を捨て信念で切り開くこと。

十二支の気運

○子　ね

地上は陰の気が充満しているが、天は一陽来復の芽生えた冬至月。字義は種の中の発芽・子宮内の卵子が着床した胎児の芽生えの意。

子年の性は、細心でよく気付き口うるさい面もあるが、倹約・貯蓄を心がけ仕事を探してよく励む。ただ自己中心的・打算的な傾向が運を損ねる。対応は長所を認めた上で時に助言をするとよい。世相は節約・収集・貯蓄傾向で期待感で動くことになる。不況の世は節約のほか救う道はなしという。鼠はインドでは商売・招福の動物・大黒天の使いで、蓄財の象徴とされる。

●丑　うし

陰気緩むも大地は寒の入り。字形は土中の種子発芽するが丸く絡んでいる紐の形で、胎児はまだ臍帯がついたまま胎動する意。世相は新生面の開拓・年計画で動くときで、希望を託し産みの時期を待つこと。産むにはもう少し耐えなければならない。

丑年の性は、辛抱強く誠実・実直だが、感情をこらえた内奮は烈しく、偏屈が運を損ねる。対応は理解を示し認め、論理的に話すこと。インドの白牛は豊饒の霊獣・天神の使いで、辛抱の象徴。

○寅　とら

清廉の猛気で万物勢いづく。字形は矢尻の形。種子は準備を整え地表を破って芽を吹き、胎児は胎盤を離れ、依存から自立へと向かって演（のび）ていく。

寅年の性は、負けず嫌いで進取的・潔白で情もあるが、強固で信念が強いところが運を損ねる。対応は折れて機嫌のいい時に本音で話すのが良い。世相は不況で障害が多い時だが、虎は猛然と戦い聖域を守る、厄除け・勇将の象徴。

●卯　う

温暖な地の気が広がり万物萌え立ち緩む。字形は開いた形でそこから茆（しげ）っていくことになる。世相は萌え競争も激しいが、統合価値で成長し、新規事や再興に活性の時。

卯年の性は、淡白温和で人に愛される。集音力で敏速に身を守る術はうまいが、忍耐力と強さに欠けるところが運を損ねる。対応は無言実行で示し、温和なリードが良い。兎は月よりの使者、平和と豊かさ・温順の象徴。

○辰　たつ

地の陽気発動し万物奮え動き光に向かい、竹の子も出、渡り鳥も飛来する。字義は振るうの意。世相は最新の流行流布・拠点進出・騒動もあり、倒産寸前でも盛り返す。共同が有利で、就職・結婚も進展する。

辰年の性は、勝気で明るく情に脆い。おさえつけられると反抗するのが運を損ねるもと。対応は長所を認め好意的に接すること。龍は中国の聖霊で、邪気を祓う象徴。

●巳　み

地の気止まり万物調い変化する。鳥は巣作り、動物は子育てに励み、海は黒潮に変わる。字義は変化し第二段階に入る屈曲の象形字から、已（すでに）で新しい活動をする意。世相は気分転換し第二の方策・措置を講じる時期で、保全・調整・人材育成・管理等に軸足を移す。

巳年の性は、思慮深く粘り強く臨機応変の処置はうまいが、意識改革に人を巻き込んだりすると運を損ねる。対応は深からず浅からず長所を尊敬し接すること。蛇は妖怪の催眠力があり弁天の使いで、魔除け・臨機応変な商才と美の象徴。

○午　うま

地の気上昇し天の陽気と合流し、陽気は衰微に向かって万物退勢に向かう。字形は杵（きね）の形でつき当りさからう意を持つ。世相は形勢の成り行きを案じ、日和見となる。おしゃれ・ギャンブルは好況でも、交通事故が多い。

午年の性は、陽気で機転が利いて社交的だが、感情の起伏があり熱中しやすく飽きやすい。神経過敏性の面があり、冷静な思考に努めないと運を損ねる。対応は心を尽くし、調子に乗らない冷静さを保つこと。聖霊は天馬・馬頭観音で、雄飛（活動）の象徴。

●未　ひつじ

陰気次第に加わるが、未だ枝葉は若葉が伸び重なる。字義は未だ繁る意で、よく見ると未熟ながら実も生じている。男波・女波のうねり高く、世相は新旧の潮流の激突、海外問題が多く、斬新な発想・協力・共同システム変革の時期。

未年の性は、知的で穏健・友誼心が強いが用心深い。心労も多く信念の乏しさが運を損ねる。対応は、一寸した事で根に持たれるので言動に注意し本音が良い。子羊は神の子として、輪廻転生の象徴。

○申　さる

字義は稲妻が走る意で、陰陽二気が時に激突し変化を受け、万物漸次退色を示すが実は成熟してくる。世相は呼号宣伝・評判によって動く。貧富の差が広がり、些事から発した大事件も多い。

申年の性は、頓智・機転が利いて利に聡い。世話好きで立ち回りは上手だが、軽率ですぐに心を動かされて運を損ねる。対応は、評判を気にするから忠告と誉め言葉を織りまぜること。インドの猿神ハヌマーン・孫悟空等の神聖で、奇才・発想の象徴。

●酉　とり

字形は醸造の壺の形から醸（かもす）意。大地は陰の翳りが出、果実は熟成し収穫の時期を迎える。世相は衣・食・住・健康・美容指向となり、ITやバイオの分野が成長、世の欠陥を補う事業や資格者には機が熟す。

酉年の性は、器用でよく働き、用意周到で処世術もうまいが、多情で執念深く人の押し付けを嫌って運を損ねる。対応は、批判は恨まれるから共感した態度がよい。禽神は風見鶏・闘鶏で、太陽を呼ぶ力・豊隆の象徴。

○戌　いぬ

陽気地中に下り万物枯渇に移る。字形は斧の形で切られ滅するの意。世相は滅する前の多忙な動きで、サービス・イベント・観光・スポーツ・住宅・流通・保証・保護関連等の経済活動は活発。

戌年の性は、正義感強く誠実熱心で、女性は母性本能が強い。体面を重んじ、観念的・固執的なところが運を損ねる。対応は、裏切らずに傷つけない態度がよい。犬は忠誠・安産の象徴。

●亥　い

万物陰に覆われ、陽気は地下に潜む。字義は種子の核で、生命力は内部に閉蔵され再生を待つ意。世相は一年の収穫を愛で、精神的なものの美と和を尊ぶ。企業活動や就職は起死回生で道を開く。凪は夜止み、夜間の商売は好調。

亥年の性は、意地強く勤倹貯蓄する努力家だが、雅量が狭く一徹な苦労性。人の言を用いず独断で事を運び運を損ねる。対応は、柔軟に以心伝心がよい。猪は朝鮮の聖獣で神の使いとされ、勇猛・武勇の象徴。

十干・十二支による運勢

人の運命には、顔や姿と同じように祖先や両親から受け継いだ先天的なものと、生後に過ごした環境により形成された後天的なものがあるが、ここでは前者の素質と運勢を、十干と十二支に分類し、その意義と要点のみを解説する。以降に九星と十二支別運勢の解説をまとめているので、両者を総合して判断されたい。単に迷信なりとして排斥することなく、自己の反省の鏡として利用するところに真の意義があり、決して興味本位であったり、盲信して迷うようなことがあってはならない。運勢は天運であり、運命は人運である。天理人道にそって堅実に運命の開拓をしていく努力が望ましい。

十干・十二支の意義と所属区分表

（○は陽 ●は陰）

十干

陽		意義	陰		意義	五行
甲	○	甲（から）	乙	●	軋（きしる）	木
丙	○	炳（さかん）	丁	●	釘（すぐし）	火
戊	○	茂（しげる）	己	●	紀（さだむ）	土
庚	○	更（かわる）	辛	●	新（みのる）	金
壬	○	任（になう）	癸	●	揆（はかる）	水

十二支

陽		五行	意義	陰		五行	意義
寅	○	木	演（のびる）	卯	●	木	茆（しげる）
午	○	火	忤（さかう）	巳	●	火	已（すでに）
辰	○	土	振（ふるう）	丑	●	土	紐（むすぶ）
戌	○	土	戌（まもる）	未	●	土	昧（くらし）
申	○	金	呻（うめく）	酉	●	金	醸（かもす）
子	○	水	滋（しげる）	亥	●	水	核（かく）

干支運勢の解説

節分以前の生まれ（暦年一月一日〜二月節分日まで）は、一つ前の年齢の干支でみる。

甲年生まれ（きのえ）

まさに伸び出んとする立春の陽気を受け、活気溢れている。向上心旺盛で慈愛心に富み、社会事業等には率先して活躍する精力家も多い。

甲子

聡明で勇気もあるが、功を急いでは失敗する。しかし、中年以降は貯蓄心が起こり、必ず家運を回復させる。多少プライドは高いが忍耐力はある。

甲寅

勇猛果敢な一方で自我を通すために人との和を欠き、常に自省して進めばよい。几帳面な努力家だが、少々堅苦しい印象がある。長所は親切なこと。

甲辰

不撓不屈の精神を秘めているが、積極性に乏しく決断に手間取る傾向がある。気位が高過ぎるのも欠点で、これらを改め修養すれば必ず大成功する。

甲午

頭領運があり、相応の成功をおさめるが、短気と自尊心のため運を逃がしがち。また色情には要注意。女性は知的な堅実さを感じさせ、あっさりしたタイプ。

甲申

我が強く、家庭内不和の原因を作りがち。策略や虚言を用いなければ、信用が高まり発展する。表面は社交家にみえても、人に対する警戒心が強い。

甲戌

保守的な性格で義理を重んじると共に、融通の利かない堅さがある。清濁併せ呑む雅量が必要で、交際を広げ、コミュニケーションを図ることが大切である。

乙年生まれ（きのと）

春の気を含んでいるが陰性。心の中を相手に表現できず、うずうずしている、いわゆる内向型。表面は静かであるが強情なところもみえる。

乙丑

陰気なタイプで、好き嫌いの激しい偏屈な面と気むずかしいのが欠点。外に向かって明朗に活動する心がけが大切。地味でも堅実な生活をするマイホーム型。

乙卯

計画は万全でも、実行の段階で怠慢横着になり、目的完遂ができない。デリケートな神経の持ち主でどことなく孤独なタイプ。色情には十分注意のこと。

人の心　元より善悪なし　善悪は縁に随っておこる

乙巳
引っ込み思案で機敏さが足りず、勇気と積極性を養わねば落伍者になりかねない。異性関係で道を誤らぬこと。駆け引きや利害の計算に強い知恵者タイプ。

乙未
取り越し苦労ばかりしているため、剛気を身につけること。まず実行。熱意を込めれば必ず成功への道が開ける。活動範囲が狭いのが欠点であり長所でもある。

乙酉
表面はソフトな印象であるが、高慢心が強いと相手にされなくなる恐れもある。反面、面倒見がよく世間の顔も広い。謙虚さを忘れていないか常に介意を。

乙亥
意気は盛んでも力量が足りない。見栄を張らない正直な態度は信用を得られる。清廉潔白な人柄だが、ややあきらめが早過ぎる。偏屈な性格を改めること。

丙年生まれ（ひのえ）

陽性の火の象で情熱家が多く、元気はつらつとして活動力も旺盛。熱しやすいが冷めるのも早い。異性関係で身を誤らぬこと。

丙子
人あたりはよいが処世は不器用で、やや根気に欠け、真率さが足りない。ぐらつかない落ち着きと、意図したことに対する永続的観念を持てば成功する。

丙寅
理想を追い求め過ぎて挫けることが多い。物事は中庸が肝心である。恋愛も同じで夢中になると取り返しのつかないことに。芸術的センスには恵まれている。

丙辰
竹を割ったような性格で、明るさもある。軽率に何にでも手出しや深入りし、後で心労を抱えることとも。女性は理想が高く、家庭では教育ママ的な存在。

丙午
ポジティブで活発な行動派。時には穏和に退くことも必要であり、金銭の無駄遣いに気をつけること。気ままな性格のためか周囲のおだてにのりやすい。

丙申
要領がよく社会的適応性は高いが、怒りっぽく移り気なのが大欠点。ふさぎ込まずに明るく、短気を抑えて忍耐強く取り組んでいけば好転する。

丙戌
優しく柔和な態度で人に接するが、内面的には潔癖過ぎて相手を侮蔑しがちで、交際範囲が狭くなる。協調性を養わないとせっかくのチャンスも失うことに。

丁年生まれ（ひのと）

目立たないが気骨はある。優しく親切な対応で目上からも愛される。穏やか過ぎてはっきり意思表示せず、恋愛や交際面で損をすることも。

丁丑
表面は穏和のようで、心は反発していることが多い。家庭内外で円満を欠きやすく、偏屈にならぬこと。女性はソフトで控え目なタイプ、経済観念も備えている。

丁卯
温厚円満であるが、異性の誘惑にのりやすい。しっかりと目配りを怠らずに進めば間違いが少ない。負けず嫌いと鋭い勘が特徴で、個性的な職業に向く。

丁巳
一芸に秀でていながら意欲的なところがなく損をする。異性関係は危険信号。言動は常識を弁え注意力を備えているが、現実を軽視して理屈っぽい。

丁未
人情があり気さくで腰の低いところは好感を持たれる。独立心を持ち慎重に努力しているが、不注意から致命的な失敗をして困苦することあり。挫けぬこと。

丁酉
周囲を気にせず我が道を行くが、いい加減な言動は信用を落とす。人を侮らず、信実を持って交わることが肝要である。誠意は必ず相手の心に通じる。

丁亥
仕事熱心で合理的な考えを持つ。不言断行の美点はあるものの笑顔が少ない。人との和を図りつつ自分の才力を伸ばせば大成できる。女性は良妻賢母になる。

戊年生まれ（つちのえ）

外見は包容力があり、どっしりして頼もしそうな風格だが、内実は強気尊大で敵を作りやすい。物事に飽きやすく永続性に欠ける。

戊子
向う意気が強く頑固・強気で寛容さが足りない。家庭でも一歩譲る気持ちがあれば円満にいく。負けて勝つ雅量を養えば必ず大成する。大器晩成型。

戊寅

わがまま放題では、世の中から取り残される。けんかに勝っても結果は自分の損。冷静に自己を反省すること。女性は活動的だが神経過敏な才女型。

戊辰

すぐ怒る癖は最大欠点で、敵を作りやすい。独断を捨て人の忠言を静かに聞くよう努めること。誠実さはあるが、自分本位の甘い考えで周りに頼る傾向も強い。

戊午

経験より理論が先走る自信家。気が強くわがままで、目上であろうとかまわず反抗するため運に見放される。従順に進めば最後には勝利者となれる。

戊申

行動力があり、てきぱきと事をこなすが偉ぶるので敬遠され、時に痛い目にも遭う。実直な言動が必要。与えられた立場を守り、仕事に打ち込むタイプ。

戊戌

堅固な思想の持ち主で努力家であるが、人に負けると非常に悔しがり片意地を張る傾向。一歩譲る寛容さを。調子が良いとつい羽目をはずす欠点もある。

己年生まれ（つちのと）

心の奥底を外に出さない主義で、人によっては大人物となるが、反対に腹黒い策略家にもなる。人生の変化変動が激しいため迷わないこと。

己丑

明朗さがなく独断で事を進めるため疎ましく見られがちだが、人との協力和合に気を配れば大成する。女性は堅実な家庭を望み、男性を上手に陰で支える。

己卯

人の好き嫌いが激しく不平不満が多いため、交際も長続きせず、次第に人の信頼を失う。円満な世渡りを心がけるとよい。気紛れを慎み、計画性を持つこと。

己巳

特有の技能に恵まれているが、短気な面と猜疑心が強いために、周囲から非難されやすく自省のこと。女性は健康的で明るい性格だが、お節介が過ぎる側面も。

己未

理論派ではないが実直な人柄から信用を得る。気が小さく慎重に事を運ぶが、腹が立つ時は前後を忘れがちで失態を演じることも。広大な気を養うとよい。

己酉

負けず嫌いで自尊心も強く博識であるが、ほら吹きの癖があり、他人の信用を失いやすいので十分に内省すること。しかし、小事にこだわらないのは長所。

己亥

気迷いが多く、あれこれと企画はするが実行力が弱い。強い信念を貫き、目標貫徹に心を傾注すること。女性は合理的でやりくりの上手なタイプが多い。

庚年生まれ（かのえ）

忙しく活動する行動派で、金儲けは至って上手いが、地道に貯蓄できない。打算的で相手を金銭で意のままに操ったり、気移りも激しい。

庚子

複雑な人間関係の中を渡り歩くのは苦手で、やや了見が狭い。自分さえ良ければという主義で、周囲の雰囲気を壊して失敗する。一本気で事に熱中するのは長所。

庚寅

明朗活発であるが、移り気なのと短気なのが欠点。そのため若いうちは失態を演じるが、老後は安泰を得る。女性は勝気な男まさりで派手な情熱的タイプ。

庚辰

強い気質で高慢なところがあり、人との折り合いは悪いが、この点と慌て性を改めれば中年以降は隆盛する。女性は人見知りをするのでやや孤独になる傾向。

庚午

几帳面さと真面目が取り柄だが深慮がない。気迷いが多く、軽率に事を行うため金銭を浪費しがち。人との和と動じない胆力を持てば老後は安楽に暮らせそう。

庚申

神経質で自信家ではあるが、言動に一貫性がみられずつかみどころのない人が多い。精神修養に努めることが先決問題となる。社交範囲も広くする方がよい。

庚戌

利己心と頑固さのため人との協調を欠くが、正直で仕事に対する情熱は大いにある。人情も厚く約束を守るので、その方面では信用を得る。共同歩調を大切に。

辛年生まれ（かのと）

融通の利かない面もあるが、人生には危険が少ない。一念を貫く強固な意志は立派だが、社交性を欠き、幸運のチャンスを失う恐れあり。

辛丑
家庭でも社交面でも邪推深いため、自ら不振を招く。気持ちを楽にし、陽気で明朗な生活を心がけること。女性は知的で堅実な印象を受けるが、情熱家タイプ。

辛卯
苦労性であれこれ迷いやすい。世渡りが下手で容易に他人を信じず、また自分も信用されず不利にまわりがち。自己主張が過ぎて人と相容れない面もある。

辛巳
底意地の悪い性格が支障となり、周囲に警戒され運を逃がしやすい。短所は一日も早く改めること。女性はさっぱりした性格だが、やや利己的な面もある。

辛未
生真面目で、忍耐強く努力家である。愛情深く人のために尽力することが多いが、あまりあれこれと考え過ぎないこと。決断力を欠く点は改善の余地あり。

辛酉
手先の技芸に長じているが、小事でも大げさに言う癖があるので信頼をなくしがち。自尊慢心も改めること。万事に消極的な傾向はあるが、人あたりはよい。

辛亥
快活さを欠くうえに高慢尊大なので、案外仲間に好かれない。人の話にしっかり耳を傾ける姿勢が肝要。女性は負けず嫌いで虚栄心も強いが、根は純情。

壬年生まれ（みずのえ）

全身に活気が張り積極的でいかなる苦境も乗り切って突進する。信用は厚いが、成功への道のりは遠く、油断や安心は禁物。

壬子
押しが強く態度は堂々としているが、見栄や体裁を気にするので金銭の支出がままならない。それに誠意に欠ける面があるため、反省と修養を怠らないこと。

壬寅
色難のため苦い思いをすることもあり、その原因を作らぬこと。権力者や強者を恐れぬ泰然とした風格者が多い。女性は気丈なしっかり者で、色気もある。

壬辰
礼儀正しく義侠心に富む反面、相手構わず争いを起こすので成功が遅れる。円満和合に気を配らねば、成功どころか窮地に追いやられることになる。

壬午
率直で人情家だが転々と気が変わるので、人から見下されることとも。すべてに一貫した強い信念を養うことを心がければ、必ず発展・成就を勝ち取れる。

壬申
交際上手で信任も厚いが、物事のけじめをつけないため不覚をとることも。真面目で律儀な性格だけに、手堅く進めば意外な幸運が摑める。

壬戌
万事に熱心でファイトもあるが、時として何かのきっかけで意地を張ってしまい信用を失うことも。穏和に努力を傾ければ、必ず目上の引立てが得られる。

癸年生まれ（みずのと）

自我自尊の念が強く、結束を欠き孤立化する。奇知策略に富んでおり、特に冒険を敢行する勇断な猛者もいる反面、気の弱い善人も多い。

癸丑
内向的で妬みやひがみを持ちやすく、社会から敬遠されることとも。明朗で広大な精神を養う必要あり。女性は勝気で好き嫌いのはっきりしたタイプ。

癸卯
社交性にやや不安がある。独立独行の念が強く、周りの意見を無視して失敗することが多い。目上の人や家族の忠言には素直に応じること。

癸巳
正直で人情に左右されない性格を有するが、気が短く頑固な面が人との和を乱し、成功の妨げとなっている。まず家庭円満に努め、短気を改めるがよい。

癸未
分を弁えないことを画策しても墓穴を掘るだけで、人の意見を参考にして世渡りするのがよい。清濁併せ呑む度量に乏しく権威に憧れる。快活に振る舞うこと。

癸酉
単純さから人間関係で問題を起こす場合がある。わがままで粗雑なところがあり意外な失敗を招く。細かいことにも気配りを怠らず、手堅く進む慎重さが大切。

癸亥
直感的な判断力がある。正直者だが短気と強情さのため他人の心を傷つけ、自ら困難苦労を招きがち。研究心旺盛でアイデアに富む理論家肌の性格の持ち主。

九星と十二支別の一代運勢

運勢判断をする場合に、前述の干支別運勢によると共に、古くから九星別の象意作用と十二支別運勢の相関性が重視され、それらを総合して判断するのが定石となっている。

しかし、これらの運勢判断により、それを自己の持つ宿命的な運命として、悲観視や楽観視することは禁物である。むしろ荒波の多い人生行路の修養訓としてこれを活用し、長所を伸ばし、短所は改め、誠意と信念と努力で自らの運命を開拓するようたくましく前進するならば、必ずや幸運の女神は、あなたにほほえみを投げかけるであろう。

＊一月及び二月の節分以前の生まれの人は、一つ上の年齢の九星および十二支となる。（年齢早見表参照）

一白水星

親と縁が薄く、幼少より苦労する人が多い。人あたりは快活で友情もあるのだが、内心は強情で人の言に従わず、家庭でのもめ事が起こりがち。独立成功の運であるが、中年に住所の移動が多い。

子年 一白　自尊心が強い。よく理屈を言うわりに人には親切だが、けちで義理を欠く。親族との縁が薄く、二十七歳頃一度衰運となり、三十四歳頃良運となる。

卯年 一白　温和で愛想はよいが、うぬぼれが強過ぎ、わがままである。決断力がにぶく迷いやすく、二十歳代での成功は中途で敗れる。五十歳代に色情の難があろう。

午年 一白　若い頃から生家を遠く離れるが、外交的手腕があり意外な幸運をつかむ。結婚は一度ですまない。人の事に余計な口出しは無用。真の幸運は五十歳代。

酉年 一白　虚栄心の固まりのような人が多い。家業を継がず、独立して道を開くが、熱意と誠意が足りず、運命に波乱がある。六十歳を過ぎてから良くなる。

二黒土星

涙もろく人には慕われるが進取の気性に欠け、逆境の人が多い。独立業よりも人の指示に従い、こつこつと働けば安泰で、分不相応の野心を持たないこと。学問や研究、サラリーマンには適している。

寅年 二黒　外観は温厚。しっかり者だが、自我を通したがるのが欠点。中年までは苦労が多く、三十五歳頃の成功は長続きしない。五十二歳頃から真の幸福があり、晩年幸運。

巳年 二黒　物事の企画力には長じているが、実行力がなく、チャンスを逃がす。人を疑ったり、あら探しする癖がある。年長者の引立てで、四十七歳頃幸運をつかめる。

申年 二黒　交際上手で、頓智がきくが、人を統率する力がない。若い時から年長者の引立てで成功するが、意志をもっと強く持つ必要がある。五十六歳頃に大幸運あり。

亥年 二黒　陰気だが、物事をやり遂げる気概がある。短気と色情に注意。二十歳前後に人の引立てはあるが失敗し、五十歳を過ぎてから安泰を得る。

三碧木星

父親との縁が薄く、四・七・十二歳頃に、生死別している者が多いためか、闘志が強くなり、自分の思いついた職業を選び結婚も早い。二十八歳ぐらいで成功するが、正直過ぎて人に憎まれる。

丑年 三碧　交際は上手だが、軽はずみな約束をして困ることが多い。十歳頃大病に注意。二十一歳頃思わぬ引立てで成功するが、五十歳を過ぎて不運となる傾向。

辰年 三碧　すぐに怒りを顔に出すが、まじめ一本で人から信用され成功する。中年は浮き沈みが多いが、五十歳を過ぎてから良運となる。人を軽蔑しないこと。

未年 三碧　グチと取り越し苦労が多く大事業には向かない。二十七歳頃病難、四十二歳頃親しい人に迷惑をかけられる。金運があり、晩年は子孫が孝養してくれる。

戌年 三碧　幼少から親元を離れて苦労する。人の世話をしても恩を着せるので裏切られる。三十四歳頃幸運もあるが、五十四歳を過ぎた方が良運。偏屈を改めよ。

悲観主義はどの戦いにも勝利してこなかった

四緑 木星

子年 四緑
温順で人情味があり、会話も魅力的で女性は愛嬌がある。交際は広いが、信実の友がない。早熟で若い時から人にも認められる。世のために尽くし、名はあげるが、金もうけは下手。縁談は特に慎重に。

温厚であり人あたりもよいが、色恋・短気・浪費癖から失敗を繰り返し、人生に浮沈が多い。四十三歳を過ぎて幸運に恵まれる。

卯年 四緑
恩きせがましいので、人から煮え湯を飲まされることがある。中年時は幸運であるが、虚栄心と臆病から失敗の恐れ。老後の準備をしておくこと。

午年 四緑
人にだまされやすくお人よし。酒と色恋に迷いやすい性格のためか生活難の人が多い。中年時に失敗するが、五十三歳頃、再び良くなる。老後に備えよ。

酉年 四緑
飼い犬に手をかまれるのは、本人にも原因がある。思慮深いが、気迷いと人のあら探しが欠点。中年までは不遇だが、四十七歳か五十三歳で幸運に巡り合える。

五黄 土星

幼少時に生家が衰微し、苦労の中で育つ。剛毅であるが、自己過信して自説をゆずらぬ強い性格が欠点。晩年運で血縁関係は薄く、生家を離れ、サラリーマンとして成功の道を進むのが最適。

寅年 五黄
傲慢・一徹であるが、人に寛大なため頭領運がある。二十四歳の幸運は色情で失い、四十四歳か五十三歳の幸運は永続する。独断よりも人の忠言を聞くこと。

巳年 五黄
疑い深いのと強情が欠点。努力で成功をつかむが色情で失敗する。三十一歳に病難、四十三歳で思わぬ幸運に恵まれる。心の中に潜む敵がい心を捨てよ。

申年 五黄
八方美人で、かえって人に敬遠される。物事のけじめがつかないのが欠点。中年時に職業をたびたび変更する。五十七歳頃良縁にあうが、色情に注意。

亥年 五黄
強情で理屈が多いため、幸運をとり逃がす。三十四歳頃災厄あり。五十六歳頃の良運を逃がすと晩年困苦する。短慮一徹は損失を招く。

六白 金星

両親の運が最も良い時に生まれているが、中年までは苦労する。気品があり、頭は良いが慎重過ぎてチャンスをつかみ損ね、進退を誤る。また、言葉に丸みがなく打算的で、敵を作りやすい。

丑年 六白
頑固でわがままだが、忍耐力と頭の良いのが美点。また親切心が強く人に愛される。二十八歳か三十五歳頃幸運があるものの、色情で失敗の恐れ。

辰年 六白
気品はあるが傲慢で負けず嫌いのため、たとえ間違いと分かっていても譲らず人の反感を買う。四十六歳のチャンスを逃がさぬこと。目先の欲に迷うのは不利。

未年 六白
考え深く、慎重だが、大事をとり過ぎて良運を逃がす。人情に厚く、人の世話もよくするので人に愛される。五十歳代の末か六十歳を越えたあたりで幸運あり。

戌年 六白
義侠心があり、人のために走り回るので引立てもあるが、短気・偏屈から、時に変人扱いされる。中年、酒色で良運を逃がすが五十歳代に大幸運。

七赤 金星

色白で、口八丁手八丁の抜け目ない人が多い。幼少時に父と生別の悲しみあり。長男は親と同居すると和合を欠き、三十三歳の時家を滅ぼす恐れ。男女共十九歳を過ぎた頃身を誤る危険あり要注意。

子年 七赤
愛想よく交際上手であるが、誠意に乏しい。中年に何度も幸運のチャンスが訪れるが、色情で失敗しがち。小さい事にこだわり過ぎる。五十歳頃良運。

卯年 七赤
人の難儀を買って出る美点もあるが、見栄を張り、物事を大げさに言う欠点あり。若い時の幸運は当てにならない。三十七歳に病難、六十三歳頃幸運になる。

午年 七赤
外出しがちの人。口は達者だが、尻抜けの行為が多く、中年の良運を逃がすが、五十七歳に大きな幸運がある。浪費癖を改めなければ運気は沈滞し不成功。

酉年 七赤
金運は相当にあるが、派手な性格のため失費が多い。住所や職業の移動が多いのも忍耐力の不足が原因。子供に縁が薄いので老後の設計は十分に。

八白土星

外見は剛気で冷淡に見えても、内心は親切で人の世話もよくする。物でも人でも好き嫌いが激しく、女は勝気な人が多い。清濁併せ呑む雅量を養い、人との和を図ること。執念深いのが大欠点。

寅年 八白

片意地で物事を自分でやらねば気がすまない性格で、大胆なことをやって嵐を呼ぶこともある。四十歳から五十歳の盛運時代に晩年の計を立てておくのがよい。

巳年 八白

嫉妬心が強い。あきらめも悪く、グチが多いが、そのくせ人に親切である。人をねたまず、誠を尽くすこと。中年運は盛んだが、六十歳から衰える。

申年 八白

生まれつき器用で、考え事に長じているが、熱しやすく冷めやすいのが欠点。中年は良いが、寂しい晩年となる。長所を活かして忍耐強く働けば良い。

亥年 八白

青竹を割ったような性格だが、軽はずみに事を進めて失敗する。中年にたびたびチャンスがあるが、長続きしない。うぬぼれと短気を慎めば五十歳以後は幸運。

九紫火星

剛気果断で人の上位に立つが、気分にむらがあり怒りで事を破る恐れ。部下や目下への思い遣りが欠けている。隠忍自重・終始一貫と寛容の徳がなければ、家庭でも夫婦縁が長続きしない。

丑年 九紫

派手好きで交際も上手だが、熱しやすく冷めやすいのが欠点。四十七歳か五十三歳の頃、色情で失敗がある。六十歳を過ぎてからは良運に恵まれる。

辰年 九紫

忍耐力を備え大事業に成功する素質があるが、中年に色情関係で失敗する。四十歳以前の成功は長続きせず五十二歳頃真の幸運が来る。人の忠言には従うこと。

未年 九紫

信仰心が厚く正直であるが、こせこせしている。若い時は辛労が多いが、中年の終り頃から良運に向かい、五十七歳頃運気は最も盛んで安泰となる。

戌年 九紫

高慢心が強く、派手好きなので常に出費が多い。着実ならば後援者も現れる。三十五歳頃の成功は色情で失敗、五十二歳頃幸運を得る。

十二運星と有卦無卦の運命

有卦・無卦の年月の吉凶を判断する十二運法は、四柱推命学の分野に属し、その判断・解釈は、複雑多岐にわたる。ここでは、各運の象意と吉凶を簡単に示すにとどめるが、一般に胎から帝旺までの七ヶ年月を有卦とし、衰から絶までの五ヶ年月を無卦としている。（有卦のうち、沐浴に当たる年月は凶運）

十二運星の吉凶と象意作用（◎大吉 ○吉 ●凶）

運星	吉凶	象意	作用	
胎	○	出発・温順・変化	新規発展・異性問題	夫婦離別
養	○	発展・独立・色情	実力発揮・養子分家	色情謹慎
長生	○	福徳・円満・増進	福寿繁栄・芸術才能	上位困難
沐浴	●	変動・困苦・離縁	住所移動・職業転向	異性問題
冠帯	◎	成功・尊敬・名誉	独立発展・難局打開	自我自尊
建禄	○	温良・堅実・財禄	平穏発達・転業成功	教育技術
帝旺	◎	頭領・剛気・進歩	強烈旺盛・運命開拓	家庭陰暗
衰	●	保守・不安・衰弱	温良貞淑・衰微破縁	不定困苦
病	●	衰退・過労・虚弱	沈思黙考・消極離親	精神消耗
死	●	優柔・停滞・苦労	優柔不断・不遇困苦	病患災厄
墓	●	精神・憂苦・離散	勤倹貯蓄・意気消沈	職住移動
絶	●	好色・断絶・変転	夫婦離別・資財消耗	浮沈不定

十二運星表とその繰り方

	胎	養	長生	沐浴	冠帯	建禄	帝旺	衰	病	死	墓	絶
木性	酉	戌	亥	子	丑	寅	卯	辰	巳	午	未	申
火性	子	丑	寅	卯	辰	巳	午	未	申	酉	戌	亥
土性	午	未	申	酉	戌	亥	子	丑	寅	卯	辰	巳
金性	卯	辰	巳	午	未	申	酉	戌	亥	子	丑	寅
水性	午	未	申	酉	戌	亥	子	丑	寅	卯	辰	巳

＊五性は納音による。（本書の年齢早見表の年齢欄参照）
＊表の十二支名はその年・月が十二運星のどれに当たるかを示している。
＊節分以前の生まれは一つ上の年齢で判断する。

生まれ日による運勢

子の日　愛想がよく温厚で交際上手だが、身内には評価されにくい。心を尽くさないと子供との関係は疎遠に。財運には恵まれる運勢。

丑の日　強情で偏屈な性格だが実直でもあり、信頼を築けば成功の道へ通ずる。成人後に故郷を離れ苦労・精進する人も。

寅の日　軽率な判断から失敗もするが、度量があり大胆な行動で大成を遂げる。世話好きが高じて無遠慮に干渉しないこと。

卯の日　情にもろくサービス精神も旺盛で、誰からも好かれる存在。万事に短絡的で、詰めが甘いと努力が水の泡に。

辰の日　勝ち気で何事も独断で成し遂げようとし、過ちを繰り返しがち。謙虚な姿勢で目上や経験者の助力を仰げば好転。

巳の日　物静かで温和な性格だが、深読みし過ぎる面があり、疑心暗鬼に囚われ悲観しがち。努めてプラス思考で過ごそう。

午の日　心が広く、明朗な印象を与える人であるが、内面ではくよくよと思い悩む性分で、立場や環境が安定しない傾向。

未の日　心優しい性格だが大らかさに欠け、細部に固執していつも不安要素を抱えがち。物事をテキパキとこなせば自信もつき気持ちも軽くなる。

申の日　理知的で世渡り上手、多方面にチャレンジする気勢のある人。しかし飽きるのも早く成就に及ばない。粘り強さを培えば実りをもたらす。

酉の日　機転とひらめきに任せ、あれこれと手を出す移り気な性格。実利もあるが軽率な判断から苦境に立たされる恐れも。

戌の日　正直で義理堅い長所があり、目上には期待され信用も厚い。しかし気難しく頑固なため、交際面で不和を生じやすく、運気暗転を招く局面も。

亥の日　まっすぐな気性で迷いがなく、決断力もある人。とかく短気で、些細なことで腹を立てれば窮地に追い込まれる。

生まれ時間による運勢

子の刻（午後11時～午前1時）　勉強熱心で、早期に成功を収める。理知的で器用だが、短気から失敗しやすい。

丑の刻（午前1時～3時）　いわゆる丑満時の生まれ。不遇に打ち克ち強くなる人。家庭運が薄く、安住の地を求めず風まかせな気質の傾向。

寅の刻（午前3時～5時）　早くから親元を離れ世間の風に当たる苦労人の気質。晩年に向かって盛運に乗り幸福を招来。

卯の刻（午前5時～7時）　朝日の昇る如く良好な運勢で成功への道が自ら開ける。女性は理不尽な対応をされることも。

辰の刻（午前7時～9時）　度胸があり何事も成し遂げる気概のある人。良くも悪くも激しい気性で、慎重ならば吉。

巳の刻（午前9時～11時）　天運に恵まれ聡明で、生涯を通じて生活に不自由しないが、厄年には不測の危難に警戒。

午の刻（午前11時～午後1時）　陽気が極めて盛んで中年の運勢は概ね順調だが、晩年に向けた諸々の備えを忘れぬこと。

未の刻（午後1時～3時）　親との縁・夫婦間の愛情運は弱い傾向。三十歳以降は思い通りにいかないこともあるが、自重を忘れなければ好転する。

申の刻（午後3時～5時）　多くの人に育ててもらうほど栄進する。若年期は挫折も味わうが、中年以降は大吉の運勢。

酉の刻（午後5時～7時）　温厚・柔順で情け深い。思わぬ引き立てを受けることもあるが、依頼心が強いと成就しない。

戌の刻（午後7時～9時）　清廉潔白の人。但し、強引に事に当たり過ぎるため、運勢の浮き沈みが激しい傾向。謙譲の精神を培えば平穏。

亥の刻（午後9時～11時）　粘り強く何事も黙々とこなす気概があるが、神経質な面もあり、常に心の中に葛藤を抱えがち。明朗に伸び伸びと努力すれば花が咲く。

来世は待つべからず　往世は追うべからず

九星別生まれ月による各人の運勢

一般に一年といえば一月一日に始まり十二月三十一日に終わるのが暦法のきまりですが、九星の場合は、京房の卦気説に立脚してその二十四節の起点である立春を年の始めとし、翌年の節分（翌年の立春の前日）までの期間を一年と定めています。ですから、一般にいわれている一月生まれというのは前年の九星に属する勘定になります。例えば令和五年は二月四日の立春から翌年二月の立春の前日までが一年であり、一月生まれは令和六年　月初旬の小寒から二月立春の前日までの期間に生まれた人のことです。

これを表示しますと次のようになります。

2月立春から3月啓蟄の前日まで……暦年2月生まれ
3月啓蟄から4月清明の前日まで……暦年3月生まれ
4月清明から5月立夏の前日まで……暦年4月生まれ
5月立夏から6月芒種の前日まで……暦年5月生まれ
6月芒種から7月小暑の前日まで……暦年6月生まれ
7月小暑から8月立秋の前日まで……暦年7月生まれ
8月立秋から9月白露の前日まで……暦年8月生まれ
9月白露から10月寒露の前日まで……暦年9月生まれ
10月寒露から11月立冬の前日まで……暦年10月生まれ
11月立冬から12月大雪の前日まで……暦年11月生まれ
12月大雪から翌年1月小寒の前日まで……暦年12月生まれ
1月小寒から2月立春の前日まで……暦年1月生まれ

また、生まれ月の星が十二支（子・丑・寅・卯・辰・巳・午・未・申・酉・戌・亥）の関係で変化しますが、この説明は紙面の関係で省略します。しかし以下に述べます個々の解説にはこの関係を十分に織り込んで占考しております。

一白水星の人

二月　地味でコツコツやる仕事は不向き。派手に進出が良い
三月　内向的であるが創作力がある。勤人より自営業が賢明
四月　頭がきれ情熱的だが持続性がない。芸術的方面が良い
五月　心配性で取り越し苦労をする。勤人が長続きして安全
六月　地道にコツコツと努力する型。自営より勤人が良策
七月　企画性に富んでいるが自営は不向き。勤人として最適
八月　真面目な努力家型。自営で必ず一定の利潤を上げる人
九月　思慮深く研究癖。副業を本業化する特異な才能がある
十月　頭領運があるが、反面敵も多い。どんな仕事にも向く
十一月　二月生まれと共通点多い。人一倍働くが歓楽も人一倍
十二月　家庭的な性格なので外の仕事より内部での仕事で成功
翌一月　聡明な性格だが持続性に欠けている。文筆家等が適職

二黒土星の人

二月　独立自営で人の干渉を受けない仕事に向き共同は不可
三月　世情を洞察できず徒に正義を主張する。商売は不向き
四月　孤独を好み孤立的。独立自営でコツコツと努力する型
五月　強欲で失敗する型。真面目だが歯車がかみ合わぬ恐れ
六月　自由業のなかでも学者芸術家医師宗教家等がピッタリ
七月　思慮深いが苦労性。才能はあっても大事業には不向き
八月　真面目でお人好しなので、他人に金を借倒される危険
九月　飾り気なく淡泊で一攫千金が得意。証券不動産業最適
十月　商才と商機をつかむ機敏さあり。営業貿易関係で伸長
十一月　コツコツと自分の道を開拓する型。共同事業は不向き
十二月　正義感は強いが世情に疎い傾向あり。官吏勤人が適職
翌一月　早くから独立し自分の道を開く型。共同事業に不向き

三碧木星の人

二月　熟慮を欠き性急さが失敗につながる。考える習慣養え
三月　商売上手のようで尻抜けのある人。慎重さを心がけよ
四月　計画は上手だが実行力がないため信用を失う事が多い
五月　公明正大合理的手段で正当な利潤を求め資金回収図れ
六月　雄弁家で味にうるさい。金銭にルーズな点を直すこと
七月　身勝手な性格で宗教等に興味を持つ。理財的観念薄弱
八月　才気煥発型の人だが商才に欠ける。官吏教師等が適職
九月　独立心が強いが大事業には不適。発明家家内工業向き
十月　堅実・綿密な計画で着々と事業拡大を図る有為な人材
十一月　性急で直感に頼るため波乱を免れない。熟慮断行必要
十二月　思慮浅薄で失敗が多い。海運船業や観光業に適する
翌一月　企画の才能はあるが実行力に欠ける。開発などに向く

相手の意見を尊重する人には　対立や争いは起こらない

四緑木星の人

二月　人一倍苦労性で神経質。本業の収入だけでは心細い人
三月　よく働くが収入源の安定を欠く。固定収入の職業有利
四月　商機をよくつかみ流通関係に明るい人。商社マン向き
五月　指導的立場に立つのは不適。他動的に動く職業が良い
六月　独立心独創性がある。小規模から漸進すれば成功する
七月　競馬競輪などに凝り理財に穴があく。官庁等勤人向き
八月　食い道楽で演芸を好むが真面目。敵を作らぬ事が大切
九月　早くから独立する型。少人数で家内工業経営が最善策
十月　外見を飾って信用を得ようとする。堅実経営に移る事
十一月　何も彼も頼りにならず心配苦労で安心できない不定型
十二月　真面目で働き者だが、収入不安定な職業の場合が多い
翌年一月　商才があり、よく商機をつかむ敏腕家。商社マン最適

五黄土星の人

二月　物欲を満す事に精魂を傾ける。金融方面の仕事が最適
三月　緻密な頭脳を持ち見識も広い人。企業の調査マン向き
四月　繊細な神経を持ち苦労性。才に溺れず平凡ならば安泰
五月　倹約努力して蓄財に大を成す。孤立的で地味に働く型
六月　理論的弁舌で人を納得させて金儲けをする才能がある
七月　人気に乗り派手な仕事で成功する型。芸能方面等最適
八月　盛運衰運の変化が激しい人。波瀾万丈で勤人は不向き
九月　一か八かの賭博的な仕事に没頭する型。仲介業等適職
十月　金儲けに手段を選ばぬ辣腕家で財を成す。色欲も相当
十一月　お金の為なら他を排除してもやり、金融面で立身する
十二月　先見の明があり思想家教育者型。銀行官庁の調査適任
翌年一月　頭脳明晰だが才に溺れる傾向。平凡な仕事が身の安全

六白金星の人

二月　極めて楽天的な人。周囲から好感を得て利潤も上がる
三月　緻密で計数的な頭脳の人。税務官吏会計監査など適任
四月　家庭的で温い人柄。勤人なら内勤向き商売は地味好み
五月　気位が高く威張りたい性格。芸術家文筆家警察等良い
六月　不遇に泣く人生で職業も転々する。日用品販売に活路
七月　骨身を惜しまず働く。信用を得て重役へ推挙もある
八月　寛容でのびのびとした性格。事業拡大に腕発揮する
九月　人のために努力する。漸次信用を得て晩年に大成する
十月　活動家で才智縦横の型。一業に満足せず二業三業に活躍
十一月　明るい性格が先輩の引立てを受ける。知能労働に向く
十二月　理財的な才能経理事務に練達。会計士税務官吏が最適
翌年一月　落着いた家庭的な人。派手な仕事より地味な内勤向き

七赤金星の人

二月　温順。器用でかつ商才もある人。技術的な仕事に向く
三月　転職転業が苦にならず自ら求めて案外生活を楽しむ型
四月　小事業を好まず国家的見地に立ち政治家高級官僚向き
五月　映画演劇食通が趣味で娯楽業が適職。金儲けもうまい
六月　小規模工場の経営で不動産売買に良く機敏で先見性あり
七月　公明正大隠し事できぬ性格。報道関係芸術家に最適
八月　二重人格的性格で盛衰により変化す。俸給生活が安泰
九月　才智に富んだ真面目な性格。教育宗教方面で伸びる人
十月　儲ける方も遣う方もたくましく、蓄財に無関心である
十一月　手先の器用な人。技術を活かす半商半工の職業に向く
十二月　一業に定着せず変化を求める型。目先の変化が必要だ
翌年一月　国家的視野の仕事に熱情を傾ける型。政治家官吏適職

八白土星の人

二月　仕事は抜群だが頭領の貫禄はない。共同事業は不向き
三月　よく働き、信用厚く勤人向き。険ある言葉遣いに注意
四月　性格は偏屈だが善人。技術面に優れエンジニアに向く
五月　強欲だが理路整然とした説得力がある。証券金融適職
六月　才気煥発型。多少我儘だが公正な見識で信用を博する
七月　人気商売型の人柄。芸能関係・料亭・医師などが適職
八月　孤立的性格で集団的生活になじまない。小商売に向く
九月　聡明親切で信用される。無理をせず正攻法で対処せよ
十月　術策に溺れて失敗する型。表面に出ないで女房役に向く
十一月　頭領の才はないが温順な働き者。一人でやる仕事最適
十二月　言葉に険あり付合いにくいが働き者なので信用される
翌年一月　偏屈だが内実は良い人。技術的才能を活かす職が適する

九紫火星の人

二月　地位名誉に魅せられ実利を軽視する。教育政治等適職
三月　苦労性で心配事を抱込んでいる。定収入の仕事が大切
四月　豊かで楽天的性格。平凡でのんびりした職が案外有利
五月　人の注意を集める行動に終始する型。政治家等が適職
六月　商機を読み金儲けが上手。貿易関係・興業家等が有利
七月　思慮深いのに職を替える羽目になる。副業を持つこと
八月　知能に優れ計画性のある人。大企業家への素地を有す
九月　飲食業食品業に適し、勤人なら証券金融関係で伸びる
十月　諸事に頭角をあらわす強運の人。事業家・官吏が適職
十一月　実利に関心薄く地位名誉を追求する。政治家教員向き
十二月　神経質で苦労性。安定収入の得られる職業につくこと
翌年一月　心情豊かな坊っちゃん型。機敏さが必要な仕事は無理

六十干支と納音（なっちん）の運命

六十干支を五行「木火土金水」に配し、さらにその五行を六種別に配した納音はよくその性と質を知り、一生の運勢を計る運命上の重要部門である。この五行の物象を考えてその人の運命を判断すればよい。（各人の納音を知るには本書の年齢早見表を参照のこと）

海中の金

甲子の人　根気のある努力家であるが、功を急ぐと結果が悪い。経済をうまく切り回すことができれば老成する。
乙丑の人　強情我儘の性格を慎んで、家庭・社交・事業に専心努力し、漸進すれば老後は安定、成功できる。

炉中の火

丙寅の人　火の性でもこの火は旺盛の火、まわりから好かれるが、調子にのらず軽挙を慎むことが肝要。
丁卯の人　温和・円満な性質で、皆から引立てを受けるが、色情関係で身を誤りやすいので、充分注意のこと。

大林の木

戊辰の人　生来賢明の質だが、短気を慎み極力温和を旨とし社交・業務に励めば、案外成功する運命である。
己巳の人　聡明で人の愛護を受け、一業一芸に到達する人であるが、反面短慮早計のため他からの排撃もある。

路傍の土

庚午の人　物質的に恵まれる反面、迷いから煩悶や散財が多く、栄枯盛衰を味わうが、結局晩年は幸福に恵まれる。
辛未の人　人のために尽くす苦労人であるが、変転の多い一生である。迷いを去り勇断すれば安泰を願える。

剣鋒の金

壬申の人　才知はあるが短気で争いを好む性質があるので警戒。自重すれば人の信用を得るが締め括りが肝要。
癸酉の人　円満、活発で人から好かれるが怠惰が欠点。何事にも着実・真剣であれば信用を得て大成する。

山頭の火

甲戌の人　清廉直行の人で長者の風格があるが実際は苦難が多い。自重と寛容の精神で対処すれば将来開ける。
乙亥の人　正直者だが惜しいことに実行力が乏しい。強情を慎み人と協調できれば引立てられて成功する。

澗下の水

丙子の人　気分にむらがあり外見は良いが内実の伴わぬ感あり、世の信用も今少しである。実行力を養うこと。
丁丑の人　人と協調できるようでできないから自我を捨てて社交を図り、努力すれば心も安定し栄進も確実となる。

城頭の土

戊寅の人　我儘で自尊心が強くて喧嘩早く、人に容れられ難い。短所を補い、長所を伸ばせば安泰となる。
己卯の人　独立自尊は良いことでも他人の協力がなければ成就しない。円満な心で人と交わり信用を得れば成功す。

白鑞の金

庚辰の人　気が強く高慢で人との折り合いが悪く、あわてる性分。自我を慎み周囲との和を図れば成功する。
辛巳の人　何事も誠意を持って人に接すれば円満に物事が運ぶ。大体資性温順な人だから大失敗なく無難にいく。

楊柳の木

壬午の人　可もなく不可もなし、大特技もないが無能者でもなく、平凡に世渡りのできる人。
癸未の人　消極的なために発展が遅れる人。明朗・活発・勇敢に事を行えば意外な人の助けで成功できる。

井泉の水

甲申の人　才知あり清廉で金運にも恵まれるが、狡猾心と虚言をもつ人。自我を慎み協調的に進めば信用もつく。
乙酉の人　円満で八方美人的な人。重宝がられるが、高慢さが災いして信用を失い人に飽きられることがある。

屋上の土

丙戌の人　明朗快活で人に好かれ信用もあるが、万事進んで大成を考えるより退いて守るほうがより安泰。
丁亥の人　努力家ではあるが人付き合いが悪く損をする。自制し人との和を得れば一方の雄となり安泰。

霹靂の火

戊子の人　強情我儘で冒険心があるので立身の機会を失うことが多い。頑固より温情、急進よりも漸進で行くこと。
己丑の人　明朗性がなく陰気な人で社交性にも欠ける。独断専行よりも皆と協調していく方針が良い。

松柏の木

庚寅の人　陽性なので人との和を得、世の信用を得やすいが、移り気なために成功が遅れる場合がある。
辛卯の人　苦労性で疑心を起こしやすく幸運を度々逸するが、元来天分はあるので自戒すれば晩年は必ず大成する。

自分を破壊する一歩手前の負荷が　自分を強くしてくれる

長流の水

壬辰の人　社交的だが高慢であるため争いやすい。長上や同志との不和を警戒し協調的円満主義で行けば大成す。

癸巳の人　表面悠長なようであるが反面短気なところがある。中年までは苦労も多いが晩年は志を遂げ安泰。

沙中の金

甲午の人　頭領の天分があるので相当の発展も期待できるが、短気と強情とを慎むことが肝要である。

乙未の人　怠け癖で人の後となり取り越し苦労と迷いで能率が上がらぬ性質である。情熱と勇猛心が第一である。

山下の火

丙申の人　天下を取る気持ちはあっても機会と運に恵まれない人であるが、一度天運に恵まれれば大成功もできる。

丁酉の人　希望と野心があり器用なので真剣に業に立ち向かって努力すれば意外な成功もある。人を侮らないこと。

平地の木

戊戌の人　華やかさよりも地味で堅実なところで成功する人。協調的態度を心掛ければ人の和を得て大成功。

己亥の人　清廉直行努力家であるが強情。才知はあるが実行力に乏しい。迷いが多いが自励発奮すれば晩年は安泰。

壁上の土

庚子の人　陰気な面を持つが努力・実行をする人だからその効果はある。人の和が成功と失敗の鍵となる。

辛丑の人　陰険で邪推深い点で損をする。努めて陽性を心がけ、熱心にことに当たれば信用を深めて成果をあげる。

金箔の金

壬寅の人　何者も恐れず弱者を慈しむ大人の象。聖者の風格を持つが度を過ぎれば災いとなる。色情に注意を要す。

癸卯の人　智芸共にすぐれ、人の和もあり諸事円満にいくが、独断専行はよくない。晩年は安泰となる。

覆燈の火

甲辰の人　努力家であるが、生一本の生真面目な性格だから多方面より一つの目標に向かっていけば必ず成る。

乙巳の人　温和円満であるが機敏性が乏しい。引っ込み思案せずに大いに伸びることを考えるよう。

天河の水

丙午の人　明朗快活に事を処理し、人の信用を得て重用されるが、散財の癖があるので自制を忘れば破滅す。

丁未の人　思慮分別あり人情に厚い。何事も一貫して努力すれば必ず成るが、放漫なので細心さを欠くと凶を招く。

大駅の土

戊申の人　器用で才知に富む努力家。万事に恵まれ福運もあるが高慢から敵を作りやすい。知人を大切に。

己酉の人　快活で才知もあるので何事にも支障や困難はないが、ホラをふいたり人を軽蔑すると失敗の因となる。

釵釧の金

庚戌の人　大様にして大人の象がある。利己心と片意地が災いして交友が長続きしない。自制と素直さで成功す。

辛亥の人　高慢なために人の和が得られず不遇の感あり。熱意と努力をもって励めば安泰にしてすべて成就す。

桑柘の木

壬子の人　気宇が小さく小心であるため外見を考えて自分を養うことが少ない。常に精進すれば一度は大運開く。

癸丑の人　陰気な性質だから社交的に不利で人から敬遠されやすい。これを改めれば意外な出世街道を歩める。

大溪の水

甲寅の人　抜け目がなく人の信用もあるから万事を慎重にやれば大失敗はない。急進主義よりも漸進主義が安泰。

乙卯の人　何事も誤りなく遂行できるが理智に過ぎて行いが鈍るのが欠点である。殊に色情には注意すること。

砂中の土

丙辰の人　計画もよく意気も旺盛なのに実行力に乏しいのが欠点。また軽挙を慎まねば思わぬ失敗をする。

丁巳の人　一芸に達し細心の注意が行き届く真面目な苦労人の象で、長上の引立てもあり成功の素質が十分ある。

天上の火

戊午の人　我儘で人を侮る性格は考えものだが、運気旺盛なので、自制自戒していけば必ず大成する。

己未の人　万事に自重していく人だからまず失敗はない。気分を大きく持ち人の和を心得て努力すれば成功する。

柘榴の木

庚申の人　性格にも運命にも変化の多い人で、仏にもなり鬼にもなる。行いと言葉を慎むことが第一である。

辛酉の人　芸能に向き寡黙な人で消極的。頭領にはならないが、一生安定した生活ができ大失敗はない。

大海の水

壬戌の人　喜怒哀楽が激しいので、そのために信用を害し事業に不利もあるが、努めて長上に従えば大成する。

癸亥の人　正直で思慮と才知があり人の信用を得る。万事に恵まれ一生を通じ安泰。短気から意外な損をする。

厄年の不思議を探る

人生で災いの起きやすい年が厄年とされていますが、では厄年はいつ頃で、その意味はと聞かれても、答えられる人は少ないのではないでしょうか。

陰陽五行思想には吉凶がありますが、厄年と定めて予見したのは伝説によると中国秦王政の始皇帝の時代だったようです。

皇帝は万里の長城を築き、百薬の長を求めたりして災難を防ぐことに心血を注いだので、人生の災いは何時起るのかを調べさせたことも頷けます。学者は、人民の生涯を調査し、人間の寿命に等しい木の生命等を研究し、自然界の影響による枯渇や樹液の経脈の巡り、節・枝間の年廻り等を調べ、人間と木の精の中に同じような秩序のある事を発見し、災いや障りのある時期を算出し厄年とし、前後を前厄・後厄と定めたようです。

日本に厄年説が伝承された時期は定かではありませんが、平安時代紫式部の「源氏物語」や、藤原実資の「小右記」等に方忌（かたいみ）とか厄が散見されます。当時の人間の寿命は短かかったようで（37歳～54歳位）、数え年で1歳・13歳・25歳のように厄年は12年周期でみられ、室町時代に厄年説が定着したと考えられます。その後寿命の延びもあり、易学者や宗教家の命題により江戸時代から逐次改定され、現代に至っています。

厄年の年齢は、数え年（満年齢に1を加えると数え年）で1歳・4歳・7歳・10歳（男）・13歳・16歳・19歳（女の大厄）・22歳・25歳（男の大厄）・28歳・33歳（女の大厄）・37歳（女）・40歳・42歳（男の大厄）・46歳・49歳・52歳・55歳・58歳・61歳（男女の大厄）・67歳・69歳・77歳・85歳とされています。

厄年については識者達から迷信的という批判もあったようですが、医学的見地から合理性もあり統計的にも納得できるといわれ、代々意識されてきました。

現代ではこうした厄年の羅列より、天運・人運を兼ねしかも万象を網羅し、仏教的な色彩も含有された輪廻転生・因果応報の謂過去の行為の累積で吉凶が出る気学の方が適切ではないかとされています。生まれ年の九星（本書の年齢早見表参照）が運行する九宮に基づく九年周期です。気学では生まれ年の九星（本命星）が北の坎宮に廻った年を本厄とし、南の離宮に廻った年を前厄、南西の坤宮に廻った年を後厄としていますが、さらに中宮と艮宮に廻る年も厄年とみる考え方もあります。

九星の運行順と九宮

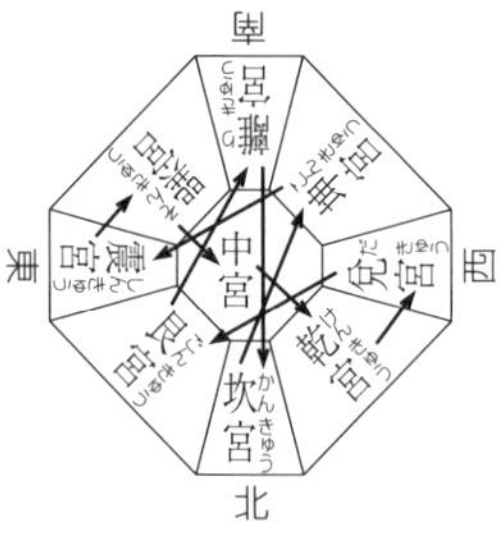

南 離宮 坤宮 兌宮 乾宮 坎宮 艮宮 震宮 巽宮 中宮 西 北 東

厄年は、生理的にホルモンの分泌等が変調し、心身変化の節目を迎える時期で、厄年に当たる人は運勢好転・病気や災難から逃れる厄払い（厄落し）をします。

幼児期は、本能的・自己中心的で模倣性が強く、少年少女期は、欲望が露骨に出、個性が強くなり、反抗的・異性への関心・虚栄心から優劣を強く感じる時期です。

青年期は向上心も旺盛となりますが、将来や思想・異性愛の煩悶もあって理想と現実とのギャップを強く感じ、壮年期は、親となり建設的で活動意欲・名誉欲も強くなりますが、打算的・批判的となり、やがて男女共更年期を迎え人生に焦り・惑いを生じます。老年期は、機能が衰え病気・死の問題に直面し、厭世的になったり価値観念の変化を来します。

そうした過程で感情や判断の誤りで突出した面が出たり、偶然性が絡んで災いを招くのでしょう。こうした節目が厄年に当たります。厄年には、色々苦悩することが出るものですが、自然界の与えた修行の期間と受け止め、欲望をセーブし反省と将来の構想を練る、日々神仏に祈り自己充実を図る、健康や事故・大失敗を起こさないように細心の注意を払い、内外共に油断なく気配りを忘れないことが肝要です。

和暦・西暦対照表

平成三十一年は四月三十日までで、翌日五月一日からは令和元年に改元されました。元号を用いた和暦は日本固有の紀年法であり、日常生活の中で広く使われています。そのため公文書・運転免許証・有価証券類をはじめ、未来表記として平成を使用しているものが多々あります。

左の表は、その該当年を簡単に対照できる早見表です。

西　暦	平　成	令　和
2019年	平成 31 年	令和元年
2020年	平成(32)年	令和２年
2021年	平成(33)年	令和３年
2022年	平成(34)年	令和４年
2023年	平成(35)年	令和５年
2024年	平成(36)年	令和６年
2025年	平成(37)年	令和７年
2026年	平成(38)年	令和８年
2027年	平成(39)年	令和９年
2028年	平成(40)年	令和 10 年
2029年	平成(41)年	令和 11 年
2030年	平成(42)年	令和 12 年

人一代の守本尊

由来　人一代の守本尊は十二支別に定められています。この守本尊を常に信奉し所持していれば、職業・学業・試験・勝負に勝ち、すべての願い事が成就し安泰となり繁栄する御符です。

実費頒布　金属製の御本尊でお守袋（ビニール製）入り。一、二〇〇円／送料84円。申込みは十二支別を記入し、左記宛。

〒700－0945　岡山市南区新保一一二五－五　神明館代理部**大元社**

郵便振替　〇一二五〇－三－一一三〇八

子年生まれ　千手観音　縁日十七日

丑年生まれ　虚空蔵菩薩　縁日十三日

寅年生まれ　虚空蔵菩薩　縁日十三日

卯年生まれ　文殊菩薩　縁日廿五日

辰年生まれ　普賢菩薩　縁日廿四日

巳年生まれ　普賢菩薩　縁日廿四日

午年生まれ　勢至菩薩　縁日廿三日

未年生まれ　大日如来　縁日　八日

申年生まれ　大日如来　縁日　八日

酉年生まれ　不動明王　縁日廿八日

戌年生まれ　阿弥陀如来　縁日十五日

亥年生まれ　阿弥陀如来　縁日十五日

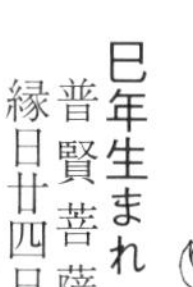

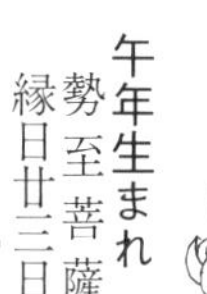
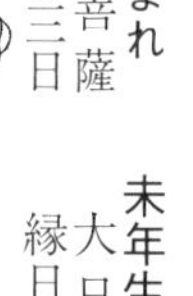

易占体験入門

日本陰陽会　会長
中條　泰彦

一か八か勝負する、という言葉は「一擲、乾坤を賭す」に由来し、欠けている数字の二から七を補充すると易の八卦となります。易の一から八までを列記すると、一☰乾・二☱兌・三☲離・四☳震・五☴巽・六☵坎・七☶艮・八☷坤です。

この八つの卦の解説は、『易経』の「説卦伝」に詳しく述べられています。その昔、世の中がそれほど複雑でなかった時代は、この八つの卦（八卦）で森羅万象、占うに事足りたと思われます。しかし世の中が進歩すると共に複雑化して、八卦では対応しきれず、八卦を重ねて六十四卦になったと思われます。

どんな占いも、時代という過酷な洗礼を免れませんが、易も同様の過程を経た上で、多種多様な占いがある中今もってたくましく生き延びてきています。易を少しでも真剣に勉強するには、易の「繋辞伝」が入っている本を選んでください。幸い岩波文庫『易経』と朝日選書『易』、本の形は多少変わりましたが現在も入手可能で、両書から受ける恩恵は計り知れないものがあります。易の占例は、古くは司馬遷の『史記』や『春秋左氏伝』等、日本では江戸時代の新井白蛾、真勢中州、そしていまだ人口に膾炙している呑象・高島嘉右衛門の『高島易』に見られます。これらは入手できますので、関心のある方は是非とも目を通してください。

本書の「易占体験入門」は、今まで易占に全く縁のなかった方、関心のなかった方を対象に、回りくどい文章表現は一切使わず、◎大吉・○中吉・△吉・▲凶・×大凶の五段階で表示しました。

五段階を構成する基本は、易の卦象（八卦の形）、卦辞（易経の冒頭文章）、断易（五行易）を参考に、筆者四十年の実占経験から、既に答えが出ているものから作りました。

占いの方法

一番オーソドックスな方法は筮竹でしょうが、これにこだわる必要はありません。昭和三十年代に一世を風靡した黄小娥著『易入門』では「……同じ種類の硬貨を六枚用意して、下から上に並べ、陰陽を出して占え……」とあります。便宜上、年号が書いてある方を裏 ⚋（陰）とし、書いてない方を表 ⚊（陽）にと指示しています。例えば百円硬貨を下から上へ並べて見て、表・表・表、表・裏・表、となったとします。これを易の卦で表すと、上三つで☰（乾）となり、下三つで☲（離）となり、ここで上卦☰と下卦☲が合わさり☰☲（天火同人）の易卦が出、次の六十四卦一覧表の⑬を参照すればよいのです。さらに単純明快に易占をするには、色違いの八面体のサイコロ二つを使い、机の上で念じて転がせば易卦は出ます。通常は赤を下卦、黒を上卦とすると便利ですが、色にはこだわる必要はありません。ただし、最初から上卦・下卦の区別をしておく必要はあります。また、サイコロの他にトランプを利用する方法もあります。9から13までのカードを最初から抜いておき、残りの1から8のカード十六枚（三十二枚も可）から二枚を抜き易卦を作ります。その他としてはソロバン・投げ算木・数珠等多種多様な方法で実占できます。要は八つの卦を作ればよい訳ですから、自分で工夫して作るのもいいでしょう。

六十四卦の一覧表は、易占入門の触りの目安であり、興味のある方は次の上級段階に歩を進めてください。

易占が森羅万象に対応できるといっても限界がありますので、過去十年間に限定し、その中で占例の多かった「健康」「財運」「愛情」「人間関係」の四例に関して吉凶を判断していきます。初心者に多い例は、一つの卦を出して全部を参照することですが、これはおみくじと同じで見てはいけません。

「忠ならんとすれば孝ならず、孝ならんとすれば忠ならず」で、具体的に一つに絞り占ってみて下さい。

ここで易占が他の占いと違うところは、易占の教科書『易経』が一般にいわれる四書五経の一つ、倫理道徳を説く書物にもなっていることです。当然倫理道徳に反すること等は易占に馴染みません。同様に占いの動機に不純があってもいけません。

『易経』は「繋辞伝」で人謀鬼謀といい、易占の順番順序を説明しています。未来に対して迷い・憂いがあったらまず自分なりに考えよう、次に人に相談してみよう（人謀）、最後の手段として易占で解決してみよう（鬼謀）とあります。仮に出た答えが吉以上であれば、方針・方法に問題なく進みなさい、凶以下が出たら方針・方法に問題あり再考を、と考えるべきです。

最後に易占は自己規制を『易経』の中で強く説いています。一人静かに誰にも迷惑をかけずにやっているうちは大丈夫ですが、ついつい他人の易占をやりたくなるのも人情で致し方ない流れです。易占について『易経』で「我童蒙を求むるにあらず、童蒙来りて我に求む」とありますが、簡単に説明すれば「他人から依頼されたら占いなさい、こちらから宣伝して占ってはいけません」ということです。

易を志す者は易卦六十四を必ずマスターしなければいけませんが、初心者向きの良書として、井田成明著『易の魅力と智恵』、同著『現代易入門』の二書を推薦します。

東洋の智恵、『易経』に触れ易占を嗜むことにより、毎日の生活に潤いを感じ、人間関係が円滑に運ぶことを願っています。

六十四卦吉凶一覧表

◎大吉　○中吉　△吉　▲凶　×大凶

	卦象	卦名	健康	財運	愛情	人間関係
①	䷀	乾為天	○	▲	△	△
②	䷁	坤為地	◎	○	○	△
③	䷂	水雷屯	○	△	△	▲
④	䷃	山水蒙	◎	△	×	▲
⑤	䷄	水天需	○	○	△	○
⑥	䷅	天水訟	△	×	△	△
⑦	䷆	地水師	△	◎	○	△
⑧	䷇	水地比	▲	△	◎	○
⑨	䷈	風天小畜	△	○	△	▲
⑩	䷉	天沢履	○	○	△	△
⑪	䷊	地天泰	○	○	○	○
⑫	䷋	天地否	△	○	○	△
⑬	䷌	天火同人	×	△	○	◎
⑭	䷍	火天大有	△	○	○	◎
⑮	䷎	地山謙	◎	○	○	◎
⑯	䷏	雷地予	○	◎	○	○
⑰	䷐	沢雷随	○	◎	◎	○
⑱	䷑	山風蠱	×	△	▲	▲
⑲	䷒	地沢臨	×	△	△	△
⑳	䷓	風地観	△	△	△	○
㉑	䷔	火雷噬嗑	○	◎	△	▲
㉒	䷕	山火賁	×	△	○	○
㉓	䷖	山地剥	○	△	×	×
㉔	䷗	地雷復	○	○	◎	○
㉕	䷘	天雷无妄	○	△	×	×
㉖	䷙	山天大畜	△	◎	○	○
㉗	䷚	山雷頤	△	◎	△	○
㉘	䷛	沢風大過	△	△	▲	▲
㉙	䷜	坎為水	×	×	×	×
㉚	䷝	離為火	△	×	×	×
㉛	䷞	沢山咸	△	△	◎	○
㉜	䷟	雷風恒	△	△	◎	○
㉝	䷠	天山遯	▲	△	▲	▲
㉞	䷡	雷天大壮	△	▲	△	△
㉟	䷢	火地晋	△	△	△	○
㊱	䷣	地火明夷	×	△	▲	×
㊲	䷤	風火家人	△	○	○	○
㊳	䷥	火沢睽	○	○	▲	▲
㊴	䷦	水山蹇	△	×	×	×
㊵	䷧	雷水解	△	○	△	○
㊶	䷨	山沢損	△	▲	△	○
㊷	䷩	風雷益	○	○	◎	○
㊸	䷪	沢天夬	○	○	▲	×
㊹	䷫	天風姤	○	△	○	△
㊺	䷬	沢地萃	×	△	△	○
㊻	䷭	地風升	△	○	○	○
㊼	䷮	沢水困	▲	△	△	×
㊽	䷯	水風井	△	○	○	○
㊾	䷰	沢火革	△	△	△	○
㊿	䷱	火風鼎	○	△	○	○
51	䷲	震為雷	△	○	△	△
52	䷳	艮為山	×	△	△	×
53	䷴	風山漸	○	△	◎	○
54	䷵	雷沢帰妹	△	△	○	△
55	䷶	雷火豊	○	△	○	○
56	䷷	火山旅	○	△	○	○
57	䷸	巽為風	○	△	△	△
58	䷹	兌為沢	○	△	△	○
59	䷺	風水渙	○	▲	△	△
60	䷻	水沢節	○	○	○	◎
61	䷼	風沢中孚	△	▲	△	○
62	䷽	雷山小過	▲	△	▲	×
63	䷾	水火既済	○	▲	△	△
64	䷿	火水未済	△	▲	△	△

人相術読本

身の上に災いや福徳が立て続けに起こったり、常識で考えられないようなことが起こったりした場合、我々は「運」という言葉を思い浮かべます。姿もなく音もないこの力に屈伏して、「運が悪かった」「運が良かった」ということになっています。もし、将来を予知できたら？　この思いは今も昔も同じです。

人相を観るという術は、日常誰もがやっていることで、人は初対面の時、本能的に相手を見抜こうとしますが、同時に見られたと気がついた側では、見抜かれまいとする力が働きます。

優しそうな人、狡そうな人、気短かそうな人と必ず何らかの印象を持ちます。これが人相術の第一歩です。

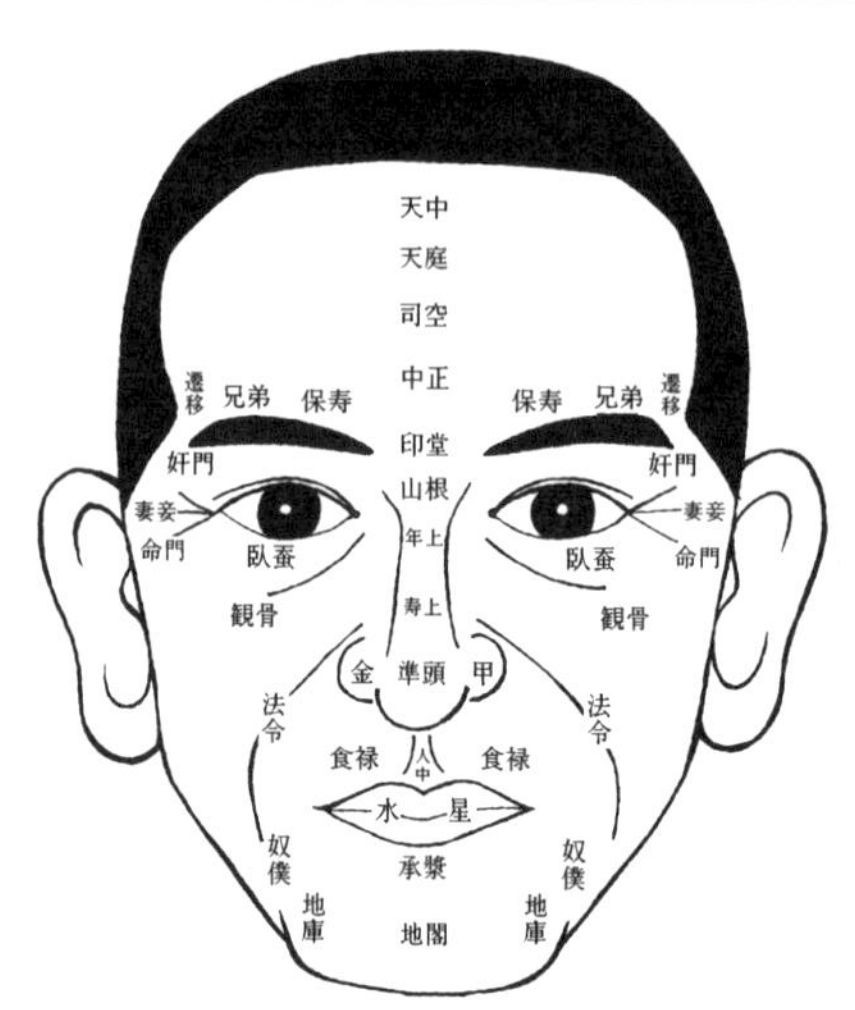

何かを学ぼうと思ったらお金がかかるものですが、人の顔を観るのはいつの世でもただ。

ちょっとした人相術の法則さえ知っていれば、毎日何人かの顔を間近に見ているわけですから、勘はそのうち身につくはずです。

1

2

3

一、眼の観方

眼によってその人の性質や運勢の盛衰を観るには、眼の形や大きさや眼瞼（まぶた）の肉づき等の形だけでなく、その奥から放つ「眼光」を感じ取らなければなりません。眼が美しくても、眼光が弱いとその時折の気分で、衝動的に動くだけで何の信念も気力もなく浮ついているのに過ぎないのです。それに反して、眼の形は小さくとも人を射る眼光を持っていれば、揺るぎない信念と旺盛な気力で運を開いていくことができます。

（1）水平の眼

水平の眼というのは、両眼の中心を結ぶ線が、顔の真ん中に引いた縦線に対して直角になっているのをいいます。

こういう眼は安定感があり、その人の衣食住が安定して揺るぎない生活のできる運を示しています。

（2）左右不ぞろいの眼

左右の眼の大きさや形は同じではないものですが、誰から見ても大小があるとすれば、人相では雌雄眼（しゆうがん）といって特に注目されています。この眼の男の人は、才気があって野心家で世故に長け、裏の裏を心得て上手に金儲けが出来る人です。女の人は生まれつき勘がよく、男の甘い言葉に釣られて失敗することはほとんどありません。

（3）大きな眼

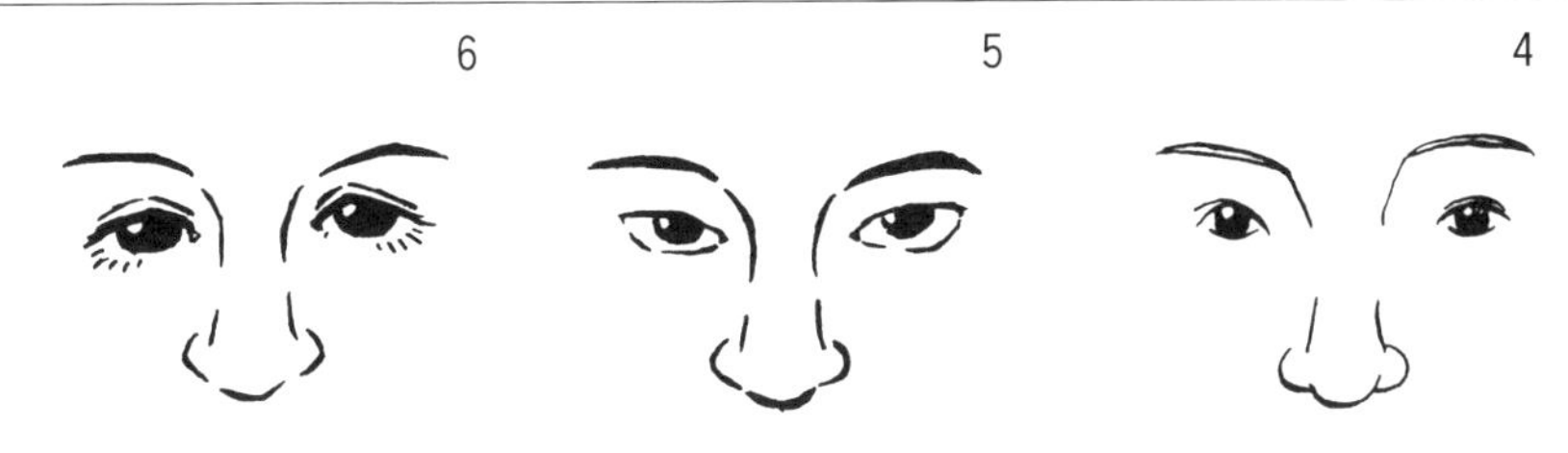

大きく勢いのある眼の人は、度胸があり仕事も徹底的にやる方で、一時は盛運になりますが危険も孕んでいます。眼が大きくて険のない人は、勘がよく芸能方面にセンスを持ち、恋の手ほどきも得意ですが、根気がなく気分に左右されがちです。また、おしゃべりで感受性の強い楽天家でもあり、女性は派手好き、男性は勇気があり目先もきき抜け目ないのですが、観察力は鈍いようです。

(4) 小さな眼

眼の大きな人が初年運に恵まれるのに対し、小さな眼の人は、青春を楽しむ機会が少ないものです。性格が地味であるか、身体が弱いか、あるいは家庭が貧しいため、若い時には苦労します。一気に儲けたり人から援助されるよりもこつこつ貯めるタイプで、お金を残すまでには相当の年月がかかります。

(5) 乾いた眼

眼もとが鋭い相の眼の人は、自分の心の底を隠すかのように、表面は和やかに見せることもあります。しかし、目的を達するためには相手の利害等考えずに、思い切ったことをするために仇を受けることがあります。内心は扇動好きでありながら、事態が不利と見れば素早く体をかわしてしまいます。

(6) うるんだ眼

眼のふちに潤いのある人は、取り分けて性欲の強い人で、異性と見れば口説いたり偏った関心を示しよく浮気をしがちです。但し、眼のふちに潤いのあることと澄んだ眼を一緒にしないことです。

(7) 奥眼

眼が目立ってくぼんでいるのは、俗に金壺眼（かなつぼまなこ）といいます。この眼の人は、対人関係の仕事は不得手です。そのため、客商売や外交等で身を立てることは期待できません。元来自分の感情や意思を表すことが不得手な上、口下手でもあるのでなかなか相手の心を動かせません。

(8) 出眼

出眼といっても、上瞼が薄くて眼球がぎょろっと突き出ている眼と、上瞼がはれたようになって眼球の出ている眼とは、性質も運勢もおのずから違ってきます。上瞼の肉が薄くて窪んだように見え、眼球だけが出目金とあだ名をされるように出ている人は、人の気を見るのが早く相手の心を読むのが得意です。

(9) 下三白眼

黒眼が上がって左右と下の三方が白くなっている眼を下三白眼とか白眼といいます。この眼には、冷たい凄味が迫ってくる印象を受けますが、生きるか死ぬかの難関を必死になって切り抜けようとする時には、この三白眼になるものです。常に三白眼の人は、体力と精神力の全てをかけて仕事を成し遂げようとする、激しい生活意欲を持っています。

(10) 上三白眼

この眼の人は、無表情で冷たく見えます。意固地で決して人と親しもうとせず、平気で人を裏切る眼といえます。孤立しやすく気短かで、目下の縁が薄く利己的な傾向が強く、詮索好きで人の欠点を見つけるのが得意です。

(11) 細い眼

糸眼ともいわれ性格は概ね慎重で、あまり無理強いをしない内気な人が多いようです。友人関係では、数は少なくても深い交わりを求めます。自己主張に乏しく、大胆さに欠ける等自分をセーブするタイプで、自分の殻の中に閉じ込もったり、物思いに耽って現実を忘れてしまいやすい人です。

(12) 丸い眼

クルクルした丸い眼を持つ人は、見たままに明るい性格です。しかし、いささか思慮に欠ける面もあり、本人は結構他人から迷惑をこうむったり、後で取り返しのつかない失敗を演じたりと、おろおろすることが多いようです。このタイプは、大抵芸術家肌で感受性が強く、喜怒哀楽を敏感に示します。

二、額の観方

生涯の運・不運が現れ、額の高さは理解力、幅の広さは観察力を示します。額には親から受けた精神や肉体の遺伝が現れ、初年運つまり子供時代に親の温かい愛情を受けて育ったかどうか、病気災難に苦しんだかどうかが示されます。

(13) 前に出っ張った額

昔から出っ張った額のことを「おでこ」といい、「おでこに馬鹿なし」ともいわれていますが、才気があるし人気を集める徳もあります。前に出張って額の眉骨が高い人は、男性的な気力や体力で押し切ってゆく気迫を持ち、その力が大自然に向かっては探検や開拓力になり、人に向かっては相手と戦って征服しようとする闘争力にもなります。眉の骨があるかないか分からないように平面的な人は女性に多く、体力が弱く人と争う気概に乏しいようです。

(14) 角額

この額の人は社会の実情に通じていて、仕事を几帳面に、しかも実務的に片付けていく性格の人です。派手な人気は望めませんが、中年以後に実力が認められるようになります。

学者や実業家にこの相がよく見られますが、同じ角額でも額の狭い人は、神経質で独り善がりな点があり、恋愛でも仕事でも大きなことはできません。女性で広い角額は、男額といわれ、夫運の薄いことを表しています。

(15) 何本もの皺が刻まれている額

青年時代から翁面の皺のような細かい横皺が、平行して額一面に刻まれているのは、苦労して心が疲れ果てているか、

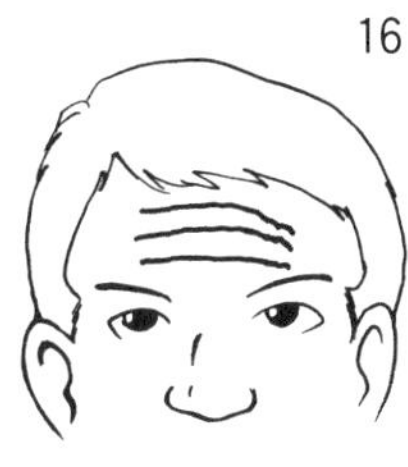
16

17

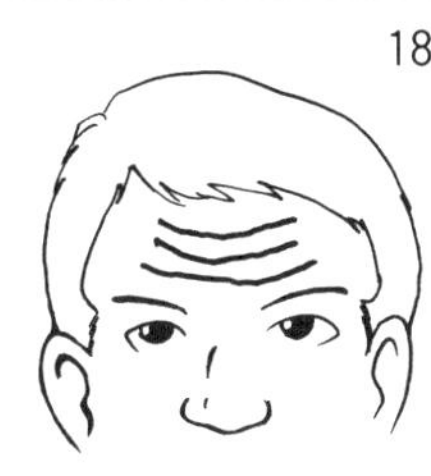
18

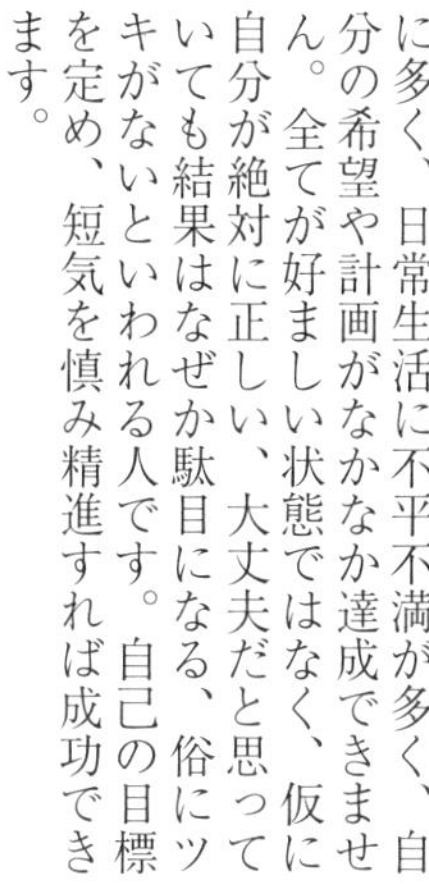

身体が既に老衰したことを暗示しています。女性でこの皺のある人は、生理的な欠点があって夫に満足感を与えることが出来ない場合があります。

(16)三、四本の皺が大きな弧を描く額

額の皺は精神的苦労が多くなるほど増え、体力をつかうほど深くなります。子供で額に細かい皺が出かかっているのは、親の恩恵が少なくて生きるために苦労していることを示しています。しかし、良い家庭に育っているのに皺が特に多いのは、病弱を意味します。三本の皺が平行しているのは、最良の相になります。

(17)十文字の皺のある額

この十文字の紋理は、心の不安定な人に多く、日常生活に不平不満が多く、自分の希望や計画がなかなか達成できません。全てが好ましい状態ではなく、仮に自分が絶対に正しい、大丈夫だと思っていても結果はなぜか駄目になる、俗にツキがないといわれる人です。自己の目標を定め、短気を慎み精進すれば成功できます。

(18)中央部に数条の皺が下がっている額

この額の皺は、事業や政治のような複雑でかつ多方面にわたる才能や度胸を必要とする仕事には向いていない相です。欲がなく世間ばなれしているところがあるので、宗教的な方面で活躍できます。

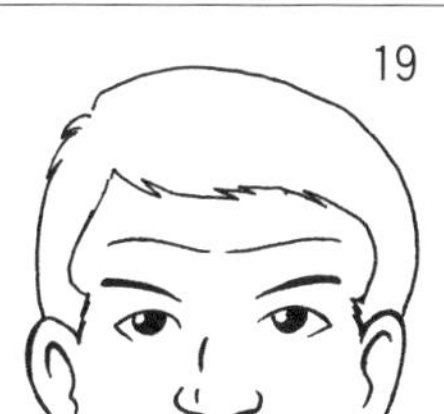
19

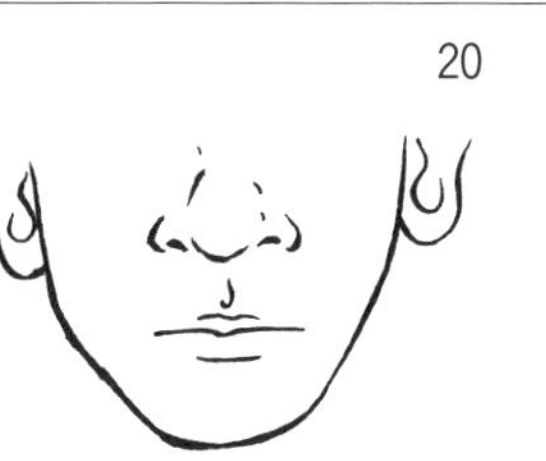
20

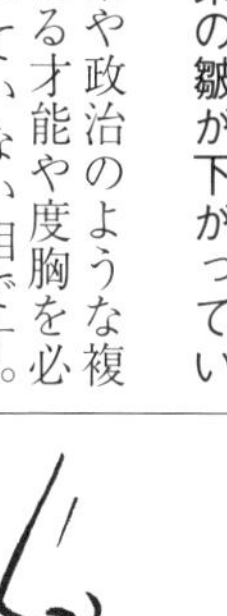
21

(19)一線だけ深い皺が走る額

皺が額の下の方に一本だけ深く刻まれているのは、狭い額によく見られます。この相は、親が貧しいか親と早く別れているために、金銭や温かい愛情に恵まれない生活を経験し、十代から他人の間に入って気苦労が多くなる人です。目先の利欲に惑わされないように注意を。

三、鼻の観方

鼻は花、鼻が人生に花を咲かせる。鼻は頭の善し悪しや金運が現れるところで、いかに能力があっても、鼻が立派でないと人生に花を咲かせることが出来ません。実際に社会に出て活躍している人には、小さい鼻や低い鼻、小鼻の寂しい人はほとんどいないから不思議なものです。

(20)横に広がった鼻

横に広がっている鼻は、おおらかで物事に捉らわれない性格で生活意欲が旺盛、物質運にも恵まれ、性欲は人一倍です。あぐらをかいているような鼻なら人格も円満といえましょう。どんなに苦労しても決して悲観せず、生き抜いていくだけのエネルギッシュな力を持っています。女性の場合は、男勝りの明るさとざっくばらんな性格で世話好きです。

(21)ギリシャ鼻

隆起のない真っ直ぐな鼻で、ギリシャ彫刻によく見られます。鼻根から鼻尖までの線は豊かに引かれ、鼻翼がほどよく

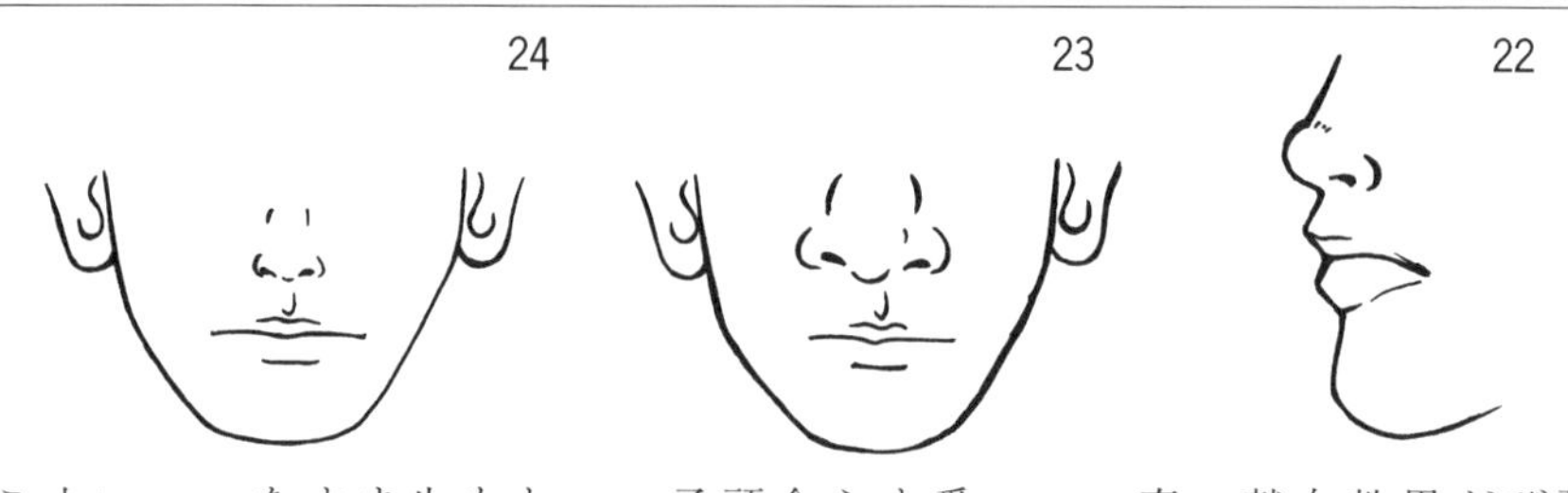

張って調和のとれた鼻で、美術鼻とも呼びます。芸術的趣味の豊かな人で、性格が高尚で慈悲心に富むが、荒々しい実業界や政界で泳ぐには適していません。宗教家、教育家として進むとよいようです。女性は、情にもろく好きな人のためなら献身的になり、困っている人を見ると黙っていられないといった同情心もあり、奉仕型。その上、浮気をすると本気になって相手に尽くしてしまいます。

(22) 団子鼻

鼻頭が膨大でコブのような大きな鼻。愛嬌があって人を喜ばす術を心得ています。好人物で、簡単に人を信じるが裏切られやすく浮世の苦労が多く、女性の場合は、官能的で浮名を流しがちです。鼻頭が大きく赤みを帯びた人は酒好きで、子供の縁が薄く孤独の道を歩みます。

(23) 大きな鼻

自惚れが強く権力的で人を圧迫することを好み、冷徹な性格の持主です。しかも、頭脳の閃きは鋭く機をみるのに敏で、生き馬の目を抜くような辣腕を持っています。その上、金銭にはしぶとく強欲ですから、下手に相手になると思わぬ損害を被ることになります。

(24) 小さな鼻

鼻の先、準頭（せっとう）のとがっている人。注目すべきは、小鼻がちょっと小さくて上つきになっていることです。これは器用貧乏の相といい、考えることはうまくアイデアに優れているのに、その割に運の悪い人です。しかし、達観しているところがあって、運が悪くても冷静で呑気に構えています。

25　26　27　28

(25) 高い鼻

自尊心と自惚れの強い自信家。高慢で人を見下すところがあり、「お山の大将」になることを望みます。高過ぎる鼻の人は、品性の高いのはよいのですが、理想主義に流れて現実に疎いため、実生活ではマイナスに働きます。

(26) 低い鼻

慎み深く謙虚ですが、自信がなく生活力が弱く財運にも恵まれません。また、肉体的には性能力が弱く、異常があるかあるいは疾患に罹りやすい傾向があります。理想を持たず感受性にも劣り、精神的より物質的に、知的より本能的に傾く人です。低くて小さい鼻は、肺の機能が弱い人が多いようです。

(27) ローマ鼻

鼻梁の始めの山根部に近い所で隆起した鼻。武人鼻、剣鼻とも呼ばれます。男性的な鼻で、一度計画したらどんな障害をも排除して邁進する活力の持主です。攻撃・闘争的で権力を握った人々の中にこの鼻の持ち主が多く、勇猛ですが和合性には乏しいようです。

(28) つまみ鼻

「鼻摘み者」といわれる人は、エゴイストで皮肉屋、神経過敏で見栄坊、知っ

29　30 　31

たかぶりをして人から嫌われます。「鼻の先危ない知恵の置きどころ」と笑われる鼻で、鼻梁が骨張り、鼻頭が摘んだように持ち上がっています。財を失い、苦労の絶えぬ運命を辿りがちです。

(29) 鼻の下の横皺

頭の回転が鈍く表現力も不足がちで、意思の疎通を欠くうえ社交的でもないので、交際範囲は狭く限定されます。したがって、幸運との縁が薄く一時的に恵まれても、再び失うというツキのなさを味わうはめになりそうです。野望ばかり遠大で、実行力が伴わないことが欠点となるので、不言実行で計画には積極的に果断な処置を心がけたいものです。

(30) 鼻先が上を向いている

このタイプの人は、経済観念に乏しく入った金をすぐ遣い、金に対する執着心の少ない人です。生活力は弱くはありませんが、財産運や経済力はつきにくいようです。意外に社交家で、人に好かれ信頼もされます。

(31) 狆鼻（ちんばな）

準頭と小鼻との境界が明瞭でない鼻で、物欲の強さを表し利に聡い性分を持った人に多く見られます。金を得るためには手段を選ばず、義理人情等眼中にないといったところがあります。職業として金融業に勝る適業はありません。

(32) 鼻孔が小さい

このタイプの人は、神経質な人が多く、

32　33 　34

小さなことでも何かと気に病んでくよくよしてしまう性格。残念ながら生活力はさほど旺盛ではありません。しかし、美的センスはある美顔型で、女性は結婚して主人に深く愛され幸福な家庭生活を送れます。

(33) 鼻孔が大きい

鼻孔が大きい人は、やることなすことスケールが大きく、多少の状況変化や人の言葉にこだわったりはしません。相談事等を持ちかけると、親身に聞いてくれたうえでよく納得してくれるし、場合によっては人の世話をすることも厭いません。しかし、いわゆるけち臭いことを非常に嫌う面があり、それだけに散財しやすく、浪費のスケールも大きくなりがち。

四、口の観方

「口」は幸、人は口次第で幸福になります。口は人間が幸福を感じる食と性を司るところで、生命力を読むことが出来ます。

(34) 大きな口

野心に燃える強い自信家で成功運に恵まれます。同時に動物的本能の強烈なことを示しています。また、度量の広さ・胆力の強さ等も口の大きさに比例するようです。男性は口は大きいのがよいとされ、他の条件にもよりますが一般的には吉相とみなされます。

(35) 小さな口

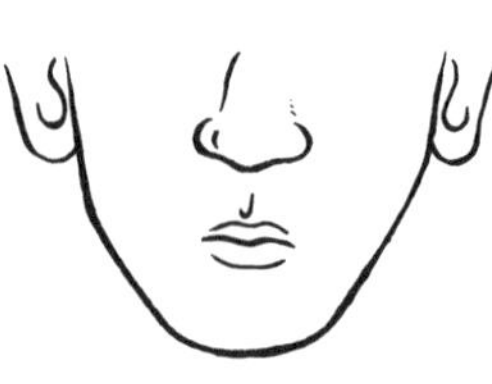
35

36

37

小さな口は本能の弱さを示し、生きる意欲に乏しく、小心で意気地がなく、何事にも引っ込み思案のため、容易に行動に出ようとしません。慎重・細心といえば聞こえはよいのですが、自主独立の気概に欠けるので、指導的立場に立つのは難しいといえます。

(36) かぶせ口

上唇の厚さは人に与える愛情の強さを表し、向う気の強いことを示します。善良な情熱家であるとともに、理論家で正義感が強く、不正に対しては黙視できない性格の人です。同じかぶせ口で赤黒い色沢を帯びたものは情欲が旺盛で、異性関係も華やかとなります。また、物欲も強く、ひとたび狙った獲物は必ずものにするタイプです。

(37) 受け口

下唇が上唇より前に出ている口。利己主義者に多くみられ胸に一物持っていて、自己の立場を有利に導くためには、信義を破り善意を裏切ることも辞さないといったところがあります。また、人に対しては愛情に乏しく、人からは愛情を得ようとします。それだけに依頼心が強く、自ら運命を開拓しようという気迫に欠けていて、愚痴が多いものです。

(38) 唇が薄い

この唇は冷淡で愛情の稀薄なことを示し、打算的且つ自己本位な傾向を持っています。恋愛の喜びや愛欲・歓楽には理解がないようです。だから色欲に深入りして、艶聞を撒き散らすようなことはほとんどありません。皮肉なことに、唇が薄いのに体の肉付きはよい人が多いのは意外です。

(39) 唇が厚い

唇には、愛情が厚いかどうかが現れます。上唇は人に尽くす愛情を示し、下唇は自己本位の愛情を示します。一般的には、上唇の厚さと愛情の濃さとは比例し、上唇が厚いほど情も厚く甘くなります。また愛欲も強く働くので、異性に甘く良く尽くす人です。

(40) 上唇が巻き上がっている

口は余り引っ込んでいるより出ている方が、生活力は旺盛となります。総じて口が突き出ているのは、言葉でも行動でも自分を曲げない強さがあり、時にはまくし立てたり説き伏せる激しさも持っています。また、この口は人に与える愛情の強いことを示します。

(41) 唇に湾曲がある

唇に四箇所の湾曲を持つ「四字口」といわれます。真面目で口数が少なく軽快さに乏しいのですが、生存競争が奏でる波瀾万丈・紆余曲折を凌ぎ、確固たる信念の所有者に見られる良相です。唇の赤い部分に縦皺の多い人は、慈悲心が豊かで結婚運や子供運に恵まれ、交友関係も華やかとなります。唇に皺のない人は、頭が切れるのに温情に欠けます。

38

39

40

41

男性・女性ほくろの吉凶

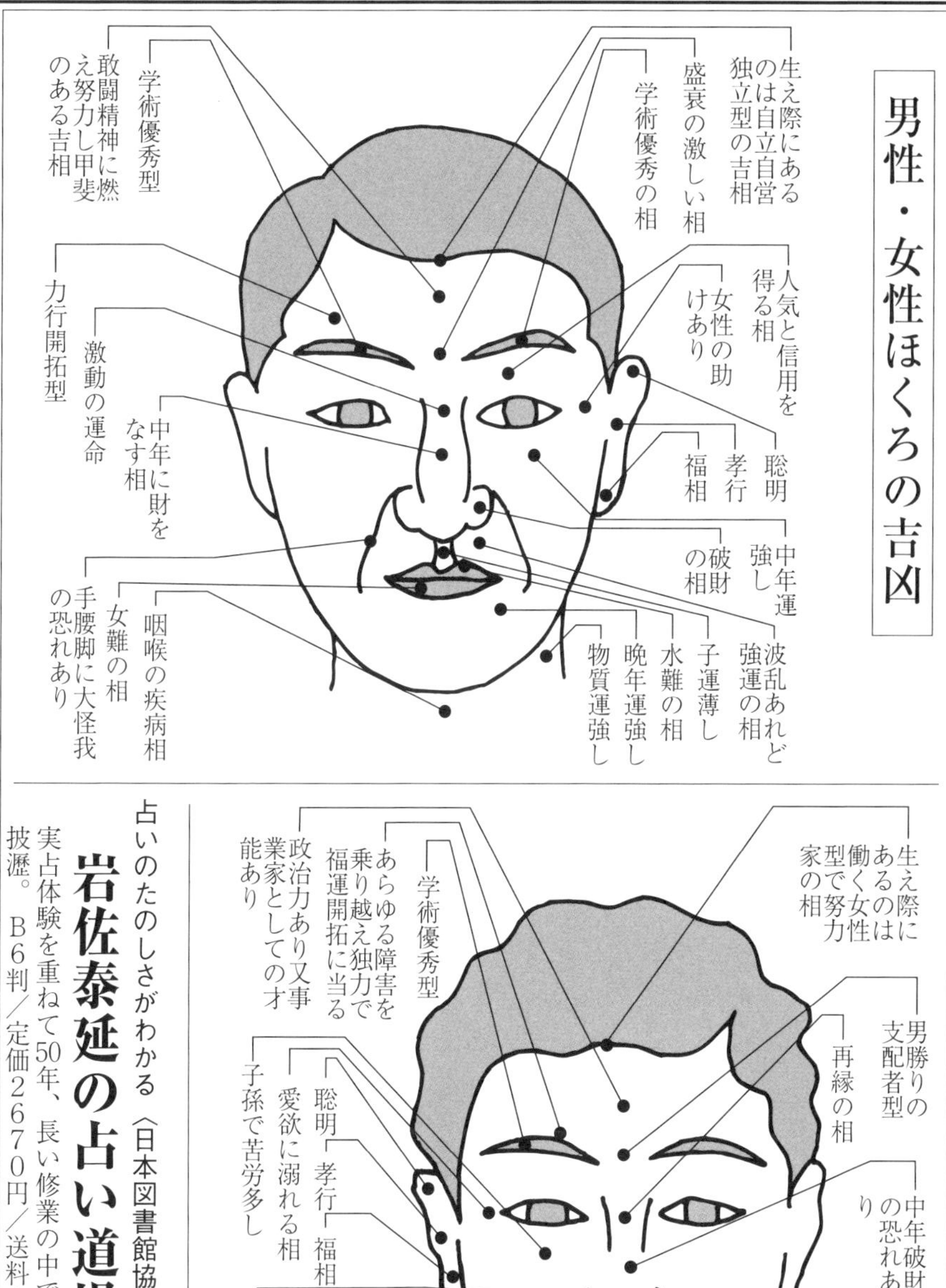

自分を与えるな　自分を捨てるな

手相を語る

泰延易学研究会
岩佐泰延

手相は変化する

「私の彼氏は、手相の生命線が短いですが短命ですか」と、こういう内容の手紙を地方の一少女からいただきました。

生命線が短いから短命とか、長いから長命とは限りません。手相は部分的から、全体的に総合して見るものです。又、手相は変化するものなのです。

手相の線は、何日、何ヶ月、何年とか、周期的に変わるのでなく、人により、時に応じ運勢に伴って、或いは早く、或いは遅く、現れたり消えたり変化するものです。

知能線の見方

知能線とは、掌の中央部を斜めに走っている太い線を指します。

知能線は、知的能力を表す線で、思考力、判断力、観察力、直観力、意志など生活能力を表すもので、手相の切り札となるものです。生涯の運勢の盛衰をみるには、第一にこの線に着眼しなければなりません。

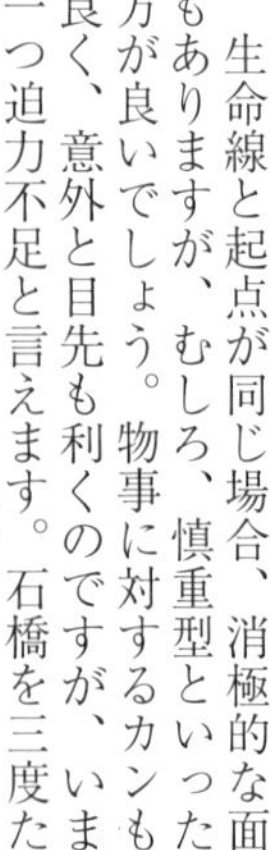

知能線の起点

生命線と起点が同じ場合、消極的な面もありますが、むしろ、慎重型といった方が良いでしょう。物事に対するカンも良く、意外と目先も利くのですが、いま一つ迫力不足と言えます。石橋を三度たたいてもう一度たたく性格。

生命線の上部からの起点

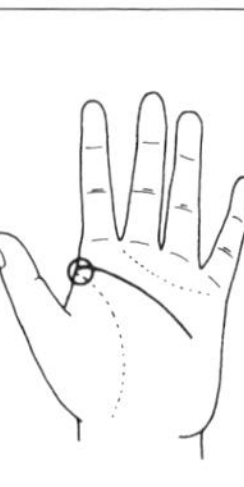

生命線とすれすれの上部か、やや上部からの起点は、目的に向かって進んでいき、活発な行動力を持っていることを意味し、他人の力などに頼らない独立独歩の精神の持主です。しかも、自信に満ち自分の心を抑制できる、典型的な男性的性格といえます。多少の波乱があっても乗り切って行けるタイプです。

生命線の下からの起点

神経過敏で小さな事に興奮したり、すぐに感情的になり易い。しかし、常識は豊かで、計画性があります。起点が内側に深く入っている程、愚痴っぽく決断力がない。社交性がいま一つなので、対人関係に問題があると言えます。

生命線と離れた起点

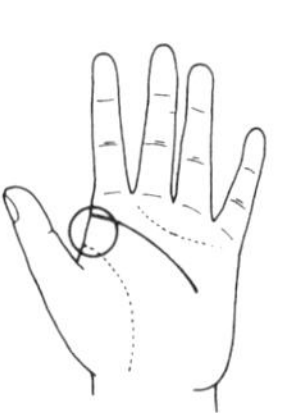

なかなか積極性を持っています。思慮の深さよりも行動力の強さを表します。計画性がなく、思いつくままに行動をし、あまりにも離れている場合は、無鉄砲とも言えるようなことをやります。

知能線の二つの方向

知能線の起点に当たる側面から、その反対の側面に向かって、斜めの線を引いて上下に分けると、上部は、有形の物質や金銭の世界を表し、下部は月丘に当たっているので、無形の精神の世界を表します。

この物質と精神の分け方は、知能線の向かう方向によって、その人を知る上で理解しやすい。

英国のある手相家が、「知能線は、吸い上げポンプの吸入管のようなものである。その先が月丘の方に向かうと、心の糧になる精神的なものを——例えば、芸術、文学、宗教——日常生活に吸い上げ、知能線が真横になると、物欲が強くて、金銭を吸い上げる」と言っていますが興味ある言葉です。

桝（ます）かけ線

知能線と感情線が交わって、掌の端から端まで一直線に横切るのを、昔から「桝かけ」とか「百にぎり」と言われています。

桝かけになって、手が割合に小さい男は意地っ張りで、善にも悪にも強く、最後の結果を見るまで強引に押し切って行く人です。なかなか頭の回転もよく、チャンスをつかむのも上手です。何事にも極端から極端になります。

掌の線と丘

掌の線には、大小長短約二十ぐらいの名称があり、長くともさほど重要でないものもあり、短くとも、見過ごすことの出来ない、重要な意味を持っているものもあります。

1・生命線　2・知能線　3・感情線
4・運命線　5・希望線　6・災難線
7・金星線　8・太陽線　9・結婚線
10・健康線　11・放縦線　12・手首線
13・火星線　14・影響線　15・障害線
16・財運線

丘の区分と名称

1・木星丘—人さし指の付け根部分
2・土星丘—中指の付け根の部分
3・太陽丘—薬指の付け根の部分
4・水星丘—小指の付け根の部分
5・第二火星丘—水星丘の下の一画
6・月丘—手を握ってみて、小指の先から手首線に至る広い部分。
7・金星丘—親指の付け根ほとんど全部
8・第一火星丘—親指の付け根の一角
9・火星原—手の中心部
10・方程—火星原の上部
11・地丘—掌の下部

丘の示す運命

木星丘—職業。土星丘—地位。太陽丘—名声、人気、社交。水星丘—金銭、結婚。第二火星丘—競争相手、怪我。月丘—旅行、遠地、水難、公事。地丘—性の秘密、土地。金星丘—性愛、恋愛、家庭。第一火星丘—競争相手。火星原—生活戦線、希望。方程—生活戦線。

生命線と健康

生命線というのは、拇指球（金星丘）を半円形に囲んで、手首の方に及んでいる極めて太い線です。この線は、健康状態や、生死、怪我等の肉体に関することを示します。

この線に支障があると、学業や仕事、夫婦生活までに悪影響があり、生命線が運命をみる上で重要視される訳です。

生命線と活気

生命線が拇指球（金星丘）を大きく囲んで、金星丘の面積が広くなっている人は、肉体的エネルギーが溢れていて、体力に物を言わせて、生活苦を乗り切っていけます。しかし意志が弱い女性は色情問題で失敗を招き易く、意志が強い女性は水商売または、芸能面で明るい生活をしていけるものです。

生命線の起点

生命線の起点は、人さし指の付け根と親指の付け根の二分の一が標準です。親指と人さし指の中間から出ている場合は、性格はおおらかで、万事に積極性があり、常識的です。活気があり、安定した生活を送ることが出来ます。

人さし指に近い上部から出ている場合は、線がそれだけ長くなるので長命です。性格は積極性があり、行動的です。くじけることのない生活力を持っています。

活気のない相

親指に近い下部から出ている場合は、消極的で疲れやすい体質。知能線が悪いと反抗的で感情を露骨に表現する、要注意の人物です。

生命線の張り出しが小さい

生命線の張り出しが少なくて、親指球が小さい人は、肉体的エネルギーに欠けています。身体の作りも肉感的にならず、異性を引きつける性的迫力が弱いものです。真面目ですが、夫婦生活にも自信が持てないし、僅かな仕事にも疲労を感じやすい身体です。

活力線（火星線）

生命線からやや離れて、それに平行して太く長く刻まれる線を活力線（火星線）といい、生命線に活気を与えたり、その弱い所を補う補助線になっています。この線がある人は元気で活動的で仕事に熱意があります。万一生命線が鎖状や切れ目や、切れ切れの悪い相をしていても、この活力線が、長く鮮やかに出ていれば、その欠点が補われるものです。

感情線とは

感情線は小指側の掌の側面の、上から四分の一あたりから起こって、食指の方に向かって刻まれる太い線であって、社会生活に最も大切な、友情、恋愛、夫婦愛、母性愛の有無を表すばかりでなく、結婚生活の幸不幸を示すものとして、手相上重要視されています。掌の線は、どの線でも、一筋に刻まれているのが最良の相とされていますが、感情線に限っては多少乱れて幅広くなっている方が、感情の感じ方が巧みであり、表現も上手です。恋愛にも交際にも、生き生きとした変化を示します。感情線や支線がなく、針金のような相をしているのは、愛情の感じ方が鈍く、その表し方はあまりにも素朴で旨味がないものです。感情線は、長さだけから言えば、長いほど情が厚く、短いほど情が薄いことを意味します。

嫉妬深い相

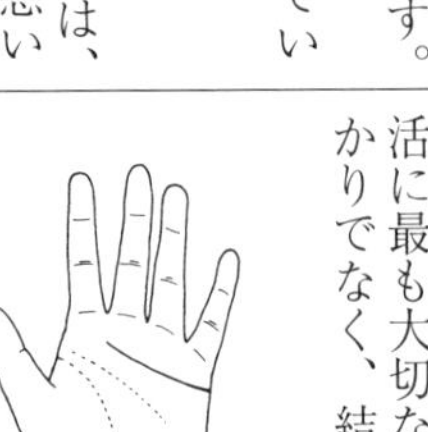

誠意ある愛情

感情線の先が長く延びて、ほとんど掌の他の端に近づいているのは、愛情の独占欲が非常に強いものです。愛されているその愛の印を確信しなければ、寸時も落ち着けない人であって、相手に少しでも疑わしい事があれば、たちまち疑心暗鬼を抱いて、くってかかる程の嫉妬で心が乱れ、執着心が強い相です。

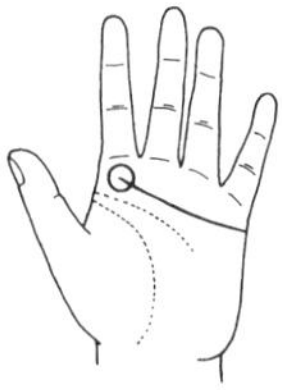

感情線の先が木星丘（食指の下）の中央あたりで終わっているのは、いつまでも変わらない親しみの情と、おおらかな心を持っている人であって、金銭や愛欲で誘惑される事が少なく、落ち着いた愛の生活を求めます。仕事上でも真面目な行動をとります。

献身的な愛情

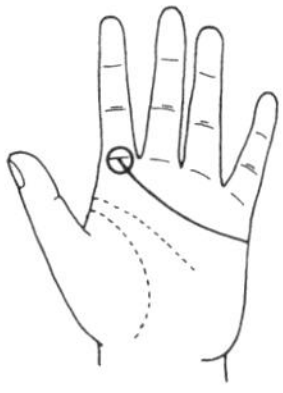

感情線の先が、食指の横線、又はその一分下に及んでいるのは、愛情が濃やかでしかも厚く、献身的に尽くして誠意を表します。もし相手が悪いと、それは、往々にして自己が犠牲となりますが、恋人として望ましい相であります。

一本気な愛情

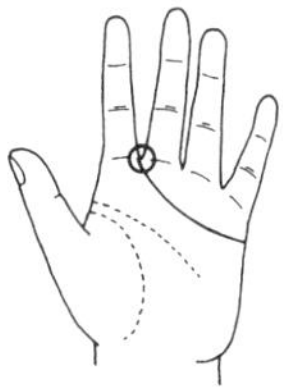

感情線の先が、食指と中指の間に入っているのや、その一、二分で終わっている人は、異性に対して一本気な愛情を持つ人です。その愛情は官能的なものでなく、健気に働くとか、人柄が良いというような精神的な美点を持つ人に、純情を尽くすものです。また、潔癖なまでに人の好き嫌いがはっきりしていて、だらしのない人を徹底的に毛嫌いする傾向があります。

誠意を示さない愛情

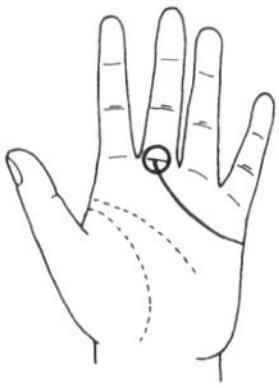

感情線の先が弓形に上向いて、土星丘（中指の付け根）に入っているのは、自分本意の愛情を示すものです。手が軟らかい場合は、愛されるように持ちかけて、見せかけの愛情で恋をするようになります。

仕事本意の人

感情線が比較的、真っ直ぐ走って、中指の下で終わっているのは仕事本意の人であって、愛情にさっぱりしています。女性の手にあっては、結婚だけが女を幸福にするものでないことを知っていて、職業が主となり、愛情が従となります。

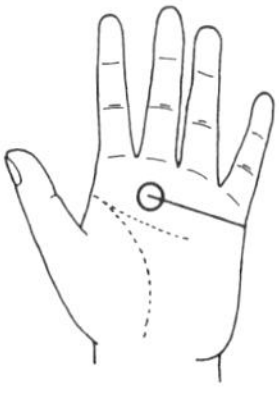

運命線とは

中指の付け根に向かって立つ縦線を運命線という。この線は、社会に出てどんな生活をして行けるか発展していく長い人生の運不運の状態を示すもので、「社会線」ともいわれます。

この線は、必ず生命線、知能線、感情線などと合わせてみます。生命線が表す健康は、人の運を開く絶対条件です。もし体力がなかったならば、困難に打ち勝って運は開けないし、せっかくの良い運命も、逆戻りするような事になるでしょう。

運命線の起点

運命線は、いろいろな位置から立つものです。この線はどこから起こっても、中指の付け根に向かうものですが、たまたま掌の下部の方にわずかに刻まれてあるにすぎないこともあります。線によっては、弓形になっているものがあっても、すっきりと刻まれているならば、生活が順調に行くことを示し、線がよれよれになったり切れ切れになっていると、職場や立場が変わり易くなることを示します。

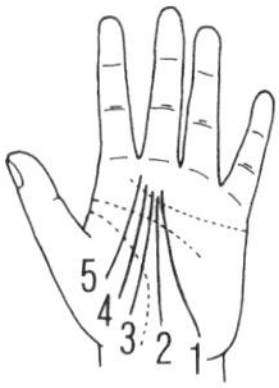

1、家族、身内よりの援助、協力によって運を開いていく運命線。

2、自分自身の運命を開拓できる人だが、身内の援助もあります。

3、実社会の荒波にもまれて、努力開運する運命線。

4、5、自分の努力も必要ですが、人からの人気や援助を受けられる。アイデアを技術面に活かしたりすることによって、人気や援助を受けたりする。人気商売などに最適な運命線。

愛情を示す結婚線

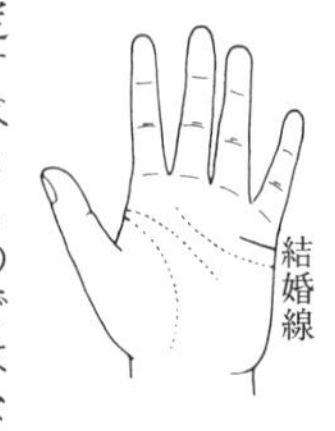

　結婚線は水星丘（小指の付け根）に刻まれる、極めて短い横線であり、手を捻って、側面から観察されるものです。この線は、結婚生活の運不運ばかりでなく、異性との愛の状態も表します。夫婦生活の運不運は、この線だけをみて簡単に断定すべきものではなく、その原因ともなる健康や金運や、他の線を見合わす必要がある訳です。

　結婚線は、三本あるから三度結婚するというものではなく、一本でも数回結婚する人もいます。結婚線の数と結婚の回数は必ずしも一致しません。

一本の結婚線

　結婚線が左右とも同じ位置に刻まれてある女性は、夫婦間の情感が厚い家庭生活を望んで、そこで安住しようとします。

二本の結婚線

　小指の横線と感情線の間を三等分したかのような位置に、結婚線が二本刻まれてあって、しかも左右同じ相になっているのは、二度新婚気分を味わう人です。それは、全然別な人と再婚する意味の他に、長い間別居生活していた相手と再び夫婦生活に入ることを意味します。

異性にもてる相

　結婚線に至らない短い線が、長短不規則に沢山刻まれてあるのは、異性の誰彼なく好意を持ったり、交渉を持つことが多く、結婚に至らない愛欲に終ることを意味し、第三者から多情に見られます。

独身で暮らす相

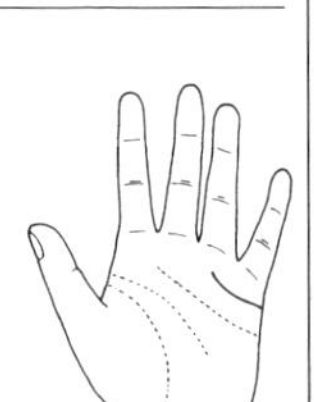

　結婚線の先が急に上の方に曲がっている女性は、肉体か性格が中性で、独身または、夫に代わって立つべき運を持っています。男でこの相をしているのは、若い時妻で苦労します。

弱い結び合い

　結婚線の先が急に下がって、薬指と小指の下方に当る感情線に触れているのは、夫婦として結び合う力が弱い事を意味します。平らに刻まれた結婚線から分かれた下向きの支線が、この様に感情線に付くのも、又、別居、離婚を意味します。

配偶者による運不運

　結婚線の先から出る短い線が上向きになって、太陽丘に達しているのは、配偶者に、心から感謝と愛情を持って、幸福な家庭を持つこと、言い換えれば良き配偶者を持ち得ることを意味します。①この上向きの線の先が太陽線に触れると、良き配偶者を得る運が一層強められます。②結婚線から出る一本の線の先が、次第に垂れ下がって、太陽丘の下方に及ぶのは、配偶者の病気、性格の欠陥又はその身内の関係からウダツが上がりません。

不満な夫婦生活

　結婚線の先が二股に分かれるのは、別居や離婚の他に、夫婦が一緒に住んでいても、交渉が無いことを意味します。分かれている線の先が２㎜以内ならば、一時的の意味とし、分かれ目が大きければ、離婚を表します。結婚線に島があるのは、夫婦の間に不満が潜在しています。

人相手相でみる 現代病気占い

占象院 坂井宏通

現代医学は驚異的な発展をとげ人命救助に大きな貢献をしていますが、その反面公害や薬害・食害による病や新型ウイルスの出現・ストレス過剰の心身症・難病・奇病・事故などはむしろ増加傾向にあります。また安易な食生活と薬の多用によって自然治癒力が低下し、慢性病で悩んでいる人も多くなりました。

中国の漢方中医学では全身の症状が人相手相に現れるとして先ず望診をし、その後問診・聞診・舌診・脈診・触診などで病気を判断し予測して治療を行います。病気を初期の段階で食い止めるためには、人相・手相などで事前に体調の変化や病気の現象を知り摂生することが大切です。

治療を受けていても治らず迷い悩んでいる方も多いのですが、こうした場合は易で判断をします。古来から易は神示を受けるとし、よく当りました。

高度に医療技術が発達した現在、従来の病占方法だけでは不充分な面が出てきました。的確な予測と判断のためには、現代医学を基盤とし、健康と病気に対する深い知識の上に立って占いを立てていかなければなりません。

本来、易には五十本の筮竹と六本の算木を用いますが、病占に関しては不要で、医師の診断した病名・病状を聞いてから卦を立てていきます。しかし、得体の知れない奇病には従来の方法を用います。

病占の仕方の概略を簡単に述べていきますが、卦・爻（こう）の出し方などの具体的な方法は省略します。

病占では、まず医師の診断した病名から卦を出し、次に占う年月日からも卦を出します。初めの卦を下卦といい、次の卦を上卦といいます。下卦は現在置かれている肉体的状態すなわち症状を表し、上卦は患者の現在の精神力および病勢を表しています。この上下八卦の組み合わせで、易の六十四卦が成立しているのです。上下卦がそろったら、今度は占っている時刻から爻を求めます。これを動爻といいますが、この動爻によって上卦下卦に配列された六つの爻のどれが変化するかを見るのです。この爻の変化が病占のポイントで、病気の将来の状態を指し示しています。

病占における〝読み〟は、六十四卦の易の基本的知識を基に動爻による変化を的確にとらえ、治療の効果、治癒力などをみていきます。

病気を占うということは辛いことです。しかしこれほど真剣な占いはありません。家族の気持ち、病人の気持ちを考えると何とかしてあげたいと思い、いち早く病気が発見できたり幸いにも早く快復して感謝されると殊の外嬉しいものです。しかし薬石の効もなかったと知らされた時は心が痛みます。でも最善を尽くした上は寿命と割り切るより外ありません。

なによりも健康を保つ生活を心がけ、以下に述べる人相・手相を参考に早期発見に努めてください。

〔人相〕

- 顔の形が変わる…脳下垂体・甲状腺・膵臓・副腎の異常
- 顔色が青い…貧血・慢性感染症・悪性腫瘍
- ホクロが急に大きくなる…皮膚癌
- 眉間に赤っぽい縦じわ一本…高血圧・心臓病
- 顔色が失せ垢がついたように黒くなったり、蒼白・黄色に変わるのは死期が近い
- 若白髪の多いのは…肝臓・腎臓機能低下
- 白眼に小静脈の充血…脳溢血の恐れ
- 上眼瞼のむくみ…腎臓病
- 白眼が黄色い…肝臓・胆のうの病気
- 落ちくぼんできた眼…腹部疾患・糖尿病
- 鼻頭が紫藍色を帯びる…心臓病
- 鼻頭が黄色を帯びる…泌尿器の病気

❀別れることがなければ　めぐり逢うこともできない

・鼻孔の内縁が赤い…鼻中隔潰瘍か性病
・耳内に小さな発疹…卵巣のう腫
・耳内に屑状耳垢…呼吸器疾患・神経性皮膚炎
・耳内の小さなびらん…婦人病
・耳内の点状の紅斑…胃炎
・耳背面の朦色…脳溢血の予兆
・耳の色がどす黒くなると死期が近い

〔手相〕

・紫がかった手…循環器障害
・濃厚な赤い斑点が点在し健康線が波状…肝臓障害
・手肉に網状の血管が薄く浮く…糖尿病
・茶色の点や斑がある…内臓や器官の癌
・主要線が黄褐色を帯びる…肝臓癌
・健康線上の斑点…内臓疾患
・下垂した知能線の島…自律神経失調
・運命線の先端に星…急性病の予兆
・健康線上部の四角…外科手術を要する予兆
・左手生命線が切れていて右手は続いている…大病を患う予兆

本命と干支で選ぶ吉日

吉日を選定するには、生まれ年の本命と干支に重点を置き、二十八宿・中段・下段という順によい日取りをみる。一年三百六十五日のうち、本命・干支・中段・下段・二十八宿などがそろってよい日はほとんどない。本命と干支の相性のよい日であれば、たとえ他の点で思わしくない日であっても吉日として差支えない。但し三隣亡・黒日・不成就日などに当たる日は避けるのがよい。次に干支による吉日の日取りを参考の為記す。

十干による吉日の選び方

甲（きのえ）・**乙**（きのと）生まれの人は丙・丁・壬・癸の日。
丙（ひのえ）・**丁**（ひのと）生まれの人は甲・乙・戊・己の日。
戊（つちのえ）・**己**（つちのと）生まれの人は丙・丁・庚・辛の日。
庚（かのえ）・**辛**（かのと）生まれの人は戊・己・壬・癸の日。
壬（みずのえ）・**癸**（みずのと）生まれの人は庚・辛・甲・乙の日。

十二支による吉日の選び方

子年（ね）生まれの人は子・寅・卯・申・酉・亥の日大吉。
丑年（うし）生まれの人は丑・巳・午・申・酉の日。
寅年（とら）生まれの人は子・卯・巳・午・亥の日。
卯年（う）生まれの人は子・寅・卯・巳・午・亥の日。
辰年（たつ）生まれの人は丑・辰・巳・午・申・酉・戌の日。
巳年（み）生まれの人は丑・寅・卯・辰・巳・午・未・戌の日。
午年（うま）生まれの人は丑・寅・卯・辰・巳・午・未・戌の日が大吉日で、他の日は凶である。
未年（ひつじ）生まれの人は丑・辰・巳・午・未・酉・戌の日が吉日で申の日は普通。他の日は警戒したほうがよい。
申年（さる）生まれの人は子・丑・辰・未・申・酉・戌・亥の日。
酉年（とり）生まれの人は子・丑・辰・未・申・酉・戌・亥の日。
戌年（いぬ）生まれの人は丑・辰・巳・午・未・申・酉・戌の日。
亥年（い）生まれの人は子・寅・卯・申・酉・亥の日。

人を見て法を説け

地相の吉凶

宅地の相をみるときは、地理・地勢・地形が条件となります。地理とは住む人の職業によって異なる立地条件、地勢とは土地の起伏をいい、北高く、南低く、西高く、東低くを理想としますが、断崖のように極端に低いのは良くありません。地質もまた重要で、不適な用地に家を建築しても栄えません。地形は形状をいい、平坦地で長方形、あるいは正方形を理想とします。

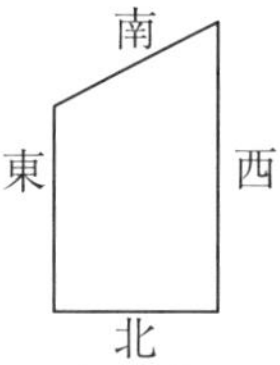

（一図）

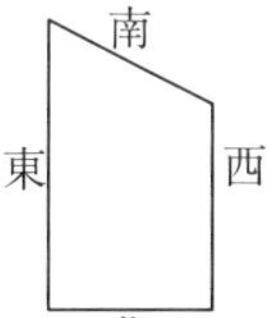

（二図）

一図の宅地は損失宅といい、老婦の権利が強く主人が威信を損ないます。

二図の宅地は剋妻宅といい、妻が病弱か、あるいは妻を早く失うことになります。

（三図）坤

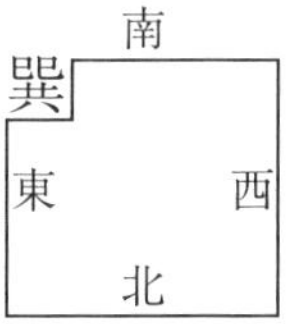

（四図）巽

三図のように南西の欠けた宅地は継母宅といい、後妻のため一家の不和を招くようになり、また暗愚な子供が生まれて家運が衰えます。

四図のように南東の欠けているのは吉宅で、福禄が求めなくても来る地相です。

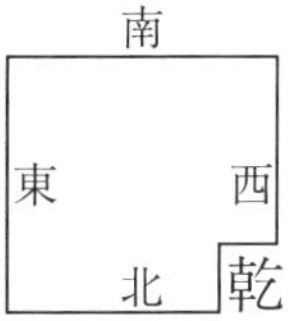

（五図）乾

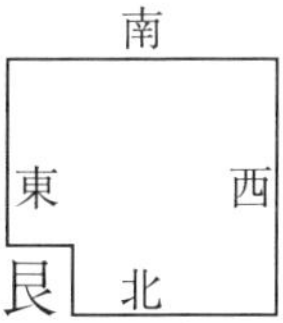

（六図）艮

五図のように北西の欠けた宅地は傷寿宅といい、主人が早死にするか一家の柱となる力に欠け、婦人が家政を司りがちです。

六図のように北東の欠けた宅地は傷丁宅といい、長男が相続せず、養子か次男以下が相続します。

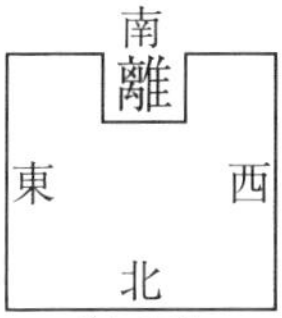

（七図）離

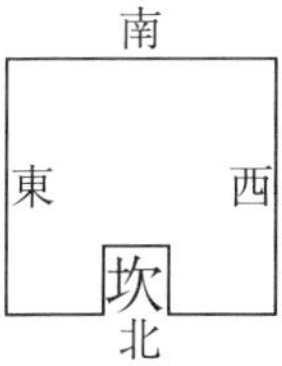

（八図）坎

七図のように真南の欠けた宅地は推車宅といい、親子・夫婦が不仲で、主人が早死にします。

八図は北の欠けた宅地で欠後宅といい、財運に乏しく、家庭は不和。また、思いがけぬ災難に遭う凶相ですが、学者にとっては吉相といわれています。

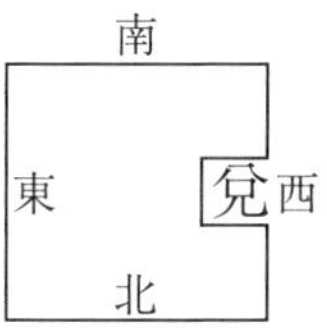

（九図）兌

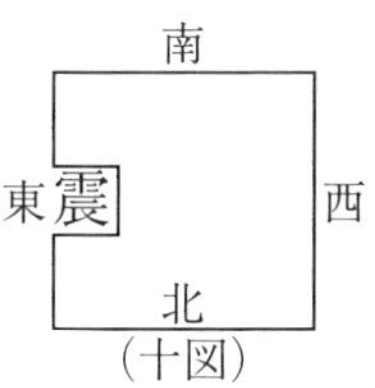

（十図）震

九図は西欠けの宅地で、女性に障りあり、衣食及び物質的に困難があります。

十図は東に欠けのある宅地で、男子が生まれないか早死にして、相続人がなく家運が衰えます。

（十一図）

（十二図）

十一図のような宅地は大吉相で、財運に恵まれ、子孫も繁栄します。

十二図は凶相で、災害が常にあり、家業が次第に衰えていきます。

ここに地相の大略を記しましたが、地相は家相以上に人の運命に影響を与えるので、その選択は慎重にすべきです。しかし、欠けとか張りが全部自然の理にかなったものは、めったにないのが実情ですから、できるだけ凶相を防ぐように工夫改善を加えていけばよいのです。

家相と運命

家相と方位は後天的な運命学であり開運学ともいう。数ある開運学の中で一番確実に効果が現れるのは家相・地相・方位であり、その凶相と凶方からの災禍は恐ろしい。よく「私は正直で人一倍働いているのに幸運に恵まれない」と相談を受けるが、これらはほとんど家相・地相・方位の災いである。万人が幸運を願っているのに恵まれない人もいるというのは、地相と家相が原因していることは間違いない。

家相と方位とは車の両輪のようなもので、いかに家相地相が良くても、方位を無視しては開運はできない。家相も大切だが地相はなお大切で何代も栄えている家は地相が必ず良い。

巽（辰巳）の張り出しの大き過ぎる家は衰える。**乾（戌亥）**の方の張り出しは家運隆盛する。**艮（丑寅）**の方は相続に関係あり。張り出しは養子が相続。

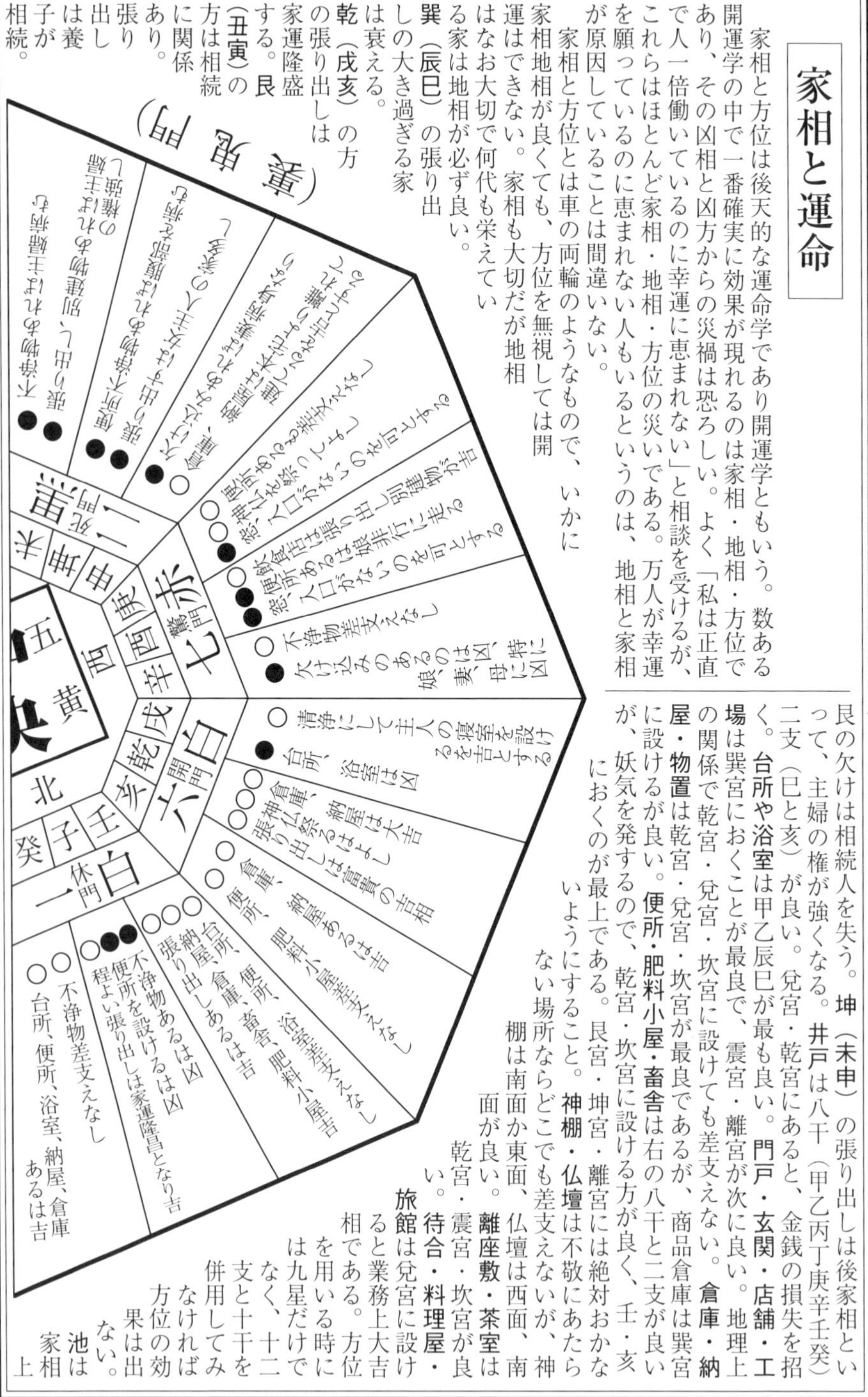

艮の欠けは相続人を失う。**坤（未申）**の張り出しは後家相といって、主婦の権が強くなる。**井戸**は八干（甲乙丙丁庚辛壬癸）二支（巳と亥）が良い。兌宮・乾宮にあると、金銭の損失を招く。**台所や浴室**は甲乙辰巳が最も良い。**門戸・玄関・店舗・工場**は巽宮におくことが最良で、震宮・離宮が次に良い。地理上の関係で乾宮・兌宮・坎宮に設けても差支えない。**倉庫・納屋・物置**は乾宮・兌宮・坎宮が最良であるが、商品倉庫は巽宮に設けるが良い。**便所・肥料小屋・畜舎**は右の八干と二支が良いが、妖気を発するので、乾宮・坎宮に設ける方が良く、壬・亥におくのが最上である。艮宮・坤宮・離宮には絶対おかないようにすること。**神棚・仏壇**は不敬にあたらない場所ならどこでも差支えないが、神棚は南面か東面、仏壇は西面、南面が良い。**離座敷・茶室**は乾宮・震宮・坎宮が良い。**待合・料理屋・旅館**は兌宮に設けると業務上大吉相である。方位を用いる時には九星だけでなく、十二支と十干を併用してみなければ方位の効果は出ない。**池**は家相上

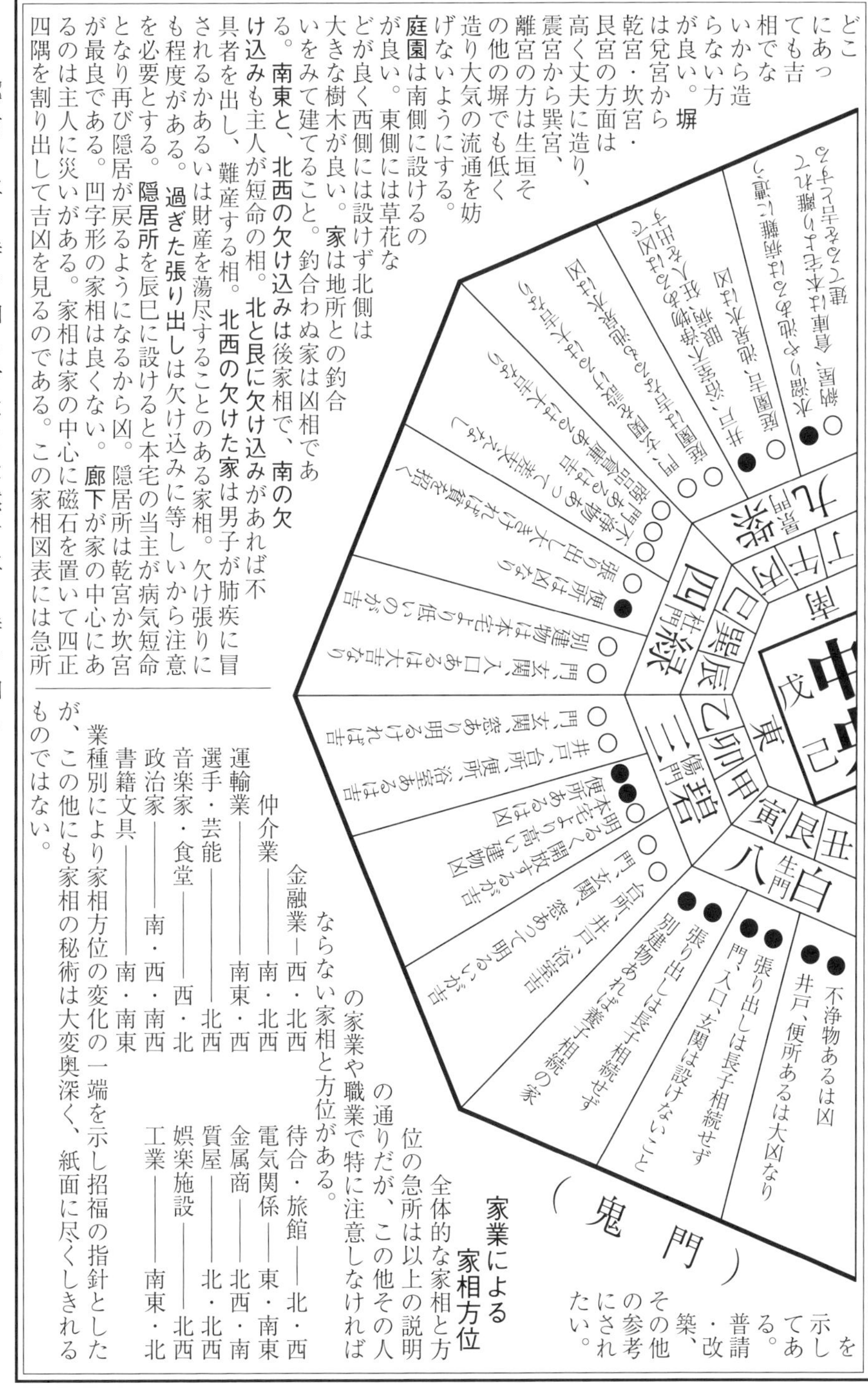

どこにあっても吉相でないから造らない方が良い。**塀**は兌宮から乾宮・坎宮・艮宮の方面は高く丈夫に造り、震宮から巽宮、離宮の方は生垣その他の塀でも低く造り大気の流通を妨げないようにする。

庭園は南側に設けるのが良い。東側には草花などが良く西側には設けず北側は大きな樹木が良い。**家**は地所との釣合いをみて建てること。釣合わぬ家は凶相である。**南東と**、**北西の欠け込み**は後家相で、**南の欠け込み**も主人が短命の相。**北と艮に欠け込み**があれば不具者を出し、難産する相。**北西の欠けた家**は男子が肺疾に冒されるかあるいは財産を蕩尽することのある家相。欠け張りにも程度がある。**過ぎた張り出し**は欠け込みに等しいから注意を必要とする。**隠居所**を辰巳に設けると本宅の当主が病気短命となり再び隠居が戻るようになるから凶。隠居所は乾宮か坎宮が最良である。凹字形の家相は良くない。**廊下**が家の中心にあるのは主人に災いがある。家相は家の中心に磁石を置いて四正四隅を割り出して吉凶を見るのである。この家相図表には急所を示してある。普請・改築、その他の参考にされたい。

家業による家相方位

全体的な家相と方位の急所は以上の説明の通りだが、この他その人の家業や職業で特に注意しなければならない家相と方位がある。

業種	方位
金融業	西・北西
仲介業	南・北西
運輸業	南東・西
選手・芸能	北西
音楽家・食堂	西・北
政治家	南・西・南西
書籍文具	南・南東
待合・旅館	北・西
電気関係	東・南東
金属商	北西・南
質屋	北・北西
娯楽施設	北西
工業	南東・北

業種別により家相方位の変化の一端を示し招福の指針としたが、この他にも家相の秘術は大変奥深く、紙面に尽くしきれるものではない。

❀ 言うべき時を知る者はまた黙すべき時を知る

あなたの未来計画のための 九星開運学

盛運と衰運を予知できる九星の神秘

九星とその循環や周期は、古代中国に発した天地運行の順序を示す「河図・洛書」に基づいて成立しました。その後、紫薇斗数という占術体系が生まれ、奇門遁甲といった学術が派生し、万物生々化育の循環の法則から九星気学の発達をみました。

九星には一白水星・二黒土星・三碧木星・四緑木星・五黄土星・六白金星・七赤金星・八白土星・九紫火星があり、毎年循環を繰り返します。年の中宮星は陰遁の循環といって、地球が年々固成化していくに伴い、九紫・八白・七赤・六白……と年を経るごとに、数を減らしながら移行していきます。

人生を無難に過ごせる人は慎重で、先見の明を持ちながら古の法則を尊重し、識者の意見を採り入れて行動しますが、失敗や挫折、災難に遭遇する人は、こうした昔からの天地自然の原理に従うことなく自分勝手な行動をしたりするために、様々な弊害を受けるといっても過言ではありません。

では、九星の運行とそれに誘導される現象や法則を、自らの処世にどう生かせばよいのでしょう。それにはまず、自分の生まれ年の九星を知るところから始めます。本書の年齢早見表で自分の星（本命星）を調べます。（元日から立春前までの生まれの人は前年の星になるので注意してください。）本命星とは、生まれ年の中宮にあった星のことで、その星の気を受けて誕生したことになります。この本命星は生涯変わりませんから、生まれ持っての性格・運勢を本書にて調べることができます。

ここでは年々歳々、運勢の周期がどのような状態かを知り、良い年か、悪い年か、またその年にはどのようなことが起こるのかを予知し、人生を大過なく繁栄に向かって進むための方法を説明していきます。

九星が循環する場所のことを「宮」と呼び、各々次のような名称で呼ばれています。本命星がどの宮に廻っているかによって運勢を判断していきます。

中宮（乱運）
↓
乾宮（安泰運）
↓
兌宮（平安運）
↓
艮宮（変改運）
↓
離宮（昴運）
↓
坎宮（難運）
↓
坤宮（再起運）
↓
震宮（伸展運）
↓
巽宮（発展運）
⋮
中宮に戻る

左の図は令和五年の九星の配置図です。中宮の星は四緑木星ですから、令和五年立春以降に誕生した人は四緑木星が本命星で、立春前の生まれの人は、前年の五黄土星が本命星となります。

令和五年の運勢周期は中宮に四緑木星、乾宮には五黄土星、兌宮には六白金星、艮宮に七赤金星、離宮には八白土星、坎宮に九紫火星、坤宮に一白水星、震宮には二黒土星、巽宮には三碧木星が廻っています。

令和五年年盤

後天定位盤

このように毎年自分の本命星は巡行し、それぞれの宮の現象・誘導を受けるのですが、その基盤となるものが後天定位盤です。これは地球が出来上がった順序・万物生々化育の順序となるものです。

この年の各人の運勢をみる場合は後天定位盤と照合し、自分の本命星が定位図のどこと重なっているか、定位図のどの位置に本命星が乗っているかによって運勢を判断します。この占術を「同会法」といいます。

令和五年では、四緑木星の人は後天定位盤の中宮に入り五黄土星と重なり、五黄土星の影響や現象に誘導されます。また七赤金星が本命の人は、艮宮の星八白土星の影響や現象を受けることになり、本命八白土星の人は、離宮の九紫火星の影響や誘導作用を受けるというように、後天定位盤に同会した星の作用を受けることになります。

しかし、この同会法という占術はただ後天定位の星の影響や誘導を受けるというような単純なものではありません。同会する星との相生（良い効果を助長する）・相剋（様々な負の要因が生ずる）の関係にも影響を受けますし、天の気・地の気の相会作用によって微妙な吉凶作用をもたらす吉神・凶神が年毎に巡ってきます。この吉凶神は、自分の十二支にも巡回してきます。

吉神（良い現象が増幅し、悪影響を減じます）
天道・天徳・月徳・天徳合・月徳合
歳禄・歳徳・歳徳合・生気・太歳

凶神（悪い現象が生じます）
五黄殺（強烈）・暗剣殺（強烈）
歳破（障害・支障・争い等の破れ作用）
大将軍・病符・金神・歳殺

生まれ年による十二支の吉年

子年生まれ…丑・申・辰年
丑年生まれ…子・巳・酉年
寅年生まれ…亥・午・戌年
卯年生まれ…戌・亥・未年
辰年生まれ…酉・申・子年
巳年生まれ…申・酉・丑年
午年生まれ…未・寅・戌年
未年生まれ…午・亥・卯年
申年生まれ…巳・子・辰年
酉年生まれ…辰・巳・丑年
戌年生まれ…卯・寅・午年
亥年生まれ…寅・卯・未年

また後天定位盤で自分の本命星の定位に何の星が巡ってきているかにより、その影響を受けることを被同会といいます。同会と被同会の現象は次の通りです。

同　会…自分の意思や考え・行動を誘導されるもの。自動的に、自然発生的に動く成り行きを表す。

被同会…周囲や外部からの作用。その星からの他動的な影響や現象を受けることになる。

同会法・被同会法の両方を用いれば、より包括的な判断を下せることに繋がります。

例えば、令和五年の四緑木星の人は、中宮の五黄土星と同会し、四緑木星の定位である南東・巽宮には三碧木星が巡回し、三碧と被同会しています。六白金星の人は、西・兌宮の七赤金星に同会し、六白の定位、北西・乾宮には五黄土星が巡回して被同会しています。七赤金星の人は、北東・艮宮に入って八白土星に同会し、七赤の定位、西・兌宮には六白金星が巡回し六白と被同会しています。

このように、事の起こる可能性を予測し対処の方法を考えていくところに、九星気学の予知と人生指針があるのです。学生とか専業主婦には家庭という後ろ楯があったり、サラリーマンは会社という大勢の流れの中にいて、日常ではこの九星現象を敏感に感受できない傾向があります。一方、独立して商売をしたり事業を興して経営や運営を一身に担っている人達、また自分だけしか頼れない人にはこうした九星気学の現象は身にしみて感受できるものであり、推進すべきか、現状維持がよいか、撤退すべきかを明瞭に判断できるものです。もとより、保護を受けていたり人に依存している人でも、誰しも良い年だったとか悪い年だったとかは実感しているでしょうし、置かれている環境の中で、九星気学の法則は万人が応用できるのです。

こうした九星の巡回の同会・被同会や吉神・凶神は、毎年の暦を参考にして判断していただくのが確実ですが、自分で予測を出して未来計画を立てたいと思われる人は、今まで述べた方法を応用すれば長期的な判断が可能となります。

親切な言葉は効果多く金がかからぬ

各年における自分の本命星が同会する位置（宮）は、その年の九星方位盤と後天定位盤を見ますが、長期的な運勢を知りたいときは、左の一覧表から調べることができます。

さらに次頁より、自分の本命星は翌年以降どの宮に巡回し、どのような作用を受けるのかを詳細に解説しています。あなたの未来運を知り、開運に役立てて下さい。

本命星（生まれ年）／年	令和六年	令和七年	令和八年	令和九年	令和十年	令和十一年	令和十二年	令和十三年	令和十四年	令和十五年
一白水星	震宮（東）	巽宮（南東）	中宮	乾宮（北西）	兌宮（西）	艮宮（北東）	離宮（南）	坎宮（北）	坤宮（南西）	震宮（東）
二黒土星	巽宮（南東）	中宮	乾宮（北西）	兌宮（西）	艮宮（北東）	離宮（南）	坎宮（北）	坤宮（南西）	震宮（東）	巽宮（南東）
三碧木星	中宮	乾宮（北西）	兌宮（西）	艮宮（北東）	離宮（南）	坎宮（北）	坤宮（南西）	震宮（東）	巽宮（南東）	中宮
四緑木星	乾宮（北西）	兌宮（西）	艮宮（北東）	離宮（南）	坎宮（北）	坤宮（南西）	震宮（東）	巽宮（南東）	中宮	乾宮（北西）
五黄土星	兌宮（西）	艮宮（北東）	離宮（南）	坎宮（北）	坤宮（南西）	震宮（東）	巽宮（南東）	中宮	乾宮（北西）	兌宮（西）
六白金星	艮宮（北東）	離宮（南）	坎宮（北）	坤宮（南西）	震宮（東）	巽宮（南東）	中宮	乾宮（北西）	兌宮（西）	艮宮（北東）
七赤金星	離宮（南）	坎宮（北）	坤宮（南西）	震宮（東）	巽宮（南東）	中宮	乾宮（北西）	兌宮（西）	艮宮（北東）	離宮（南）
八白土星	坎宮（北）	坤宮（南西）	震宮（東）	巽宮（南東）	中宮	乾宮（北西）	兌宮（西）	艮宮（北東）	離宮（南）	坎宮（北）
九紫火星	坤宮（南西）	震宮（東）	巽宮（南東）	中宮	乾宮（北西）	兌宮（西）	艮宮（北東）	離宮（南）	坎宮（北）	坤宮（南西）

坎宮同会

定位…北・一白水星に同会する年
難運（試練期・厄年）

同会年	本命星（生まれ年）
令和6年	八白土星の人
令和7年	七赤金星の人
令和8年	六白金星の人
令和9年	五黄土星の人
令和10年	四緑木星の人
令和11年	三碧木星の人
令和12年	二黒土星の人
令和13年	一白水星の人
令和14年	九紫火星の人

自分の本命星が坎宮に入った年は、前途に対する不安や心配事にさいなまれやすく、悩みや苦労の多い年廻りです。経済的にも良好とはいかず、経営不振や経済的窮乏状態に陥る等、辛抱と思案を余儀なくされる傾向があります。健康を崩しやすく、病気も軽視していると悪化して大病を患いやすいという特徴もあります。人に言えない孤独な悩みを抱えがちですが、気が滅入っていると異性の同情や励まし等に平常心を失い、色情関係に陥りやすくなります。

こうした困難な年には神仏に祈念し、実力を養うことに気持ちを向け、長上の意見を真摯に聞く姿勢と対人関係が大切になります。万事大きな計画は控え、注意深く無事安泰を考えて辛抱し、守りの態勢で過ごすべき年です。企業は企画力を駆使し、的を絞って今後の方針を練り上げ、新製品開発の構想にも力を注ぎ、次年へと繋げることです。

本命星が同会や被同会する一白と相生し、坎宮に吉神の巡っている年は、困難も少なく対人関係に救いもあり、仕事がうまくいったり、子宝に恵まれたり、縁談が進んだりする等、表面的には人目を引くほどではなくとも、隠れたところで良いことが生じます。一白と本命星が相剋の関係で凶神のついた年は、病苦・経済的問題・家族問題・色情による家庭騒動・取引き関係の不祥事・従業員の問題等で悩むことが起きやすく、不正な考えを持ったりしやすい年となり、自制が肝要です。

坤宮同会

定位…南西・二黒土星に同会する年
再起運（後厄年）

同会年	本命星（生まれ年）
令和6年	九紫火星の人
令和7年	八白土星の人
令和8年	七赤金星の人
令和9年	六白金星の人
令和10年	五黄土星の人
令和11年	四緑木星の人
令和12年	三碧木星の人
令和13年	二黒土星の人
令和14年	一白水星の人

後厄の年廻りとなり、それによる変化を伴います。二黒に同会した年は、計画や構想の実現にあたっては慎重さが必要です。転職や人事異動等も起きやすく、失業していた人が就職先を得られたり、今まで家庭にいた主婦も外に出て働きたい願望にかられやすい特徴があります。

将来のための土地の取得や新築の計画には良い年で、株や投資は情報を集めて十分に研究し、今後を見据えた買いなら得策です。商売は同業者の経営方針や状態を探って独自の方法を編み出す必要があり、企業は庶民のニーズ・諸外国の情勢を把握して反応を窺いながら生産し、営業活動を徐々に活発化していく年です。いずれにせよ、目先のことより長期的な展望に立って動くことが望ましく、堅実な道で信用を高めるように努力することが、気運挽回のバネとなります。もし性急で足が地につかない行動に走ると、せっかくの陽転を損なうことになります。独立も、共同経営で小規模のものであれば良好ですが、単独で突き進むには時期尚早です。

自分の本命星が、同会する二黒と相生の関係であったり坤宮に吉神が巡回している年は、親戚・友人・配偶者等からの援助があります。本命星が二黒と相剋し凶神が巡回した年は、過重な負担による苦労・失策・誤算を生じたり、欲望から損害を被り努力が無駄になったりします。疾病・事故・離婚・流産・嫁と姑の確執・失業等にも注意が肝要です。

希望は強い勇気であり　新たな意志である

震宮同会

定位…東・三碧木星に同会する年
上昇運（伸展期）

同会年	本命星（生まれ年）
令和６年	一白水星の人
令和７年	九紫火星の人
令和８年	八白土星の人
令和９年	七赤金星の人
令和10年	六白金星の人
令和11年	五黄土星の人
令和12年	四緑木星の人
令和13年	三碧木星の人
令和14年	二黒土星の人

運勢が迅速な伸展力に誘導される年です。それだけに、優柔不断であったり迷っていてはチャンスを逃がし、せっかくの好運の波に乗ることはできません。かといって性急に猛進すると、勢いが加速しているだけに足をすくわれ、アクシデントが生じ空転に終る可能性も出てきます。的確に狙いを定めて好機を素早く掴むことが大切といえます。新築や独立・転職、開店等にも良く、新規事業や事業を始めたり拡張するのにも適しています。企業は総力を挙げて人材の活用を図り、新製品の宣伝に力を入れれば市場が拡がるでしょう。工夫しているうちにアイデアが浮かんだり新発見も期待できそうで、先輩や専門家のアドバイスを逐次採り入れて改善していけば、一段と順調に展開します。

また、三碧木星には顕現作用といって、今まで目立たなかったものや内密にしてきたことが表面に現れる作用があります。

勤勉に努力してきた人は、仕事に恵まれ昇格や登用が決定したり、思わぬ時に良い縁談を持ちかけられたりしそうです。反対に、過去の不正・隠れた色情関係や持病等が表面化して打撃を受ける年廻りともなりがちで、特に自分の本命星が三碧と相剋の関係であったり、震宮に凶神が巡回する年には、子供の非行や登校拒否で苦労したり、詐欺に遭って大損害を被る可能性もあります。災害による事故・近隣の火事・手術を要する病気・怪我・争い・対人関係のトラブル等にも十分留意しておくべきでしょう。

巽宮同会

定位…南東・四緑木星に同会する年
盛運（発展期）

同会年	本命星（生まれ年）
令和６年	二黒土星の人
令和７年	一白水星の人
令和８年	九紫火星の人
令和９年	八白土星の人
令和10年	七赤金星の人
令和11年	六白金星の人
令和12年	五黄土星の人
令和13年	四緑木星の人
令和14年	三碧木星の人

日々を生きていくこと、働くことに一段と張りが出て、発展力が高まる運勢の盛んな年です。事業は活発化して商売は繁盛し、取引きや商談もまとまって有利に展開していきます。企業は営業活動に力を入れていけば、業績が大きく伸びるでしょう。会社員も社交面では公私共に多忙で、昇給や昇進を喜べたり、栄転祝いや歓送迎会・出張旅行が増えそうです。新たな出会いや縁で結ばれて交際の輪が広がり、未婚の男女には例年より多くの縁談がまとまりやすいときです。

四緑に同会した年は、周囲の期待や要望に応え、信用第一に地道な積み重ねをすることで大きく前進できます。投資は新しい銘柄には手を出さない方が無難です。

本命星が四緑と相剋の関係だったり凶神が巡回した年は、過労による病気の併発・交際費が嵩み苦労・信用の失墜・家出・異性問題・三角関係に悩まされがちです。また海外等遠方への旅行中に事故に遭遇する恐れもあり、十分な警戒を要します。

中宮同会

定位…中央・五黄土星に同会する年
乱運

自分の本命星が中宮に入った年の運勢は旺盛ですが、過ぎたるは及ばざるが如しで、変動も甚だしく厳しさを伴う年廻りとなります。考え方や生活スタイルが変化しがちで、その取り組

大酒遊芸は末の身知らず

同会年	本命星（生まれ年）
令和６年	三碧木星の人
令和７年	二黒土星の人
令和８年	一白水星の人
令和９年	九紫火星の人
令和10年	八白土星の人
令和11年	七赤金星の人
令和12年	六白金星の人
令和13年	五黄土星の人
令和14年	四緑木星の人

み方や対応の仕方で良運にも逆運にもなります。俗に、中宮に入った年は八方塞がりともいわれますが、それは五黄の強い作用により運勢が乱れ、亀裂のような歪みが生じるからです。また、心理的にも思い込みや自信過剰に陥りやすく、過大な欲望が強くなる傾向があります。サラリーマンが勤めを辞めて独立したり、転業や家の建築・会社の拡張等を考えたりするのもこうした年です。勢いに乗じて投資をしても、逆に損害と苦悩を背負い込んでしまったりと、様々な波紋が周囲に及ぶ事態が起こりうるので八方塞がりとされています。良かれと思ってやったことが裏目に出て、将来展望から大きく外れる恐れを孕みますので、中宮に入った年には、万事自重し警戒しながら、地に足をつけて着々と歩んでいくことが肝要です。

中宮の年には、良い面で注目を集める誘導力があります。会社員は前年の成績で昇格昇進して脚光を浴び、事業家は業績が伸び栄誉を得ることができます。但し、そこから調子づいて欲を出したり余計なことをしない方が無難です。むしろ計画に無理や間違いがないかどうか、吟味検討を重ねながら慎重に進む心構えが不可欠です。会社は経理や総務をしっかり掌握していきましょう。中宮の年で注意すべきことは、慢性化した持病の悪化や死産・難病に罹ること、金銭トラブル・倒産・財産争い・挫折・殺傷沙汰・盗難・事故・多大な損害等々です。

乾宮同会

定位…北西・六白金星に同会する年

結実・安泰運（成就期）

同会年	本命星（生まれ年）
令和６年	四緑木星の人
令和７年	三碧木星の人
令和８年	二黒土星の人
令和９年	一白水星の人
令和10年	九紫火星の人
令和11年	八白土星の人
令和12年	七赤金星の人
令和13年	六白金星の人
令和14年	五黄土星の人

乾は天であり、霊験・剛健にして全陽です。止まるところを知らない無限・深遠・広大な勢いの中に、正道で円満な平等がありますが、天をも畏れない行為をすると、聖書の創世記十一章にあるバベルの塔のように崩壊をもたらします。六白金星は本来上昇気運を示しますが、天のもたらした現実に充実感・満足感を得、守護への感謝をもって向かわなければならない年です。

そういった勢いを持つ象意から、多忙で遠方への用件や海外旅行等もある上、雑務に追われるため往来も頻繁で、活動的になります。念願の新築や事業拡張は無理のない範囲なら問題ないのですが、運気の上昇に任せて天の意図するところと反対の権力志向や自意識過剰が頭をもたげ、立場を弁えないポジションを狙ったり無理な計画を押し通すと崩壊に至ります。投機や投資にも良い年なので、高望みしなければ無難です。また、目上の人や援助者・資本家を大切にすれば良好を得て、今までの努力が実を結び喜びを感じる年でもあります。

この年に独立したり、新たな開業を試みたり、新規の事業に乗り出したとしても成功はおぼつきません。苦労や負担がかさんで難航し、前後を見失うと孤立無援となり挫折に追い込まれます。会社は組織や財務関係をしっかりと把握し、確実な方針を基に充実を目指すべきです。

本命星と六白が相生し、吉神が巡回していると、良い面が出て安泰に過ごすことができ、援助や助成も得られ順調にいきます。しかし、六白と相剋していたり凶神が巡回していれば、目上の人や資本家との反目やトラブルがあったり、車や機械による事故・投機の損害等が起こりがちです。会社員がリストラされたり、地位を失ったりするのもこうした年です。その他、貸借の損失・家族の家出・財産争い・賭け事に走ったりと悪い現象が起こりやすいので、十分注意する必要があります。

兌宮同会

定位…西・七赤金星に同会する年

平安運

同会年	本命星（生まれ年）
令和６年	五黄土星の人
令和７年	四緑木星の人
令和８年	三碧木星の人
令和９年	二黒土星の人
令和10年	一白水星の人
令和11年	九紫火星の人
令和12年	八白土星の人
令和13年	七赤金星の人
令和14年	六白金星の人

　外部への関心や、本分ではないことへの好奇心に誘導され、対人関係や社交面が活発になると共に、趣味や遊興・レジャー等にも縁の多い年廻りです。普段は外出を好まない人でもその傾向が変化したり、余分なことに関心を持つようになり、余暇の過ごし方も変わってきます。そのため視野も広がり情緒が心を満たしゆとりある中、自己研鑽に励んだり対人交流も盛んになる等、大いにプラスになります。異性運も強く独身者には出会いの機会に恵まれる年でもあり、気持が前向きになるのならこのチャンスを逃さないようにしましょう。また、近親者の出産・結婚式・記念パーティー・会合等に出席する機会も多くなります。それらの会の幹事役や仲人を引き受けたり、外部との折衝等で多忙にはなりますが、目新しい分野に知見が広がり万事順調に進みそうです。事業や商売も出足は好調で収入も良好ですが、交際費や設備投資あるいは買い付け等の支出も案外多く、家庭では冠婚葬祭等の諸行事に関する出費が思ったより嵩む年となります。

　このように社交面や趣味・旅行・レジャー等で得るところもありますが、反面、予算オーバーとなったり、あらぬ方向へ好奇心が注がれたために家庭の雰囲気が澱んだり波紋が広がる等、苦境に立たされるような不利な現象も軽視できません。

　七赤金星に同会した年は、公私のけじめ・金銭関係のけじめ・異性との関係には最も気配りが必要です。この年は順調・平安そうに見えても運勢衰微の波が次第に迫ってきます。ちょっとした縁で異性とただならぬ関係になってしまったり、身の程も考えず贅沢品をローンで買って後で苦悩を背負い込んだり、勤勉だった人が遊びを覚えて堕落しやすい特徴があるのです。

　会社は無駄な出費を減らし、経理面をしっかりと押さえるとともに、外部の新しい情報を収集し着想を練るべきといえます。

　この年と来年の艮宮同会の年に病気に罹りやすいといわれるほど衰微の兆しが出てくるだけに、中年以上の人は一段と体力の衰えを感じがちです。健康保持・体力増強に努めなければ、今後訪れるであろう試練を乗り切るのに支障を来します。

　自分の本命星が七赤と相剋していたり、兌宮に凶神が巡回している年には、病気・散財・不手際や口災が因での争い・色難に特に用心が必要です。

艮宮同会

定位…北東・八白土星に同会する年

変改運

同会年	本命星（生まれ年）
令和６年	六白金星の人
令和７年	五黄土星の人
令和８年	四緑木星の人
令和９年	三碧木星の人
令和10年	二黒土星の人
令和11年	一白水星の人
令和12年	九紫火星の人
令和13年	八白土星の人
令和14年	七赤金星の人

　八白土星に同会した年には事態や状況に様々な変化が起こり、その対応のために改善や改革の必要に迫られます。

　その変化は家庭内や近親者・事業運営上の景況、土地や家屋・相続・健康問題等に生じ、今までの事情環境とは異なった風向きに転じてきます。そこにさらに欠陥や矛盾・問題点も見つかり、改革や刷新を図る気運に誘導されるのです。店舗の移転や思い切った整理、新たな態勢での出直しを考えたり、自分の経営を後継者に任せたり、別の方法での財産運用を考えたりするのが八白土星の誘導作用です。

八白土星と同会した年は、今まで努力を積み重ねながらも運に恵まれなかった人にとって、この風向きの流れに乗じて好転・再起のチャンスの兆しが現れます。これは自然界を創造した神が与えてくれる救いと言えるでしょう。今まで不運だった人に好転気運の訪れは立ち直りの正念場となり、ゼロから再出発する気持で事に当たれば道が開けます。長期的な貯蓄プランを作ったり、将来に備えての不動産取得、相続・養子縁組等には適した年です。一方、割合順調に推移してきた人は急に形勢が思わしくなくなり、沈滞したムードが漂い進退両難の運勢となります。こうした変化に窮して自分の思惑や独断のみで行動を起こすと危険で、形勢や状況を観察し分析して考えることが必要となります。識者の助言を得たり、情報の裏付けをしっかりとり、取捨選択しながら方針を決めるのが無難です。新築や店舗の移転・整理、投資や新商品の開発等は控えて地固めに努め、長期的展望に立ち次期躍進に向けてもう一度計画の練り直しをすべき時なのです。企業も生産性の向上を図るために、整理・縮小等、見直しを検討することも大切です。

本命星が同会する八白と相剋の関係であったり艮宮に凶神が巡回した年は、欲に走って大損害を被ったり、難病に罹ったり、あるいは相続争い・閉店・倒産に追い込まれたりと、人によって様々な変化をもたらします。高所から落ちて大怪我をするといったような事態に遭遇する恐れもあるので、慎重・冷静な行動が求められます。

離宮同会

定位…南・九紫火星に同会する年
昂運（前厄年）

自分の本命星が離宮と同会した年は、運気は復調し上昇に向かいます。意外な伸展力も加わり背中を押されるように活気づき、意気盛んに拡大志向へと誘導されます。

九紫火星には、美麗な現象・離合の現象・英知の現象・物事が顕著となる現象があり、それらが発するエネルギーに意欲が掻き立てられます。展望が開け見通しが明るくなってきますが、つい驕りや高ぶり、油断も生じがちです。また、目標に向かって邁進するのは年の前半なら良いのですが、後半になると本厄年に向かう衰微減退の気運が徐々に潜行し始め、不透明感や障害が出てきます。

同会年	本命星（生まれ年）
令和６年	七赤金星の人
令和７年	六白金星の人
令和８年	五黄土星の人
令和９年	四緑木星の人
令和10年	三碧木星の人
令和11年	二黒土星の人
令和12年	一白水星の人
令和13年	九紫火星の人
令和14年	八白土星の人

九紫火星の美麗な現象というのは、派手さや虚栄・世間体といった意味合いが伴ってきます。良い意味では昇級や名誉を得られ、日頃地道に研究や学芸に没頭してきた人は、新発見や発明が世に出るといった現象が其れ相応にみられます。

反面、今まで隠していたことが表面化して、悶着や非難が絶えなくなったり、不祥事が明るみになり窮地に陥ったりすることがあります。離合の現象では、仲人をしたり、縁組みが調ったり、養子を迎えたり、雇い人が増えたりする一方で、親しい人との別れ・辞職・単身赴任・分家・離婚・火災による移転・喧嘩別れ・手術等の事態が生じるとされます。

九紫火星との同会年は前厄年です。大事なことや交渉事等は年の前半に行えば良好を得ますが、重要書類や契約・文書・印鑑の確認には、念を入れないと後で災いの種となることがあります。企業は、企画・人事・生産・営業等すべてに細大漏らすことなく力を注いで取り組めば成果を得られます。

本命星が九紫と相剋していたり、離宮に凶神の巡回している年廻りには、相場や勝負事の失敗・切断事故・外出先での災難・裁判沙汰や慰謝料の過当請求・脱税による追徴金や刑罰・火災・家庭不和・脳や眼の障害（高血圧を含む）等に留意すべきです。

二〇二三年　開運占星学

大橋雅宏

旧暦でみる月の動き

本書18頁から掲載している暦では、九星・十干十二支・六曜等をみられる方が多いと思いますが、さらに占星学にも応用できる情報を読み解くことができます。日柄と行事の欄では、新月・上弦・満月・下弦といった月の動きの表記があります。新月の日は旧暦の各月の最初の日である朔日となります。太陰暦を使用していた江戸時代まではこの日が月の変わり目でした。新月の日は月が見えず最も暗い夜です。その後月は徐々に大きく、光も増し上弦へ、そして一番明るく丸い満月は旧暦のひと月のちょうど真ん中あたりです。だんだん光は減退し半月の下弦となり、また新月へと戻ります。昔の人はこの移り変わりを見ながら、月のリズムを生活の基盤とし、月とともに暮らしていたといえるでしょう。

ところで占星学の世界では、何かを始めるには新月から満月の光の増す期間がよいといった考え方があります。一方で満月から新月までの月が欠けていく期間は、次の月の満ちる期間に備えて休養したり、計画や勉強等に意を用いるとよいと言われ、不用な物事を削ぎ落とし、内省したり考えを巡らすことに効果を発揮します。行き詰まりを感じているなら方針転換が有効な場合もありますし、継続して行っていることとは、なお一層努力を続けていきましょう。さらに、上弦・下弦の月の活用法も取り入れると、ほぼ一週間のサイクルで捉えることができます。上弦の月は満月に向かう半月ですが、新月で始めたことの進捗を振り返り、修正・再検討する日として活

2023年　火星から冥王星までのトランシット

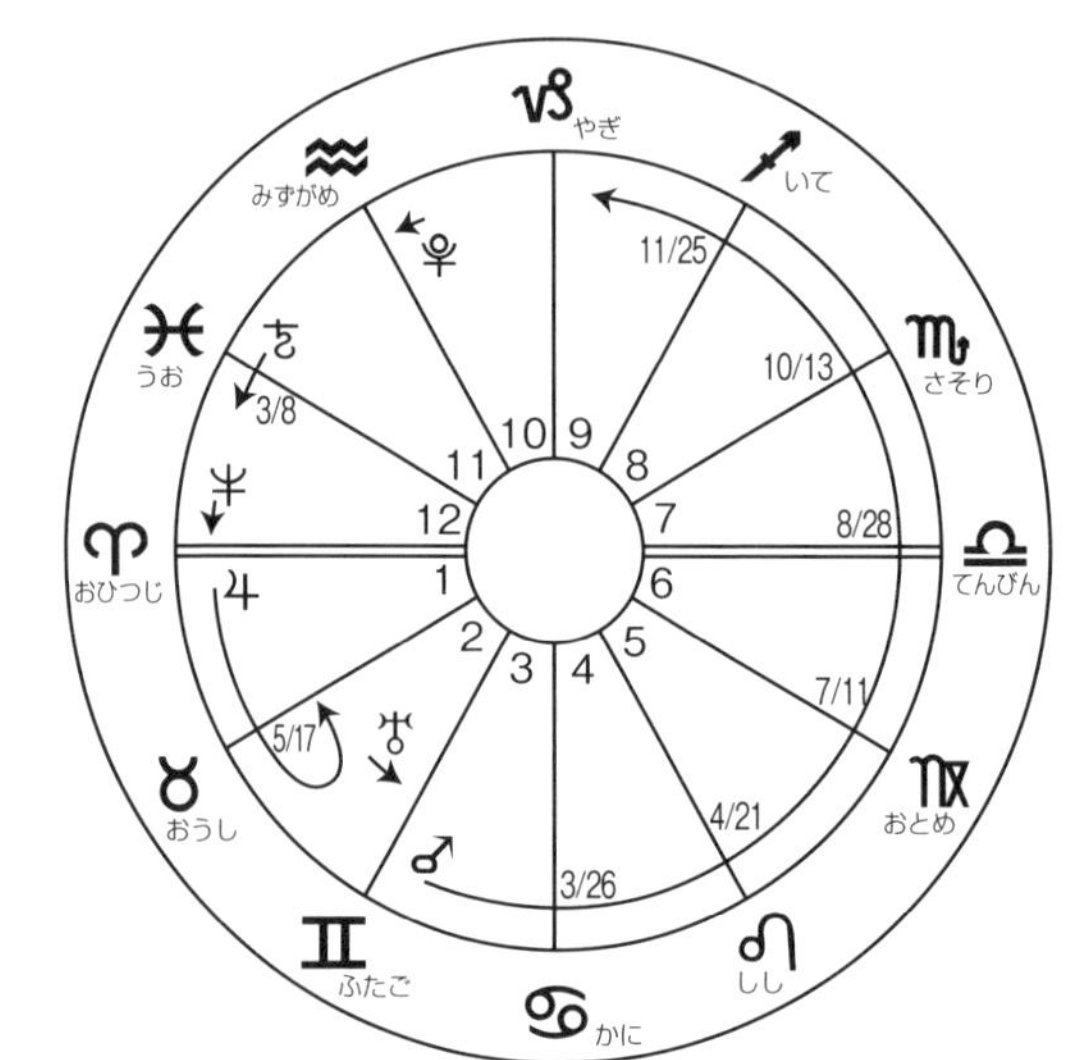

ホロスコープから、各惑星が通過するサインがわかります。日付はサインが変わるときです。♂火星を例にとると1月1日は「ふたご」のサインから始まり、3月26日は「かに」に入り、4月21日には「しし」に移るというように読んでいきます。♅天王星、♆海王星、♇冥王星は同じサインです。なおこの表では同じサインの逆行（戻るように度数が進むこと）は省略してあります。各自の太陽のサインを第1室に持っていき、それぞれの惑星がどの室になるかを考えていくと、より多彩な判断が可能です。

用できます。順調ならばピッチをあげるよう意識を高めてみましょう。また下弦の月の期間は、新月に向かうまでの調整を行い、次の新月にスタートできるようプランを立てるのにも向いています。また、心身をリフレッシュしたい人は、新月ではゆったりと呼吸することを意識しましょう。好きな音楽を聴いてリラックスすれば、斬新なアイデアが浮かんだり、夢に向かって誓いを立てるのも良い結果に繋がります。続いて満月の日には、月が出ていればパワーチャージするイメージで月光を浴びましょう。同時にネガティブな感情も満月の夜に手放すことで、心はぐんと軽くなります。心の整理のつかない未練や葛藤から自分を解放してあげるのです。これらを行うのは当日だけでなく前後一日も含めて構いません。

この自然界に生きる動植物の生命現象は、月の満ち欠けが大きく影響しています。私たち人間のライフサイクルも、意外なところで月の持つパワーに影響されているのかもしれません。

サインによる今年の運勢

♈ おひつじ（3月21日〜4月20日生まれ）

〈幸運の宝石・色彩…ダイヤモンド、アメシスト、赤、深紅〉

集中力は優れていても、やや持続性に欠け飽きっぽい面もあり、辛抱すべき局面で真価が問われることになります。エネルギッシュな個性をうまく活かすことでチャンスが掴めます。

幸運を暗示する木星は昨年より5月中旬まで「おひつじ」において本人自身の室を通過します。これまで手掛けてきたことを地道に継続するのがよく、力も発揮できるときです。得られた成果や情報は独占せず、周囲と共有し還元すれば結束力も高まります。5月中旬から木星は「おうし」に移り金銭に関する室を通過します。これまでの努力が実り具体的な形となり、経済的にも恩恵がありそうです。余裕があれば趣味や旅行等の楽しみに使うのも有意義で、自己研鑽のために活用してください。

時に試練を与える土星は昨年来より「みずがめ」において友人・希望の室を通過します。引き続き年長者や先輩に礼を尽くしていれば、思わぬ協力・援助も期待できます。華やかな出会いや展開は無理でも、旧来の間柄の人とは良い関係が築けそうです。3月上旬より土星は「うお」に移り、秘密・奉仕の室を通過します。内緒ごとやスキャンダラスな問題からは身を遠ざけるべきです。何かと順調に進むことが多いですが油断は禁物です。奉仕や援助は運勢的にもプラスに働きます。

♉ おうし（4月21日〜5月20日生まれ）

〈幸運の宝石・色彩…サファイア、トルコ石、ブラウン〉

現実的で落ち着いた個性を持ち、忍耐強く着実に物事を進めるのを理想としています。保守的な考え方になりがちな点を注意するとよいでしょう。

幸運を暗示する木星は昨年より5月中旬まで「おひつじ」において秘密・奉仕の室を通過します。表立って動くより脇役に徹し、縁の下の力持ちになる方が相応の活躍ができます。今後の飛躍を期して計画や準備をこつこつと始めてください。5月中旬から木星は「おうし」に移り自分自身の室を通過します。社会的な運勢は増しますからチャンスを逃さず、培った能力やスキルを周囲にアピールしてください。私生活でも精神的に充実するときで、年来の夢の実現に向けて力を尽くしましょう。

時に試練を与える土星は「みずがめ」において職業の室を通過します。一大転身や勝負に出るのは危険をはらみ、現状を活かし発展させる方針は安定感があります。但し、家庭との両立で多少苦労するかもしれません。3月上旬より土星は「うお」に移り友人・希望の室を通過します。長年の交友を大切にし、和やかに親睦を深めましょう。劇的な出会いや展開は望み薄ですが、信頼関係があればお互い頼れる存在になれます。気難しい態度で接していると距離を置かれますから留意が必要です。

♊ ふたご（5月21日～6月20日生まれ）

〈幸運の宝石・色彩…エメラルド、アクアマリン、グレー、紺〉

好奇心旺盛の上、機敏な行動力もありどんどん前に進みがちですが、将来を考え手を広げ過ぎないように自重することです。

幸運を暗示する木星は昨年より5月中旬まで「おひつじ」にいてグループ・社交生活全般の室を通過します。趣味や楽しみを通した交友関係を広げるにはもってこいの好機です。孤独感を感じたり対人関係で悩んでいる人は、内向的な自分の殻を破ってください。5月中旬から木星は「おうし」に移り健康や秘密の室を通過します。健康に関する取り組みが奏功するときで、的確な治療・手術等が受けられそうです。体力増進も効果抜群です。内緒ごと等も、良識に基づく行動ならうまく運びます。

時に試練を与える土星は昨年来より「みずがめ」にいて旅行・研究の室を通過します。研究・お稽古事等の知的な取り組みは、この土星はプラスに作用します。勉強や趣味と実益を兼ねた旅行もお勧めです。3月上旬より土星は「うお」に移り職業の室を通過します。堅実に仕事に従事すれば安定感がありますが、独立や自営に乗り出すようなリスクのある挑戦は避けた方が無難です。リタイアした人は名誉職への要請があれば快諾しましょう。地域の世話役等もやり甲斐がありそうです。

♋ かに（6月21日～7月22日生まれ）

〈幸運の宝石・色彩…エメラルド、真珠、モスグリーン〉

何事にも受け身的な傾向と共にロマンチックで感受性豊かな個性を持ち主ですが、時に積極的に打って出ることも必要です。

幸運を暗示する木星は昨年より5月中旬まで「おひつじ」にいて職業の室を通過しています。実力養成に努め、目標も高く設定して努力してください。新境地を開拓するのにもチャンスです。忙しくなれば家族の協力は欠かせませんが、うまく対応してもらえるでしょう。5月中旬から木星は「おうし」に移り希望・願望全般の室を通過します。生き甲斐・やり甲斐を実感できるときです。悩みごとを相談したり実際に行動に移せば状況は好転し、結果を喜べそうです。社交を示す室でもありますので新しい友人作りも楽しく、異性とのご縁も期待できます。

時に試練を与える土星は昨年来より「みずがめ」にいて金銭の室を通過します。目先の損得にこだわり過ぎると却って泣きを見る羽目になるので、投資等は慎重に対処してください。3月上旬より土星は「うお」に移り、旅行・研究の室を通過します。遠方や長時間の移動を伴う旅行は期待外れになりやすく、身近なところがお勧めです。ひたむきに学問や修養に専念すれば充実感を味わえるでしょう。

♌ しし（7月23日～8月22日生まれ）

〈幸運の宝石・色彩…ダイヤモンド、ルビー、金色、オレンジ〉

大らかで開放的で自発的なリーダーシップのある個性を持っています。時に独断的で強引な手法を用いるために摩擦が生じることもあります。

幸運を暗示する木星は昨年より5月中旬まで「おひつじ」にいて旅行・研究の室を通過します。スキルアップ・技能習得・資格取得等は大きなチャンスです。共に学ぶ仲間と切磋琢磨し、よい影響を与え合えます。専門性を高めるのが効果的です。旅行でもパッと光が差すような気づきを得るでしょう。5月中旬から木星は「おうし」に移り職業の室を通過します。実力養成に努めた人には好機到来です。どうしても満足できなければ転職や独立も視野に入れてみてください。お誘いを受けたら検討する価値ありです。リタイアした人や主婦の人でも社会的な活動はプラスに働く結果になるでしょう。

時に試練を与える土星は昨年来より「みずがめ」にいて結婚・対人関係の室を通過します。人付き合いの面で負担を感じることもありそうです。責任を持たされる場面もありますが、それは後々経験として生かされるはずです。3月上旬より土星は「うお」に移り財運の室を通過します。配偶者のいる人は大きな影響を受ける可能性があり、振り回されないようにするのが肝要です。大きな買い物や投資等は控えてください。堅実に貯蓄に回しておけば問題はありません。

♍ おとめ（8月23日〜9月22日生まれ）

〈幸運の宝石・色彩…プラチナ、銀、青、紺〉

几帳面で何事も手堅くこなしていくことはできますが、やや線の細いところがあり、守りの姿勢に傾きがちです。

幸運を暗示する木星は昨年より5月中旬まで「おひつじ」にいて夫婦・身内の金銭に関した室を通過します。自分の経済力に不安があっても配偶者や身内の協力が得られやすいときです。不測の事態に困らないためにも、よい関係を築いておく方が得策ですし、精神的にも豊かに暮らせるはずです。5月中旬から木星は「おうし」に移り旅行や技能習得の室を通過します。新たな学びは張り合いが感じられ親交も豊かに広がる暗示があるので、興味深い分野には積極的にチャレンジしてください。

時に試練を与える土星は昨年来より「みずがめ」にいて健康の室を通過します。体力的に無理なく過ごすようにし、過労・多忙を避けて休養をとりましょう。3月上旬より土星は「うお」に移り、結婚・対人関係の室を通過します。健康上の悩みを抱えていた人は、不安から解放されそうです。新たな出会いを求めても徒労に終わりがちですが、従来の関係性の改善や仲を深める努力は報われます。木星の働きもあるため知識・技能習得での人間関係はプラスに働くでしょう。但し、利害が絡むことは有利とは言えず、協同での作業や事業も荷が重そうです。

♎ てんびん（9月23日〜10月22日生まれ）

〈幸運の宝石・色彩…オパール、さんご、パステルカラー、ベージュ〉

バランス感覚に優れていますが、周囲の人との調和を重んじるので気を遣い過ぎたり、押しに弱いところがあります。

幸運を暗示する木星は昨年より5月中旬まで「おひつじ」いて結婚・対人関係全般を示す室を通過しています。結婚に向けて活動すれば良縁を実らせるのも夢ではありません。また、既婚の人なら夫婦の心を通わせれば絆は一層固く結ばれるでしょう。5月中旬より木星は「おうし」に移り、配偶者の財運の室に入ります。保険や資産運用にも関係する室ですので、現状の再調査や新規契約の検討も有益です。夫婦で力を合わせて尽力すれば有意義な結果をもたらすでしょう。また、高額な買い物をためらっていた人にはチャンス到来です。

時に試練を与える土星は昨年来より「みずがめ」にいて子ども・恋愛の室を通過します。子育てでは思うに任せないことが起きがちです。また成人した子どもとも、親子の意思疎通を図る対話が大切です。恋愛面では、華やかな展開への見込みは薄いようです。3月上旬より土星は「うお」に移り、健康の室を通過します。持病を抱えていたり健康に不安のある人はしっかり治療し、療養に専念してください。高齢の方は施設への入居も検討してよいでしょう。職場の人間関係の室でもあるので、角が立たないよう忍耐で抑える場面もありそうです。

さそり（10月23日〜11月21日生まれ）

〈幸運の宝石・色彩…ガーネット、オパール、深紅〉

深い洞察力があり何事にも粘り強く取り組みますが、変化への柔軟な対応は苦手です。自分の好き嫌いに固執せず、人に合わせる努力が時に有効になります。

幸運を暗示する木星は昨年より5月中旬まで「おひつじ」にいて、病気に関係する室を通過しています。体質改善・体力増進への試みは大きな効果が見込めます。未経験のスポーツを始めたり、散歩や散策も日々に活力が漲ります。5月中旬より木星は「おうし」に移り、結婚・対人関係の室を通過します。結婚を希望する人は好機ですし、異性同性問わず交友関係を大事にすれば、出会いの機会も増えるでしょう。友人知人との新企画始動も面白そうです。仕事面では共同事業が吉祥で、人脈拡大を心掛けましょう。内向的な人も心機一転の機運ありです。

時に試練を与える土星は昨年来より「みずがめ」にいて家庭・両親の室を通過します。何かと頼られがちで負担が増しますが辛抱し、できる範囲で尽くしてあげましょう。3月上旬より土星は「うお」に移り、子ども・恋愛の室を通過します。子どもはもとより、家族とは十分にコミュニケーションを図りましょう。一緒に旅行や行楽に出かけ楽しい時間を過ごしてください。恋愛面ではお相手に少々不満があってもお付き合い継続へ努力してください。新しい出会いはしばらく見込めません。

いて（11月22日〜12月21日生まれ）

〈幸運の宝石・色彩…トパーズ、水晶、紫、藤色〉

率直かつオープンな性格で、強制されたり枠にはめられたり

するのを嫌います。自由闊達で外交的ですが、プライドの高さから時に反発に遭いかねません。

幸運を暗示する木星は昨年より5月中旬まで「おひつじ」にいて子ども・恋愛の室を通過します。恋人募集中の人は出会いの場を積極的に作りましょう。適齢期の人には結婚に向けてチャンス到来です。身内や知人の紹介も熱心に耳を傾けましょう。木星は5月中旬より木星は「おうし」に移り、健康の室を通過します。心身ともメンテナンスを心がけるとよいでしょう。通院・手術も必要であれば対処し、かかりつけの施設に不満があれば変更することで功を奏するでしょう。職場の人間関係の室でもありますので、和気あいあいと楽しく過ごせそうです。

時に試練を与える土星は昨年来より「みずがめ」にいて兄弟・旅行の室を通過します。兄弟や家族との意見の相違は早めに対処しましょう。相続問題があれば揉める恐れもあります。3月上旬より土星は「うお」に移り、家庭・両親の室を通過します。兄弟の問題が尾を引いていれば家族や親族の対立へと拡大しかねず、良識ある善後策が肝要です。家庭と仕事との両立が難しい人は、家族にどう理解してもらうかが課題です。

やぎ（12月22日〜1月20日生まれ）

〈幸運の宝石・色彩…トルコ石、めのう、黒、グリーン〉

勤勉で努力家で用心深く、リスクの伴うことを嫌います。目標が決まれば行動的な面もみせますが、慎重過ぎてチャンスを逃がすこともあるので注意が必要です。

幸運を暗示する木星は昨年より5月中旬まで「おひつじ」にいて家庭・両親の室を通過します。家族や両親に日頃の感謝をきちんと示せば喜ばれます。また、関係改善が必要であればこちらから働きかけてみれば、和解や修復が見込めるでしょう。5月中旬より木星は「おうし」に移り子ども・恋愛の室を通過します。プライベート面で充実したひと時を過ごすことができ、親子の仲も深まります。一緒に趣味や旅行等を楽しむのも喜ばしいことです。子どものいない人にとっても好きな時間を満喫できそうです。異性との出会いも期待してよいでしょう。

時に試練を与える土星は昨年来より「みずがめ」にいて財運の室を通過します。金銭管理は慎重な姿勢が求められますが、手堅い運用や配分には問題ありません。不動産も関係する室ですので所有の管理・運用等の見直しも効果的でしょう。3月上旬より土星は「うお」に移り兄弟・旅行の室を通過します。研究や勉強にも関係する室で、地道な精進を続けることは意義があります。旅行に関しては物見遊山気分で出かけても失望するだけでしょう。兄弟とは親の世話について対立する可能性もあり、将来を見越した事前の話し合いが不可欠です。

みずがめ（1月21日〜2月18日生まれ）

〈幸運の宝石・色彩…サファイア、ガーネット、青、パステルカラー〉

頑固で片意地な面と爽やかで執着のない面を併せ持ち、自分なりに納得しないと動きません。クールで進歩的な感性が特長ですが、豊かな発想力や閃きをどう活かすかが鍵となります。

幸運を暗示する木星は昨年より5月中旬まで「おひつじ」にいて旅行・兄弟の室を通過します。研究の意味もあり、趣味と実益を兼ねた旅行等も知的好奇心を満足させられます。木星は5月中旬より「おうし」に移り家庭・両親の室を通過します。親孝行できる絶好の機会ですから、行ってみたかったところにお誘いしてみましょう。親子で一緒に出かける機会をつくってみることです。また家庭と仕事とのバランスもとれ、精神的にも安定します。住まいのことで動くのも問題ありません。

時に試練を与える土星は昨年来より「みずがめ」にいて自分自身の室を通過します。責任を持たざるを得ないことが継続しているかもしれません。やり甲斐もありますが疲労やストレスを抱えやすく、旅行・趣味等、リフレッシュする時間も大切です。3月上旬より土星は「うお」に移り、財運の室を通過します。知識不足のままでの挑戦や安易な投資等はリスクを伴いますが、これまで通りの手堅い方法であれば安心です。両親・家族に喜んでもらうためには多少の出費は覚悟してください。

うお（2月19日〜3月20日生まれ）

〈幸運の宝石・色彩…エメラルド、クリソライト、シルバーグレー、マリンブルー〉

他人に対する思いやりが深く、細やかな神経を持っています。ただ、必要以上に考え過ぎたり気にし過ぎるところがあり、周囲に振り回されることなく断を下せるかが課題になります。

幸運を暗示する木星は昨年より5月中旬まで「おひつじ」にいて財運の室を通過します。よい買い物ができ気持ちが明るくなります。これまで余裕のなかった人も窮地を脱し、援助も期待できそうです。仕事では条件の引き上げを模索してみてください。5月中旬より木星は「おうし」に移り兄弟・旅行・研究の室を通過します。人間性を高めるために研鑽を積む心掛けは実を結びますから、欲得抜きに勉強に励んだり思索に耽るのもよいでしょう。手をつけていなかった分野の読書もお勧めです。近隣の人との交流も心地よいお付き合いを楽しめます。

時に試練を与える土星は昨年来より「みずがめ」にいて秘密・奉仕の室を通過します。誠意に欠ける言動はしっぺ返しを食らうかもしれませんので、正直第一を旨としてください。3月上旬より土星は「うお」に移り自分自身の室を通過します。これまでの行いが結果として現れてきそうです。仕事や社会的な事柄ではこれ以上の積極策は厳しくなり、一区切りをつけ抑制する方が得策です。何かと責務を担う立場になりがちですが、人望を得る大事な局面だと認識して全うしましょう。

四柱推命入門

臨護洞 主宰
伊藤精健

四柱推命は人間の生年月日時の四柱を干支で表し、干支の陰陽五行の相生・相剋の関係を調べて運気の盛衰消長、性格、適応開運の時期、相性結婚運の良否、財運の有無、名声芸術に生きる命か、長患いか、ぽっくり死ぬ命か等を究める法術です。従って暦を見て生まれ日の干支を探すことがまず第一歩です。本稿でも生まれ月干支早見表を入れました。また、末尾に一月一日の干支を記しましたので、万年暦がなくとも活用はできます。ただし二月立春からがその年となりますので、一月や二月一日生まれは前年の干支で見ます。また、一月節は一月小寒節からなので、一月一日生まれや一月二日生まれは十二月節の干支で見ます。十干十二支は次のように陰陽と五行に分けます。

五行	十干	陰陽	
木	甲（きのえ）	陽（＋）	剛木
木	乙（きのと）	陰（－）	柔木
火	丙（ひのえ）	陽（＋）	剛火
火	丁（ひのと）	陰（－）	柔火
土	戊（つちのえ）	陽（＋）	剛土
土	己（つちのと）	陰（－）	柔土
金	庚（かのえ）	陽（＋）	剛金
金	辛（かのと）	陰（－）	柔金
水	壬（みずのえ）	陽（＋）	剛水
水	癸（みずのと）	陰（－）	柔水

五行	十二支	陰陽
水	子（ね）	陽（＋）
土	丑（うし）	陰（－）
木	寅（とら）	陽（＋）
木	卯（う）	陰（－）
土	辰（たつ）	陽（＋）
火	巳（み）	陰（－）
火	午（うま）	陽（＋）
土	未（ひつじ）	陰（－）
金	申（さる）	陽（＋）
金	酉（とり）	陰（－）
土	戌（いぬ）	陽（＋）
水	亥（い）	陰（－）

十干には四季が配当され、甲乙は春、丙丁は夏、戊己は四季の土用、庚辛は秋、壬癸は冬です。方位では甲乙は東、丙丁は南、戊己は中央、庚辛は西、壬癸は北となっています。

宇宙の森羅万象は木火土金水の五気をもって構成され、それぞれ陰陽がある、というのが五行説で、それらの関係は相生、相剋、比和（可もなく不可もなし）の三種類に分類されます。

相生の関係は水生木・木生火・火生土・土生金・金生水の五つですが、水が木を生ずる関係にも次のように四つの組み合わせがあります。

・陽水が陽木を生ずる（壬→甲）
・陰水が陰木を生ずる（癸→乙）
・陽水が陰木を生ずる（壬→乙）
・陰水が陽木を生ずる（癸→甲）

相生は相互の関係が好ましいということです。（水は木を養う。木から火ができる。木が火で燃えれば灰〈土〉が生ずる。土中から金属が得られる。金属から水が生ずる。）

相剋の関係は

・陽土が陽水を剋する（戊→壬）
・陰土が陰水を剋する（己→癸）
・陽土が陰水を剋する（戊→癸）
・陰土が陽水を剋する（己→壬）

陽が陽を剋し、陰が陰を剋するのが一番強烈です。陽が陰を剋し、陰が陽を剋すのは凶よりも過激と解します。

昭和四十七年三月二十四日午後六時十分生まれの人の四柱に、まず干支のみを付けてみましょう。これが四柱推命のまず第一番目の手順です。

昭和四十七年　壬子←（年齢早見表参照）
三月　癸卯←（生まれ月の干支早見表を活用）
二十四日　甲寅←（一月一日の干支から繰る）
午後六時十分　癸酉←（生まれ時の干支早見表を活用）

生まれ時のわからない人は年月日の三柱となりますが、やむを得ません。戸籍と実際の生年月日の違う人は実際の生年月日で見ます。また、その日の午後十一時過ぎに生まれた人は翌日の生まれとして見ます。

鬼の中にも仏がいる

生まれ月の干支早見表

月＼年干	甲己年	乙庚年	丙辛年	丁壬年	戊癸年
二月	丙寅	戊寅	庚寅	壬寅	甲寅
三月	丁卯	己卯	辛卯	癸卯	乙卯
四月	戊辰	庚辰	壬辰	甲辰	丙辰
五月	己巳	辛巳	癸巳	乙巳	丁巳
六月	庚午	壬午	甲午	丙午	戊午
七月	辛未	癸未	乙未	丁未	己未
八月	壬申	甲申	丙申	戊申	庚申
九月	癸酉	乙酉	丁酉	己酉	辛酉
十月	甲戌	丙戌	戊戌	庚戌	壬戌
十一月	乙亥	丁亥	己亥	辛亥	癸亥
十二月	丙子	戊子	庚子	壬子	甲子
翌年一月	丁丑	己丑	辛丑	癸丑	乙丑

（注）前の人の例では壬年生まれなので、四段目丁壬の年から三月の所を見ると癸卯となります。

生まれ時の干支早見表

時間＼日干	甲己日	乙庚日	丙辛日	丁壬日	戊癸日
自後十一時 至前一時	甲子	丙子	戊子	庚子	壬子
自前一時 至前三時	乙丑	丁丑	己丑	辛丑	癸丑
自前三時 至前五時	丙寅	戊寅	庚寅	壬寅	甲寅
自前五時 至前七時	丁卯	己卯	辛卯	癸卯	乙卯
自前七時 至前九時	戊辰	庚辰	壬辰	甲辰	丙辰
自前九時 至前十一時	己巳	辛巳	癸巳	乙巳	丁巳
自前十一時 至後一時	庚午	壬午	甲午	丙午	戊午
自後一時 至後三時	辛未	癸未	乙未	丁未	己未
自後三時 至後五時	壬申	甲申	丙申	戊申	庚申
自後五時 至後七時	癸酉	乙酉	丁酉	己酉	辛酉
自後七時 至後九時	甲戌	丙戌	戊戌	庚戌	壬戌
自後九時 至後十一時	乙亥	丁亥	己亥	辛亥	癸亥

（注）甲の日の午後六時十分生まれは、一段目甲己の日から午後五時～七時の所を見ると癸酉となります。

四柱の干支が分かれば、後は干支の五行の相生・相剋・比和の関係を見て、その人の生来の運命を判断することができます。**通変星**の配合は干支の代名詞ともいうべき一つの方便ですが、十二運星と共に四柱推命の根幹をなすものです。（星という言葉を使いますが推命は天体の星とは関係ありません。）

干と干の生剋の関係とその表象の名は、次の通りです。

・同じ五行で陰陽が同じものは比肩（ひけん）
・同じ五行で陰陽が異なるものは劫財（ごうざい）
・日干より生ぜられる五行で陰陽が同じものは食神
・日干より生ぜられる五行で陰陽が異なるものは傷官
・日干が剋する五行で陰陽が同じものは偏財
・日干が剋する五行で陰陽が異なるものは正財
・日干を剋する五行で陰陽が同じものは偏官
・日干を剋する五行で陰陽が異なるものは正官
・日干が生ずる五行で陰陽が同じものは偏印
・日干が生ずる五行で陰陽が異なるものは印綬

通変星表

生日干＼通変星	比肩	劫財	食神	傷官	偏財	正財	偏官	正官	偏印	印綬
甲	甲	乙	丙	丁	戊	己	庚	辛	壬	癸
乙	乙	甲	丁	丙	己	戊	辛	庚	癸	壬
丙	丙	丁	戊	己	庚	辛	壬	癸	甲	乙
丁	丁	丙	己	戊	辛	庚	癸	壬	乙	甲
戊	戊	己	庚	辛	壬	癸	甲	乙	丙	丁
己	己	戊	辛	庚	癸	壬	乙	甲	丁	丙
庚	庚	辛	壬	癸	甲	乙	丙	丁	戊	己
辛	辛	庚	癸	壬	乙	甲	丁	丙	己	戊
壬	壬	癸	甲	乙	丙	丁	戊	己	庚	辛
癸	癸	壬	乙	甲	丁	丙	己	戊	辛	庚

（上表の見方）

まず生まれ日の干を見て、その段の左にある生まれ年の干を探せば上段の通変星が分かります。例えば前例、昭和47年３月24日生まれは、甲を見て生まれ年の壬をつきつめると上に偏印と出てきます。

通変星による適職　月柱の副星（通変星）で見る。

比肩　自由業・独立自主的な仕事。
劫財　技師・水商売・芸術家。
食神　サービス業・サラリーマン。
傷官　法律関係・経理士・美術仲介業。
偏財　周旋仲介・小売業・金融業。
正財　金融業・商工業。
偏官　官吏・自衛官・政治家・裁判官・建築請負業。
正官　銀行員・サラリーマン・政治家・事業家。
偏印　水商売・芸術家・美容師・医薬関係・技師・宗教家。
印綬　学者・教師・技師・実業家。

通変星の意味

比肩　兄弟・朋友・同志の星。財産の殺に当たる。父縁薄い。

劫財 不遜・争闘・暴戻の意。夫は妻を剋し妻は夫を剋す。

食神 妻の父母、自己の孫、女子は子息・孫。衣食住の豊裕。

傷官 父の母・母の父。気位が高い。目上と対立。物を造る意。

偏財 父の星、妻・女の星。金銭・財産・事業の星。

正財 妻・伯父・伯母・我が生命を養うもと。福祉豊裕。

偏官 子息・伯父・祖父・従兄弟・夫の兄。自己を制し、動かす意。年運に巡れば改革変化の象。部下・組合の意。

正官 上司・目上・夫・事業の意。子孫長久・福寿と地位向上。

偏印 継母・養母の星。趣味・学芸・技術的事業・放浪の意。

印綬 実母・目上・上司。智恵・学問を司る。資産豊裕、生涯安楽。印綬多き時は母縁・子縁が薄い。

十二運星

栄枯盛衰を人の消長過程にかたどったもので、人の大体の性質を知るには生まれ日の地支の十二運を見ます。

十二運星早見表

生日干＼十二運星	長生	沐浴	冠帯	建禄	帝旺	衰	病	死	墓	絶	胎	養
甲	亥	子	丑	寅	卯	辰	巳	午	未	申	酉	戌
乙	午	巳	辰	卯	寅	丑	子	亥	戌	酉	申	未
丙	寅	卯	辰	巳	午	未	申	酉	戌	亥	子	丑
丁	酉	申	未	午	巳	辰	卯	寅	丑	子	亥	戌
戊	寅	卯	辰	巳	午	未	申	酉	戌	亥	子	丑
己	酉	申	未	午	巳	辰	卯	寅	丑	子	亥	戌
庚	巳	午	未	申	酉	戌	亥	子	丑	寅	卯	辰
辛	子	亥	戌	酉	申	未	午	巳	辰	卯	寅	丑
壬	申	酉	戌	亥	子	丑	寅	卯	辰	巳	午	未
癸	卯	寅	丑	子	亥	戌	酉	申	未	午	巳	辰

（上表の見方）

例えば生まれ日が甲で生まれ年が子なら、甲の段の子の欄の上を見ると沐浴と出てきます。沐浴が十二運星です。

長生 生まれ出る。新しいものが伸びゆく運気。温厚・円満・聡明。芸術技能の才あり、熟達が早い。参謀・補佐役の立場がよい。生まれ日に長生があると相続星。長男・長女が多い。

沐浴 うぶ湯を使う。色情の意あり。片意地、飽き性で迷い多く住居・職業が変わりやすい。生まれ日にあると、養子に出る場合多し。

冠帯 元服し社会に出んとする運気。負けん気強く名誉欲旺盛。

建禄 壮年期にかけて活動力旺盛、最高運。温厚・聡明・高潔・独立心旺盛で創業す。サラリーマンにも適す。生まれ日にあると家業を継ぐこと多し。

帝旺 壮年期から晩年期にかけて登り切った強盛運。人から抑えられることを嫌い、我が道を行く人。運気盛大。生まれ日にあると養子に出ること多し。

衰 登り切った所から衰となっていく。温厚だが積極性に欠ける。女性は良妻となる。

病 気力がなくなる。頑健でなく、重労働には向かない。両親縁が薄い。同情心に富む。

死 死気留まって動かぬ。決断力に欠け、取り越し苦労が多い。短気。再婚となりやすい。相続相が強い。

墓 人死して墓に納まる。動かぬ。保守的。外見を飾らず蓄財に専念する。内向的。親兄弟縁は悪いが運はそう悪くはない。四柱の中に二つ以上「墓」があれば発達困難。相続相。

絶 前の気が尽き、後気がまさに続かんとする。陰極は陽に転ず。投げ遣りになる。衝動的。調子に乗りやすい。水商売に適す。相続相強し。

胎 母胎に宿って生命の胎動を示さんとする運気。相続相強く、親を見る。探究心旺盛。ユーモア、人情味あり聡明。女児に恵まれる。幼時は弱いが晩年は健康となる。

養 母胎に養われ、やがて生まれんとする。温厚で交際上手。向上心を培って、努力することが大切。養子または入り婿になること多し。

四柱の付け方

年柱　昭和四十七年　壬子
月柱　三月　癸卯
日柱　二十四日　甲寅
時柱　午後六時十分　癸酉

各地支の蔵干を出し、干支に通変星を付けます。通変星は生まれ日の干を基にし、その日干から各柱の干支を見て通変星を出します。日干は基準ですから、通変星は付きません。

年干・月干・時干にはそのまま通変星が付けられますが、年支・月支・日支・時支に付けるには、それぞれの支に含まれている干（蔵干）を、後述の十二支蔵干早見表によって出し、その蔵干に対して生まれ日の干からみた通変星を出します。（地支は土、大地です。大地は日の恵みを受けて万物を生育します。十二支の中に干〈天・太陽〉が含まれるゆえんです。）

各地支の蔵干を出すには、生まれ月の節入日（生まれ日が生まれ月の節入日よりも以前になる人〈月初めの生まれの人〉は生まれ月のすぐ前の月の節入日）から生まれ日までの日数を数え、十二支蔵干早見表から年支・月支・日支・時支の蔵干を知ります。前記例の人は次のようになります。

	主星	副星	補運	貴人
年柱	偏印（甲から壬を見る） 壬子（蔵干は　癸）	印綬（甲から癸を見る）	沐浴（甲から子を見る）	太極貴人
月柱	印綬（甲から癸を見る） 癸卯（蔵干は　乙）	劫財（甲から乙を見る）	帝旺（甲から卯を見る）	
日柱	甲寅（蔵干は　甲）	比肩（甲から甲を見る）	建禄（甲から寅を見る）	福星貴人
時柱	印綬（甲から癸を見る） 癸酉（蔵干は　辛）	正官（甲から辛を見る）	胎（甲から酉を見る）	天福貴人

（注）三月の節入は五日。節入後二十日の場合、下記蔵干早見表により年支子と月支卯は中気、日支寅は正気、時支酉は中気に該当します。

—空亡・子丑—

十二支蔵干早見表

月	支	余気	中気	正気
二月	寅	戊　節入後七日間	丙　節入後八日目から六日間	甲　節入後十五日目から
三月	卯	甲　節入後十日間	乙　節入後十一日目から	
四月	辰	乙　節入後九日間	癸　節入後十日目から三日間	戊　節入後十三日目から
五月	巳	戊　節入後七日間	庚　節入後八日目から七日間	丙　節入後十五日目から
六月	午	丙　節入後十日間	己　節入後十一日目から十日間	丁　節入後廿一日目から
七月	未	丁　節入後九日間	乙　節入後十日目から三日間	己　節入後十三日目から
八月	申	戊　節入後七日間	壬　節入後八日目から七日間	庚　節入後十五日目から
九月	酉	庚　節入後十日間	辛　節入後十一日目から	
十月	戌	辛　節入後九日間	丁　節入後十日目から三日間	戊　節入後十三日目から
十一月	亥	戊　節入後七日間	甲　節入後八日目から七日間	壬　節入後十五日目から
十二月	子	壬　節入後十日間	癸　節入後十一日目から	
翌年一月	丑	癸　節入後九日間	辛　節入後十日目から三日間	己　節入後十三日目から

通変星を付けたら次に十二運星を付けます。次には空亡を見ます。次に貴人を付けます。

空　亡

干は十干、支は十二支なので、甲子、乙丑、丙寅…と順に組んでいくと、取り組む相手（干）のない支が二つできます。このはみ出しの二つの支を空亡の支（略して空亡）といいます。

次の表をじっくりと見て頂くとわかります。生まれ日が甲寅の人ですと、次表六列目の一段目に甲寅があり、その一番下を見ると子丑と書かれていますので、甲寅日生まれは子丑が空亡です。空亡は天中殺ともいわれており、恐るべきものと宣伝されました。一応、運気のマイナスや不安定を表しますが、空亡思想をむやみに恐れることはありません。空亡は十二年目、十二ヶ月目、十二日目に循環します。

空亡早見表

生まれ日及び干支順位										空亡
1 甲子	2 乙丑	3 丙寅	4 丁卯	5 戊辰	6 己巳	7 庚午	8 辛未	9 壬申	10 癸酉	戌亥
11 甲戌	12 乙亥	13 丙子	14 丁丑	15 戊寅	16 己卯	17 庚辰	18 辛巳	19 壬午	20 癸未	申酉
21 甲申	22 乙酉	23 丙戌	24 丁亥	25 戊子	26 己丑	27 庚寅	28 辛卯	29 壬辰	30 癸巳	午未
31 甲午	32 乙未	33 丙申	34 丁酉	35 戊戌	36 己亥	37 庚子	38 辛丑	39 壬寅	40 癸卯	辰巳
41 甲辰	42 乙巳	43 丙午	44 丁未	45 戊申	46 己酉	47 庚戌	48 辛亥	49 壬子	50 癸丑	寅卯
51 甲寅	52 乙卯	53 丙辰	54 丁巳	55 戊午	56 己未	57 庚申	58 辛酉	59 壬戌	60 癸亥	子丑

（注）干支の順は甲子から始まり上から下へ、左の行に移り、癸亥まで行ったら、また元の甲子に戻ります。

年柱が空亡に当たる人は幼年期に苦労があり、時柱空亡の人は晩年不振。四柱の中に空亡が二つあるのは薄幸。

貴　人

生まれ日の天干より各柱の支を見ます。前記、昭和四十七年三月二十四日生まれは、次表より日干の甲から見て年支を対照する（甲の項左横を見る）と、子の最上段に太極貴人と示されています。貴人というのは特殊星で理論づけが難しいのですが、古来より伝わっており、一部を体験上から採用しました。一種の守護神と考えたらよいでしょう。祖先の残された陰徳の星とも言えます。困難の際には必ず人の助けを受けられます。

天乙貴人　貴人の中の最高位。出世運あり。安泰の生涯。

太極貴人　福気集まる。困窮多いが晩年幸福。

福星貴人　福禄を主宰する守護神。年柱に付けば資産家の生まれ。月柱に付けば父母の遺産を継ぐ。日柱に付けば独力で資産を作る。時柱に付けば晩年幸福。

天厨貴人　衣食住に恵まれる。美食家。食道楽。料理上手。

天官貴人　警察沙汰・訴訟事に関わることは生涯ないとされる。

天福貴人　サラリーマンには格別良い守護神。秀才出世す。

文星貴人　文学・芸術的才能があり人の尊敬を受ける。

節度貴人　謙譲の美徳を持ち人格円満。節度を重んじるので危ない時でも人の助けを得られる。

貴人早見表

貴人＼生日干	甲	乙	丙	丁	戊	己	庚	辛	壬	癸
天乙貴人（生年・生月のみ）	丑未	申子	酉亥	亥酉	丑未	子申	丑未	寅午	卯巳	巳卯
太極貴人（生年のみ）	子午	子午	卯酉	卯酉	辰戌丑未	辰戌丑未	寅亥	寅亥	巳申	巳申
福星貴人	寅	丑亥	子戌	酉	申	未	午	巳	辰	卯
天厨貴人	巳	午	巳	午	申	酉	亥	子	寅	卯
天官貴人	未	辰	巳	寅	卯	戌	亥	申	酉	午
天福貴人	酉	申	子	亥	卯	寅	午	巳	丑未	戌辰
文星貴人	巳	午	申	酉	申	酉	亥	子	寅	卯
節度貴人	巳	未	巳	未	巳	未	亥	丑	亥	丑

身旺・身弱・大運の見方、三合・刑・冲・破・害等については他日に譲りたい。健康面については、命式の五行の主体が木星の人は肝臓・神経・筋肉、火星の人は心臓・眼・耳鼻、土星の人は脾臓・胃腸・皮膚、金星の人は肺臓・骨・歯、水星の人は腎臓・血液・生殖器の病になりやすい傾向があります。木星は睡眠の充足、火星は中庸の運動、土星は飲食の節制、金星は深呼吸の励行、水星は入浴にて代謝をよくする等、健康法を守って幸福にお過ごし下さい。

流れをくみて源を知る

干支表

・毎年の1月1日の干支と干支番号　※閏年

年	干支	干支番号
昭和元	庚寅	27
二	乙未	32
※三	庚子	37
四	丙午	43
五	辛亥	48
六	丙辰	53
※七	辛酉	58
八	丁卯	4
九	壬申	9
一〇	丁丑	14
※一一	壬午	19
一二	戊子	25
一三	癸巳	30
一四	戊戌	35
※一五	癸卯	40
一六	己酉	46
一七	甲寅	51
一八	己未	56
※一九	甲子	1
二〇	庚午	7
二一	乙亥	12
二二	庚辰	17
※二三	乙酉	22
二四	辛卯	28
二五	丙申	33
二六	辛丑	38
※二七	丙午	43
二八	壬子	49
二九	丁巳	54
三〇	壬戌	59
※三一	丁卯	4
三二	癸酉	10
三三	戊寅	15
三四	癸未	20
※三五	戊子	25
三六	甲午	31
三七	己亥	36
三八	甲辰	41
※三九	己酉	46
四〇	乙卯	52
四一	庚申	57
四二	乙丑	2
※四三	庚午	7
四四	丙子	13
四五	辛巳	18
四六	丙戌	23
※四七	辛卯	28
四八	丁酉	34
四九	壬寅	39
五〇	丁未	44
※五一	壬子	49
五二	戊午	55
五三	癸亥	60
五四	戊辰	5
※五五	癸酉	10
五六	己卯	16
五七	甲申	21
五八	己丑	26
※五九	甲午	31
六〇	庚子	37
六一	乙巳	42
六二	庚戌	47
※六三	乙卯	52
平成元	辛酉	58
二	丙寅	3
三	辛未	8
※四	丙子	13
五	壬午	19
六	丁亥	24
七	壬辰	29
※八	丁酉	34
九	癸卯	40
一〇	戊申	45
一一	癸丑	50
※一二	戊午	55
一三	甲子	1
一四	己巳	6
一五	甲戌	11
※一六	己卯	16
一七	乙酉	22
一八	庚寅	27
一九	乙未	32
※二〇	庚子	37
二一	丙午	43
二二	辛亥	48
二三	丙辰	53
※二四	辛酉	58
二五	丁卯	4
二六	壬申	9
二七	丁丑	14
※二八	壬午	19
二九	戊子	25
三〇	癸巳	30
令和元	戊戌	35
※二	癸卯	40
三	己酉	46
四	甲寅	51
五	己未	56
※六	甲子	1

月の係数表

年＼月	1月	2月	3月	4月	5月	6月	7月	8月	9月	10月	11月	12月
平年	－1	＋30	＋58	＋29	＋59	＋30	0	＋31	＋2	＋32	＋3	＋33
閏年	＋59	＋30	＋59	＋30	0	＋31	＋1	＋32	＋3	＋33	＋4	＋34

日の干支のやさしい求め方

（山崎善路氏 提供）

① 上の干支表により求める年の1月1日の干支番号を書く。
② 月の係数表から求める月の係数を書く。
③ 求める日の数字を書く。

①＋②＋③＝答　（答の数字を空亡早見表により干支に改める。）
※答が60より大きい数字の場合は60を引けばよい。

＝例＝

昭和 47 年 3 月 24 日
↓ ↓ ↓
28 ＋ 59 ＋ 24 ＝ 111　（111 － 60 ＝ 51）……甲寅

平成 4 年 9 月 28 日
↓ ↓ ↓
13 ＋ 3 ＋ 28 ＝ 44 ……丁未

四柱干支を簡単にさがすには「四柱推命万年暦」梅岡大圓著が便利。

干支(えと)から学ぶ相性判断

対人関係を円滑にする赤い紐を探る

複雑多岐な構造の現代社会では、人と人とのつながりは携帯電話やファクス・パソコン等で成り立ち、従来の人間関係というものは希薄となってきています。これらの情報機器は、ある面では必要かつ便利な道具なのですが、相手の気持とか精神面まで十分に知り得ることはできません。

世の中は思いがけないことがおこったりと杓子定規にはいかない上社会状況も人間関係も様々で、ストレスが募りやすい時代となってきています。また、現代人は群れることは得意でも、本当の集団生活が理解できていないともいわれています。そのため、個人の軋み、社会の歪み等とかいわれている現象がおき、離職、離婚、引きこもり、果ては暴力沙汰をおこしたり逃避する人が増加してきています。人間関係は、社会・団体・会社・男女が回っている縄の中に跳び込むようなものといえます。中に入る態勢が整っていない人は入れなかったり、入っても輪のリズムに合わせる合気(息の合ったタイミングと瞬発力)がないと縄に足が絡んだりつまずいたりして、自分が悔しいのみならず他人にも迷惑をかけてしまいます。そこで円滑な人間関係の構築ができるように、態勢を整えるための認知テストをすることにより対人関係の状態を認識するとともに、十干十二支で変化する運気を掴み成功が得られる方法を伝授します。実生活のさまざまな場面に応用・実践すれば有意義であることはいうまでもありません。

対人関係臨床テスト(坂井宏通氏考案・禁複製)

このテストはたくさんの悩みを抱えて消極的なのか、自分らしく積極的に活動しているかを探るためのものです。

該当する欄に✓をつけて下さい。

		はい	いいえ
(1)	心身は元気といえますか。	□	□
(2)	身だしなみに注意を払っていますか。	□	□
(3)	体型は大きいほうですか。	□	□
(4)	家族や友人と団欒し絆を結んでいますか。	□	□
(5)	相手の名前を覚えていますか。	□	□
(6)	周囲の事情をある程度理解していますか。	□	□
(7)	相手の目を見て心情をくみとれますか。	□	□
(8)	お互いの立場を尊重し相応の心遣いをしていますか。	□	□
(9)	マナーを心得た挨拶・返事・対応ができますか。	□	□
(10)	人の輪にうまく入れますか。	□	□
(11)	心の整理が上手にできますか。	□	□
(12)	平素、リラックスした状態で思っていることを素直に話せますか。	□	□
(13)	金銭に対しては几帳面で、経済観念も持っていますか。	□	□
(14)	一歩離れて見守る姿勢がとれますか。	□	□
(15)	相手の表情を読んで気持をコントロールできますか。	□	□
(16)	場合によっては人の分まで手助けできますか。	□	□
(17)	人に癒しを与えたことがありますか。	□	□
(18)	目標への意志・意欲がありますか。	□	□
(19)	はっきりピシッと言うことがありますか。	□	□
(20)	人生に想いや生き方を持っていますか。	□	□
(21)	どんな場合にも冷静に対処できますか。	□	□

	はい	いいえ
(22) 自己確立の自信がありますか。	□	□
(23) 相手によかれと祈ることがありますか。	□	□
(24) 臨機応変に見方を変えることができますか。	□	□
(25) プラス指向で考えることができますか。	□	□
(26) 人前で緊張したり身構えたりすることがありますか。	□	□
(27) 人の態度や言葉が気にかかったり傷ついたりすることがありますか。	□	□
(28) マイナス指向で悲観的に考えてしまいがちですか。	□	□
(29) 反省したり考え直すことができますか。	□	□
(30) 人の噂や生活に好奇心をそそられますか。	□	□
(31) 甘えに依存した生活をしていますか。	□	□
(32) 自己中心・身勝手と言われたことがありますか。	□	□
(33) 報告やお礼をきちんとしていますか。	□	□
(34) 楽しい話題等で潤滑役をすることはありますか。	□	□
(35) あなたは聞き上手・ほめ上手ですか。	□	□
(36) 虚言やごまかしでお茶をにごすことがありますか。	□	□
(37) 見え透いたおべっかを言うことがありますか。	□	□
(38) 多弁で一方的に話をしてしまうほうですか。	□	□
(39) 一言意見を述べずにいられない性分ですか。	□	□
(40) 不利なことの転嫁・言い訳をするほうですか。	□	□
(41) 世話好きの上、お節介な言動をしてしまいがちですか。	□	□
(42) 愚痴っぽく人を貶したり妬んだりしますか。	□	□
(43) 人に借りた物は早く返しますか。	□	□
(44) 人との付き合いは苦手ですか。	□	□
(45) 優越感が強く見栄っ張りですか。	□	□
(46) 話し合いで相手を否定し、主張を通しますか。	□	□
(47) 浅い知識なのに知ったかぶりをしますか。	□	□
(48) 無愛想・短気でつい激高してしまいますか。	□	□
(49) 浮気っぽく肉体的快楽を求めますか。	□	□
(50) 誘惑に弱いほうですか。	□	□
(51) 秘密を持っていますか。	□	□
(52) 人の秘密を守れますか。	□	□
(53) 結局自分は一人という孤独感がありますか。	□	□
(54) 人に騙されることがよくありますか。	□	□
(55) 言ったことは実行しますか。	□	□
(56) 分かったか分からないような生返事をしますか。	□	□
(57) 何事にも慎重なほうですか。	□	□
(58) コンプレックスがありますか。	□	□
(59) 行動範囲は広いほうですか。	□	□
(60) 縁を保つ努力をしていますか。	□	□
合計	□	□

60問中「はい」の数が35、「いいえ」の数が25に近いほど対人関係の円滑度は高くなります。自分の心の中、性質を丁寧かつ冷静に見つめ直せば、善因を増やして悪因を減らすことができ、自分を大切しアイデンティティーを活かした行動を始めることにより、好運の方向に導いていけます。

　対人関係臨床テストをすることにより性格分析ができ、対人面での難しさがわかっていただけたと思います。「心に不快な鬼が宿れば福は来たらず」の例えのように、素直になってよい運気・チャンス・相性を探れば、進歩・発展・愉悦の転機を摑め命運が開けてきます。

　すなわち、老若・男女・上下関係等世代間の溝を解消するため努力や礼を尽くし、輪廻のテンポに合わせ苦労しているうちに和気あいあいとした命運が開かれ、よい人間関係が構築されてくるものです。十干十二支の相性を調べ吉祥の年や月日で行動を起こせば、首尾よく軌道に乗れるでしょう。

十干十二支（えと）の相性と運勢の見方

　古代中国皇帝時代において、宇宙軌道を運行する五惑星と循環する大地の影響を測候し、その根源の要素を天のエネルギーとして五つに分類し、その気を受容する大地のエネルギーを六つに類別し事象相互の間に不変の関係を見出し、陰陽と根源要素の木性・火性・土性・金性・水性の五行を配して十干・十二支と定めたのが始まりとされています。

　また、こうした要素を含め天の気・地の気は下降・上昇し交流する中で、相生されたり還元されたり、反発相剋したりすることがわかっていたのです。

　十干と十二支は一つ飛びで組み合わさって、六十で干支が一巡するようになっています。詳しくは本書の六十干支表を参照し、また、自分や相手の干支は、年齢早見表で確認できます。

干・支（えと）の組合せ（○は陽・●は陰）

十干	十二支
○甲（きのえ）	子 寅 辰 午 申 戌
●乙（きのと）	丑 卯 巳 未 酉 亥
○丙（ひのえ）	子 寅 辰 午 申 戌
●丁（ひのと）	丑 卯 巳 未 酉 亥
○戊（つちのえ）	子 寅 辰 午 申 戌
●己（つちのと）	丑 卯 巳 未 酉 亥
○庚（かのえ）	子 寅 辰 午 申 戌
●辛（かのと）	丑 卯 巳 未 酉 亥
○壬（みずのえ）	子 寅 辰 午 申 戌
●癸（みずのと）	丑 卯 巳 未 酉 亥

十干の好運月（○印は吉）

十干＼月	一月	二月	三月	四月	五月	六月	七月	八月	九月	十月	十一月	十二月
甲年 甲の人	乙丑	丙寅	◯丁卯	戊辰	◯己巳	庚午	辛未	壬申	◯癸酉	甲戌	乙亥	丙子
乙年 乙の人	丁丑	戊寅	己卯	◯庚辰	辛巳	◯壬午	癸未	甲申	乙酉	◯丙戌	丁亥	戊子
丙年 丙の人	◯己丑	庚寅	◯辛卯	壬辰	癸巳	甲午	◯乙未	丙申	丁酉	戊戌	◯己亥	庚子
丁年 丁の人	辛丑	◯壬寅	癸卯	◯甲辰	乙巳	丙午	丁未	◯戊申	己酉	庚戌	辛亥	◯壬子
戊年 戊の人	◯癸丑	甲寅	乙卯	丙辰	◯丁巳	戊午	己未	庚申	◯辛酉	壬戌	◯癸亥	甲子
己年 己の人	乙丑	◯丙寅	丁卯	戊辰	己巳	◯庚午	辛未	壬申	癸酉	◯甲戌	乙亥	◯丙子
庚年 庚の人	丁丑	戊寅	◯己卯	庚辰	辛巳	壬午	◯癸未	甲申	◯乙酉	丙戌	丁亥	戊子
辛年 辛の人	己丑	庚寅	辛卯	◯壬辰	癸巳	甲午	乙未	◯丙申	丁酉	◯戊戌	己亥	庚子
壬年 壬の人	◯辛丑	壬寅	癸卯	甲辰	◯乙巳	丙午	◯丁未	戊申	己酉	庚戌	◯辛亥	壬子
癸年 癸の人	癸丑	◯甲寅	乙卯	丙辰	丁巳	◯戊午	己未	◯庚申	辛酉	壬戌	癸亥	◯甲子

十干の特質は天賦の運と資質で、十二支の運と性質にも影響を与えています。その性格的な要点を記載しアドバイスを付加して、好運を導き出せるようにしました。起業・開店・就職・建築・結婚等の事始めには、月日合わせた吉祥日を選んでください。ただし、他の障害月日と重なるときは平運と見なしてください。

次の十干の特質と調和するための指針を参考にすると、より効果的です。

十干の特質と調和しやすい十二支

剛の特質を持つ十干に対して、十二支は寛大な柔・忍の特質を持ち、柔には意志決定の能動性を促す要素があることで、各々調和伸長させる組み合わせとなります。

十干	特質	調和しやすい十二支
○甲	思慮　剛直　研究　行動　理財	子　丑　寅　卯
●乙	保守　内向　強情　感受性　柔和	寅　卯　辰　巳
○丙	散漫　感情　虚栄　才智　技巧	卯　辰　巳　午
●丁	温和　周到　思考　進歩的　丁寧	巳　午　未　申
○戊	強気　見栄　思慮　変化　機知	卯　辰　巳　午
●己	偏狭　粘り　疑心　探求　器用	巳　午　未　申
○庚	手腕　性急　干渉　打算　実直	午　未　申　酉
●辛	意地　思考　感情　軽挙　努力	申　酉　戌　亥
○壬	義侠　才智　忍耐　怠慢　度量	子　酉　戌　亥
●癸	勤勉　感情　忍耐　意固地　沈着	子　丑　寅　亥

十干別　対応のアドバイス

それぞれの本質を理解して、理性で心理的抑圧から解放されるように誘導し、達成感により自信を持たせるようにすればお互い協力和合していけるものです。同僚とは仲良く、目下には寛容の精神で共存共栄を図っていくことが大切です。

甲	気分を落ち着かせる静穏な環境と意味ある言葉が効果的
乙	お互い納得しながら一緒に汗をかく努力が必要
丙	欲望より精神的な喜びを与え、合理的な話題を提供する
丁	車に燃料を補給するように問題解決に手を貸してあげる
戊	標語・格言・経験談で話し、理屈は一切言わないこと
己	冷静な思いやりと視野を広げさせ相互の利益を見出す
庚	毅然とし、楽しい人生の競技としての会話に持ち込む
辛	機知とユーモアで達観し、時にテレパシーを与える
壬	軽妙洒脱にとらえ、共感しつつ親切に手助けし道をつける
癸	固執を和らげ愛と誠実で対応し、譲れない一線を決める

十二支の運気と相性

日々刻々と赤い紐の輪廻が律動する中、様々な場面で直面する人と人の出会いは大切です。一人一人に印象よく応え、相性の接点を探り手段・方法を考えたり、自分の運気や相手の運気を知ってチャンスをとらえて波に乗ることが大切です。この合気が不思議な出会いや好運を招来させます。

次の表は、十二支別で外側の記号を照合しながら、運気の好・不調の時期や意味がわかるようにしています。性格・運気も探り、波長を合わせられるようにと対応策までを示してあります。

ビジネス・就職・社交・縁談等、日常生活のあらゆる人間関係をプラスに導くために活用してください。

十二支（生まれ年）による月別の運気と相性の吉凶

○好調。●不調。△協調・平衡（相互に制約し合っている状態）。▲合っているようでも分離しやすい不安定さを暗示。◎結婚に好適。

其の身正しければ影曲がらず

十二支	子年生まれ	丑年生まれ	寅年生まれ
月別運気	 一月(丑)◎ 二月(寅)○ 三月(卯)● 四月(辰)◎ 五月(巳)○ 六月(午)● 七月(未)▷ 八月(申)◎ 九月(酉)◁ 十月(戌)○ 十一月(亥)○ 十二月(子)○	 一月(丑)○ 二月(寅)○ 三月(卯)○ 四月(辰)△ 五月(巳)◎ 六月(午)▽ 七月(未)● 八月(申)○ 九月(酉)◎ 十月(戌)▽ 十一月(亥)○ 十二月(子)◎	 一月(丑)○ 二月(寅)○ 三月(卯)○ 四月(辰)○ 五月(巳)● 六月(午)◎ 七月(未)○ 八月(申)● 九月(酉)○ 十月(戌)◎ 十一月(亥)▶ 十二月(子)○
性格・特徴	デリカシー・才智・倹約・利殖・現実的・機敏・技巧・人情味やや薄い	忍耐・実直・独歩・経済観念・慎重・情緒的・クールな愛情・感情の起伏・偏屈・面倒見	権力・進取・果敢・義侠心・思慮分別・度量・独占・頑強・感情の起伏・一癖・巻き込む
対応	温情味を示し共感的に話すこと。適確なアドバイスをして信頼を得る。	臨機応変な対応が良い。長所を評価しつつ、論理的会話・バラエティーな世界に誘うこと。	泰然かつ控えめな態度で鮮やかな気遣いを見せる。本音で話し、折れることが肝心。

十二支	卯年生まれ	辰年生まれ	巳年生まれ
月別運気	 一月(丑)○ 二月(寅)○ 三月(卯)◎ 四月(辰)△ 五月(巳)○ 六月(午)● 七月(未)◎ 八月(申)○ 九月(酉)● 十月(戌)◎ 十一月(亥)○ 十二月(子)▲	 一月(丑)◁ 二月(寅)○ 三月(卯)▷ 四月(辰)△ 五月(巳)○ 六月(午)○ 七月(未)○ 八月(申)◎ 九月(酉)◎ 十月(戌)● 十一月(亥)○ 十二月(子)◎	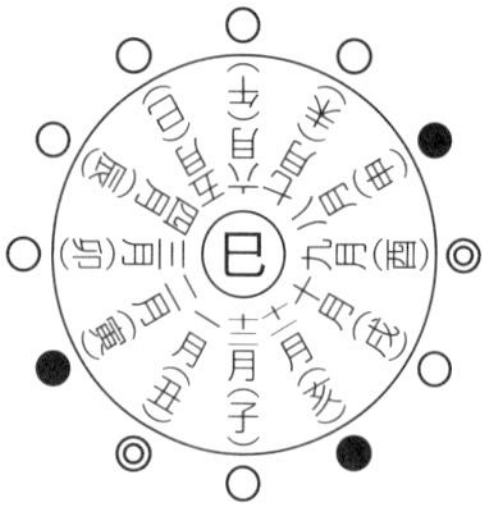 一月(丑)◎ 二月(寅)● 三月(卯)○ 四月(辰)○ 五月(巳)○ 六月(午)○ 七月(未)○ 八月(申)● 九月(酉)◎ 十月(戌)○ 十一月(亥)● 十二月(子)○
性格・特徴	温和・淡白・才能・反骨・クール・優柔・創造性・自由・感性・口軽・色情	気位・勝気・慈善・奉仕・芸事・分析追求能力・反抗・変化への対応・感覚的	才智・剛毅・忍耐・几帳面・商才・美意識・陶酔・探究心・物事を興す
対応	状況次第で厳しさと適当な温情が必要。心を傷つけぬよう、相手の立場になって説くこと。	感謝しつつ、リズミカルに得意なことでリードを。情には脆い。	長所・服装等は褒める。悩んでいるときは、代替え案等で慰める。深入りは虜となる。

十二支	午年生まれ	未年生まれ	申年生まれ
月別運気	午	未	申
性格・特徴	デリケート・斑気・技巧・好奇心・感情・打算・利用・理性・本能の二面性・派手	穏健・保守・情緒的・迷い・信念・こだわり・研究心・信仰心・几帳面・批判	怜悧・進取・社交・機転・感情・野心・比較・欲望・干渉・利用・奉仕・商才
対応	感情的問題には一歩引いて冷静に。粘り強く対応しながらも、余計なことは控える。	心を開き、わかり合おうとしながら行動へと導く。理不尽を嫌う。	人の噂を気にするが、明るく快活に接する。たまに駄目押しをすることが効果的。

十二支	酉年生まれ	戌年生まれ	亥年生まれ
月別運気	酉	戌	亥
性格・特徴	処世術・勤勉・虚栄・器用・周到・打算・夢想性・直感・親切と冷たさの二面性	義侠・才智・自尊心・誠実・意志・固執・理屈・正義感・実利・実務・統率力・干渉	意地・頑固・行動力・強引・決断・努力・性急・偏愛・自己顕示・軽挙・探究心
対応	押しつけや批判は、敵対視される。手伝いと協力が、何よりの信頼を得る。	温かく安らげる言葉をかける。共通の趣味で共感するのはよいが、強要は控える。	余裕と客観性を持たせ、視界を広げる工夫を。煽てとユーモアで以心伝心のこと。

石村素堂師 相性秘録

相性の吉凶については古来からいくつかの説がありますが、この秘録は石村素堂師が、多年実際に調査し統計的にまとめられたもので的中率が大です。

しかし、相性の決定は従来の伝承の説なり、この秘録を参考にしていただくと共に、本人の意思の和合や愛情・体質・趣味・教養・境遇等を十分に考慮し、悔いることのない結婚生活をおくられるよう切望してやみません。

結納・結婚の吉日

世俗では六曜の先勝・大安日、中段のおさん・なる・たいら・たつ・さだんの日を吉としていますが、先方の事情を十分考慮し、慎重に決定しなければなりません。

下図の
◎は大吉
○は中吉
△は小吉
×は　凶
●は大凶

（二月の節分以前の生まれの人は前年の九星・十二支による）

九紫	八白	七赤	六白	五黄	四緑	三碧	二黒	一白	男／女	
戌未辰丑	亥申巳寅	酉午卯子	戌未辰丑	亥申巳寅	酉午卯子	戌未辰丑	亥申巳寅	酉午卯子		
××××	××××	◎△◎×	●●●●	××××	◎△◎×	●●●●	××××	××△×	子	一白
××××	××××	△◎×◎	●●●●	××××	△◎○◎	●●●●	××××	××××	卯	
××××	××××	○○◎×	●●●●	××××	○○◎×	●●●●	××××	××△×	午	
××××	××××	○○△◎	●●●●	××××	○○△◎	●●●●	××××	××××	酉	
○○○△	●●●●	×◎○○	○○○△	××××	××××	××××	××××	××××	寅	二黒
◎◎◎○	●●●●	×○◎△	◎◎◎○	×××△	××××	××××	××××	××××	巳	
◎◎◎◎	●●●●	○△○○	◎◎◎◎	××××	××××	××××	××××	××××	申	
○○○△	●●●●	◎△◎×	○○○△	×××△	××××	××××	××××	××××	亥	
◎××○	××××	××××	××××	××××	●●●●	××××	××××	●●●●	丑	三碧
△××◎	×△××	××××	××××	××××	●●●●	××××	××××	●●●●	辰	
◎××△	××××	××××	××××	××××	●●●●	××××	××××	●●●●	未	
△××◎	××××	××××	××××	××××	●●●●	××××	××××	●●●●	戌	
●●●●	××××	××××	××△×	××××	××××	●●●●	××××	◎△×○	子	四緑
●●●●	××××	××××	××××	××××	×××○	●●●●	××××	△◎△◎	卯	
●●●●	××××	××××	△×××	××××	××××	●●●●	××××	△○◎△	午	
●●●●	××××	××××	××××	××××	×××○	●●●●	××××	○○×◎	酉	
○○○△	××△×	×◎○○	○○○△	●●●●	××××	××××	×●××	××××	寅	五黄
◎◎◎○	××△×	×○◎△	◎◎◎○	●●●●	××××	××××	×●×△	××××	巳	
◎◎◎◎	××××	○△○○	◎◎◎◎	●●●●	××××	××××	×●××	××××	申	
○○○△	××××	◎△◎×	○○○△	●●●●	××××	××××	×●×△	××××	亥	
××××	○○◎○	●●●●	××××	○○○○	××××	××××	○◎○○	●●●●	丑	六白
××××	○○◎○	●●●●	××××	○○○○	××××	××××	○◎○○	●●●●	辰	
××××	○○◎○	●●●●	××××	○○○○	××××	××××	○◎○○	●●●●	未	
××××	○○◎○	●●●●	××××	○○○○	××××	××××	○◎○○	●●●●	戌	
×●●●	○◎△×	××××	●●●●	○◎△◎	××××	××××	○◎△×	◎△○○	子	七赤
×●●●	◎×◎×	××××	●●●●	◎×◎×	××××	××××	◎×◎×	△◎△◎	卯	
×●●●	○×○◎	××××	●●●●	○×○◎	××××	××××	○×○◎	△○○△	午	
×●●●	◎×△×	××××	●●●●	××△×	××××	××××	◎×△×	○○×◎	酉	
○○○△	××××	×◎○○	○○○△	××××	××××	××××	●×●●	××××	寅	八白
◎◎◎○	××××	×○◎△	◎◎◎○	×××△	××××	××××	●×●●	××××	巳	
◎◎◎◎	××××	○△○○	◎◎◎◎	××××	××××	××××	●×●●	××××	申	
○○○△	××××	◎△◎×	○○○△	×××△	××××	××××	●○●●	××××	亥	
××××	○○◎○	●●●●	××××	○○◎○	●●●●	◎△◎○	○◎◎○	××××	丑	九紫
××××	○○◎○	●●●●	××××	○○◎○	●●●●	○◎○◎	○◎◎○	××××	辰	
××××	○○◎○	●●●●	××××	○○◎○	●●●●	◎○◎△	○◎◎○	××××	未	
××××	○○◎○	●●●●	××××	○○◎○	●●●●	○◎△◎	○◎◎○	××××	戌	

姓名は生命なり

霊理姓名学会　同人

始祖根本円通翁の言葉で、「姓名は生命なり」は全く至言であり、人間の運・不運は名前で左右されることが非常に多い。

世の中の不幸はすべて凶名から生まれ、良名者の遭難事故などはあまりなく、強盗・傷害事件から車の衝突事故なども凶名者同士が向かい合った場合にだけ起こるから不思議である。

良縁が得られないのも、子宝に恵まれないのも凶名が原因で、愛し合っていて結婚できないのも名前が合わないからである。新聞などに出てくる災厄の大半は夫婦名不調和の家庭に起きている。名前の相性および夫婦名の調和は本会独自の研究であるが、姓名学の重要性を十分認識して活用されるよう切望する。

夫婦名の調和

両者の調和は一家の幸福に必須である。その条件は

・二人の名の頭字が必ず陰陽になっていること。
・名前の画数が同じでないこと。（端数が同じでも悪い）
・五行の並びが同じでないこと。（順序が違えばよろしい）
・呼び名が似ていないこと。（義雄に芳子などいけない）
・各々相応の名であること。（妻が強過ぎるなどいけない）

姓名学の原理

・姓名の意義……人物の精神となり一身を支配する。
・天地の順逆……家庭に禍福を発し苦楽を実現する。
・陰陽の配置……健康と事業に関し盛衰を予断する。
・五行の所属……性格と体質を作り興亡を招来する。
・字画の運勢……自然の吉凶を招き運命を左右する。

姓名の意義

名前には強大真善美などの祝意のある字が吉で、弱小不吉なものは良くない。概して不自然なものも避けたい。

天地の順逆

姓名の頭字が同画なもの（13 3は同画と見る）・名頭字の大なるもの・姓と名の同画なるもの（14 4は同画）・または半数や倍数の関係にあるものなど、すべて凶名である。

陰陽の配置

左記は、病傷短命・家族離別・事業失敗などの凶運型である。
（○陽　奇数、●陰　偶数、平仮名は片カナで数える）

単調
挟撃
反対
偏多
中折

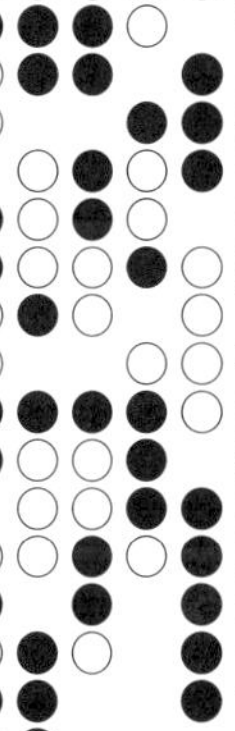

五行の所属

五行とは、木火土金水の五つの性をいう。漢字は皆、音で定め、五十音順に区分すれば次のようになる。

アイウエオ⇩土性　カキクケコ⇩木性　サシスセソ⇩金性
タチツテト⇩火性　ナニヌネノ⇩火性　ハヒフヘホ⇩水性
マミムメモ⇩水性　ヤイユエヨ⇩土性　ラリルレロ⇩火性
ワヰウヱヲ⇩土性　五行は多種程幸運、姓名四字以上の一種二種は凶、特に二種には凶運が多いとされる。

字画の運勢

・名前だけと姓名全体との両方に適用する。
・名前も姓名全体も吉数なるを良名とする。

○一　万事万物の基数で、確実に努力以上の実績を上げ得ることができ、共同団結首領名誉の最大吉運数なり。

●二　反対分離の未定数にて独立不能病傷不具の恐れあり。

怒れる拳　笑顔に当たらず

○三　天地人の三才備わり大志大業を遂げて祥福最も豊かなり。幸運瑞祥運の増殖繁栄数。

●四　災難続き肉親に別れるか、病傷不具短命の傾向あり。

○五　正義を持して不偏不党、心身強健富貴繁栄の大幸運数。目上の引立てがあり、衆多の尊敬を受ける。

○六　家庭円満、大いに福運に恵まれ一生安楽なる大吉運数。

○七　勤労に伴い順次盛大に発展し成功する。

○八　天性剛気、事物を正し万難を排して独立する権威の数。八は発なり発達なり発展なり。力強く意志堅固にして物事を難とせず遂行して発展する。克己忍耐進取の大吉運数。

●九　苦窮を意味し刑罰病傷の恐れ。早く親を失う者多し。

●一〇　家族を失うか家を滅ぼすか病傷短命の可能性あり。

○一一　天与の幸神を受け事業・家庭共に富貴繁栄にして子孫長久の吉数なり。

●一二　全く薄幸無力、家庭に平和なく初婚に破れる男性多し。

○一三　智謀才力あり忍耐強く、長上の引立てを受け万事成功富貴繁栄名誉を博する大吉数。

●一四　変難重来労して功なく家族に別離、病傷短命の傾向。

○一五　心身共に堅実であり周囲の信望を集め大成功、福徳円満家門繁栄の大吉数。

◐一六　名前には吉数で福徳円満なるも姓名16画は避けること。

○一七　天徳による優雅の幸運数。自己の力量相応に成功し名誉を得て、世人に尊敬される吉運数。

○一八　権力智謀あり衆多の助力を得て成功し富貴繁栄する。

●一九　障害多くて成功せず家族別離、刑罰病傷短命の傾向。

●二〇　災難続出して事業衰滅家族別離刑罰病傷短命の恐れ。

○二一　多少の辛苦は伴うが、よく艱難に耐え質実剛健にして幸福をもたらし富貴繁栄する大吉祥数。

●二二　骨折り損のくたびれ儲け中途挫折貧困病災となる。

○二三　隆々たる発展運、進取大功富貴繁栄、女性は避けよ。

○二四　才知秀抜、小なる幸福も順次発展して大幸福となる。無より有を生じ晩年益々繁栄する大吉運数。

○二五　独立独歩の性あり、長所をいかして成功発達をする吉数だが、やや剛毅に失する傾向を注意。

○二六　最初は多少の困難があるが、堅実な努力と思わぬ天助により、末に至るほど吉運増大し逐次成功幸福を得る。

○二七　不撓不屈の活動に周囲の援助あり志望貫徹の大成功数。

○二八　豪毅果断、人を助けて仕事に猛進し自らも大成功する貴重運。良妻賢母の姓名格に最適である。

○二九　才能優れて活動的なれば大事業を成功する吉運数なり。

○三〇　姓名の意義・天地の順逆・陰陽・五行など姓名構成の良否により吉凶あるも幸運なり。

○三一　大志を遂げ衆人を統率、名誉富貴繁栄幸福となる吉数。

●三二　家庭面に吉運少なし。避けるが賢明なり。

○三三　旭日昇天の隆昌運。力強き頭領数。富と名誉を得る吉数。豪毅果断に過ぎればかえって失敗する恐れあり。

●三四　破壊別離・困難辛苦・刑罰病傷・非業短命の傾向強く生命財産の保全は期し難い。

○三五　温良和順成功栄誉財禄あり文学技芸に秀で金融に適す。

●三六　英雄波乱の相にて一時旺盛の感もあるが、結局は損害を被り、一生平安を得ず刑罰病傷の禍あり。

○三七　万事真面目で信用厚く大成功を遂げ繁栄長久の大吉数。

○三八　心広く体豊かで周囲の尊敬を得、同時に熟慮断行の資性を持ち志望達成でき、名声を天下後世に伝う。

○三九　才量全身に満ち富貴繁栄を子孫永遠に伝えうる吉運数。

○四〇　所信を遂行し安楽境に達する幸運数、投機は警戒要す。

○四一　忠愛の精神旺盛にして、大志大業を成す実力あり。高名富栄を得られる最吉運数。

●四二　博達なるも災難続出し成功せず。刑罰病傷短命の傾向。

●四三　外見よりも内実苦しみ心身共衰弱にして信用を失い晩年苦しい。避けて賢明なり。

●四四 意思と違い大計敗れて破家亡身、必ず累を他に拡げる。

○四五 よく道理をわきまえ智謀大にして誠実勤勉に物事を進行させ所信を遂行でき、大業成就し富貴繁栄長久なり。

○四六 更生の意義ある吉数にして特に改名者は幸運を招来す。

○四七 神仏の恵みあり。誠実勤勉大業を成就し名声を得る。

○四八 世間の万事に通ずる智略才芸あり。思慮周密で巧みに難局を処理し、大成功して顧問と仰がれる。

●四九 損失災害多く物質に恵まれぬ傾向多し。

●五〇 一時は富貴栄達するも災禍多く晩年不幸になりがち。

○五一 堅実なる思想と健全なる身体を有し、智略にも優れ正道を踏み天佑による幸慶円満数。

○五二 若年より老成にして先見の明あり、抜群の大成功運。

○五三 家庭親睦和楽、子女教育行届き年を経る程幸福を増す。

○五四 財的方面より精神的に活動、偉人傑士たる名誉発揚数。

●五五 船頭多く船山に登る象、表面繁盛内実困難、家庭に変乱が生じやすく、甚だしい時は身命にかかわる恐れ。

●五六 周囲の災禍に巻き込まれ、後破滅に陥る傾向多し。

○五七 資性剛気天与の幸慶あり、万難を排して所信貫徹の数。

○五八 困難辛苦にあってもこれに打ち勝ち、捲土重来の勢いをもって再興し、名誉の上がる幸運数。

●五九 思慮浅く勇気忍耐無し、挫折し生命財産を危うくす。

●六〇 心定まらず辛苦を重ねても成果無し、刑傷病の禍多し。

○六一 千苦万難を越え福禄を重ね名誉の第一人者と尊ばれる。

●六二 外見幸運に見えるが、意地が強過ぎるため失敗を招き信用も乏しい。また不時の災禍に遭いやすい。

○六三 人と和して万事通達。協同的精神旺盛なる良運数であり、目的成就して富栄を子孫に伝う。

○六四 四を含むも凶に非ず、勤労して報酬あり必ず発展する。

○六五 正道を以て禄を重ね万事心のまま、生涯盛運安泰なり。

●六六 利己主義に傾き衆望を失い災難続出して生涯平安無し。

○六七 天賦の幸慶あり己を正して忍耐努力を積んで資財を重ね、百難を排し、終生安泰誉れ高い慶賀運。

○六八 天性利発、快活秀達にして志操堅固に衆を容れる雅量がある。禄を重ね、産を貯え安全発達する。

●六九 労して効なく災禍続き家族別離になりやすい。

●七〇 初めの成功も永続せず終わりに零落の傾向あり。

○七一 正々堂々強敵を破るの気概あり。衆人尊敬の的となる吉運数。万事を苦難とせず志望計画意のままに進む。

●七二 利害損失相半の数、一生中に数度困難に遭う。

○七三 素志貫徹の勇あり万難を排し希望を遂げ一生幸福なり。

●七四 実力がないにもかかわらず自我心強く、傲慢にして協調精神に欠け、信用失墜して逆境に陥りやすし。

○七五 利害明弁、郷党の為に尽くす重要人物、国家的偉材。

○七六 正義を重んじて何事にも驚かず、命財共に俯抑、天地にはじざる気概ある大幸運数。

○七七 上位の引立てあり晩年程よく一家幸福に包まれる吉数。

○七八 資性温厚篤実、献身的精神をもって秀でたる才芸智略を世のために尽くし、成功の名誉伝わる吉運数。

●七九 進取の気性あるも困苦欠乏の数、実行にあらわし得ず病身か徒食かで人生を送りやすし。

●八〇 生涯を通じて困苦な状況に陥りがちである。

○八一 健康長寿家業精励、一家円満子孫繁栄名誉万世の吉数。

（八二画以上の姓名は八一を引いて残りの数をもって判断する）

注意すべき女性の名前として、ヤス　キク　ハツ　ナツ　トキ　サダ　ウタは不運格とされており、ハナ　トク　ナカ　クニ　ノブ　フミ等、四画も避けるべきです。

二三画のような頭領数も女性には不適当で、リン　セン　キンのように「ン」で結ぶ名前も不幸を招きやすいと言われています。

但し、漢字と組み合わせることで命名に差し支えなくなる場合もあります。

人名用漢字表

名前に利用できる漢字は、常用漢字及び人名用漢字と定められています。パソコンや携帯電話の普及に伴い、平成二十二年に常用漢字が二十九年ぶりに見直され、この改定で名前に利用できる字が約六〇字増えました。但し人名にそぐわない字も多いため、漢字の持つ意味や読み方も踏まえ慎重に選びたいものです。この漢字表は、姓名学五原則に則った良い名前を選ぶために、画数と五行の所属を分類し一覧表にしてあります。右側に＊印の漢字は旧字体でも名前に利用できる字があります。ひらがなの画数はカタカナでみます。

【一画】㊏一乙【二画】㊍九㊋丁了入刀力乃㊏又
㊎七二人十㊌八卜＊【三画】㊍下丸久口己工干弓
及巾乞㊋土大㊏与也巳㊎丈三上刃千士夕女子
寸小山川才巳之叉㊌亡凡万＊【四画】㊍互五今介
元公凶化刈区午孔幻戸斤月火牛犬欠厄牙勾㊋
中丹内六天太弔斗日丑屯匂㊏円＊友引王予允云
尤㊎仁井冗切升少尺心手支止氏水双収＊廿壬爪
㊌不乏分仏＊反夫文方木比毛父片匹巴勿
【五画】㊍丘兄刊功巧広＊加去古句可外玄玉甘甲
穴込巨旧号弘叶乎禾瓜瓦㊋他代令冬奴尼庁＊打
田礼＊立台凸旦汀凧丼㊏以右圧央幼永用由凹戊

㊎世且主仕冊出占市召史司囚四失写左斥札正
生申矢石示処汁仙只疋仔叱尻㊌丙付包北半布
平必払＊未末本母民氷犯白皮目矛辺弁皿卯氾
【六画】㊍交仰件企休仮光共刑危各合吉后向回
好曲会机朽気＊江汗灰考血行叫缶瓦亘亥匡圭旭
冴伍伎臼㊋仲任伝＊兆両列劣同吏吐団＊地多宅年
池当竹灯＊老肉虫凪肋辻托㊏印因宇安有汚羊羽
芋衣亦伊曳夷㊎充先全再匠如在壮＊字存守州寺
式成旨早旬朱次死争＊糸耳自至舌舟色芝西弐巡
迅尽＊丞庄汐而汝此尖弛㊌伏伐名妃帆忙毎＊百米
肌朴妄汎牟【七画】㊍何克却君含呉告吟困均坑
孝完局岐希形忌快我戒技抗改攻更求決汽狂究
系肝花芸＊見角言谷迎近吸扱亨吾宏杏伽玖芹灸
串汲芥劫迄㊋乱来＊但低冷利努労励卵呈図対尿
廷弟忍妊妥投択沈沖沢男町良豆里体呂那戻伶
李杜汰芦沌肘辿佃兎呑弄㊏亜＊位囲応＊役壱医余
酉佑冶邑迂妖沃㊎伸伺似住佐作児＊初助即＊吹寿＊
床序志抄折材村条＊束災状＊社＊秀私声肖臣走赤足
身車辛辰沙杉灼坐宋芯孜杖㊌伯伴兵判別否坂
芙坊尾忘妙妨扶批抜＊没芳貝売＊返邦防麦把甫庇

阪吻芭牡巫【八画】㊍京享佳供価*具券刻効劾協
呼固国*奇季学宜官居屈届岩岸岳幸弦径怪拒拘
拡拠果河況泣画空祈*肩肯苦茎芽金拐昆岬欣虎
尭昂侃茄茅岡函杭臥其肴忽庚昏祁玩昊穹股苛
㊋乳例典到卓定宙底店忠念抵抽拓担東林毒注
炉的直知突*迭長邸泥奈怜迪沓枕帖宕坦陀苔妬
拉㊏依和夜委延往押易欧殴油沿泳炎育英雨枠
阿侑苑於旺宛奄或㊎事使侍制刷刺卒参叔取受
周垂妻姉始姓実*宗征性所承拙招昇昔松析枝枢
治沼炊祉*者*舎若述邪阻青肢尚斉*昌采些杵竺刹
呪狙㊌侮*併免味命坪奉奔妹宝府彼怖房抱拍拝*
放朋杯*板枚歩*武沸泊泌法波服版牧物盲並肥肪
苗茂表迫門附非明披泡抹弥*孟茉枇沫阜斧杷苺
【九画】㊍侯係冠巻*厚型契孤客峡*建弧後急恒*恨
悔*括拷故枯架活海*狭*界皇皆看研科紀紅糾県*荒
虐計軌軍逆郊限革香垣挟洪彦洸虹赳勁奎胡衿
恰竿頁祇珂廻俄柑迦巷恢珈侠㊋勅南厘単*峠帝
度待律怒怠昼*柱柳段炭独珍衷耐胎胆茶訂貞追
退逃郎*点挑亭洞亮玲侶栃洛殆姪祢俐㊏勇哀姻
威屋幽映栄*洋為*疫約胃要音祐胤郁耶宥柚娃按

畏咽怨㊎乗*侵促俗信俊則削前卸咲城奏姿宣室
専*帥思拾持指叙*政施星春昨昭是染柔査泉洗津
浄*浅牲狩相盾省砂砕*祖*祝*神*秋窃臭*草荘*送重食
首甚哉洵柊洲茜柵拭珊栢柿茨穿茸拶㊌便保冒
卑*品封柄某派畑発盆秒美肺背胞変負赴迷面風
飛昴柾眉籾柏勃毘昧姥俣珀訃【十画】㊍個候倹*
兼剛剣*原夏姫娯宮害家庫恐恭悟恵*挙既校核根
格帰級耕耗胸脅航荷華訓記貢起軒郡降陥*飢骨
高鬼晃桂浩紘矩倖拳栞莞桁倦桔峨笈桧脇倶晄
㊋倒値倫凍匿哲唐展島*帯*庭徒恋恥悩料旅朕朗*
桃流浪涙*泰烈特留畜秩納胴能致討託透逐途通
連逓党竜*娘悌栗桐莉凌啄酎荻砧浬耽挺狼套哩
紐釘捗㊏員宴容悦恩案桜*浴益翁院倭晏俺烏挨
祐㊎修倉借准剤娠孫宰射将*差師席座弱徐従*息
扇振捜*唆時書株栽桑殉殊残殺浸消珠疾症真*祥*
称租笑粋*純紙素索脂蚕衰財辱速造酒針陣除隻
桟酌宵唇逝栓挿晋紗隼峻恕晟朔秦砥袖窄晒哨
柴閃捉凄訊秤屑栖挫恣脊㊌俳俵倣倍剖勉*埋峰*
捕敏*梅*浦浮浜班畔畝病疲眠砲破秘*粉紋紛紡脈
般蚊被配陛馬瓶俸唄冥娩莫畠豹釜圃剝哺

寝ていても　うちわの動く親心

使っている鍬（くわ）は光る　たまっている水は臭い

【十一画】㊍乾健偶偽*勘啓基婚寄康強御患掛掘
控掲*教救械混渇*現球眼紺経脚菊菌菓虚*規許貨
貫郭郷険*魚黒*涯殻喝渓蛍崎掘菫亀梧皐絃袈毬
掬訣埼頃晦袴舷這捲惚梗牽菅崖惧痕㊋停動堂
帳張彫得悼探断涼*淡添猟理略盗*窒笛第粒粘累
脳脱著*袋豚軟転*逮都*陳陵陶陸隆頂鳥猪鹿梨眺
釣偵崚捺紬琉捻淋萄雫堆掠桶梯舵菱梁兜笠逗
淀萊徠逞梛羚琢祷唾貪㊏唯域尉庸悪*欲液異移
翌訳逸*郵野*陰悠黄*寅惟庵凰萎淫㊎側剰*唱商執
宿寂崇巣*常庶彩情惜惨捨掃措授採接推斜旋族
淑深清渉*渋*済率盛産祭窓章粗細紹終組紳習粛
船菜術視*訟設責赦週進釈酔*雪斎淳梢梓蛇据曹
惇笹脩偲彗捷晨爽笙菖砦戚悉釧埴雀曽*渚斬羞
㊌偏副務問培婆婦密崩排描敗望猛票符舶訪貧
販部閉陪麻猫彬眸萌彪挽逢捧畢梳梶菩絆萠
【十二画】㊍割勤*喚喜喫圏*堪堅寒幾慌換揮敢敬
景暁*期棋棺検*極欺款減港湖琴硬筋結絞給絵街
覚貴賀距軽遇過開閑間階雇項欽喬絢渦隅皓凱
稀葵硯筈萱卿腔堺喧寓葛雁戟堯琥喉渾㊋堤塔
塁*堕廊*弾*惰提替朝渡湯痘痛痢登短硫程童等筒

答絡統着落裂貸貯超道達遅量隊鈍棚塚搭棟敦
智琢禄嵐椋椎琳堵貼董裡湛註喋厨筑猪㊏偉奥*
惑愉揚握援揺*温*湾営猶腕葉裕詠越遊運陽雄雲
飲渥瑛遥媛湧隈椀椅堰淵釉焰喩㊎創勝善喪場
婿尊尋就属循掌散晴晶暑*最森植殖測滋湿*焼*焦
然煮*畳*疎硝税策粧絶紫葬衆裁装*訴詐診詔詞証
象軸遂酢随集順歯傘惣須渚翔萩巽竣舜胥揃湊
惹犀斯粟茸貰湘棲疏粥喰甥閏惺痩*㊌傍備募博
報媒富*帽幅廃復悲晩*普棒満無番筆蛮補評買費
貿遍飯扉雰塀斐琵斑琶焚葡【十三画】㊍傑傾雅
勧塊寛*幹慨愚感携暇業棄源滑漢*嫁献碁禍*禁絹
継群義虞解該詰誇較遺鉱隔鼓靴頑嫌溝褐鳩暉
滉熙瑚裾僅窟隙塙嘩詣幌跨禽蓋煌傲楷毀嗅㊋
働嘆*塗廉暖楽*楼殿滞*滝*痴督稚置腸艇蓄虜*裏裸
賃跳路農酪鈴鉄零雷電楠禎稔椿稜蓮詫溜楕牒
頓馳煉遁鼎碓塡稟祿溺慄賂㊏園*塩意愛暗溶煙
腰話誉賄遠違鉛預猿瑶蓉椰楊碗傭溢葦彙㊎催
債傷僧*勢嗣塑奨*寝*慎*想愁慈戦*損搾摂*数新歳準
照睡禅*節*続罪署*聖蒸触試詩詳誠資賊跡践載辞
酬飼飾瑞靖嵩頌嵯蒔蒼裟詢馴詮煎蒐楯楢塞楚

羨堅獅嫉腫腺㊌墓夢幕微搬滅煩盟福*腹豊頒飽
漠鉢睦楓煤蜂【十四画】㊍境寡慣旗構概歌漁獄
疑穀*管箇綱語誤豪酵酷銀閣関駆*魂嘉綺魁閤厩
箕膏榎摑㊋僚奪嫡寧徳*徴*態暦*歴*摘滴適漏稲*端
緑*練*認読銅領駄漬綾暢肇蔦瑠璃綸綴漣槌禎綻
辣㊏様*演維誘踊隠駅熊幹蔭鳶窪遙瘍㊎像増*層*
憎*察彰漆漸磁種算精緒*総製誌説誓遭酸銃銭雑*
雌際障需静*遮塾聡爾翠槙榛漱瑳碩綜颯裳蓑槍
遜摺榊漕嘗遡賑槇蔣箋㊌墨*慕暮模膜漂漫慢碑*
網綿罰聞閥腐複銘髪*鳴鼻僕輔碧緋鳳蔓箔蒙蒲
貌蜜蓬頗蔑【十五画】㊍儀劇勲*器*慶戯*撃*権歓潔
監確稿窮緩緊課輝餓稼潟毅駒嬉槻樺誼蕎樫蝦
蕨稽畿糊駕潰憬㊋墜寮導履徹撤慮敵澄潮熱締
談調論誕諾踏輪鋳*霊駐蝶諒遼凜憧黎鄭劉憐箸
魯樋撞歎凛緻嘲㊏億影慰憂横*窯縁*謁*遺鋭閲養
慧鞍㊎嘱審撮暫潤潜熟穂*箱線蔵*衝請諸*賜質賞
賛趣遷遵選震縄槽蕉諄醇誰噌噂撰撒諏樟摯餌
踪㊌摩噴墳憤幣弊膚撲敷暴標盤範編罷舗舞賓*
賠賦輩魅黙*褒鞄播鋒撫蔽篇蕪餅蕃磐廟幡罵膝
【十六画】㊍凝墾壊*懐*憲憾憩機橋激獲興薫*衡賢

還鋼館橋錦窺諺縞鋸醐頰諧骸錮㊋壇曇濁濃燃
築篤糖頼*録*錬*隣隷頭鮎蕗澪燎黛蹄醍薙諦橙蕾
賭㊏憶擁穏緯薬*融衛*諭謡*輸叡謂燕鴨㊎儒嬢*操
整樹獣*積縦*薪薦親諮錯錠壌膳醒鞘樽錫錐輯錆
㊌壁奮縛縫繁*膨薄謀避磨瓢麺【十七画】㊍厳*嚇
懇擬犠環謙講謹*購轄矯磯霞鞠鴻檎鍵鍋韓藁壕
徽檜㊋療聴*覧*謄鍛齢濯瞳嶺檀瞭戴螺擢㊏優翼
臆輿闇曖㊎償擦燥爵礁縮績繊*謝醜霜鮮駿曙燦
濡篠鍬薩燭㊌頻瞥謎【十八画】㊍穫簡藺観額顔
顕*騎験*襟鎧顎㊋濫懲*糧臨鎮*離難*題類*闘藤鎌鯉
藍鵜儲櫂簞㊏曜癒燿襖㊎瞬礎織繕職贈*鎖騒*穣
雛蹟叢蟬醬繡㊌癖藩覆翻*磨鞭璧
【十九画】㊍願警鏡鯨鶏*蟹麒繫㊋瀬*麗羅蘭鯛櫓
瀧麓禰寵簾禱顚㊏韻艶㊎臓*璽繰識髄藻櫛蘇蹴
㊌爆簿譜霧覇鵬曝瀕【二十画】㊍懸競議護響*巌
馨㊋欄*騰㊏耀㊎籍譲*醸*鐘纂
【二十一画】㊍艦顧鶴轟㊋露纏蠟㊏躍鰯㊌魔
【二十二画】㊍驚鑑饗驍㊋灘籠㊏鷗㊎襲讃穰
【二十三画】㊍巌㊋麟鱗㊎鱒鷲
【二十四画】㊏鷹㊋鷺【二十九画】㊏鬱

直すに遅過ぎることなし

凶方を避ける知恵

―生活の中の方位学―

九星の定位図解

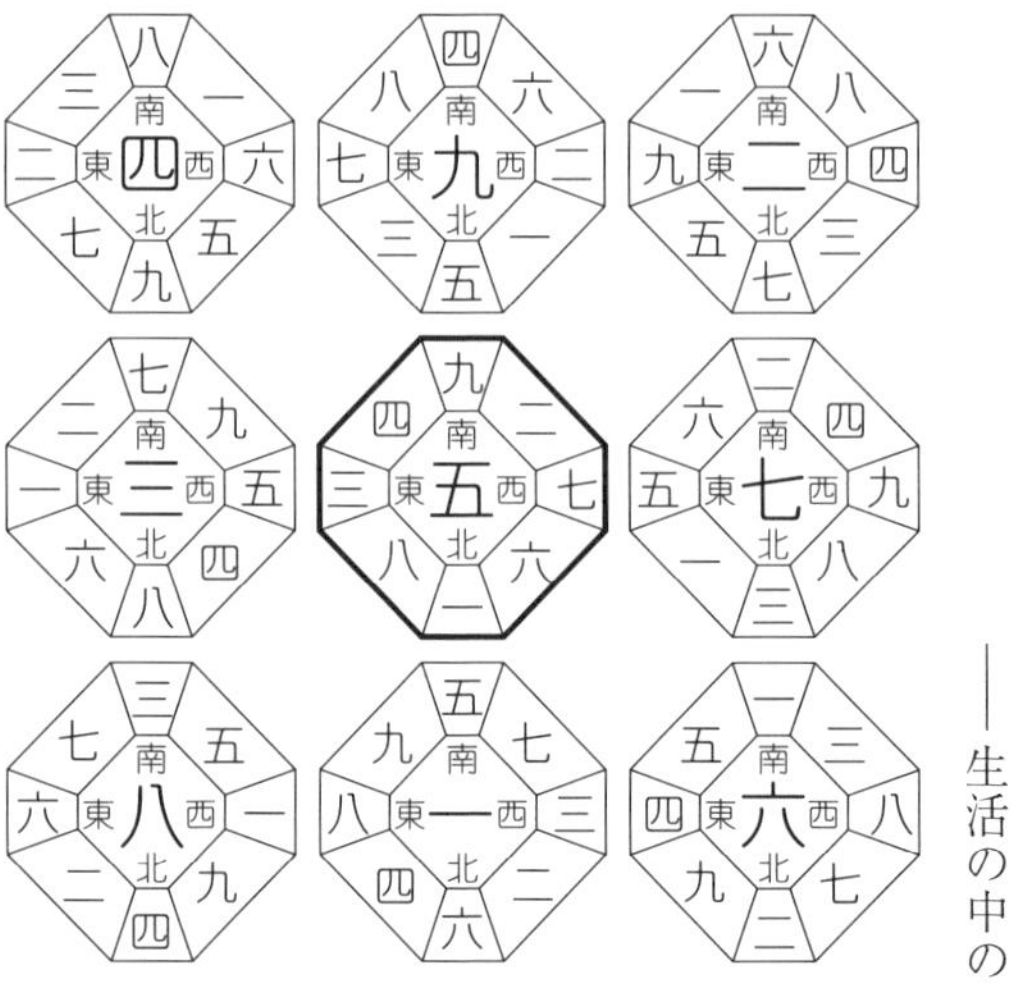

上の図は九星の定位とその運動性を表したものです。図の中の数字は九星を簡略化したもので、九は九紫火星のことです。この九つの図のうち、中央にある盤が定位盤と呼ばれるもので、五黄の星が中宮に入った時のものです。一白が北（坎宮）・二黒が南西（坤宮）・三碧が東（震宮）・四緑が南東（巽宮）・五黄が中央（中宮）・六白が北西（乾宮）・七赤が西（兌宮）・八白が北東（艮宮）・九紫が南（離宮）に位置するのが定位となります。

さて、この九星は常に定位に固定しているのではなく、毎年、毎月、毎日一定の法則に従い順次移動・循環しています。これを廻座と言い、本書には詳細に明記してあります。例えば、方位年盤ではその年の年盤を示し、各月方位暦ではその年の毎月の月盤を並べています。またカレンダーの頁では、三段目に毎日の干支を表記し、四段目に九星（その日どの星が中宮に廻座しているか）を一目で分かるようにしました。それは、九星の動きが私達の人生や日々の生活に何らかの影響を与えると考え、上手に活用していただくためです。現代の人々の生活は、社会環境・家庭環境・職業等によりそれぞれ格差ができ、多様化してきました。それでもやはり全ての人が幸福を望み、災禍は回避したいと考えているはずです。九星術はこういった万人の希求に即応するために考えられた人間の知恵なのです。

人生には、手違いやミス・周囲からの信用損失・家庭不和・病気や怪我・その他の不測の事故等、数えきれない災厄や不運が待ち受けていますが、その多くは九星術でいう凶年・凶月・凶日に急襲するとも言われます。そのため、凶事が起こりうる可能性の高い日時と方位を事前に察知することで、自らを護る方法が考えられたのです。

九星術の方位神の中でも特に恐れられている凶殺として、暗剣殺・五黄殺・歳破・月破・本命殺・本命的殺・定位対冲があります。これらの意味を知り、また回避することが肝要です。

暗剣殺と五黄殺の方位

方位盤において、五黄土星が廻座する方位を五黄殺と言い、五黄殺の正反対の方位にあたるのが暗剣殺です。したがって五黄中宮の年月日にはどちらもありません。暗剣殺・五黄殺は、ともに最大の注意を払うべき方位です。

年月日の中宮の九星	暗剣殺の方位
一白中宮	北　方
二黒中宮	南西方
三碧中宮	東　方
四緑中宮	南東方
五黄中宮	な　し
六白中宮	北西方
七赤中宮	西　方
八白中宮	北東方
九紫中宮	南　方

年月日の中宮の九星	五黄殺の方位
一白中宮	南　方
二黒中宮	北東方
三碧中宮	西　方
四緑中宮	北西方
五黄中宮	な　し
六白中宮	南東方
七赤中宮	東　方
八白中宮	南西方
九紫中宮	北　方

暗剣殺は旅行・移転・増改築・商取引・渉外事項・結婚等の場合にこの方位を用いるのは大凶とされており、トラブル・損失・疾病・怪我等の凶相を示しています。

五黄殺は土木建築・移転移住等に凶意があり、特に盗難や貧困に影響力を持っているとされ、何か物事を行うときは注意し、できるだけ回避する心構えが必要です。

本命殺と本命的殺の方位

九星術では、生まれ年によって一白水星から九紫火星に分類されています。（本書の年齢早見表を参照）例えば、昭和五十九年二月立春の日から翌年二月節分日までの期間に生まれた人は七赤金星の生まれとなり、これがこの人の本命星です。

本命殺とは、年月日のそれぞれの九星盤である年盤・月盤・日盤に自分の本命星が廻座している方位のことで、前述の人は七赤金星が本命星ですから、令和五年のこの人の本命殺の方位は七赤が廻座している北東となります。

また、本命的殺とは本命殺の正反対側にあたる方位です。本命殺ならびに本命的殺は、その人の健康上に影響力を持つと言われる凶方位です。したがってこの方位での病院・医師の選択には留意する必要があります。

年　・　月	歳破・月破
子年・子月（12月）	午（南　　方）
丑年・丑月（1月）	未（南南西方）
寅年・寅月（2月）	申（西南西方）
卯年・卯月（3月）	酉（西　　方）
辰年・辰月（4月）	戌（西北西方）
巳年・巳月（5月）	亥（北北西方）
午年・午月（6月）	子（北　　方）
未年・未月（7月）	丑（北北東方）
申年・申月（8月）	寅（東北東方）
酉年・酉月（9月）	卯（東　　方）
戌年・戌月（10月）	辰（東南東方）
亥年・亥月（11月）	巳（南南東方）

歳破・月破の方位

歳破・月破とは、十二支（子・丑・寅・卯・辰・巳・午・未・申・酉・戌・亥）によるもので、その年の十二支の正反対の方位が歳破です。同じように、その月の十二支の反対の方位を月破と言います。一覧にすると上段の表のとおりです。歳破・月破は共に損害・紛争・破綻の災厄に影響するため、普請・造作・土起こし・移転・結婚等は避けるべきでしょう。

令和五年は卯年ですから、歳破は酉の方位にあたります。

定位対冲の方位

九星に定位があることは前述しました。定位対冲とは、この定位の対冲（正反対側）の位置に廻座した場合を言います。例えば、七赤の定位は西方ですが、この七赤が年月盤で東方に廻座した場合等です。これを一覧にしたものが上表です。五黄土星は中宮が定位ですから定位対冲はありません。

定位対冲表
東方の七赤
南東方の六白
南方の一白
南西方の八白
西方の三碧
北西方の四緑
北方の九紫
北東方の二黒

定位対冲の作用は歳破・月破ほど強くはありませんが、住居移転後に生活状態に乱れを生じたり、信用の失墜、後援者を失う、家族の病気といった凶意があると言われています。

こうしてみると、凶方ばかりで身の置き所もないような気持になりますが、よく調べると凶方の位置が重複していたりと、策を講じればさほど恐れる必要がないことにも気付きます。しかしこれらの凶方を犯すことは、身の破滅を来し生活設計が崩れる等と言われてきたこともあり、凶方を避ける知恵を身につけることは大切でしょう。また、もし不注意で凶方を犯した場合は、方災解除の手段をとるという方法もあります。

方位盤　吉凶の解説

年・月の吉凶方位について、吉神・凶神・方殺の持つ性格を簡単に解説します。

この他、大凶の方位とされる本命殺・的殺については「本命的殺の早見表」、暗剣殺・五黄殺・定位対冲については「九星別方位年盤」「凶方を避ける知恵」等を参照してください。

また「凶方神の遊行日」では大将軍・金神の遊行日を調べることができます。

＊今年の方位盤は16頁・64頁参照

歳徳神　あきの方ともいい、その年の福徳を司る吉神で万事に用いて大吉祥方位。
歳枝徳　禍から逸れ、弱きを助けるという方位で万事に吉。
歳徳合　歳徳神と並ぶ吉神で万事に徳を得て忌むことがない。私的なことに特に吉。
天道　旅行・移転・結婚・修造すべてに大吉の方位。
天徳　万物の育成に徳があり、福を招き運を開く吉方位とされる。すべてに大吉。
月徳　月の徳神で、凶殺を制し福祐ある大吉方位。
月空　月徳の対冲する方位で、修造・普請・動土等すべてに吉。
天徳合　多くの凶殺を解消する。すべてこれに向かえば福を招く幸運の方位。
月徳合　多くの福が集まるとされる方位で、百事に用いて良し。
歳禄神　修造・転居その他すべてに用いて成就・成功をおさめるとされる大吉の方位。
生気　五行相生し万物生成化育の恩恵を得られ、病難を避けるとされる吉方位。
人道　凶殺を抑え、改革・新規その他すべてに用いて大吉方位。
奏書　善事を行うに大吉。動土せぬことが肝要。
博士　万事に良しとされる吉方位。但し動土・造営・植木等、土を動かすには凶。

太歳神　万物の生成を司る吉神。造作・移転・結婚等、喜び事には吉だが、伐木・争い事・取り壊しには凶。
大将軍　俗に三年塞がりといい、すべてに大凶であるが、四季に遊行日がありその日は障りなし。
大陰神　学芸には吉。結婚・出産等、女性には凶の方位。
歳殺神　万物を滅する凶神。結婚や習い事始めを忌む。
歳刑神　動土・木の植え替え・種まきをするには凶の方位。
歳破神　損害・紛争・破綻等災厄に関連し、すべてに大凶。普請・造作・土起こし・移転・結婚等を忌む。犯すと主人に災厄あり。
黄幡神　土を司る凶神で、建築・動土は恐れ慎むべし。年の初めに金銭を扱うのは凶。
豹尾神　不浄を忌む。排泄物処理・動物を飼うのは凶の方位。
大金神　殺伐を司る大凶神。建築・移転・動土等、犯せば災厄あり。但し、遊行日・間日なら差し支えない。
姫金神　病難・盗難の他、困難あり。注意警戒すべし。
白虎　姫金神と同格で、犯せばたちまち難あり。慎むべし。
都天　都天殺ともいい五黄殺に次ぐ凶方位で、すべてに注意。
災殺・劫殺　どちらも歳殺に次ぐ凶方。普請・修理・造作・動土は凶とされる方位で注意と警戒。
蚕室　建築・造作・動土・桑の葉を求める等に凶。
力士　修造・動土を忌む。犯せば病難災厄あり、注意のこと。
死符　前年の歳破の後。動土・建造を忌む方位。
病符　前年の太歳の後。新規に事を始めると病気・災害を被る。
月破　月の凶方位で、この方位を犯すと歳破と同じような被害が生じる。
月殺　月の凶方位で、その月にその方角に向かっての服薬や治療に注意すべき方位。
小月建　小児殺ともいい、小児にのみ適用される月の凶方位。犯すと家庭内の小児（およそ学齢前まで）に禍が降りかかるとされる。また中宮方位にあるときは、家の修理・造営・改築等に注意が必要。

方位の知識

―方位・方角、偏角度とは―

西日本易学院長　能勢眞観

地球は自転しながら太陽の周りの黄道を、三六五・二四二二日かけて公転しています。自転軸の北端を北極点、反対を南極点とし、北極点と南極点を結ぶ地球表面の線を「経線（子午線）」、地軸に直角の地球表面の線を「緯線」と称します。この北極点を指す方位を「真北（正北）」と言います。北極点と南極点の中心に当たる「赤道」を緯度〇度と定め、北半球側は北緯、南半球側は南緯何度と、赤道と平行に緯線を定めます。北極点は北緯九〇度地点、南極点は南緯九〇度地点です。地球の「地軸」は公転面に対して二三度二七分傾いており、そのために四季を生じ、黄道の三六〇度を二十四分割して二十四節気を定めています。緯度と経度を用いると、地球上の何れの地点か特定できますが、メルカトル図法等の平面地図で見た位置や方位は異なります。本来なら北半球にある日本の大阪から見た西も、南半球にあるオーストラリアの南端パースから見た西もタンザニアなのです。北には「座標北」と「真北」「磁北」があり、真北と磁北の角度差を「偏角度」と言います。北海道では約一〇度近く、沖縄では四度近く「西偏」しており、地域により角度差があります。同じ都道府県内でも偏角度が異なり、真北と磁北の使い方で東西の範囲が、一km先で一二〇mの誤差を生じます。登山や航海、移転方位・家相を見る場合には、必ず真北か磁北かを確認し、正しい方位磁石の使い方が必須となります。

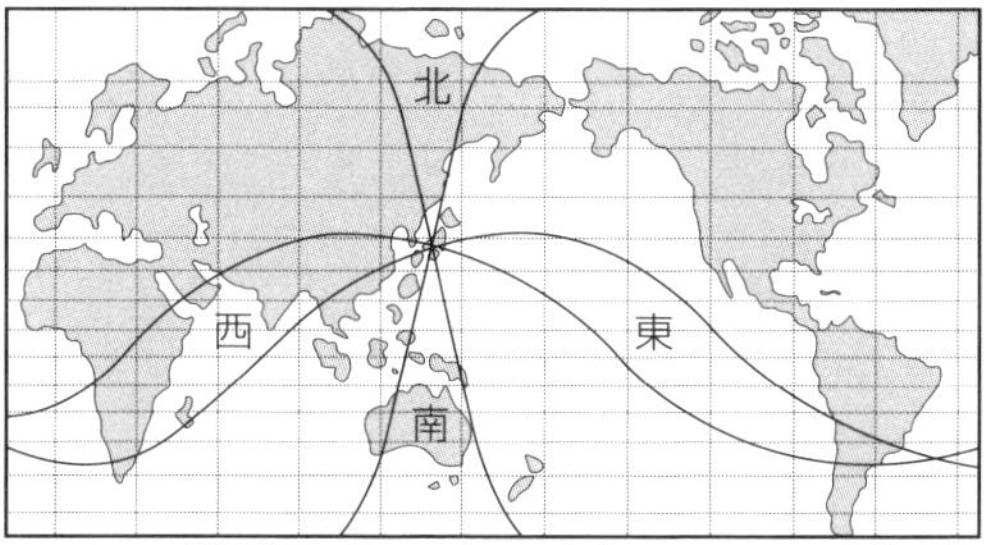

メルカトル世界地図で見た日本から各地のおおよその方位を示す。方位曲線の角度は緯度によって変わる。

宇宙は常に変化しており、太陽系の惑星や星座の位置も変わります。現在、北極点は北極星の方向を指していますが、何れベガの方向を指すと推測されています。おとめ座・昴星等も移動しますので、現状の場所を固定化した星座での運命鑑定も変わってくるのかもしれません。

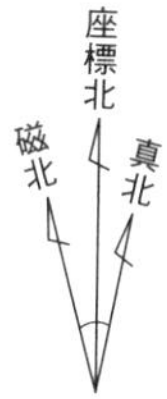

偏角度

十六方位と名称

「磁北点」も移動し磁場は刻々と変化しています。地磁気は弱まりつつあるものの、今後千年位での消滅や南北の逆転の可能性は少ないと思われていますが、全く無いとは言えません。

変化していくことは、歴史上地磁気が逆転を繰り返してきたことから明らかで、日本で四〇〇〇年程前は、真北に対して磁北は「東偏」していました。「古地磁気学」が技術の進歩と共に盛んになってきています。磁石が北を指さなかった時期もあったようで、南北逆転する時代が来るとの説が有力です。

日本では、唯一気象庁が東西南北を角度の数値で示し、国土地理院が磁北・真北・偏角度を十年毎に改正していましたが、今後は五年毎に更改するようになります。地磁気は、人体や自然環境に大きな影響を与えています。現在は北極近くにS極、南極近くにN極があり、磁気はN極からS極に向かう原理により、方位磁石が磁北を指します。北磁極と南磁極付近に強い磁気が流れ、太陽からの有害な物質を遮り地球は守られ、オーロラも太陽と地磁気の織りなす現象の一つです。

紹介　筆者考案の「ザ・ホーイ」は、吉方がひと目で判断できる便利な地球儀で世界の方位を簡易に知ることができます。

凶方神の遊行日

大将軍は三年塞がりの大凶方だが、遊行日がありこれを利用すれば障りはない。また金神も同様である。しかし年や月の暗剣殺・五黄殺・月破の方位は避けた方がよい。（今年の大将軍、金神の方位は年盤方位図を参照）

◇大将軍の遊行日

春　甲子の日より五日間は東方
夏　丙子の日より五日間は南方
秋　庚子の日より五日間は西方
冬　壬子の日より五日間は北方
土用　戊子の日より五日間は中央

◇金神遊行日

甲寅の日より五日間は南方
丙寅の日より五日間は西方
壬寅の日より五日間は東方
庚寅の日より五日間は北方
戊寅の日より五日間は中央

◇金神四季遊行日

春　乙卯の日より五日間は東方
夏　丙午の日より五日間は南方
秋　辛酉の日より五日間は西方
冬　壬子の日より五日間は北方

◇毎日の凶方「くま」

子辰申日…北　丑巳酉日…西
寅午戌日…南　卯未亥日…東

◇土公神（土の守護神）

春　かまどの築造改造は凶
夏　門戸の新築造改修は凶
秋　井戸掘井戸さらいは凶
冬　庭造り樹木の植替は凶

春生まれ

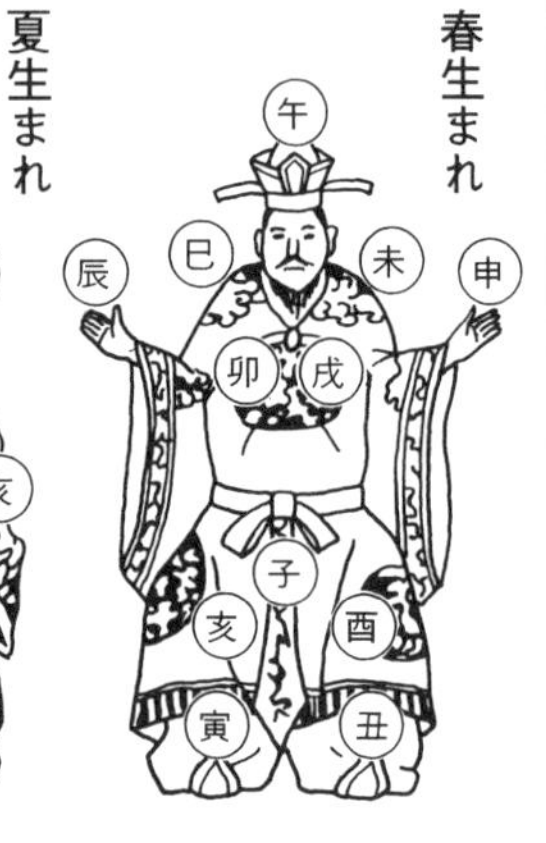

夏生まれ

秋生まれ

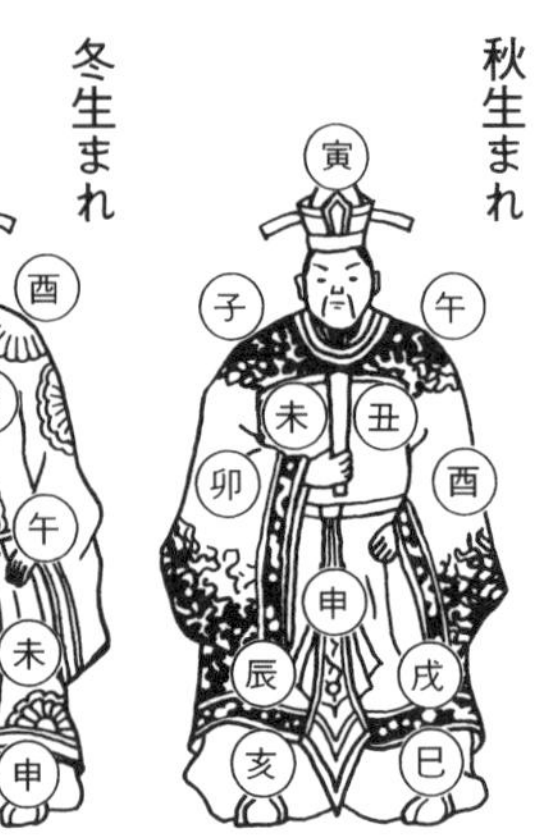

冬生まれ

皇帝の運命判断

【頭】皇帝の頭に当たる生まれは富貴で、目上の人に近づいて官位進み人に敬われ頭となる。衣食足り無病息災長命である。女は貴人の妻となる。

【肩】皇帝の肩に当たる生まれは心静かで身上よく万難を免れて運強し。若い時は苦労が多いが年をとる程幸せとなる。耕作に縁があり、親類兄弟の力を得難い時でも目上の引立により不意の幸せあり。女は自分より目上の夫に縁あり。

【手】皇帝の手に当たる生まれは色々の芸能に達し細工事が巧みで人に敬愛され常に喜び事が多い。但し好色癖があるから慎まねば災いあり。女は裁縫三絃芸事を好み師匠となるか芸能人の妻となる。

【腹】皇帝の腹に当たる生まれは財宝に縁あり。但し思い事絶えず夫婦間に口舌が多いから慎むがよい。女は心が優しく愛嬌があってよい。夫に縁あるが嫉妬心を慎まねばならない。

【股】皇帝の股に当たる生まれは身上豊かであるが気の迷い多く、色情のために身を誤る傾向があり慎むこと。男は妻の引立により立身出世する。女は内気端麗、目上の人の妻となり得る。

【膝】皇帝の膝に当たる生まれは心定まらず住所をたびたび変えて流浪する。中年までは辛労が多い。親孝行を尽くせば中年以後ようやく運が開け老年は安楽である。女は人に親切で愛されるが腰より下の病に注意せねばならぬ。

【足】皇帝の足に当たる生まれは親の家に住み難く他国で営業をすれば成功する。女は兄妹の縁薄く妻縁もたびたび替わる。親の縁薄く苦労が絶えないが神仏への信心が篤ければ目上の人の妻となり老後は安泰である。

解説　奇門遁甲

立鶴会　内藤文穏

奇門遁甲は八門遁甲ともいわれ、中国の諸葛孔明が軍学として用いたことで知られる方位術です。我が国へ伝わった後も兵術としての性格上極秘のまま限られた人だけに伝習されました。

奇門遁甲は軍学として利用されただけに非常に複雑かつ精密ですが、めまぐるしい現代生活に要求される速くしかも的確な判断の拠り所としては最適のものといえるでしょう。奇門遁甲には九宮・九干・九星・八門・八神の五つの重要な要素があり、それらが時間により位置を移動し、その組み合わせで利用目的に応じた最良の方位と時間を知ることができます。奇門遁甲ではまず占う目的を決め、次に暦を利用し奇門遁甲の作盤法に従って前述の五要素を配し、それらの関係や象意により占います。

九宮は気学の九星のことで一白から九紫を指し、九干は十干から甲を除いた残り、乙・丙・丁・戊・己・庚・辛・壬・癸。九星は天蓬・天芮・天冲・天輔・天禽・天心・天柱・天任・天英。八門は休門・生門・開門・景門・傷門・杜門・死門・驚門。八神は直符・騰蛇・太陰・六合・勾陳・朱雀・九地・九天。

年・月・日・時に応じたこれら五要素の動きを基に吉凶・方位を判断します。奇門遁甲は本来迅速な問題解決を図るのに適しているので、主として時盤で判断し、年盤・月盤では全体の運勢的な問題を占います。また、より正確な判断のために配置盤一つだけでなく、天地人三盤を用いて立体解析幾何学的にXYZの立体三軸を作り、特に大切なY軸の挨星卦を利用する三元奇門遁甲があります。占う目的は同じでも複雑に変化する条件をうまく取り入れることができる点では他に類をみません。

八門定位

一白 休門
八白 生門
三碧 傷門
四緑 杜門
九紫 景門
二黒 死門
七赤 驚門
六白 開門

運勢の盛衰と循環の理法

日に昼夜、気候に寒暑、潮に干満のあるごとく、人の運命はその人によって速度に遅速はあっても循環するものである。向運の時には積極的に、退運の時には自重すればよい。左の九曜星は年々順繰りに廻るからよく心がけて処世の道とされたい。

羅睺星（潜運）積極よりも消極にして吉を得る
土曜星（開運）冬をしのいで花咲く春を待つ時
水曜星（喜運）喜び多き年なるも有頂天になるな
金曜星（平運）安泰なるも常に前進後退に注意
日曜星（盛運）今迄の計画が実を結ぶ時
火曜星（休運）野心を起こさず安全第一主義が吉
計都星（滞運）沈滞がち、進むよりも退いて勝て
月曜星（進運）喜び多き年なるも警戒が第一
木曜星（吉運）事業・結婚など、進んで万事吉

船は水よりも火を恐る

幸運の印章

日光堂　小林千之

印章の重要性

人は生をうけると、個の存在と社会的立場を明らかにするために命名されます。その個人を証明し、代表し、分身となって重要な役割を担っているのが印章です。すべての約束事に使用される印章が、個人の運命に影響するであろうことは、容易に推察できます。

『幸運の印章』の原理

科学万能と思われている今日でも、私達が生命を受けた大自然は、泰然として偉大なスケールで私達を包んでいます。太陽は希望やエネルギーを、月は安静やロマンスを授けてくれます。晴天と雨・山と川・火と水・木と土等、すべての事象が陰陽で構成されていて、調和がとれたとき恩恵を受けられます。

人間も心髄に陰陽があります。陰の人には陽の印、陽の人には陰の印を使ってもらい調和を図り幸運に導くのです。

吉相印

吉相印の例

判りやすい文字が、円形の中に調和して配置してある印面が吉相。材質は個人の陰陽に適合したものを選び、神聖に調整することが重要です。

凶相印の例

凶相印の統計的分類を試みた結果の一端を示し、簡単に解説します。

凶相印

一、**四角の印**（社用は別）は、努力しても恵まれず福徳円満を逃す。

二、**二重輪郭・模様入り・太輪郭の印**は、自由を束縛され苦労を背負う。

三、**石類**（宝石・水晶等）・**金属**（金・銀・ステンレス等）の印は、一時的成功を見るが挫折・病気・短命が多い。

四、**凹凸文字・斜め文字・判じがたい文字**は、人情味薄く信用失墜となる。

五、**継ぎ合わせ材**は、物事の中絶・目的不達成となりやすい。

六、**傷ついた印**は、自己が傷つくのと同じである。

以上紙面の都合で要点と急所のみ示しましたので、開運への資として下さい。

（筆者住所　〒179-0081 東京都練馬区北町一―三一―一四　☎(03)三九三七―一七八〇）

先祖の祭り方と仏壇

一、本尊は必ず福相のお姿を祭ること。美人形は凶。両側の脇立ては木像よりも軸物の方がよい。
二、瓔珞は、福徳を授かるので、下げた方がよい。
三、本尊の疵は家運に影響するので、早く修理すること。
四、供物は早く下げて翌日まで置かぬこと。
五、仏壇や祭壇が座して頭を上に向けるような位置にあるのは不可。座して本尊と対座する高さがよい。

宗派	右側	正面	左側
真言宗	弘法大師軸物	大日如来 →（金剛界の観音でもよい　または聖観音）	不動明王軸物
天台宗	天台大師軸物	阿弥陀如来 →（釈迦如来等でもよい）	伝教大師軸物
真宗本願寺派	親鸞聖人軸物	阿弥陀如来 →（三具足は宣徳製　菖蒲形ロウソク立・香炉・花立）	蓮如上人軸物
真宗大谷派	帰命尽十方無碍光如来書軸	阿弥陀如来 →（三具足は真鍮製　鶴亀形燭台・香炉・花立）	南無不可思議光如来書軸
日蓮宗	鬼子母神軸物	奥に十界曼荼羅　または三宝尊の木像　その前に日蓮聖人の木像	大黒天軸物
浄土宗	善導大師軸物	阿弥陀如来	法然上人軸物
臨済宗	達磨大師軸物	釈迦如来または観音立像	派祖の軸物（大燈・夢窓・栄西等）

・他家の先祖や本尊を一ヶ所にお祭りしてはいけない。
・本尊一体だけ祭ると孤立の家となるから左右に添飾する。
・古い本尊を買ったりもらったりする時は出所を調べ、悪因縁の物は是非とも避けること。
・先祖から伝わる宗旨を変えると不運になるが同宗派はよい。
・仏教では七日、四十九日、百ヶ日、一周忌、三回忌、七回忌、十三回忌、十七回忌、二十三回忌、二十七回忌、三十三回忌、五十回忌。然し毎日供養していれば改めて行う必要はない。
・瓔珞を下げ金色の木製蓮花を置くと家運が栄える。各宗や地方により異なる場合もあり、上記は一般的な祭り方を表示。

無縁慰霊塔建立の御勧め

東京運命学院

無縁墓や、墓地を整理して新しく造り変えた場合の旧墓石を一ヶ所に集めて供養する塔を慰霊塔といいます。この慰霊塔に合祀される石塔の主はその土地の先祖、即ち先住者です。その地方の山川・田畑・道路・橋・寺院などは皆、先住者が子孫のため、努力と財を費やして開拓したものです。しかも不幸にして無縁となり肉親をはじめ縁故者の御参りのない気の毒な仏様で、この方々をお祭り供養することは、その地方の在住者及び出身者の当然するべきことと思います。また、正しく無縁慰霊塔を建立した市町村・寺院は不思議と大発展をしています。同時にその塔の建立に尽力された方々も余徳を頂けることとなります。慰霊塔にお参りして開運を祈願すると、商売・結婚・入学・就職・病気などの願事が一切叶うといわれています。なかでも日限り参りをすると一層効果があります。この塔の建立発起及びその後の掃除などは、必ず他人七人以上で行って下さい。

慰霊塔の扱い方には数々の掟が定まっています。良い墓地を選び良い墓を建立することは家運繁栄の条件ですが、さらに無縁墓供養はより効果的で御加護が多いので精進して下さい。

⌘ 問題なのは人生ではなく　人生に対する勇気だ

墓相の神秘

徳風会会長
竹谷聰進

宇宙の森羅万象で、形あるものに相のないものはありません。相とは形のことで家に家の形即ち家相があり、人に人の形即ち骨相があるように、墓には墓の形即ち墓相があります。形あるものなので悪い相は避け良い相、吉相の墓を建てるべきです。

ところが、墓相は一般に陰鬱にして魔物扱いされる傾向があり、昔は墓地や参道を修復すれば死人を呼ぶとして障らず、ただ春秋の彼岸参りに清掃して香花を供える程度に考えられていました。しかし最近は何物よりも墓を第一にと考え、精進する人も増えました。墓相には神秘的な点も多々あり、独自に勝手な建墓をすると、衰運を招くことが統計的にも実証されています。

次に、各人の幸福と繁栄を願う墓相について概略を示します。

墓地の地相と方位

墓地の相は、大体は家相と地相に準じる。北方に山ありて高く、東及び南は低く、西の高いのが良く、入り口は南と南東が良く、地質はよく肥えて小石や岩のないのが良い。

敷地の一角が欠けている場合は良くない。広さは各人の都合もあるが、普通は二坪前後。しかし、子孫の永遠の繁栄を考えるなら五坪、八坪と広い方が良い。

お墓の見方

頭（中心）
（竿石）
（上台）
（下台）
金銭関係
不動産

中心より右は男で見る。
中心より左は女で見る。

お墓の形と寸法

墓は竿石・上台・下台と三つの寸法を理想的に設計したものが最善であり、墓石に自然石や河原石を使うのは一番いけない。石質の吟味も大事で、白くあざのない御影石などが理想的。大理石の青色や黒色のものはいけない。

正しいお墓の建て方

自分の墓地内に親族や兄弟、知人の墓を同居させることは不運の墓となる。区切りをよくし、延べ石を回して整然としておくのが良い。代々夫婦墓を理想とし、古い先祖を向かって右から順に左へ建てること。水子、早死の子供は代々墓より別に、向かって右の手前へ祭るのが良い。花立と線香立は入口手前の左右に立てる。

お墓の祭り方

お墓を祭るのは大切なことである。お参りの度に掃除をして草を抜き、上から下までよく洗い、周囲の側石もきれいにしておく。竿石・上台・下台のきずにはよく注意されたい。

それから香花を供えて祈願するのが良い。もし皆に悩み事、願い事がある場合、無縁墓と先祖の墓に七日間、十五日間と祈願すれば、不思議に叶えられる。迷わず実行されたい。

無縁墓供養と功徳

一般に無縁墓などは魔物のように思えて逃げたくなるが、この無縁墓の供養と祈願ほど、効果的なものはない。多くの無縁墓には毎日たくさんの人が礼拝して、供養し心願して皆幸せになっている。幸福を願うならば無縁墓供養が重要である。

墓は家の根であり、幸福への基礎であり、無病息災の根源であるので、その建立はよき指導と設計が大切なことは言うまでもないが、墓を仕上げる石匠の選択も同様に大切である。

七福神

臨護洞　伊藤精健

七福神は、インド・中国・日本で福徳の神として信仰されている**大黒天・恵毘寿・弁財天・毘沙門天・布袋・寿老人・福禄寿**の七体の神仏を、七という聖数に因み一同に集めて祀ったもので、我が国では室町時代に発祥した。江戸時代になると庶民の間で、正月に美しく着飾り七福神祠を順拝し、その年の福徳施与を祈願するのが流行した。

（桑名市伝馬町の十念寺には七福堂があり、毎年十一月二十三日に七福神祭が行われる。）

大黒天　梵名を摩訶迦羅といい、大黒天はその直訳。大自在天の化身で軍神でもあった。もとは仏教の守護神だったが、打出の小槌をニコニコと持たれるお姿から財福の神とされる。大国主命と習合している。「大黒さまという人は、一に俵をふんまえて、二でにっこり笑うて、三で盃いただいて、四で世の中良いように、五つ泉の湧くように、六つで無病息災に、七つ何事もないように、八つで屋敷を平らめて、九つ小倉をおったてて、十でとっくりおしさめた」と、大黒舞のめでたい歌に歌われている。大黒柱は家の中心の柱。農家では柱に家の神が降りてくる信仰があった。こうして商売繁盛・豊作・一家の繁栄等の守り神となった。

東京上野護国院、愛知県蒲郡市安楽寺、東京墨田区三囲神社等に鎮座。

恵毘寿神（蛭子・恵比寿）航海・漁業・商売等の守護神。庶民救済の神で、智恵を使い身体に汗して働けばこの神が福財を授けるという信仰で、労働のシンボルでもある。幸福は自然に来るもの気長に待て、幸運はしっかり守り持ち続けよの解釈もある。夷（ヱビス）は異郷、部落と部落をへだてている野山。その領域の接点にヱビス神を祀り市を開いた市神の性格もあるという。また、古事記の水蛭子（ひるこ）から発祥しているとの説もある。

西宮戎、大阪今宮戎は有名。一月十日前後の日を宵戎・本戎・残福といってにぎわう。

弁財天　七福神の中の紅一点。金銀財貨をもたらしてくれる神。梵名はサラスバティーといい、インドのサラスバティーという大河の瀬音を神にみたて神格化されたものであるという。初め土地豊饒の農業神として尊信されていたが、後に言語や音楽の神に転じた。福徳施与・商売繁昌や芸能に功徳あり。

弁財天は巳の日を縁日として、この日に弁財天に参ることを巳待という。近江の竹生島・安芸の厳島・相模の江の島は古来から三弁財天といわれる。弁天様はすべて池・湖と水辺にお堂が建てられている。

毘沙門天　毘沙門天の縁日は一月・五月・九月の第一寅の日で、寅毘沙門ともいう。梵名をベイシュラマナといい、普聞・多聞等と訳している。釈尊の道場にあって常に説法を聞いた故に多聞と名付けられたという。四天王の一人で多聞天といい、北方の守護神。独尊として信仰される時は毘沙門天と呼ばれる。夜叉・羅刹をふみしたがえる荒神、仏教を守護する神である。毘沙門天を信仰すると十種の福を得るとされ、その中に無尽の福・長命の福・勝軍の福・愛敬の福等がある。鞍馬寺、京都教王護国寺では国宝となっている。

布袋　中国の唐の時代に実在した僧、契此が原型で、弥勒菩薩の化現といわれた。この布袋を信仰すると、大人物となり子宝にも恵まれるという。お姿は満顔微笑、豊大な腹。宇治の黄檗山萬福寺等に鎮座。

寿老人　中国の老子が天に昇ってなったという仙人のお姿。三千年の長寿を保つ一頭の玄鹿をしたがえ、人々の難を除く団扇を携えている。福財・子宝・諸病平癒・長寿の功徳。

福禄寿　南極老人星（寿老人）を人格化した神。短身で頭長、ひげ長く一羽の白鶴を伴う。

✿ みずから愉しむことのできない人々は　しばしば他人を恨む

生活に役立つ旧暦活用法

一般社団法人 南太平洋協会

〝こよみ〟とは「日(か)読み」が語源との、民俗学の通説があります。また「聖（ひじり）」は「日知り」のことで、日和（ひより）を判断する上達者を示すと言われます。

世界の暦は大きく分けて三種類あり、グレゴリオ暦といわれる「太陽暦」、イスラム教徒のヒジュラ暦という「太陰暦」、そして中国で農暦と呼ばれる「太陰太陽暦」の三種です。

旧暦とは

太陰太陽暦は、中国から日本に伝わって以来千三百年近く使われていましたが、明治六年に今の新暦に改暦されて「旧暦」となりました。太陰太陽暦は文字通り、月と太陽の運行日数を両方とり入れた暦です。地球が太陽を一周するには三六五・二四二二日かかります。それを十二で割ると、一ヶ月は三十・五日ですから、太陽暦のひと月は三十日か三十一日です。また月が地球を一周して同じ姿を見せるのは二十九・五日後です。即ち太陰暦のひと月は二十九日か三十日となり、十二ヶ月（一年）は三五四日になります。太陽暦と太陰暦の一年は十一日の差となり、三年で三十三日となって丸一ヶ月を超えます。十五年経つと半年もの差になってしまいます。そこで二、三年ごとに「閏（うるう）月」というひと月を設けて、一年を十三ヶ月の「閏年」としたのが太陰太陽暦なのです。

今、私たちが使っている太陽暦（新暦）は、キリスト教徒のクリスマスや復活祭などの祭事を一定期に定めた暦です。四季の大まかな区分はできますが、春・夏・秋・冬の変化が明瞭な東アジアの人々の、春の初日が一年の始まりと考える季節感には合いません。旧暦は新月（闇夜）を月初めの一日（ついたち―月立ちが語源）と定め、次の新月の前日までを一ヶ月と決めています。したがって十五日か十六日が「十五夜お月様」の満月となり、新月から三日目の月は「みかづき」と呼ばれます。

歴史上の日付

月の姿で海の潮位が明確にわかるのも旧暦です。満月や新月の干満の差が大きい大潮の頃は、魚のバイオリズムも活発で漁果も期待できます。しかし半月の頃、即ち旧暦八日の上弦の月、また二十三日頃の下弦は小潮です。これらの前後は潮も魚の動きも小さく、漁果はさほど望めません。それを旧暦時代の漁師は皆知っていたわけです。潮の干満は二十四時間周期の地球の自転で、一日にほぼ二回起こります。そして月の出の時刻と連動して、約五十分ずつピークはずれていきます。そしてほぼ一週間ごとに大潮・小潮・大潮……と循環します。昔の日記や歴史上の出来事も、日付がわかればその時の月の姿や潮の大小がはっきり連想できます。

赤穂浪士討ち入りの日は、雪明りの上に旧暦十二月十四日の満月に近い月明りも計算に入れていたのです。四十七士も、闇夜での相討ちを避けているのがわかります。源氏と平家の最後の決戦、壇の浦の戦いは旧暦三月二十四日。まさに舟戦に潮差の少ない小潮の日を選んでいるのです。旧暦がわかると歴史物語は十倍おもしろくなるのです。

祭りや年中行事の多くが旧暦に基づいているのをみると、旧暦時代の知恵は自然を巧みに利用したエコロジーの極致であり、地震や津波のときにも役立つ情報だとわかるでしょう。

旧暦と四季

新暦と旧暦の一年は毎年十一日ずつずれ、旧暦では閏月の入る時期で四季が大きく変動します。複雑で一見不合理と思われる、旧暦時代の四季の移ろいについて考えてみましょう。

立春や夏至・冬至など、二十四節気は新暦の日付であることをご存知でしたか。旧暦の四季は実に明瞭です。春は一月～三月、夏は四月～六月、秋は七月～九月、冬が十月～十二月と、

利を思うより費を省け

新暦・旧暦での季節のずれ　（表１）

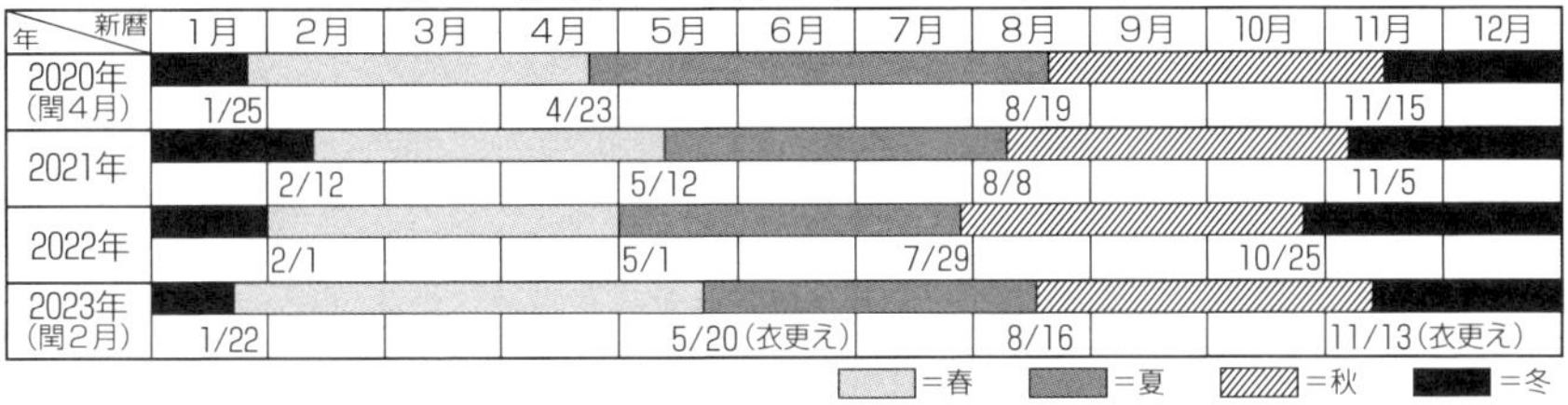

年＼新暦	春	夏	秋	冬
2020年（閏４月）	1/25	4/23	8/19	11/15
2021年	2/12	5/12	8/8	11/5
2022年	2/1	5/1	7/29	10/25
2023年（閏２月）	1/22	5/20（衣更え）	8/16	11/13（衣更え）

＝春　＝夏　＝秋　＝冬

五節供配置表　（表２）

五節供 旧暦の日付	人日（じんじつ）の節供 一月七日	上巳（じょうし）の節供 三月三日	端午（たんご）の節供 五月五日	七夕（しちせき）の節供 七月七日	重陽（ちょうよう）の節供 九月九日	閏月
新暦 2020年	１月31日	３月26日	６月25日	８月25日	10月25日	四月
2021年	２月18日	４月14日	６月14日	８月14日	10月14日	
2022年	２月７日	４月３日	６月３日	８月４日	10月４日	
2023年	１月28日	４月22日	６月22日	８月22日	10月23日	二月
2024年	２月16日	４月11日	６月10日	８月10日	10月11日	
2025年	２月４日	３月31日	５月31日	８月29日	10月29日	六月
2026年	２月23日	４月19日	６月19日	８月19日	10月19日	
2027年	２月13日	４月９日	６月９日	８月８日	10月８日	
2028年	２月２日	３月28日	５月28日	８月26日	10月26日	五月
2029年	２月19日	４月16日	６月16日	８月16日	10月16日	
2030年	２月９日	４月５日	６月５日	８月５日	10月５日	
2031年	１月29日	３月25日	６月24日	８月24日	10月24日	三月

はっきりしています。表1では、近年の新暦と旧暦のずれがわかります。今年は表1が示すように、春の入りは早いですが閏二月があるため上巳の節供は四月二十二日、春は長く、夏以降のシーズンインは遅れ気味。次の表2は、日本の年中行事「五節供」が、年ごとに変動することを表しています。明治の改暦以降、我々は季節感を失ってしまいました。それは元来旧暦の日付で定められた年中行事を、そのまま新暦にあてはめてしまったからです。せめて本来の五節供だけでも、毎年手帳に旧暦に当る日付を記しておくと、自分の季節感を正常に保つことができるでしょう。

旧暦を生活にどう活かせるか

年間の気象予測は、景気判断の上でも重要な要素になります。衣料品や飲食業界等、季節物を扱う業界にとっては重大情報といえます。旧暦では、閏月が何月に入るかでその年が平年並みか、暖冬か冷夏か等が的確に予測できるのです。新暦の閏年は四年に一度、二月が一日多くて三六六日の一年になるだけですが、旧暦では平年三五四日が、閏年は三八四日にもなるわけです。本年は、閏二月の影響で季節のズレが大きい年に。寒暖を繰り返す長い春、遅れる夏、残暑の秋、暖冬気味と天候が崩れやすいので要注意な一年でしょう。これは旧暦時代なら誰にも理解できる季節予報でした。旧暦は新暦を単純にただひと月遅らせれば良いというわけではないのです。閏月がどこに入るかが、昔は大切な情報だったのです。衣更えや冷暖房の切り替えが、今の暦で毎年同じ日とはいかないのはご承知の通りです。それが旧暦だと、比較的適正にその日を設定できるのです。衣更えを例にとると、新暦だと六月一日と十月一日頃に設定されていますが、実際は年によって異なります。一方旧暦の衣更えは夏の初日である四月一日（新暦五月二十日）と、冬の始まりの十月一日（新暦十一月十三日）です。旧暦の日付だと不思議と大きなずれはないのです。

幸せは去ったあとに光を放つ

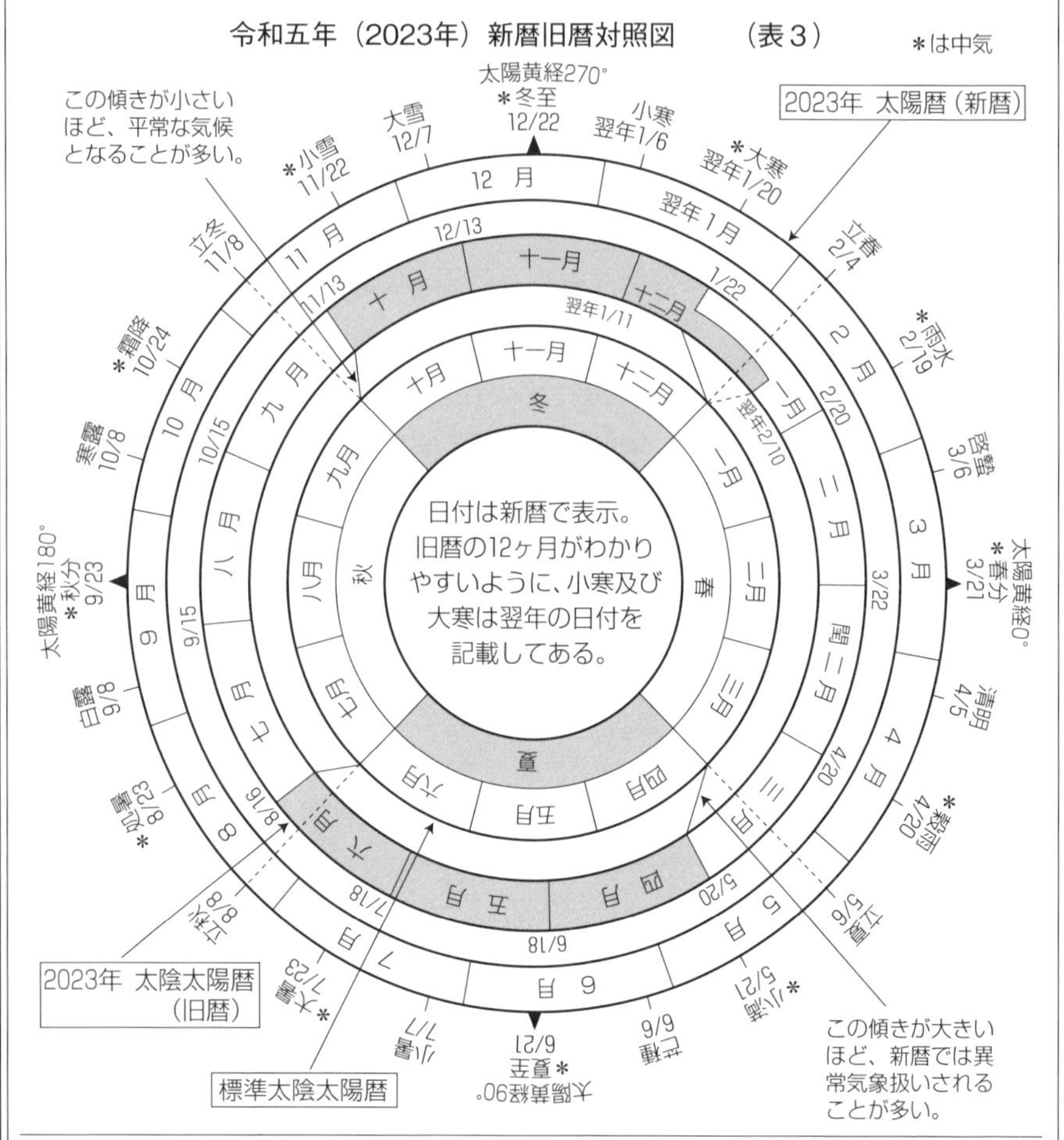

今は、野菜や果物の人工栽培が多く、旬がわかりません。しかも栄養価は昔の三分の一しかないと言われます。旧暦での自然栽培だと、旬を明確に知ることができ、旬の作物は味も栄養も満点です。

旧暦農法こそ、もっとも安上がりな健康法かもしれません。

旧暦と新暦の併用で 真の季節が見えてくる

旧暦はまさしく自然暦。古くて新しい知恵の宝庫です。衣食住、趣味・農林漁業・季節物の商売・古典の理解、そしてあらゆる分野の省エネに役立つのです。

本書の18ページからは、新暦と旧暦を対照できる十二ヶ月の暦を掲載しています。

上の表3は今年の暦を円周図で示したもので、中央に閏のない標準的な四季と月別を表しました。次の円周に今年の旧暦、そして外周に新暦と二十四節気を示しています。本年の旧暦は、十三ヶ月と長い一年。春は早く来ますが桜・桃の開花は遅めに。五月中旬にやっと初夏らしくなり、遅れ気味の梅雨入りで夏本番はお盆前頃。お盆を過ぎた頃から秋準備ですが、残暑が続き、冬入りも遅れ厳しい寒さは来年へ持ち越しか。気候変化に乱れのある年となりそう。

自然の移ろいを明確に表している旧暦の特徴を見直し、現代の生活に活かしていきたいものです。

紹介（一社）南太平洋協会では毎年太陰太陽暦を発行している。電話〇六（六三七六）一一五一

気学応用

開運お砂取り・お水取り法

村川峰千

気学（九星ともいう）の気とは、無形の質を指します。地球を包む空気を総称して大気といいます。

〝大気は大気原子と称する極微粒子の密集より成り、天と地との間に介在充満し、日夜太陽と地球の為す作用を接受して止まず。時は間断なく動き、太陽の公転と地球の自転は永久に止まず。人静まらんと欲すれど深夜眠りて、尚、動いて止まず。天地自ら動き、大気之を通ず。自己の心気の静動と、天地の大気の静動と、一致するを順といい、一致せざるを逆という。人、天地運行の大営作に従って行動すれば人生の幸福に浴するに至る。また、これに逆らって行動すれば人生の困苦や煩悩するに至る。〟

この天地の運行に一つの法則があって、その法則にのっとって行動すれば栄え、それに逆らって行動をすれば失敗、困難を招くとされています。

気学とは、この気の運行を利用して開運・発展する方法です。

これを活用するにはどうしたらよいかというと、人間がこの世の中に初めて大気に触れた――生まれた――その年月の九星を知り、一年一年の星の廻りを知って、転居するとき、旅行するとき等には、方位を活用して自分の開運・発展を図るとよいのです。

願い事、行き詰まったとき等に、次の開運法を用いてみて下さい。

吉方位を使っての開運法

転居の法

各人の生年月日により、その年の年と月の吉方位に転居することによって、自分の持って生まれた運にプラスアルファしていくことです。

お砂取りの法

各人の生年月日により、年月日の吉方位を選んで、その方位にある神社の境内、又は清浄土地を選び、地下三尺（約一メートル）以上深い所の土を取ります。深ければ深いほど、地気が濃厚となって良いのです。この土を生土といい、次のように用います。

①住宅の床下（特に寝室の床下）に撒いておけば、その生気を受け家運の隆昌、一身の栄進、健康増進の基となります。

②病気の時は、生土をバケツに入れてベッドの下に置くか、紙に包んで清浄な綿布で包み、患部や布団の下に置いておくと効果があります。

③焼跡に建築する場合には、三尺以上掘り下げて、多量の生土で整地するのが良い。焼跡のままの土地、埋め立て地、荒地のままで建築すると、一時は栄えてもやがて衰退します。

お水取りの法

各人の生年月日により、その年・月・日・時間、または、月・日・時間の吉方位を選んで、神社の御神水、地下深くからの湧き水、岩清水、民家の飲用水等を汲みます。（ポンプの場合は十分に放水して地中深くの水を汲みます）ただし、溜まり水、池の水、滝壷の水、水道の水等では効能がありません。汲み取る量は約二リットル位で、その日から九日間に分けて飲みます。

毎朝五時から七時の間に飲用します。採水の日はその場所で飲みます。冷蔵庫で保存した水では効果がありません。

旅行による開運法

各人の生年月日により、その年の年・月・日の吉方位、または、月・日の吉方位を選んで旅行し、四泊以上します。

謀計は一旦の利潤

五行と運勢

占象院
坂井宏通

木 火 土 金 水

相生関係　相剋関係

五行には中国古代からある自然哲学・自然科学思想の原点が啓示されており、運命学や漢方にも応用されています。五行配当表はそれらの分類を一覧表にしたもので、ここに掲げたものの相生・相剋により運勢を占うことができます。配当表の縦では五行の相生・相剋関係、横ではその関連を見ます。

健康運と運勢素顔占い

一例として表をもとにして健康運と運勢を占います。

人間の精神と肉体は、五臓五腑の気が支配していて臓腑が健全であれば精神も高邁で肉体も頑強なので、将来の栄達と長寿を得ますが、弱点があると生命力弱く薄幸な運命をたどります。すなわち、五臓五腑を守り養生することが強運の秘訣なのです。

—表の横の関係でズバリ診断—

肝と胆

肝は酸味を好みますが、過食は肝を害します。肝は春に高じ風に冒されやすく、肝気が損なわれると、活動力・実行力に影響

五行	木性	火性	土性	金性	水性
五星	歳星	熒惑星《けいわくせい》	鎮星	太白星	辰星
五神	青龍	朱雀	勾陳 騰蛇	白虎	玄武
五帝	青帝	赤帝	黄帝	白帝	黒帝
五季	春	夏	土用	秋	冬
五能	生(旺)	長(相)	化(死)	収(囚)	蔵(休)
五臓	肝	心	脾	肺	腎
五腑	胆	小腸	胃	大腸	膀胱
五官	眼	舌	口(唇)	鼻	耳(二陰)
五充	筋	血脈	肌肉	皮膚	骨髄
五華	爪	毛(顔色)	乳(唇)	体毛(息)	髪
五色	青	赤	黄	白	黒
五液	涙	汗	涎《よだれ》	洟《はな》	唾《つばき》
五脈	弦《げん》	洪《こう》	緩《かん》	浮(毛)	石(沈)
五声	呼	笑(言)	歌	哭	呻
五音	角《かく》	徴《ち》	宮《きゅう》	商《しょう》	羽《う》
五役	色	臭	味	声	液
五香	臊《あぶらくさい》	焦《こげくさい》	香《かんばしい》	腥《なまぐさい》	腐《くされくさい》
五志	怒	喜(笑)	思(慮)	憂(悲)	恐(驚)
五精	魂	神	意(智)	魄	精(志)
五味	酸	苦《にがい》	甘	辛《からい》	鹹《しおからい》

五行	木性	火性	土性	金性	水性
五穀	麦	黍《きび》	粟	稲	豆
五畜	鶏	羊	牛	馬	豚
五菜	韮《にら》	薤《らっきょう》	葵《あおい》	葱《ねぎ》	藿《かく》
五果	李《すもも》	杏《あんず》	棗《なつめ》	桃	栗
五禽	虎	鹿	猿	熊	鳥
五拳	虎	龍	豹	蛇	鶴
五悪	風	熱	湿	燥	寒
五方位	東	南	中央	西	北
五位	震巽	離	坤艮	乾兌	坎
五気	三碧 四緑	九紫	二黒 五黄 八白	六白 七赤	一白
天干	甲乙	丙丁	戊己	庚辛	壬癸
地支	寅卯	巳午	辰未 戌丑	申酉	亥子
生数	三	二	五	四	一
成数	八	七	十	九	六
五金	金	銀	銅	鉄	錫
五常	仁	礼	信	義	智
五徳	温	良	恭	倹	譲
五倫	君臣	父子	夫婦	長幼	朋友
五節句	人日	上巳	端午	七夕	重陽

し疲れやすくなります。血液の貯蔵庫で希望と繁栄をつかさどります。強弱は眼・爪・筋肉に現れます。

〔強〕瞳に輝きがあり白眼は澄んで美しい眼。爪はピンクの光沢、くっきりした小爪で、筋肉が発達している。このような人の希望は成就し繁栄は間違いありません。

〔弱〕眼の色が悪い。眼の下に隈やたるみがある。爪の色はピンクではなく、凸凹や筋がある。筋肉が発達していない。顔色は青白。肝胆が悪いと怒りっぽくなり、油臭さを感じます。

心と小腸

心はにがみを好みますが、過食すると心を害します。心は夏に高じ暑さに冒されやすく、心気が損なわれると開拓精神と統率力に影響してきます。血液循環と血液の栄養をつかさどり闘争心と防衛本能を支配します。強弱は舌・顔・血管に現れます。

〔強〕舌の色は美しいピンク色。顔色は生き生きとして清く、艶も良く、血管が太くてすんなりしている人は、闘争心が旺盛で、また保守するのもうまく、昇進は間違いありません。経営手腕にも優れています。

〔弱〕舌に苔等がありまだらで冴えない。顔色は血の気に乏しいかまたは赤い。血管は細いか、太くても浮沈している。心と小腸が悪いと感情の起伏が激しく焦げ臭さを感じます。

脾と胃

脾は甘いものを好みますが過食は脾を害します。脾は四季の土用に高じ湿気に冒されやすく、脾の気が損なわれると智力に影響します。消化吸収と運化（消化吸収を助け腸へ送る）の作用があり智力と財運をつかさどります。強・弱は、口・唇・肌肉（皮下脂肪）、女性は乳房に現れます。

〔強〕厚い唇で光沢がある。口が大きい、皮下脂肪がほどよくついたいわゆる福相の人。女性の乳房は発達し円錐形または半球形。このような人は智恵があり、財運も備わって豊かな生活が約束されます。

〔弱〕口は小さく唇の色艶が悪い。肌肉は肥満か細身、乳房は山羊形・円盤形・たれ形で小さい。脾が悪くなると思い沈んで憂いやすくなり、口角に異状が出て、顔色は黄味がかり、果実のような体臭を感じます。

肺と大腸

肺はぴりっとした辛いものを好みますが、過食すると肺を害します。肺の気は秋に高じ燥気に冒されやすく肺の気が損なわれると愛情に影響します。表裏一体となって吸入排気と水分吸収・排泄作用をし、幸福を授け愛情をつかさどります。強弱は、鼻・皮膚・体毛（産毛）に現れます。

〔強〕鼻はふくよかで鼻翼が張り、体毛はよく生え、皮膚が丈夫で色艶がよい人は、愛情豊かで幸せな生活を送ります。

〔弱〕鼻孔が狭く鼻の形がふくよかでない。皮膚が弱く色艶も悪い。体毛が目立たない。肺が悪いと悲観的になり、顔色は血の気を失い、息が腥（なまぐさ）くなります。

腎と膀胱

腎は塩辛いものを好みますが、過食すると腎を害します。腎は精の貯蔵と排泄をつかさどり精力と根気を支配します。冬に高じ寒さに冒されやすく、腎気が損なわれると物事達成の根気に影響します。強弱は髪・二陰（生殖器・肛門）・骨髄（造血所）に現れます。

〔強〕髪は艶やかで柔らかくよい香りがします。髪の毛質がよく二陰が発達して、骨格がよい。このような人は、タフな行動力で根気強く志を貫徹する人です。

〔弱〕髪の毛質が悪かったり抜毛・ふけ性であったりします（禿は別）。二陰の発達が貧弱で骨細、痔や包茎・後屈があります。腎が悪いと物事に不安を持ち、恐れたり驚いたりしがちで顔や皮膚の色はすすけたように黒っぽく、腐ったような臭気がします。

紙面の都合上、強弱の要点だけをまとめました。詳しくは坂井宏通著『五行運命力学』をご参照下さい。

『易』徒然なるままに

日本陰陽会会長　中條泰彦

中国で最も権威ある大学とも言われ、多くの優れた人材を輩出しているのが、北京市にある清華大学です。この大学の校訓は「自彊不息」―じきょうしてやまず―であるとのこと。この「自彊不息」は、占いの原書『易経』（以下易）の䷀乾為天の象伝が原典になっています。

易は、運勢を判断する占いの側面と、中国哲学という側面を有し、一般的に前者を「占筮」面、後者を「義理」面という分け方をしています。

易の中で書かれている文章（卦辞と爻辞の意）は、言葉を集めたものでしかなく、読んでも味気ない印象をもたらします。しかしそこから実占に活用できるようにし、また中国哲学としての思想に注釈を加え、統一的に把握できるようにしたものがあります。それが十翼です。十翼とは、易本文の解釈を翼（たす）ける十篇の書物のことです。

十翼の一つに「繋辞伝」があります。理路整然とした易学総論で、自然界と人間社会の価値観の共有を説き、天人合一思想が意図的に作られています。この思想では、易は自然界を模範に作られ、神と自然と人間は一体であるとし、それが西洋思想とは根本的に違うところです。

乾・坤からみる処世の言葉

六十四ある卦の冒頭が䷀乾為天、そしてそれに続く䷁坤為地、この二つには特別な意味が与えられています。「繋辞伝」の中に

「乾坤は其れ易の門戸か」

とあります。☰乾と☷坤とすれば八卦、䷀乾為天と䷁坤為地とすれば六十四卦、どちらにしても八卦・六十四卦は皆、乾と坤との変化交錯によって作られています。それ故に乾坤はそれ以外の六十二卦の父母の役割を果たしていて、乾卦を父親とするならば、坤卦は母親です。

また、十翼の中で乾坤卦のみに触れている「文言伝」では、乾坤は易の父母であるという観点から、乾坤卦のみに限定して、屋上屋を架すが如くに敷衍解釈しています。

䷁坤為地の卦の中で「文言伝」が解説する馴染み深い文があります。

「積善の家、必ず余慶あり。積不善の家、必ず余殃あり」

この一文は、家庭道徳を天下国家より最重要視し家の道を正すことが、社会ひいては国家の秩序を維持し、さらには自然の秩序とも合致するとしています。その前提には父（乾）と母（坤）があり、両者を平等に扱っています。また倫理道徳面を強く主張し、儒教道徳の到達目標を高らかに述べています。そのため、読めば読むほど襟を正さねばならず、それを実践していくのは並大抵の努力ではありません。

しかし、乾卦の「自彊不息」と坤卦の「積善の家……」を筆頭に乾坤卦には処世智に富んだ言葉が少なくなく、熟読玩味、暗唱すれば、毎日の生活にきっと役立つはずです。

䷀乾為天

✝自彊不息（じきょうしてやまず）
自ら努め励んで努力を継続せよ。

✝潜竜、用いる勿れ
他日の大成を期して、しばしの間準備を。

✝亢竜悔いあり
晩節を汚すな。

✝同声は相応じ、同気は相求む
類は類を以て集まる。

✝進むを知って退くを知らず
猪突猛進、後がない。

䷁ 坤為地

†霜を履みて堅氷至る

始めが肝心。

†章を含んで貞にすべし

出る杭は打たれる。

†嚢を括れば咎もなく誉もなし

舌禍は身を滅ぼす。

†黄裳元吉

第一印象は大事。

坎・離からみる処世の言葉

自然現象では乾（☰）は天、坤（☷）は地になぞられます。次に関心がもたれるのは坎（☵）水と、離（☲）火でしょう。

韓国では、易の八卦（☰天、☱澤、☲火、☳雷、☴風、☵水、☶山、☷地）から四つを取り出して、国旗の四隅に配してあります。国旗に向かって右上☵、右下☷、左上☰、左下☲です。国旗に採り入れられるほど、☵と☲は重要な役割を担っているのです。易は八卦と八卦の組み合わせ（八の二乗）、六十四卦あり、易経本文は、前半と後半に分かれています。便宜上番号をつけると、前半は一番～三十番、後半は三十一番～六十四番です。前半を締める卦である二十九番（䷜坎為水）と三十番（䷝離為火）は、水と火のみで構成されています。そして後半最後の六十三番（䷾水火既済）と六十四番（䷿火水未済）、これも水と火で成り立っています。この四つの卦の中にも、処世に役立つ言葉が沢山あります。

䷜ 坎為水

†来るも之くも坎坎たり

進退窮まる、隠忍自重、時機を待て。

䷝ 離為火

†日昃くの離なり。缶を鼓して歌はざれば則ち大耋の嗟あり凶

終末に近づきつつある、狼狽せず心安らかに対応せよ。

䷾ 水火既済

†初めは吉なれども終わりは乱れる

有終の美を飾るのは難しい。

䷿ 火水未済

†其の尾を濡らす、吝

時期尚早、功を焦って進めば失敗する。

易は天地（乾坤）で始まり、水火（坎離）で終わっていますが、これも何かの暗示とされ、それを探究するのも易学徒の今後の課題です。

さて最近、「易」や「論語」に関する書籍や雑誌をよくみかけます。占いブームの延長か、あるいは漢字ブームの影響でしょうか、何より世情不安な時代が起因しているのでしょうか、パソコン・携帯電話サイトにまで八卦は進出しています。易は本来、占いの用途を原点としていますから、多くが現実社会に則した処世智に溢れているのです。例えば世間一般の男女問題も、生活に等身大の目線で、間口も広く解釈しています。誕生以来二千年は経っていますが、そういった面が現在も古典として命脈を保っている所以でしょう。

このように易は昔から明哲保身の書として、度々読まれてきました。世はまさに内憂外患、具体的には政治紊乱・人心荒廃、ともすれば天地開闢以来の憂国時代を迎えることになるかもしれません。この数年間でも、未曾有の大震災と原発事故・環境破壊や温暖化による異常気象・中国や韓国等諸外国との摩擦……デッドロックのニュースが後を絶ちませんでした。それでも我々は未来に向かって生きていかねばなりません。そんな時、奮い立たせてくれるのが経済（経世済民）を説く易で、読みこなすことで、必ず生きる知恵が浮かんでくるはずです。

日本には昔からこんな格言があります。

「親の意見と茄子（なすび）の花は千に一つも無駄は無い」

誰でも幼い頃、親から言い聞かされたこと、助言や励ましは覚えているはずです。今でも色々な問題に直面した時、親ならどんな答えを出してくれただろうか？と自問自答します。もっとも「親を思う頃には親はなし」になってしまいましたが……。ですが、筆者には、親に代わるものがあります。それが易なのです。

易の目的を「親の意見」つまり処世智であり癒しとするならば、易経本文のみの書を読むだけではなく、やはり先に述べた注釈、十翼のついているものに触れなければ十分とはいえません。世間一般には簡便さから高島易断（三変筮）が有名で浸透していますが、十翼を読むところまで掘り下げなければ「自彊不息」「積善の家……」にはお目にかかれません。平時には易の文章（義理面を重視）を生活の日訓とし、戦時（非常事態時）には直面した問題の丁半を決めねばならず、それこそ一（乾）か八（坤）かの判定です。本筮とはいいませんが、是非とも中筮法をマスターしていただきたいと思います。

易は易占をやって初めて、易の本文が十分に理解できます。実占することなく読むだけで終わるのは、極端に言えば「畳の上の水練」です。易の本をしっかり最後まで読解し、処世の知恵を引き出すこと、それには中筮法を使い、自分の手で卦を出すことが会得のコツです。

易の哲学性は天人合一観で、人間生活の秩序を宇宙の自然に求め、大宇宙に対して小宇宙の世界観をつくります。特に為政者（政治家）に対しては、倫理道徳を極限まで求めるので、易が帝王の学問といわれる所以なのです。

まじない秘法

信は力なり

まじないは「呪詛術」とも言い、天上の神符として禁廷・神道・仏教に取り入れられました。一般大衆には知らせず、行者や高徳の者のみに伝授されてきた術で、現在も災禍を転じ、安心立命を図る幸福の守護として尊信されています。

修法

口をすすぎ、手を清め、邪念を拭い去り、静かな環境を選ぶ。臍下丹田に力を入れ念力を強め、幅約三cm・長さ約六cmの紙に一気に書く。これを木綿の布に包み、ポケットやバッグに入れて所持すればよい。御符は一年以内で流すこと。信じて真剣に行じれば霊験顕著である。

永年の願い事叶う秘符

白紙に朱で書き、願い事を記した紙と一緒に持てば願いが叶う。

長寿を保つ秘符

封じて所持すれば寿命を延ばし、末永く安寧を得られる。

大病平癒の御符

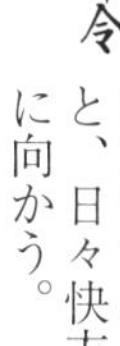

喼急如律令

この御符を墨で白紙に記して青竹に挟み、家の南方に立てておくと、日々快方に向かう。

諸病平癒の秘符

この秘符と病人の姓名年齢を墨書した紙を病人に持たせて祈念すれば諸病平癒する。

長期の病患を治す秘符

この符を封じて所持すれば、多年にわたる病患が平癒し、心身安泰となる。

悪疫を避ける秘符

白紙に朱書して所持すれば、疫病に伝染する心配がないと伝えられる神秘の護符。

諸々の交渉に成功する御符

白紙に墨書して所持すれば、あらゆる交渉・談判が思い通りに進む。

喼急如律令

人の誤解を避ける御符

物事の行き違いから予想外の恨みや誤解を受けて困惑する時は、この秘符を白紙に書いて所持すれば全て氷解する。

鬼

喼急如律令

財運に恵まれる秘符

白紙に墨書して所持すれば、財運に恵まれ富貴安泰を得る。

商売繁昌の秘符

この秘符を所持すれば商売が繁栄し、充分の利潤をあげることができる。

✿よく始められた仕事は　半ば終わったに等しい

依頼した事が成就する秘符

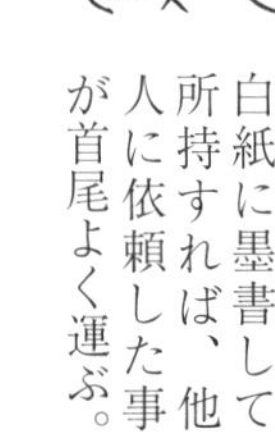

白紙に墨書して所持すれば、他人に依頼した事が首尾よく運ぶ。

凶方位の災禍を除く真符

この真符を白紙に朱書して身近に所持すれば、天地八方の凶方位からの厄災を除く。

旅行安全の秘符

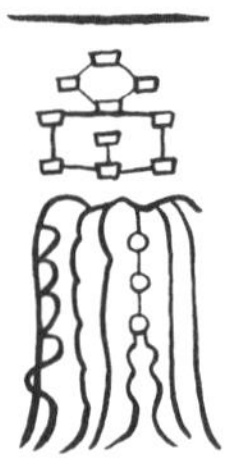

白紙に墨書して所持すれば船・飛行機・列車・自動車事故などから守られ、安全に旅行や外出することができる。

急難をのがれる秘符

急病・急死・傷害などの突発事故から逃れ、心身安泰を得る。

凶運を吉運とする秘符

この秘符を赤紙に墨で書いて所持すれば、悪運を転じて吉運とし、諸々の邪気・災難を除いて幸福が増長する。

防火の神符

この符を家の戸口に貼っておけば火災の難を避けられる。

不可抗力災害を除く真符

白紙に朱書して所持すれば、天災その他様々な不可抗力による災禍を除くとされる。

魔除けの秘符

赤紙に朱書し、病人が持つか部屋の天井か入口に貼ると、病魔や邪気、妖魔の禍を除き心身安穏となる。

怨敵・怨霊を除く秘符

白紙に墨書して所持すれば、怨敵怨霊の難を除く。

立身出世する秘符

この符を白紙に墨書して持てば、立身出世の願望が成就する。

家運が栄える秘符

白紙に朱書し、「正金入宅」と書いた紙と一緒に所持すれば富貴円満となる。

左右に「何程」

就職の道が開ける秘符

白紙に墨書して持てば、希望する就職先から期待をよせられ、就職の願望が成就する。

誉められるより誹られるな

交際の円満を得る御符

この符を白紙に書いて平常身近に持っておくと、周囲と調和し争論することなく、人間関係が円満になる。

男女縁つなぎの御符

愛する人が浮気することなく、永く互いに愛情を保たんとすれば、この符を白紙に記して所持すればよい。

婚姻と相愛の秘符

白紙に墨で書き、別に男女の年と名を朱で書いて、相手と自分が常に所持していれば睦まじい仲となる。

子孫の繁栄する秘符

白紙に墨書して所持すれば、家運隆昌・延命長寿・子孫繁栄をもたらす。

家内和合の秘符

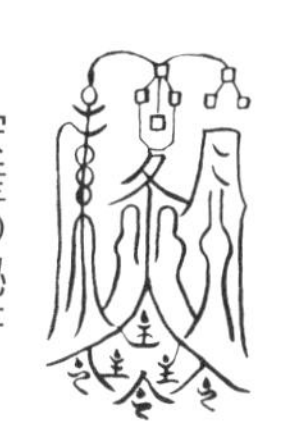

この秘符を白紙に墨書して主人が所持すれば家内和合する。

安産の秘符

一名子安の守札といい白紙に書き肌身につけておくと障りなく楽に出産できる。

夫婦が睦まじくなる秘符

白紙に墨書して夫婦が共に所持すれば、夫婦仲睦まじく生涯離れない。

親子が睦まじくなる秘符

白紙に墨書して親子が共に所持すれば、親子関係が緊密になる。

女性の縁遠きに用いる御符

女子が良縁に恵まれる御符。

人に愛敬される御符

人に愛敬されることは信用を得る基で、開運繁栄につながる。この符を人に見せぬように所持すればよい。

試験合格と優等生の符

上の二符を同封して所持し、勉学・学業に励むこと。学業が進みあらゆる試験合格への道を開く霊符。下の二図はこれを封じた時の表と裏の書き方である。

護符

（表）

神恵智

思兼大明神守

（裏）

＊ここに掲載する秘符は「神明館代理部大元社」にて頒布しております。宛先は223頁参照。

一体７００円／送料84円

九星 月・日・時の繰り方

九星により運勢の吉凶を判断する気学では、年・月・日・時の九星の配置が重要となるが、ここでは月日時のみの繰り方を簡単に説明する。

月に九星を配置する法

十二支だけを対照すると、三十六ヶ月（三年間）で一巡し、四年目に同じ位置に戻る。月命の替り目は各月の一日ではなく、下表のように、十二節気の節入り日時であるので注意を要する。

日に九星を配置する法

陽遁と陰遁の二種の配置法があり、冬至に近い甲子の日（十二月二十二・三日ごろ）より一白を起こし、百八十日間を陽遁として一白・二黒・三碧と順行し、夏至に近い甲子の日（六月二十二・三日ごろ）より九紫を起こし、百八十日間を陰遁として、九紫・八白・七赤と逆行するが、陽遁・陰遁の替り目では、必ず同じ星が重なる。

時に九星を配置する法

前記の日の九星が陽遁中は、時の九星も陽遁の順行として繰り、陰遁中は、時の九星も陰遁の逆行として繰る。

すなわち、冬至に近い甲子の日から、子・卯・午・酉の日に限り、子の刻に一白を、丑・辰・未・戌の日は子の刻に四緑を、寅・巳・申・亥の日は子の刻に七赤を起こす。陰遁中も同様なので、下表を参照されたい。

月の九星早見表

四季名	春	夏	秋	冬
新暦月	二月 三月 四月	五月 六月 七月	八月 九月 十月	十一月 十二月 一月
十二支月名	寅月 卯月 辰月	巳月 午月 未月	申月 酉月 戌月	亥月 子月 丑月
節名	立春 啓蟄 清明	立夏 芒種 小暑	立秋 白露 寒露	立冬 大雪 小寒
毎年の節入り月日	毎年二月四・五日頃より 毎年三月五・六日頃より 毎年四月四・五日頃より	毎年五月五・六日頃より 毎年六月六・七日頃より 毎年七月七・八日頃より	毎年八月七・八日頃より 毎年九月七・八日頃より 毎年十月八・九日頃より	毎年十一月七・八日頃より 毎年十二月七・八日頃より 毎年一月五・六日頃より
十二支年名 子・卯・午・酉	八白 七赤 六白	五黄 四緑 三碧	二黒 一白 九紫	八白 七赤 六白
十二支年名 丑・辰・未・戌	五黄 四緑 三碧	二黒 一白 九紫	八白 七赤 六白	五黄 四緑 三碧
十二支年名 寅・巳・申・亥	二黒 一白 九紫	八白 七赤 六白	五黄 四緑 三碧	二黒 一白 九紫

時の九星早見表

時間	日／時	陽遁 子・卯・午・酉	陽遁 丑・辰・未・戌	陽遁 寅・巳・申・亥	陰遁 子・卯・午・酉	陰遁 丑・辰・未・戌	陰遁 寅・巳・申・亥
自午後十一時 至午前一時	子	一白	四緑	七赤	九紫	六白	三碧
自午前一時 至午前三時	丑	二黒	五黄	八白	八白	五黄	二黒
自午前三時 至午前五時	寅	三碧	六白	九紫	七赤	四緑	一白
自午前五時 至午前七時	卯	四緑	七赤	一白	六白	三碧	九紫
自午前七時 至午前九時	辰	五黄	八白	二黒	五黄	二黒	八白
自午前九時 至午前十一時	巳	六白	九紫	三碧	四緑	一白	七赤
自午前十一時 至午後一時	午	七赤	一白	四緑	三碧	九紫	六白
自午後一時 至午後三時	未	八白	二黒	五黄	二黒	八白	五黄
自午後三時 至午後五時	申	九紫	三碧	六白	一白	七赤	四緑
自午後五時 至午後七時	酉	一白	四緑	七赤	九紫	六白	三碧
自午後七時 至午後九時	戌	二黒	五黄	八白	八白	五黄	二黒
自午後九時 至午後十一時	亥	三碧	六白	九紫	七赤	四緑	一白

夢判断

夢は神秘の窓

私たちは目覚めた際に、夢をみたような気がする時や、完全に夢の世界に身をおいて言動していたことを覚えている時があります。吉夢か悪夢かで、その日の気分に多少でも影響した経験を誰しも持っていることでしょう。

東洋では古来より、夢は天からのお告げであると考え、夢の暗示する事柄を読み解く探求が盛んに行われてきました。次に示す夢判断は、中国の『周公解夢』及びその後の文献を基に、一部をご紹介します。

天・地の夢

天に昇るは成功す
青空晴れ家業繁栄
雷鳴が轟くは利益
霜がおりるは争い
五色の光差し富貴
地中に入り百事吉
地面を掘るは争論
海で漁するは吉事
天から金落ち災い
光が照れば病全快
黒い雲広がり変事
雨がやむは出世運
山中に居れば吉兆
地の凹凸は驚き事
水の流れは縁談吉
船出は破綻か別離

土地・住居の夢

家の中明るいは吉
窓を開き願い叶う
家の新築福分あり
大きな家見るは吉
小屋に寝る夢は凶
お城や宮廷は大吉
便所の夢は万事吉
戸を閉じるは損失
家に草生え不利益
空き家は縁談破局
家を売るは運強し
田畑に草生え大利
道の曲がるは苦労
橋の中断は色情難

からだ・衣服の夢

体痩せて願望成る
肥満になるは凶兆
体が黒い夢は不吉
頭の角は剣難注意
目一つは富貴の兆
耳が大きくて大吉
入浴して喜びあり
皮膚の腫れ物は吉
嘔吐するは病治る
血の出る夢は吉兆
歯の落ちるは損失
溺れても浮けば吉
髪が抜け落ち禍い
青い服着れば困難
服を新調して良縁
手拭失うは幸得る
帽子を貰うは大吉
靴に糞は財を得る
体が焼け一家繁栄
身長が縮むは大吉
手の小なるは出世
鼻より煙は大利益
裸になる夢は大吉
口や手足洗うは吉
頭痛むは地位向上
舌のないのは和合
よだれは衣食困窮
ほくろ生じて苦労
まゆ毛落ちて病難
黒髪は長生きの兆
洗髪は出世の吉兆
紅の衣服喜びあり
美しく装うは吉兆
衣服の破れは事変
帽子を失うは凶兆
靴下破れ家族に病

神・仏・鬼の夢

神社見れば家繁栄
祭礼見て喜びあり
仏が家に来て大吉
天神と語るは大成
鬼が来るのは凶兆
鳥居見て富貴長命
夜叉を見れば病難
仏を見送り家離散
仏前読経憂いあり
棺桶に入る夢は吉

物・道具の夢

傘を見て援助あり
針を見て大金得る
車が故障するは凶
箱をこわすは失費
火鉢見て相談成立
小刀類を見るは吉
鏡こわれ離別あり
宝石類見るは幸運
本を拾い勉学捗る
机の夢は訴訟あり
筆記具の夢は出世
紙を失う夢は凶兆
櫛折れは夫婦離別
楽器の夢は色情難

動植物の夢

虎を見れば百事吉
猫が内に入り財運
馬にかまれるは凶
犬のかみ合いは凶
鯉が泳ぐ夢は昇進
椿見れば衣食足る
ぼたん見れば富貴
庭木切るは物失う
朝顔見て不遇続く
花を人に贈り散財
牛に乗るは出世運
蛇を踏み財を得る
鳥のさえずりは吉
犬吠えて家庭不和
蝶飛ぶは事成らず
大木を切るは財運
松見れば大利あり
梅の花咲くは名誉
柳を見れば色情難
樹木枯れ仕事失速

飲食の夢

人と会食するは吉
餅を焼く夢は凶兆
魚を食べて百事吉
酒造りするは大吉
酒を贈る夢は火難
酢を飲む夢は離別
うどん食べて大利
大根食べて苦労す
酒飲み争うは病難
白酒を飲むは珍客
茶を飲み憂い無し
水を汲み飲めば吉

生活・行動の夢

田植えは吉祥繁栄
自殺の夢は万事吉
勝負に負けて利益
金持になるは損失
人集まり病気注意
むこに入るのは凶
男子出産は病あり
名所を旅行し吉報
人を罵る夢は大凶
盗人を追うは吉事
珍客訪れ福徳あり
襲撃されるは利益
泣き悲しむは不安
男女の同行は損失
夫婦喧嘩するは凶
妻妊娠した夢は凶
囲碁や将棋は論争
権力者に会い大吉

勝負・交渉に成功する　破軍星の秘法

破軍星とは北斗七星の第七星で、柄の先端にあたる星のことです。陰陽道では剣先になぞらえ、この星のさす方角を万事に凶と忌みました。そこから古代中国では「剣先を背にして戦うと必ず勝つ」とされてきたのです。これが日本に伝わり、戦国時代には兵法の一つとして用いられたと言われます。現代でも人生を左右し得る大事なやりとりに用いることができます。

占法　大事な交渉が旧暦でみて四月の十時に始まる場合、左表より四月は8つ目ですから、十時つまり巳の刻を1と数えて時計廻りに8つ目の子の方位（北）が剣先となり、それを背にし、正反対の午（南）に向かえば交渉成立になるとみます。

また、旧暦十一月の十四時に取引がある場合は、十四時つまり未の刻から数えて3つ目の酉方位（西）が剣先となり、西を背にして卯の方位（東）に向かえば取引に成功するとみます。

※新暦から旧暦の該当月を知るには、18～47頁を参照

正月	二月	三月	四月
5つ目	6つ目	7つ目	8つ目
五月	六月	七月	八月
9つ目	10目	11目	12目
九月	十月	十一月	十二月
1つ目	2つ目	3つ目	4つ目

（月は旧暦）

九星方位　相生・相剋一覧表

各本命星と相生（吉）・相剋（凶）する九星の早見表

本命星＼方位	生気（大吉）	比和（中吉）	退気（吉）	死気（凶）	殺気（大凶）
一白水星	六白・七赤	八白	三碧・四緑	九紫	二黒・五黄・八白
二黒土星	九紫	八白	六白・七赤	一白	三碧・四緑
三碧木星	一白	四緑	九紫	二黒・八白	六白・七赤
四緑木星	一白	三碧	九紫	二黒・八白	六白・七赤
五黄土星	九紫	二黒・八白	六白・七赤	一白	三碧・四緑
六白金星	二黒・八白	七赤	一白	三碧・四緑	九紫
七赤金星	二黒・八白	六白	一白	三碧・四緑	九紫
八白土星	九紫	二黒	六白・七赤	一白	三碧・四緑
九紫火星	三碧・四緑		二黒・八白	六白・七赤	一白

成功の秘訣　運鈍根

運

運は寝ていて転げ込むような安易なものではない。天運・地運・人運の三運が一体となる時が真の幸運の時であり、陰徳と積善と努力の人に恵まれる。

鈍

鈍とは暗愚のことではない。大賢は愚の如しとあるように、自らの知識や才に溺れることなく、誠実さと忍耐で粘り強く努める姿勢こそ鈍の徳である。

根

根とは根気のことで植物の根にも通じる。丈夫な根から幹や枝が繁り良い実を結ぶ。根なしでは繁茂はなく、人に根気がなくては幸運には恵まれない。

祈禱と開運除災の霊場五流尊瀧院

人にして神と尊崇された、役の行者『神変大菩薩』創始の山岳宗教修験道の行法を継ぐ五流尊瀧院は、今より七百年前桜井の宮覚仁親王が、中興の祖となり法燈を継がれて以来、現管長宮家大僧正が三十七世の法主として相続されており、参詣者も多い。開運除災と御祈禱の本山で、毎年旧暦一月二十三日は「お日待」の行事があり、全国の末寺・教師・信徒等全山満員で大行事が行われる。運勢の沈滞した人、運勢の好転を願う人、病気や災難を逃れんとする人の祈願をこめる御祈禱の本山で、名勝史蹟の観光地でもある。瀬戸内海国立公園の中心地鷲羽山・瀬戸大橋の北に位置し、岡山からＪＲ瀬戸大橋線木見駅下車。この五流尊瀧院は紀州熊野権現の流れで、太古から宮中はもとより国主や武将の祈願所として帰依された霊場であり、現在加持祈禱師免許状の授与もなされている。

覚仁、頼仁両親王御別殿

（所在地　岡山県倉敷市林）

本誌協賛の運命学権威者

左記の諸師に鑑定や相談の依頼希望の方は、『開運宝鑑』の読者と付記して生年月日と願件を書き、返信料を添付して申し込みをして下さい。鑑定料金は問題の軽重によって異なりますので各先生方に前もってお尋ね下さい。

東京都新宿区百人町一－一－七
易学校　讃井観象

東京都練馬区北町一－三一－一四
印相　小林千之

埼玉県熊谷市銀座三－二六－二〇二
運命学　坂井宏通

横浜市神奈川区大口仲町二〇八－一〇七
西洋占星学　大橋雅宏

東京都港区新橋二－一九－四
姓名学　伊藤雄康

三重県桑名市萱町四九
運命学　伊藤精健

愛知県豊田市月見町一－一－三
易学　中條泰彦

東京都八王子市横川町九〇一－五
気学　上島慶子

岡山市北区番町二－六－二六
印相　村瀬葆留

岐阜県大垣市田町二－二
気学　朝田守奈臣

神戸市北区星和台三－一七－一七
易学　江川智穂

大阪府豊中市新千里東町二－五－二五－一〇二
姓名学　天光正名

東京都台東区雷門一－六－五－一二〇四
四柱推命　村川峰千

東京都中央区銀座七－一三－六
サガミビル２F
占星学　創洋嘉祥

埼玉県所沢市日吉町四－一六
運命学　小林史佳

京都市伏見区桃山井伊掃部東町三二
墓相　竹谷聰進

形を見る者は質を見ず

特効のある薬草

皇漢薬研究所長
草　野　研　生

我々の身辺には天与の薬草が数々あり、用法も極めて簡単で副作用の心配も少ない。上手に利用すれば薬効のあらわれもおだやかで、身体にもやさしい。ただし体質や体調により効果には個人差があるため、服用には十分注意し、医師や薬剤師等に相談するとよい。

医学の進歩により新薬は日々生まれるが、天与の薬草はなお尊重したいものである。

喘息

かきつばたの根……細かく刻んだもの三匁（11g）に水三合（540cc）を加え半量に煎じ、一日三回ほど服用する。

百日咳

栗の葉……陰干しにした葉十四、五枚を三合（540cc）の水に入れ半量になるまで煎じ、お茶代わりに一日で全部を服用する。

大根と水飴……新鮮な大根を適当に切り、一晩水飴の中に入れておく。大根の水が飴の上に出てきたのを何度も子供に与える。

蓮根の節……生蓮根の節の部分をすり下ろした汁に少量の黒砂糖を加え、これを猪口一杯ずつ一日数回与える。

肺結核

にんにく……一、二片を熱灰の中で蒸し焼きにし、これに味噌をつけて毎食ごとに食べる。体力の回復著しく、目にみえて健康になる。

薬蘭の実……二、三匁（約10g）を水三合（540cc）で半量に煎じ、一日三回服用する。効果は著しい。

たん咳

白南天の実……十粒ほどと、黒豆十粒位を一合（180cc）の水で半量に煎じ、これを一日三回分服する。

ききょうの根……刻んだもの三匁（11g）と氷砂糖少量を水三合（540cc）でよく煎じ、一日三回食前に服用する。

柿のへた……陰干しした一つかみほどを少量の氷砂糖、水三合（540cc）で煎じて半量とし、これを一日に何度も飲む。

肋膜炎

いたどりの根……乾燥させ、三匁（11g）ほどを水三合（540cc）で半量に煎じ、一日三回分服。肋膜の水とりに特効がある。

龍舌蘭の葉……生葉を刻み、一握りほどに水三合（540cc）を加えて半量に煎じ一日三回服用する。

胃潰瘍

おみなえしの根……乾燥させた根三匁（11g）を水三合（540cc）で半量ほどに煎じ、一日三回分服すれば出血止めに奇効。

腸カタル・腹下し

げんのしょうこ……せんぶりを陰干しにしたものとげんのしょうこを陰干しにしたもの各一つかみずつに、水五合（900cc）を加えて約半量ほどに煎じ、コップ一杯ずつ一日数回服用すると効果がある。

りんご……一個を皮のまますり下ろして、その汁を飲む。一日三、四回繰り返して飲めば下痢止めに特効がある。

常習便秘

はぶ草……実五、六匁（約20g）を水四合（720cc）で適当に煎じ出し、空腹時に飲む。お茶代わりに常用してもよい。

センナの葉……一つまみを水一合半（270cc）で一合（180cc）位に煎じ、毎食前の空腹時に飲む。反応により量を調節する。（センナは薬局等で買い求めることができる）

口臭

はっか……葉一握りを水三合（540cc）で煎じて、度々うがいをすれば、口の中がさわやかになり臭気を除く。

はぶ草の種子……一握りを水五合（900cc）で三合（540cc）ほどに煎じ、度々うがいをすると、口中の荒れや痛みに特効あり。

心臓病

一位の葉……あららぎという常緑樹の葉を陰干しにし、軽く一握りの量を三合（540cc）の水で半量に煎じて服用する。副作用もあり連用は避けること。種子は食べられない。

糖尿病

連銭草（れんせんそう）……かきどおしといって垣根等に繁茂する蔓草の茎・葉とも陰干しにし、一つかみ程度を水三合（540cc）で煎じ一日数回服用する。

高血圧

松葉酒……赤松の葉を水洗いして三切位とし、一升瓶に八分目ほど入れ、砂糖300g、水1.2ℓを加える。夏なら冷暗所に約一ヶ月くらいおく。冬は一日一時間ほど日光にあて、あとは冷暗所におく。白い空気泡が松葉にたくさんつき、ガスが生じるので栓はゆるくする。水と砂糖と松葉が相乗発酵して酒になる。気泡が出なくなれば飲んでよい。これを一日盃一～二杯程度服用する。血圧を下げると共に強壮の特効もある。

夜尿症

あまどころの根……薬局等で販売しているのを求め、二、三匁（約10g）を削りとって水三合（540cc）で煎じ、一日三回服用する。

月経痛

つるどくだみの根……塊根を三匁（11g）ほど削り三合（540cc）の水で煎じ一日三回服用する。痛みをやわらげると共に、強壮剤ともなり効果が大きい。

当帰……薬局等で販売している。二、三匁（約10g）を削って水三合（540cc）で煎じ、一日三回飲めば特効は驚くべきものがある。

月経不順

益母草……路傍の雑草ゆえ夏の花盛りに採取して陰干しにする。これを三、四匁（約13g）位、三合（540cc）の水で煎じ、一日三回分服する。妊婦は服用を避けること。

不妊症

サフラン……芯二、三十本をコップに入れて熱湯で振り出し、一日三回服用する。三回ほど使えて、冷え性にも効果がある。但し、妊娠中は服用してはならない。

神経痛

弟切草（おとぎりそう）……陰干しにしたもの一つかみに水三合（540cc）を加えて煎じ出し、ネル布のようなもので患部を蒸すように根気よく温める。

中耳炎

水仙の根……球根をすり下ろして小麦粉と練り合わせ、それを和紙に伸ばし痛む耳のつけ根に貼る。深部の炎症と痛みがとれる。服用は避け、外用薬以外で用いないこと。

疲れ目

白南天の実……一握りを水三合（540cc）で半量に煎じ、一日三回分服する。

わきが

だいだいかレモン……絞り汁に焼明礬（みょうばん）を混ぜドロドロに練り、風呂上がりや外出前に清拭した腋の下に塗り込む。

無毛症

生姜・唐辛子……アルコール半合（90cc）に中位の生姜一個、または唐辛子二、三本を刻み入れる。（各々別のものを作る）これを根気よく（ただし過度は地を傷める）その部分に擦り込むと特効あり。唐辛子で作ったものも作用は同じである。

頭痛

はっかの葉……陰干しにした葉一握りを三合（540cc）の水で煎じ、一日三回飲む。

神経衰弱

にら・ねぎの白根・にんにく・玉ねぎ類……神経の鎮静に効果あり。生のままで特効あるが、加熱して常食するとよい。

不眠症

ねぎ……白根のところに味噌を塗って、毎日適量を食べる。また就寝前に、玉ねぎかにんにくを刻んでその臭気をよく吸引すると、神経が鎮まり安眠できる。

珍客も長座に過ぎれば厭われる

令和六年（二〇二四年）干支・九星・六曜暦

＊令和六年（三碧木星甲辰年）毎日の干支・九星・六曜の早見表　＊曜日の○は祝日・休日・振替休日　＊▽は節入日

一月

日	曜	干支	九星	六曜
一日	㊊	甲子	一白	赤口
二日	火	乙丑	二黒	先勝
三日	水	丙寅	三碧	友引
四日	木	丁卯	四緑	先負
五日	金	戊辰	五黄	仏滅
▽六日	土	己巳	六白	大安
七日	日	庚午	七赤	赤口
八日	㊊	辛未	八白	先勝
九日	火	壬申	九紫	友引
十日	水	癸酉	一白	先負
十一日	木	甲戌	二黒	赤口
十二日	金	乙亥	三碧	先勝
十三日	土	丙子	四緑	友引
十四日	日	丁丑	五黄	先負
十五日	月	戊寅	六白	仏滅
十六日	火	己卯	七赤	大安
十七日	水	庚辰	八白	赤口
十八日	木	辛巳	九紫	先勝
十九日	金	壬午	一白	友引
廿日	土	癸未	二黒	先負
廿一日	日	甲申	三碧	仏滅
廿二日	月	乙酉	四緑	大安
廿三日	火	丙戌	五黄	赤口
廿四日	水	丁亥	六白	先勝
廿五日	木	戊子	七赤	友引
廿六日	金	己丑	八白	先負
廿七日	土	庚寅	九紫	仏滅
廿八日	日	辛卯	一白	大安
廿九日	月	壬辰	二黒	赤口
卅日	火	癸巳	三碧	先勝
卅一日	水	甲午	四緑	友引

二月

日	曜	干支	九星	六曜
一日	木	乙未	五黄	先負
二日	金	丙申	六白	仏滅
三日	土	丁酉	七赤	大安
▽四日	日	戊戌	八白	赤口
五日	月	己亥	九紫	先勝
六日	火	庚子	一白	友引
七日	水	辛丑	二黒	先負
八日	木	壬寅	三碧	仏滅
九日	金	癸卯	四緑	大安
十日	土	甲辰	五黄	先勝
十一日	㊐	乙巳	六白	友引
十二日	㊊	丙午	七赤	先負
十三日	火	丁未	八白	仏滅
十四日	水	戊申	九紫	大安
十五日	木	己酉	一白	赤口
十六日	金	庚戌	二黒	先勝
十七日	土	辛亥	三碧	友引
十八日	日	壬子	四緑	先負
十九日	月	癸丑	五黄	仏滅
廿日	火	甲寅	六白	大安
廿一日	水	乙卯	七赤	赤口
廿二日	木	丙辰	八白	先勝
廿三日	㊎	丁巳	九紫	友引
廿四日	土	戊午	一白	先負
廿五日	日	己未	二黒	仏滅
廿六日	月	庚申	三碧	大安
廿七日	火	辛酉	四緑	赤口
廿八日	水	壬戌	五黄	先勝
廿九日	木	癸亥	六白	友引

三月

日	曜	干支	九星	六曜
一日	金	甲子	七赤	先負
二日	土	乙丑	八白	仏滅
三日	日	丙寅	九紫	大安
四日	月	丁卯	一白	赤口
▽五日	火	戊辰	二黒	先勝
六日	水	己巳	三碧	友引
七日	木	庚午	四緑	先負
八日	金	辛未	五黄	仏滅
九日	土	壬申	六白	大安
十日	日	癸酉	七赤	友引
十一日	月	甲戌	八白	先負
十二日	火	乙亥	九紫	仏滅
十三日	水	丙子	一白	大安

喜びは苦労の中にある　苦労の伴わぬ喜びは本物ではない

日	曜	干支	九星	六曜
十四日	木	丁丑	二黒	赤口
十五日	金	戊寅	三碧	先勝
十六日	土	己卯	四緑	友引
十七日	日	庚辰	五黄	先負
十八日	月	辛巳	六白	仏滅
十九日	火	壬午	七赤	大安
廿日	㊌	癸未	八白	赤口
廿一日	木	甲申	九紫	先勝
廿二日	金	乙酉	一白	友引
廿三日	土	丙戌	二黒	先負
廿四日	日	丁亥	三碧	仏滅
廿五日	月	戊子	四緑	大安
廿六日	火	己丑	五黄	赤口
廿七日	水	庚寅	六白	先勝
廿八日	木	辛卯	七赤	友引
廿九日	金	壬辰	八白	先負
卅日	土	癸巳	九紫	仏滅
卅一日	日	甲午	一白	大安

四月

日	曜	干支	九星	六曜
一日	月	乙未	二黒	赤口
二日	火	丙申	三碧	先勝
三日	水	丁酉	四緑	友引
▽四日	木	戊戌	五黄	先負
五日	金	己亥	六白	仏滅
六日	土	庚子	七赤	大安
七日	日	辛丑	八白	赤口
八日	月	壬寅	九紫	先勝
九日	火	癸卯	一白	先負
十日	水	甲辰	二黒	仏滅
十一日	木	乙巳	三碧	大安
十二日	金	丙午	四緑	赤口
十三日	土	丁未	五黄	先勝
十四日	日	戊申	六白	友引
十五日	月	己酉	七赤	先負
十六日	火	庚戌	八白	仏滅
十七日	水	辛亥	九紫	大安
十八日	木	壬子	一白	赤口
十九日	金	癸丑	二黒	先勝
廿日	土	甲寅	三碧	友引
廿一日	日	乙卯	四緑	先負
廿二日	月	丙辰	五黄	仏滅
廿三日	火	丁巳	六白	大安
廿四日	水	戊午	七赤	赤口
廿五日	木	己未	八白	先勝
廿六日	金	庚申	九紫	友引
廿七日	土	辛酉	一白	先負
廿八日	日	壬戌	二黒	仏滅
廿九日	㊊	癸亥	三碧	大安
卅日	火	甲子	四緑	赤口

五月

日	曜	干支	九星	六曜
一日	水	乙丑	五黄	先勝
二日	木	丙寅	六白	友引
三日	㊎	丁卯	七赤	先負
四日	㊏	戊辰	八白	仏滅
▽五日	㊐	己巳	九紫	大安
六日	㊊	庚午	一白	赤口
七日	火	辛未	二黒	先勝
八日	水	壬申	三碧	仏滅
九日	木	癸酉	四緑	大安
十日	金	甲戌	五黄	赤口
十一日	土	乙亥	六白	先勝
十二日	日	丙子	七赤	友引
十三日	月	丁丑	八白	先負
十四日	火	戊寅	九紫	仏滅
十五日	水	己卯	一白	大安
十六日	木	庚辰	二黒	赤口
十七日	金	辛巳	三碧	先勝
十八日	土	壬午	四緑	友引
十九日	日	癸未	五黄	先負
廿日	月	甲申	六白	仏滅
廿一日	火	乙酉	七赤	大安
廿二日	水	丙戌	八白	赤口
廿三日	木	丁亥	九紫	先勝
廿四日	金	戊子	一白	友引
廿五日	土	己丑	二黒	先負
廿六日	日	庚寅	三碧	仏滅
廿七日	月	辛卯	四緑	大安
廿八日	火	壬辰	五黄	赤口
廿九日	水	癸巳	六白	先勝
卅日	木	甲午	七赤	友引
卅一日	金	乙未	八白	先負

六月

日	曜	干支	九星	六曜
一日	土	丙申	九紫	仏滅
二日	日	丁酉	一白	大安
三日	月	戊戌	二黒	赤口
四日	火	己亥	三碧	先勝
▽五日	水	庚子	四緑	友引
六日	木	辛丑	五黄	大安
七日	金	壬寅	六白	赤口
八日	土	癸卯	七赤	先勝
九日	日	甲辰	八白	友引
十日	月	乙巳	九紫	先負
十一日	火	丙午	一白	仏滅
十二日	水	丁未	二黒	大安
十三日	木	戊申	三碧	赤口
十四日	金	己酉	四緑	先勝
十五日	土	庚戌	五黄	友引
十六日	日	辛亥	六白	先負
十七日	月	壬子	七赤	仏滅
十八日	火	癸丑	八白	大安
十九日	水	甲寅	九紫	赤口

賞に厚くし　罰は薄くすべし

日	曜	干支	九星	六曜
廿日	木	乙卯	一白	先勝
廿一日	金	丙辰	二黒	友引
廿二日	土	丁巳	三碧	先負
廿三日	日	戊午	四緑	仏滅
廿四日	月	己未	五黄	大安
廿五日	火	庚申	六白	赤口
廿六日	水	辛酉	七赤	先勝
廿七日	木	壬戌	八白	友引
廿八日	金	癸亥	九紫	先負
廿九日	土	甲子	九紫	仏滅
卅日	日	乙丑	八白	大安

七月

日	曜	干支	九星	六曜
一日	月	丙寅	七赤	赤口
二日	火	丁卯	六白	先勝
三日	水	戊辰	五黄	友引
四日	木	己巳	四緑	先負
五日	金	庚午	三碧	仏滅
▽六日	土	辛未	二黒	赤口
七日	日	壬申	一白	先勝
八日	月	癸酉	九紫	友引
九日	火	甲戌	八白	先負
十日	水	乙亥	七赤	仏滅
十一日	木	丙子	六白	大安
十二日	金	丁丑	五黄	赤口
十三日	土	戊寅	四緑	先勝
十四日	日	己卯	三碧	友引
十五日	㊊	庚辰	二黒	先負
十六日	火	辛巳	一白	仏滅
十七日	水	壬午	九紫	大安
十八日	木	癸未	八白	赤口
十九日	金	甲申	七赤	先勝
廿日	土	乙酉	六白	友引
廿一日	日	丙戌	五黄	先負
廿二日	月	丁亥	四緑	仏滅
廿三日	火	戊子	三碧	大安
廿四日	水	己丑	二黒	赤口
廿五日	木	庚寅	一白	先勝
廿六日	金	辛卯	九紫	友引
廿七日	土	壬辰	八白	先負
廿八日	日	癸巳	七赤	仏滅
廿九日	月	甲午	六白	大安
卅日	火	乙未	五黄	赤口
卅一日	水	丙申	四緑	先勝

八月

日	曜	干支	九星	六曜
一日	木	丁酉	三碧	友引
二日	金	戊戌	二黒	先負
三日	土	己亥	一白	仏滅
四日	日	庚子	九紫	先勝
五日	月	辛丑	八白	友引
六日	火	壬寅	七赤	先負
▽七日	水	癸卯	六白	仏滅
八日	木	甲辰	五黄	大安
九日	金	乙巳	四緑	赤口
十日	土	丙午	三碧	先勝
十一日	日	丁未	二黒	友引
十二日	㊊	戊申	一白	先負
十三日	火	己酉	九紫	仏滅
十四日	水	庚戌	八白	大安
十五日	木	辛亥	七赤	赤口
十六日	金	壬子	六白	先勝
十七日	土	癸丑	五黄	友引
十八日	日	甲寅	四緑	先負
十九日	月	乙卯	三碧	仏滅
廿日	火	丙辰	二黒	大安
廿一日	水	丁巳	一白	赤口
廿二日	木	戊午	九紫	先勝
廿三日	金	己未	八白	友引
廿四日	土	庚申	七赤	先負
廿五日	日	辛酉	六白	仏滅
廿六日	月	壬戌	五黄	大安
廿七日	火	癸亥	四緑	赤口
廿八日	水	甲子	三碧	先勝
廿九日	木	乙丑	二黒	友引
卅日	金	丙寅	一白	先負
卅一日	土	丁卯	九紫	仏滅

九月

日	曜	干支	九星	六曜
一日	日	戊辰	八白	大安
二日	月	己巳	七赤	赤口
三日	火	庚午	六白	友引
四日	水	辛未	五黄	先負
五日	木	壬申	四緑	仏滅
六日	金	癸酉	三碧	大安
▽七日	土	甲戌	二黒	赤口
八日	日	乙亥	一白	先勝
九日	月	丙子	九紫	友引
十日	火	丁丑	八白	先負
十一日	水	戊寅	七赤	仏滅
十二日	木	己卯	六白	大安
十三日	金	庚辰	五黄	赤口
十四日	土	辛巳	四緑	先勝
十五日	日	壬午	三碧	友引
十六日	㊊	癸未	二黒	先負
十七日	火	甲申	一白	仏滅
十八日	水	乙酉	九紫	大安
十九日	木	丙戌	八白	赤口
廿日	金	丁亥	七赤	先勝
廿一日	土	戊子	六白	友引
廿二日	日	己丑	五黄	先負
廿三日	㊊	庚寅	四緑	仏滅
廿四日	火	辛卯	三碧	大安

✿ それが何であれ　あなたの得意なことが幸福に導いてくれる

日	曜	干支	九星	六曜
廿五日	水	壬辰	二黒	赤口
廿六日	木	癸巳	一白	先勝
廿七日	金	甲午	九紫	友引
廿八日	土	乙未	八白	先負
廿九日	日	丙申	七赤	仏滅
卅日	月	丁酉	六白	大安

十月

日	曜	干支	九星	六曜
一日	火	戊戌	五黄	赤口
二日	水	己亥	四緑	先勝
三日	木	庚子	三碧	先負
四日	金	辛丑	二黒	仏滅
五日	土	壬寅	一白	大安
六日	日	癸卯	九紫	赤口
七日	月	甲辰	八白	先勝
▽八日	火	乙巳	七赤	友引
九日	水	丙午	六白	先負
十日	木	丁未	五黄	仏滅
十一日	金	戊申	四緑	大安
十二日	土	己酉	三碧	赤口
十三日	日	庚戌	二黒	先勝
十四日	㊊	辛亥	一白	友引
十五日	火	壬子	九紫	先負
十六日	水	癸丑	八白	仏滅
十七日	木	甲寅	七赤	大安
十八日	金	乙卯	六白	赤口
十九日	土	丙辰	五黄	先勝
廿日	日	丁巳	四緑	友引
廿一日	月	戊午	三碧	先負
廿二日	火	己未	二黒	仏滅
廿三日	水	庚申	一白	大安
廿四日	木	辛酉	九紫	赤口
廿五日	金	壬戌	八白	先勝
廿六日	土	癸亥	七赤	友引
廿七日	日	甲子	六白	先負
廿八日	月	乙丑	五黄	仏滅
廿九日	火	丙寅	四緑	大安
卅日	水	丁卯	三碧	赤口
卅一日	木	戊辰	二黒	先勝

十一月

日	曜	干支	九星	六曜
一日	金	己巳	一白	仏滅
二日	土	庚午	九紫	大安
三日	㊐	辛未	八白	赤口
四日	㊊	壬申	七赤	先勝
五日	火	癸酉	六白	友引
六日	水	甲戌	五黄	先負
▽七日	木	乙亥	四緑	仏滅
八日	金	丙子	三碧	大安
九日	土	丁丑	二黒	赤口
十日	日	戊寅	一白	先勝
十一日	月	己卯	九紫	友引
十二日	火	庚辰	八白	先負
十三日	水	辛巳	七赤	仏滅
十四日	木	壬午	六白	大安
十五日	金	癸未	五黄	赤口
十六日	土	甲申	四緑	先勝
十七日	日	乙酉	三碧	友引
十八日	月	丙戌	二黒	先負
十九日	火	丁亥	一白	仏滅
廿日	水	戊子	九紫	大安
廿一日	木	己丑	八白	赤口
廿二日	金	庚寅	七赤	先勝
廿三日	㊏	辛卯	六白	友引
廿四日	日	壬辰	五黄	先負
廿五日	月	癸巳	四緑	仏滅
廿六日	火	甲午	三碧	大安
廿七日	水	乙未	二黒	赤口
廿八日	木	丙申	一白	先勝
廿九日	金	丁酉	九紫	友引
卅日	土	戊戌	八白	先負

十二月

日	曜	干支	九星	六曜
一日	日	己亥	七赤	大安
二日	月	庚子	六白	赤口
三日	火	辛丑	五黄	先勝
四日	水	壬寅	四緑	友引
五日	木	癸卯	三碧	先負
六日	金	甲辰	二黒	仏滅
▽七日	土	乙巳	一白	大安
八日	日	丙午	九紫	赤口
九日	月	丁未	八白	先勝
十日	火	戊申	七赤	友引
十一日	水	己酉	六白	先負
十二日	木	庚戌	五黄	仏滅
十三日	金	辛亥	四緑	大安
十四日	土	壬子	三碧	赤口
十五日	日	癸丑	二黒	先勝
十六日	月	甲寅	一白	友引
十七日	火	乙卯	九紫	先負
十八日	水	丙辰	八白	仏滅
十九日	木	丁巳	七赤	大安
廿日	金	戊午	六白	赤口
廿一日	土	己未	五黄	先勝
廿二日	日	庚申	四緑	友引
廿三日	月	辛酉	三碧	先負
廿四日	火	壬戌	二黒	仏滅
廿五日	水	癸亥	一白	大安
廿六日	木	甲子	一白	赤口
廿七日	金	乙丑	二黒	先勝
廿八日	土	丙寅	三碧	友引
廿九日	日	丁卯	四緑	先負
卅日	月	戊辰	五黄	仏滅
卅一日	火	己巳	六白	赤口

本(もと)大なれば利も大なり

年号・西暦対照　年代暦

年号は一般的な読み方。

年号	読み	西暦
飛鳥		
大化	たいか	六四五～六五〇
白雉	はくち	六五〇～六五四
朱鳥	しゅちょう	六八六
大宝	たいほう	七〇一～七〇四
慶雲	けいうん	七〇四～七〇八
奈良		
和銅	わどう	七〇八～七一五
霊亀	れいき	七一五～七一七
養老	ようろう	七一七～七二四
神亀	じんき	七二四～七二九
天平	てんぴょう	七二九～七四九
天平感宝	てんぴょうかんぽう	七四九
天平勝宝	てんぴょうしょうほう	七四九～七五七
天平宝字	てんぴょうほうじ	七五七～七六五
天平神護	てんぴょうじんご	七六五～七六七
神護景雲	じんごけいうん	七六七～七七〇
宝亀	ほうき	七七〇～七八〇
天応	てんおう	七八一～七八二
平安		
延暦	えんりゃく	七八二～八〇六
大同	だいどう	八〇六～八一〇
弘仁	こうにん	八一〇～八二四
天長	てんちょう	八二四～八三四
承和	じょうわ	八三四～八四八
嘉祥	かしょう	八四八～八五一
仁寿	にんじゅ	八五一～八五四
斉衡	さいこう	八五四～八五七
天安	てんあん	八五七～八五九
貞観	じょうがん	八五九～八七七
元慶	がんぎょう	八七七～八八五
仁和	にんな	八八五～八八九
寛平	かんぴょう	八八九～八九八
昌泰	しょうたい	八九八～九〇一
延喜	えんぎ	九〇一～九二三
延長	えんちょう	九二三～九三一
承平	じょうへい	九三一～九三八
天慶	てんぎょう	九三八～九四七
天暦	てんりゃく	九四七～九五七
天徳	てんとく	九五七～九六一
応和	おうわ	九六一～九六四
康保	こうほう	九六四～九六八
安和	あんな	九六八～九七〇
天禄	てんろく	九七〇～九七三
天延	てんえん	九七三～九七六
貞元	じょうげん	九七六～九七八
天元	てんげん	九七八～九八三
永観	えいかん	九八三～九八五
寛和	かんな	九八五～九八七
永延	えいえん	九八七～九八九
永祚	えいそ	九八九～九九〇
正暦	しょうりゃく	九九〇～九九五
長徳	ちょうとく	九九五～九九九
長保	ちょうほう	九九九～一〇〇四
寛弘	かんこう	一〇〇四～一〇一二
長和	ちょうわ	一〇一二～一〇一七
寛仁	かんにん	一〇一七～一〇二一
治安	じあん	一〇二一～一〇二四
万寿	まんじゅ	一〇二四～一〇二八
長元	ちょうげん	一〇二八～一〇三七
長暦	ちょうりゃく	一〇三七～一〇四〇
長久	ちょうきゅう	一〇四〇～一〇四四
寛徳	かんとく	一〇四四～一〇四六
永承	えいしょう	一〇四六～一〇五三
天喜	てんぎ	一〇五三～一〇五八
康平	こうへい	一〇五八～一〇六五
治暦	じりゃく	一〇六五～一〇六九
延久	えんきゅう	一〇六九～一〇七四
承保	じょうほう	一〇七四～一〇七七
承暦	じょうりゃく	一〇七七～一〇八一
永保	えいほ	一〇八一～一〇八四
応徳	おうとく	一〇八四～一〇八七
寛治	かんじ	一〇八七～一〇九四
嘉保	かほう	一〇九四～一〇九六
永長	えいちょう	一〇九六～一〇九七
承徳	じょうとく	一〇九七～一〇九九
康和	こうわ	一〇九九～一一〇四
長治	ちょうじ	一一〇四～一一〇六
嘉承	かしょう	一一〇六～一一〇八
天仁	てんにん	一一〇八～一一一〇
天永	てんえい	一一一〇～一一一三
永久	えいきゅう	一一一三～一一一八
元永	げんえい	一一一八～一一二〇
保安	ほうあん	一一二〇～一一二四
天治	てんじ	一一二四～一一二六
大治	だいじ	一一二六～一一三一
天承	てんしょう	一一三一～一一三二
長承	ちょうしょう	一一三二～一一三五
保延	ほうえん	一一三五～一一四一
永治	えいじ	一一四一～一一四二
康治	こうじ	一一四二～一一四四
天養	てんよう	一一四四～一一四五
久安	きゅうあん	一一四五～一一五一
仁平	にんぺい	一一五一～一一五四
久寿	きゅうじゅ	一一五四～一一五六
保元	ほうげん	一一五六～一一五九
平治	へいじ	一一五九～一一六〇
永暦	えいりゃく	一一六〇～一一六一
応保	おうほう	一一六一～一一六三
長寛	ちょうかん	一一六三～一一六五
永万	えいまん	一一六五～一一六六
仁安	にんあん	一一六六～一一六九
嘉応	かおう	一一六九～一一七一
承安	じょうあん	一一七一～一一七五
安元	あんげん	一一七五～一一七七
治承	じしょう	一一七七～一一八一
養和	ようわ	一一八一～一一八二
寿永	じゅえい	一一八二～一一八四
元暦	げんりゃく	一一八四～一一八五
鎌倉		
文治	ぶんじ	一一八五～一一九〇
建久	けんきゅう	一一九〇～一一九九
正治	しょうじ	一一九九～一二〇一
建仁	けんにん	一二〇一～一二〇四
元久	げんきゅう	一二〇四～一二〇六
建永	けんえい	一二〇六～一二〇七
承元	じょうげん	一二〇七～一二一一
建暦	けんりゃく	一二一一～一二一三
建保	けんぽ	一二一三～一二一九
承久	じょうきゅう	一二一九～一二二二
貞応	じょうおう	一二二二～一二二四
元仁	げんにん	一二二四～一二二五
嘉禄	かろく	一二二五～一二二七
安貞	あんてい	一二二七～一二二九
寛喜	かんぎ	一二二九～一二三二
貞永	じょうえい	一二三二～一二三三

年号・西暦

天福 てんぷく・一二三三〜一二三四
文暦 ぶんりゃく・一二三四〜一二三五
嘉禎 かてい・一二三五〜一二三八
暦仁 りゃくにん・一二三八〜一二三九
延応 えんおう・一二三九〜一二四〇
仁治 にんじ・一二四〇〜一二四三
寛元 かんげん・一二四三〜一二四七
宝治 ほうじ・一二四七〜一二四九
建長 けんちょう・一二四九〜一二五六
康元 こうげん・一二五六〜一二五七
正嘉 しょうか・一二五七〜一二五九
正元 しょうげん・一二五九〜一二六〇
文応 ぶんおう・一二六〇〜一二六一
弘長 こうちょう・一二六一〜一二六四
文永 ぶんえい・一二六四〜一二七五
建治 けんじ・一二七五〜一二七八
弘安 こうあん・一二七八〜一二八八
正応 しょうおう・一二八八〜一二九三
永仁 えいにん・一二九三〜一二九九
正安 しょうあん・一二九九〜一三〇二
乾元 けんげん・一三〇二〜一三〇三
嘉元 かげん・一三〇三〜一三〇六
徳治 とくじ・一三〇六〜一三〇八
延慶 えんきょう・一三〇八〜一三一一
応長 おうちょう・一三一一〜一三一二
正和 しょうわ・一三一二〜一三一七
文保 ぶんぽう・一三一七〜一三一九

元応 げんおう・一三一九〜一三二一
元亨 げんこう・一三二一〜一三二四
正中 しょうちゅう・一三二四〜一三二六
嘉暦 かりゃく・一三二六〜一三二九
元徳 げんとく・一三二九〜一三三一（北朝は〜一三三二）

南朝
元弘 げんこう・一三三一〜一三三四

北朝
正慶 しょうけい・一三三二〜一三三三

室町

南朝
建武 けんむ・一三三四〜一三三六
延元 えんげん・一三三六〜一三四〇
興国 こうこく・一三四〇〜一三四六
正平 しょうへい・一三四六〜一三七〇
建徳 けんとく・一三七〇〜一三七二
文中 ぶんちゅう・一三七二〜一三七五
天授 てんじゅ・一三七五〜一三八一
弘和 こうわ・一三八一〜一三八四
元中 げんちゅう・一三八四〜一三九二

北朝
建武 けんむ・一三三四〜一三三八
暦応 りゃくおう・一三三八〜一三四二
康永 こうえい・一三四二〜一三四五
貞和 じょうわ・一三四五〜一三五〇
観応 かんおう・一三五〇〜一三五二
文和 ぶんな・一三五二〜一三五六

延文 えんぶん・一三五六〜一三六一
康安 こうあん・一三六一〜一三六二
貞治 じょうじ・一三六二〜一三六八
応安 おうあん・一三六八〜一三七五
永和 えいわ・一三七五〜一三七九
康暦 こうりゃく・一三七九〜一三八一
永徳 えいとく・一三八一〜一三八四
至徳 しとく・一三八四〜一三八七
嘉慶 かけい・一三八七〜一三八九
康応 こうおう・一三八九〜一三九〇
明徳 めいとく・一三九〇〜一三九四
応永 おうえい・一三九四〜一四二八
正長 しょうちょう・一四二八〜一四二九
永享 えいきょう・一四二九〜一四四一
嘉吉 かきつ・一四四一〜一四四四
文安 ぶんあん・一四四四〜一四四九
宝徳 ほうとく・一四四九〜一四五二
享徳 きょうとく・一四五二〜一四五五
康正 こうしょう・一四五五〜一四五七
長禄 ちょうろく・一四五七〜一四六〇
寛正 かんしょう・一四六〇〜一四六六
文正 ぶんしょう・一四六六〜一四六七
応仁 おうにん・一四六七〜一四六九
文明 ぶんめい・一四六九〜一四八七
長享 ちょうきょう・一四八七〜一四八九
延徳 えんとく・一四八九〜一四九二
明応 めいおう・一四九二〜一五〇一
文亀 ぶんき・一五〇一〜一五〇四

永正 えいしょう・一五〇四〜一五二一
大永 たいえい・一五二一〜一五二八
享禄 きょうろく・一五二八〜一五三二
天文 てんぶん・一五三二〜一五五五
弘治 こうじ・一五五五〜一五五八
永禄 えいろく・一五五八〜一五七〇
元亀 げんき・一五七〇〜一五七三

安土桃山

天正 てんしょう・一五七三〜一五九二
文禄 ぶんろく・一五九二〜一五九六

江戸

慶長 けいちょう・一五九六〜一六一五
元和 げんな・一六一五〜一六二四
寛永 かんえい・一六二四〜一六四四
正保 しょうほう・一六四四〜一六四八
慶安 けいあん・一六四八〜一六五二
承応 じょうおう・一六五二〜一六五五
明暦 めいれき・一六五五〜一六五八
万治 まんじ・一六五八〜一六六一
寛文 かんぶん・一六六一〜一六七三
延宝 えんぽう・一六七三〜一六八一
天和 てんな・一六八一〜一六八四
貞享 じょうきょう・一六八四〜一六八八
元禄 げんろく・一六八八〜一七〇四
宝永 ほうえい・一七〇四〜一七一一
正徳 しょうとく・一七一一〜一七一六

享保 きょうほう・一七一六〜一七三六
元文 げんぶん・一七三六〜一七四一
寛保 かんぽう・一七四一〜一七四四
延享 えんきょう・一七四四〜一七四八
寛延 かんえん・一七四八〜一七五一
宝暦 ほうれき・一七五一〜一七六四
明和 めいわ・一七六四〜一七七二
安永 あんえい・一七七二〜一七八一
天明 てんめい・一七八一〜一七八九
寛政 かんせい・一七八九〜一八〇一
享和 きょうわ・一八〇一〜一八〇四
文化 ぶんか・一八〇四〜一八一八
文政 ぶんせい・一八一八〜一八三〇
天保 てんぽう・一八三〇〜一八四四
弘化 こうか・一八四四〜一八四八
嘉永 かえい・一八四八〜一八五四
安政 あんせい・一八五四〜一八六〇
万延 まんえん・一八六〇〜一八六一
文久 ぶんきゅう・一八六一〜一八六四
元治 げんじ・一八六四〜一八六五
慶応 けいおう・一八六五〜一八六八

近代・現代

明治 めいじ・一八六八〜一九一二
大正 たいしょう・一九一二〜一九二六
昭和 しょうわ・一九二六〜一九八九
平成 へいせい・一九八九〜二〇一九
令和 れいわ・二〇一九〜

虎穴に入らずんば虎子を得ず

令和五年 年齢早見表

満年齢
数え年

生まれ年・西暦年・満年齢・数え年・納音・干支・九星

九紫火星	一白水星	二黒土星	三碧木星
今年の運勢108頁	今年の運勢68頁	今年の運勢73頁	今年の運勢78頁
大正８年生 １９１９年 満104歳 105 天上火 己未	大正７年生 １９１８年 満105歳 106 天上火 戊午	大正６年生 １９１７年 満106歳 107 砂中土 丁巳	大正５年生 １９１６年 満107歳 108 砂中土 丙辰
昭和３年生 １９２８年 満95歳 96 大林木 戊辰	昭和２年生 １９２７年 満96歳 97 炉中火 丁卯	大正15年・昭和元年生 １９２６年 満97歳 98 炉中火 丙寅	大正１４年生 １９２５年 満98歳 99 海中金 乙丑
昭和１２年生 １９３７年 満86歳 87 澗下水 丁丑	昭和１１年生 １９３６年 満87歳 88 澗下水 丙子	昭和１０年生 １９３５年 満88歳 89 山頭火 乙亥	昭和９年生 １９３４年 満89歳 90 山頭火 甲戌
昭和２１年生 １９４６年 満77歳 78 屋上土 丙戌	昭和２０年生 １９４５年 満78歳 79 井泉水 乙酉	昭和１９年生 １９４４年 満79歳 80 井泉水 甲申	昭和１８年生 １９４３年 満80歳 81 楊柳木 癸未
昭和３０年生 １９５５年 満68歳 69 沙中金 乙未	昭和２９年生 １９５４年 満69歳 70 沙中金 甲午	昭和２８年生 １９５３年 満70歳 71 長流水 癸巳	昭和２７年生 １９５２年 満71歳 72 長流水 壬辰
昭和３９年生 １９６４年 満59歳 60 覆燈火 甲辰	昭和３８年生 １９６３年 満60歳 61 金箔金 癸卯	昭和３７年生 １９６２年 満61歳 62 金箔金 壬寅	昭和３６年生 １９６１年 満62歳 63 壁上土 辛丑
昭和４８年生 １９７３年 満50歳 51 桑柘木 癸丑	昭和４７年生 １９７２年 満51歳 52 桑柘木 壬子	昭和４６年生 １９７１年 満52歳 53 釵釧金 辛亥	昭和４５年生 １９７０年 満53歳 54 釵釧金 庚戌
昭和５７年生 １９８２年 満41歳 42 大海水 壬戌	昭和５６年生 １９８１年 満42歳 43 柘榴木 辛酉	昭和５５年生 １９８０年 満43歳 44 柘榴木 庚申	昭和５４年生 １９７９年 満44歳 45 天上火 己未
平成３年生 １９９１年 満32歳 33 路傍土 辛未	平成２年生 １９９０年 満33歳 34 路傍土 庚午	昭和64年・平成元年生 １９８９年 満34歳 35 大林木 己巳	昭和６３年生 １９８８年 満35歳 36 大林木 戊辰
平成１２年生 ２０００年 満23歳 24 白鑞金 庚辰	平成１１年生 １９９９年 満24歳 25 城頭土 己卯	平成１０年生 １９９８年 満25歳 26 城頭土 戊寅	平成９年生 １９９７年 満26歳 27 澗下水 丁丑
平成２１年生 ２００９年 満14歳 15 霹靂火 己丑	平成２０年生 ２００８年 満15歳 16 霹靂火 戊子	平成１９年生 ２００７年 満16歳 17 屋上土 丁亥	平成１８年生 ２００６年 満17歳 18 屋上土 丙戌
平成３０年生 ２０１８年 満５歳 6 平地木 戊戌	平成２９年生 ２０１７年 満６歳 7 山下火 丁酉	平成２８年生 ２０１６年 満７歳 8 山下火 丙申	平成２７年生 ２０１５年 満８歳 9 沙中金 乙未

（本命星）が一覧できる早見表です。この表は今年の誕生日以後の満年齢で、その右の数字は数え年です。（満一歳未満の乳児の年齢は生後の満月数で数える）気学では一年を立春より数えるので、一月一日から二月節分日までに生まれた人は前年の干支・九星でみます。厄年■男・□女。

仕事を追うて仕事に追われるな

四緑木星	五黄土星	六白金星	七赤金星	八白土星
今年の運勢83頁	今年の運勢88頁	今年の運勢93頁	今年の運勢98頁	今年の運勢103頁
大正１３年生 １９２４年 満99歳 100 海中金 甲子	大正１２年生 １９２３年 満100歳 101 大海水 癸亥	大正１１年生 １９２２年 満101歳 102 大海水 壬戌	大正１０年生 １９２１年 満102歳 103 柘榴木 辛酉	大正９年生 １９２０年 満103歳 104 柘榴木 庚申
昭和８年生 １９３３年 満90歳 91 剣鋒金 癸酉	昭和７年生 １９３２年 満91歳 92 剣鋒金 壬申	昭和６年生 １９３１年 満92歳 93 路傍土 辛未	昭和５年生 １９３０年 満93歳 94 路傍土 庚午	昭和４年生 １９２９年 満94歳 95 大林木 己巳
昭和１７年生 １９４２年 満81歳 82 楊柳木 壬午	昭和１６年生 １９４１年 満82歳 83 白鑞金 辛巳	昭和１５年生 １９４０年 満83歳 84 白鑞金 庚辰	昭和１４年生 １９３９年 満84歳 85 城頭土 己卯	昭和１３年生 １９３８年 満85歳 86 城頭土 戊寅
昭和２６年生 １９５１年 満72歳 73 松柏木 辛卯	昭和２５年生 １９５０年 満73歳 74 松柏木 庚寅	昭和２４年生 １９４９年 満74歳 75 霹靂火 己丑	昭和２３年生 １９４８年 満75歳 76 霹靂火 戊子	昭和２２年生 １９４７年 満76歳 77 屋上土 丁亥
昭和３５年生 １９６０年 満63歳 64 壁上土 庚子	昭和３４年生 １９５９年 満64歳 65 平地木 己亥	昭和３３年生 １９５８年 満65歳 66 平地木 戊戌	昭和３２年生 １９５７年 満66歳 67 山下火 丁酉	昭和３１年生 １９５６年 満67歳 68 山下火 丙申
昭和４４年生 １９６９年 満54歳 55 大駅土 己酉	昭和４３年生 １９６８年 満55歳 56 大駅土 戊申	昭和４２年生 １９６７年 満56歳 57 天河水 丁未	昭和４１年生 １９６６年 満57歳 58 天河水 丙午	昭和４０年生 １９６５年 満58歳 59 覆燈火 乙巳
昭和５３年生 １９７８年 満45歳 46 天上火 戊午	昭和５２年生 １９７７年 満46歳 47 砂中土 丁巳	昭和５１年生 １９７６年 満47歳 48 砂中土 丙辰	昭和５０年生 １９７５年 満48歳 49 大溪水 乙卯	昭和４９年生 １９７４年 満49歳 50 大溪水 甲寅
昭和６２年生 １９８７年 満36歳 37 炉中火 丁卯	昭和６１年生 １９８６年 満37歳 38 炉中火 丙寅	昭和６０年生 １９８５年 満38歳 39 海中金 乙丑	昭和５９年生 １９８４年 満39歳 40 海中金 甲子	昭和５８年生 １９８３年 満40歳 41 大海水 癸亥
平成８年生 １９９６年 満27歳 28 澗下水 丙子	平成７年生 １９９５年 満28歳 29 山頭火 乙亥	平成６年生 １９９４年 満29歳 30 山頭火 甲戌	平成５年生 １９９３年 満30歳 31 剣鋒金 癸酉	平成４年生 １９９２年 満31歳 32 剣鋒金 壬申
平成１７年生 ２００５年 満18歳 19 井泉水 乙酉	平成１６年生 ２００４年 満19歳 20 井泉水 甲申	平成１５年生 ２００３年 満20歳 21 楊柳木 癸未	平成１４年生 ２００２年 満21歳 22 楊柳木 壬午	平成１３年生 ２００１年 満22歳 23 白鑞金 辛巳
平成２６年生 ２０１４年 満９歳 10 沙中金 甲午	平成２５年生 ２０１３年 満10歳 11 長流水 癸巳	平成２４年生 ２０１２年 満11歳 12 長流水 壬辰	平成２３年生 ２０１１年 満12歳 13 松柏木 辛卯	平成２２年生 ２０１０年 満13歳 14 松柏木 庚寅
令和５年生 ２０２３年 満零歳 1 金箔金 癸卯	令和４年生 ２０２２年 満１歳 2 金箔金 壬寅	令和３年生 ２０２１年 満２歳 3 壁上土 辛丑	令和２年生 ２０２０年 満３歳 4 壁上土 庚子	平成31年・令和元年生 ２０１９年 満４歳 5 平地木 己亥

家庭の行事暦

地方や家庭により慣習は異なるが、ここでは一般的なものを紹介する。

着帯祝　妊娠五ヶ月で安産を願い腹帯を締める式。岩田帯ともいい、戌の日を選ぶ慣例がある。

お七夜　生後七日目の祝いで、この日に名前をつけて近親へ披露する。

宮参り　男子は生後三十一日、女子は三十三日目に神社へ参り成長を祈る。地方によっては百日目に行うこともある。

食初祝　生後百日目に子供の箸と茶わんをそろえ、一汁三菜と餅を添えて一生食べ物に困らないように祈る儀式。

初節句　生後初めての節句で、男子は五月五日の端午、女子は三月三日の上巳（桃）の節句にお祝いする。生まれて間もない場合は翌年に祝う。

七五三祝　男子は三歳・五歳、女子は三歳・七歳の十一月十五日に、子供の健やかな成長を祈願し神社・氏神様等に参る。現在は満年齢で祝う場合が多い。

成人式　男女とも満二十歳に、成長を感謝し将来を祈願し祝う。

結婚記念日　結婚一年目＝紙婚式、三年目＝革婚式、五年目＝木婚式、十年目＝錫婚式、十五年目＝水晶婚式、二十年目＝磁器婚式、二十五年目＝銀婚式、三十年目＝真珠婚式、五十年目＝金婚式、六十年目＝ダイヤモンド婚式。

還暦祝　男女とも満六十歳で、生まれ年の干支に還ってくることから本卦還りともいう。初老といわれるが、元気で活躍できることを感謝して祝う。

古稀祝　人生七十古来稀なりとして、七十歳（満六十九歳）の誕生日に近親知友と共に祝い、さらなる長寿を願う。

喜寿祝　男女とも七十七歳（満七十六歳）に長寿を祝う。誕生日に扇子と袱紗に「寿」や「喜」と本人が書いて配る習慣もある。

傘寿祝　八十歳（満七十九歳）になれば、餅や赤飯を配って長寿を祝う。

米寿祝　八十八歳（満八十七歳）の長寿を祝う。

卒寿祝　九十歳（満八十九歳）。

白寿祝　九十九歳（満九十八歳）。

百歳は上寿祝（百寿祝）、百歳以上の誕生日には茶寿祝、皇寿祝（川寿祝）と続く。

厄年祓　人生で災いや障りの起きやすい時期が厄年とされていて、厄年に当たる人は災難や病気から逃れられるよう厄払いをする。

厄年の年齢は数え年で見る習慣があるが、満年齢では零歳、三歳、六歳、九歳（男）、十二歳、十五歳、十八歳（女）、二十一歳、二十四歳（男）、二十七歳、三十二歳（女の大厄）、三十六歳（女）、三十九歳、四十一歳（男の大厄）、四十五歳、四十八歳、五十一歳、五十四歳、五十七歳、六十歳（男女の大厄）、六十六歳、六十八歳、七十六歳、八十四歳とされている。

厄年の前後は前厄・後厄といわれている。

先祖供養　法要の心得

仏　式　死亡日を含む七日目を初七日といい、その前の晩（六日目）が「お逮夜」。二七日（ふたなのか）、三七日（みなのか）、五七日（いつなのか）までお経をあげ、七七日（なななのか）、または四十九日に忌明けの法要を営む。（宗派により異なる場合もある）その後、百ヶ日、一周忌、三年（死亡年を含めて三年目）、七年、十三年、十七年、二十三年、二十七年、三十三年、五十年と法要を営む。五十回忌でお取り上げとする。

神　式　神道は死亡後、十日祭、二十日祭、三十日祭と行われ、五十日祭は忌明けとされる霊祭を行う。以後百日、一年、二年、三年、五年、十年、二十年、三十年、四十年、五十年、百年と式年祭を行う。

キリスト教　プロテスタント…死亡後一ヶ月目に記念式をして忌明けとする。以後、毎年昇天記念日に記念式を行う。カトリック…死亡日から三日目、七日目、三十日目、一年目に「追悼ミサ」を行う。毎年十一月二日は「万霊節」といわれ、供養のために追悼ミサが催されたり墓参りをしたりする。

運命学書特選目録

運命学書には多数の書がありますが、厳選した権威書のみを登載。

神明館代理部　大元社

〒七〇〇－〇九四五　岡山市南区新保一一二五－五

郵便振替　０１２５０＝３＝１３０８

☎　０８６（２２２）７３４６

ＦＡＸ　０８６（２２６）４５１５

ＵＲＬ　http://www.shugakusha.jp

令和五年版　神明館の暦書

運命宝鑑　定価一、八五〇円　送料一八〇円

開運宝鑑　定価二、六五〇円　送料一八五円

気学運勢暦　定価一、七五〇円　送料一八〇円

運勢暦　定価一、三五〇円　送料一八〇円

高島重宝暦　定価　六三〇円　送料一四〇円

◇神明館暦書は、贈答用としてまとめてお求めいただく場合特別割引があり、表紙に広告刷り込みもできます。

価格（税込）は改定する場合があります。

著者	書名	定価	送料
中村文聰	易学実義　判断編	五、五〇〇	一八五
平木場泰義	易経の知識	八、一七二	五二〇
鹿島秀峰	易経精義	五、〇二八	五二〇
鹿島秀峰	現代易占詳解	四、六〇九	五二〇
羽化仙人	梅花心易即座考	四、七一五	一八五
渋江羽化	五行易活断	五、〇二八	一八五
坂井宏通	**現代病占百科**	三、七三八	一八五
紀藤元之介	易学尚占　活断自在	二、六一九	一八五
柄澤照覺	占筮必携　易の極意	四、九五〇	一八五
菅原　壮	断易用語集	四、四〇〇	一八五
九鬼盛隆	断易真義（全）	八、八〇〇	一八五
九鬼盛隆	断易發玄　貨殖秘策	六、九三〇	一八五
丹藤龍則	断易の占い方	一六、五〇〇	五二〇
丹藤龍則	断易尋真　胡煦の納支とは何か	四、七一五	一八五
程　元如	易冒（原典復刻版）	五、〇二九	一八五
岡　竜玄	周易外伝	四、一八〇	一八五
黒川義門	卜筮軍法利解（全）	九、九〇〇	一八五
平木場泰義	家相学の知識	三、一四三	一八五
井上象英	幸せになれる家相学	二、〇九〇	一八五
山田照胤	家相の見方	二、三〇五	一八五
能勢眞観	現代家相	一、八七〇	一八五
多田鳴鳳	洛地準則詳解	五、八七四	七一五
望月　治	干支九星家相学	八、八〇〇	一八五
松浦琴生	地理風水　萬病根切窮理（乾・坤）	八、八〇〇	一八五
大熊光山	地理風水　萬病根切解説書	六、六〇〇	一八五
平木場泰義	手相学の知識	三、一四三	一八五
尾栄大寛	秘伝図解　手相術実占集	三、九六〇	一八五
平木場泰義	人相学の知識	三、一四三	一八五
尾栄大寛	秘伝図解　人相術実占集	四、二九〇	一八五
林　文嶺	林流相法　画相気色全伝（全）	七、五四三	一八五
水野南北	観相極意　南北相法	五、〇二八	一八五
岩佐泰延	**岩佐泰延の占い道場**	二、六七〇	一八五
小野清秀	加持祈祷秘密大全	三、三〇〇	五二〇
小野清秀	神通術奥儀伝	二、七五〇	一八五
松田定象	妙術秘法大全	二、二〇〇	一八五
中村天陽	まじない秘法	一、九九一	一八五
内藤文穏	**奇門遁甲行動術**	三、〇八〇	一八五
平木場泰義	気学の知識	三、一四三	一八五
中村文聰	気学家相講座	一一、〇〇〇	五二〇
中村文聰	気学精義　同会編	三、三〇〇	一八五
中村文聰	気学占い方入門	一、八七〇	一八五
中村文聰	気学密義　七大凶殺編	五、五〇〇	一八五
松田統聖	気学の力	二、五三〇	一八五
前沢一光	気学新解	四、一八〇	一八五
横井伯典	あなたの運勢を開く新用気術	四、一八〇	一八五
中村文聰	九数雑占秘録（全）	三、三〇〇	一八五
松田定象	九星極意　八百十通変化奥伝	三、〇三八	一八五
園田眞次郎	方象講義録　干支九星闡解説（付・三合原理）	五、五〇〇	一八五
月　清圓	大気現象　研究科講義録一	九、二四〇	一八五
望月　治	大気現象干支九星　鑑定実録	七、九二〇	一八五
望月　治	大気現象干支九星辛酉年講義録　全二巻	一九、八〇〇	七一五
望月　治	大気現象　霊的に関する九星	九、九〇〇	一八五
望月　治	大気現象　干支三合法活断	一〇、二六七	七一五
望月　治	大気現象　実占講義録	一〇、五六〇	一八五

❀上清ければ　下濁らず

富は一生の財　知は万代の財

著者	書名	定価	送料
望月　治	大気現象 正しい年月日時盤の占い方	八、一七二	一八五
望月　治	三位一体論 流年による応期	一三、六一八	一八五
福田有典	令和萬年暦 卓上版（明治三十年～令和四十五年）	一一、〇〇〇	一八五
福田有典	令和萬年暦 携帯版（大正五年～令和二十五年）	八、八〇〇	一八五
福田有典	令和萬年暦 ポケット版（大正五年～令和二十五年）	六、六〇〇	一八〇
能勢眞観	総合万年暦 第五版（大正元年～令和五十年）	一〇、四五〇	一八五
能勢眞観	万年暦 ポケット版（一九一二～二〇四八年）	六、六〇〇	一八〇
中村文聰	運命学宝典（万年暦）（一八六四年～二〇四三年）	五、五〇〇	一八五
梅岡大圓	**四柱推命万年暦**（大正十一年～令和三十一年）	一、七六〇	一八五
陰　陽　社	日家九星起例正法	七七〇	一四〇
亀石厓風	四柱推命学 命式大鑑	五、三六三	七一五
粟田泰玄	明解・四柱推命学 基礎編	六、三八〇	五二〇
粟田泰玄	明解・四柱推命学 応用編	八、五八〇	七一五
粟田泰玄	明解・四柱推命学 実践編	八、五八〇	七一五
川口泰明	泰玄流四柱推命学	二、七五〇	一八五
武田考玄	四柱推命学入門 補改	二、七五〇	一八五
平木場泰義	四柱推命学の知識	三、六六七	一八五
中村文聰	推命判断秘法	三、八五〇	一八五
中村文聰	韋氏 推命学講義	四、四〇〇	一八五
竹中利貞訳注	訳注 淵海子平	一一、〇〇〇	五二〇
鴨書店版	陰陽五要奇書（ルビ付）	八、八〇〇	一八五
平木場泰義	姓名学の知識	三、三五三	一八五
平野八州	玉寿の姓名判断	一、九八〇	一八五
鹿島秀峰	新しい姓名学	三、八七六	五二〇
井上象英	幸せになれる姓名学	一、五四〇	一八五
井上象英	幸せになれる墓相学	一、六五〇	一八五
竹谷聰進	新先祖の祀り方・お墓の建て方	一、六五〇	一八五
徳　風　会	幸せを運ぶ先祖供養とお墓	一、五〇〇	一八五
倉元美野累	知っておきたいお墓の話	一、四四三	一八五
竹谷聰進	家運長久の秘訣	四四〇	一八〇
平木場泰義	印相学の知識	二、六一九	一八五
伊藤譲一	仏足石のふしぎ	一、一〇〇	一八五
伊藤譲一	天神さんのひびきあい	二、二〇〇	一八五
秋山正美	佛像の持ちものと装飾	五、二八〇	一八五
田島諸介	生活の中の神事	二、五一五	一八五
太　保　版	永代大雑書万暦大成	四、一九一	五二〇
松田定象	一代運気活断口伝書	二、六一九	一八五
高島易断	一代之運勢	一、七八〇	一八五
市石喜代治	灸点治療法	一、八一五	一八五
大阪南太平洋協会	旧暦カレンダー（自然暦）	一、七八二	七一五
	①方位家相盤（30度60度45度併用） 直径15cm 厚さ1.5mm 円形二色刷	二、七〇〇	一八五
	②方位盤（45度24山） 直径10cm 厚さ1.5mm 円形	二、二〇〇	一八五
	③方位盤（30度60度併用・詳細な目盛） 直径19cm 厚さ1mm 円形二色刷	二、六一九	一八五
	④家相方位盤（45度15度24山） 11.5mm×11.5mm 厚さ0.5mm 正八角定規	一、一〇〇	一二〇
	⑤気学方位盤（30度60度八方位） 14.7mm×14.7mm 厚さ0.5mm 八角定規	一、一〇〇	一二〇
	⑥磁気偏差角度方位盤（偏差角度表付） 直径11cm 厚さ1mm 円形二色刷	二、二〇〇	一二〇
	⑦気学定規（四正・四隅位がわかる） 24cm×10cm 厚さ2mm 長方形二色刷	一、九八〇	一八五

＊定規類は透明樹脂製

著作者　日本運命学会 神明館　大元信宏
発行者　大真屋俊行
URL　http://www.shugakusha.jp

発行所

株式会社 神明館 修学社
〒七〇〇-〇九四五 岡山市南区新保一一二五-五
電話 086(222)7346(代)
FAX 086(226)4515
振替 01250=2=13841

用紙抄造 王子製紙(株)
印刷・製本 富士印刷(株)
＊乱丁・落丁はお取替いたします。

命は天にあり運は人の功徳に依つて陰徳積善の家に福寿聚る
神明館主 大元信宏

易なれば知り易く簡なれば従い易く知り易ければ親しみあり従い易きは功あり親しみあれば久しくべし
易経繋辞伝の一節 神明館主 大元信明 謹誌

冨貴繁栄の書

直ぐ喜び直ぐ怒るな考へは深く行いは強く和を本とし無理して敵を作るな凡ゆる困苦に耐へ奢りを慎しみ健康を基とし真面目に働き無駄省き何事にも感謝し神と共に静かに急げ

大元信宏

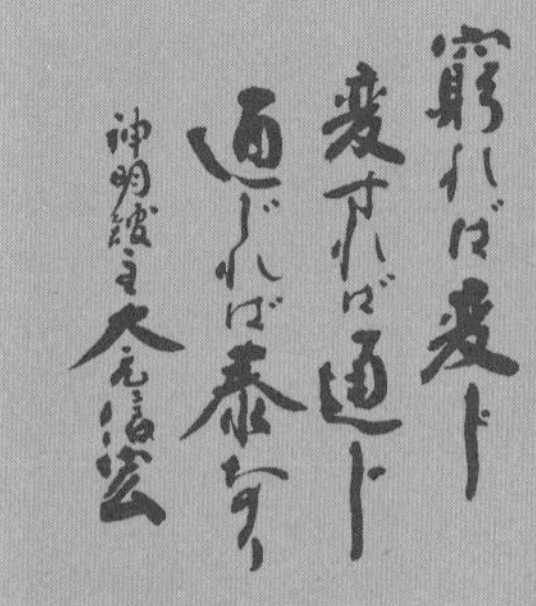

感謝極楽 不平地獄
聖教会会長 [illegible]